农民专业合作社会计制度培训推荐用书

U1018946

农民专业合作社
会计制度实务精讲

主编 李国柱 张县平 曹文莉

中国财经出版传媒集团
中国财政经济出版社

图书在版编目（CIP）数据

农民专业合作社会计制度实务精讲 / 李国柱，张县平，曹文莉主编．-- 北京：中国财政经济出版社，2022.9

ISBN 978-7-5223-1512-6

Ⅰ．①农… Ⅱ．①李… ②张… ③曹… Ⅲ．①农业合作组织－会计制度－中国 Ⅳ．①F322

中国版本图书馆 CIP 数据核字（2022）第 110981 号

责任编辑：陈志伟　　责任印制：史大鹏

封面设计：卜建辰　　责任校对：张　凡

农民专业合作社会计制度实务精讲

NONGMIN ZHUANYE HEZUOSHE KUAIJI ZHIDU SHIWU JINGJIANG

中国财政经济出版社 出版

URL：http：//www.cfeph.cn

E-mail：cfeph@cfeph.cn

（版权所有　翻印必究）

社址：北京市海淀区阜成路甲 28 号　邮政编码：100142

营销中心电话：010-88191522

天猫网店：中国财政经济出版社旗舰店

网址：https：//zgczjjcbs.tmall.com

北京时捷印刷有限公司印刷　各地新华书店经销

成品尺寸：170mm×240mm　16 开　30 印张　438 000 字

2022 年 9 月第 1 版　2022 年 9 月北京第 1 次印刷

定价：86.00 元

ISBN 978-7-5223-1512-6

（图书出现印装问题，本社负责调换，电话：010-88190548）

本社质量投诉电话：010-88190744

打击盗版举报热线：010-88191661　QQ：2242791300

本书编委会

主　编：李国柱　张县平　曹文莉
副主编：张功望　王艳辉　陈香维　王　凯

前言

农民专业合作社是广大农民群众在家庭承包经营基础上自愿联合、民主管理的互助性经济组织，是实现小农户和现代农业发展有机衔接的中坚力量，也是新型农业经营主体的重要组成部分，在新时代乡村振兴和农业、农村现代化进程中，扮演着不可替代的作用。

随着合作社的发展，分工分业持续深化，资产类型、业务范围、经营模式、联合社的产生等都有了较大变化。涉税业务日益增多，对会计核算提出了新的更高要求。为规范合作社会计工作，财政部对《农民专业合作社财务会计制度（试行）》（财会〔2007〕15号）进行了修订，制定了《农民专业合作社会计制度》，于2021年12月30日印发，自2023年1月1日起施行。

为加快推进《农民专业合作社会计制度》顺利实施，让广大农民专业合作社财务人员更好地理解和掌握制度的相关要求，在新制度执行中能够准确衔接和顺利过渡，我们组织专家团队编写了《农民专业合作社会计制度实务精讲》一书。本书依据《农民专业合作社法》《农民专业合作社会计制度》和《农民专业合作社新旧会计制度有关衔接问题的处理规定》，结合会计制度实施的实际环境、基层财务人员的专业基础和学习特点进行框架设计和内容编写，可作为高等院校、从事乡村振兴和农村事务的行政管理人员、合作社辅导员、农村财务人员和基层财务代理机构的教学、培训和应用的辅导用书，也可作为财会人员学习了解农民专业合作社会计核算及财务管理政策的参考用书。

本书包括基础篇、核算篇、财务报表及案例篇三部分内容，主要创新点在于：

第一，结构的创新性。本书在编写结构上，打破了以往按照会计制度六大会计要素顺序进行编写的惯例，以合作社实际工作中发生的经济业务分类进行解析。根据农民专业合作社不同经济业务，具体讲解这些业务所涉及的会计科目，如何进行会计核算，整个解析过程由浅入深、由表及里，容易理解、易于掌握，符合实际工作中从业务发生到账务处理结束的会计核算工作顺序，也符合相关从业人员学习特点和习惯，进而保证学习效率和学习效果。

第二，解读的通俗性。本书编写以简洁明了、通俗易懂为原则。首先，介绍会计基础，让大家先从会计基础理论入手，了解会计的基本原理和专业表达。其次，以发生的每一项具体业务为切入点，逐一了解各项业务所涉及的会计科目，讲解会计科目的具体含义和正确使用方法，进而准确编制会计分录。再次，在完成会计核算的基础上，结合账务核算结果和制度要求的财务报表编制规则，完成报表编制。最后，我们采用两个真实的合作社业务案例，依据最新的会计制度规则，设计、模拟了相关账务核算的实务操作及报表编制全过程。

第三，团队的专业性。本书的编写团队分别来自全国会计领军人才、院校教师、各地市区县乡镇的基层财务工作者、会计事务所工作人员，多人自2007年就开始参与农民专业合作社会计工作的指导、培训、推广，不仅理论功底深厚，而且实践经验丰富，为本书高质量编写提供了保障。

第四，学习的配套性。为使广大读者有一个更好的学习效果，本书的主编人员与上海国家会计学院进行合作，对该书的重点内容录制了视频微课，设置了多个独立的小单元，方便读者利用碎片化时间进行学习和指导实践操作。视频课程将放在上海国家会计学院的网站上，供大家收看学习。

本书由李国柱、张县平、曹文莉担任主编，负责设计框架结构、拟定编写提纲、审定最终内容等工作；张功望、王艳辉、陈香维、王凯担任副主编，负责撰写部分章节、统纂各章内容等工作。各章的执笔情况具体如下：王凯撰写第一、二章，陈香维撰写第三、四章，李国柱撰写第五、七章，张县平撰写第六、八章，曹文莉、王艳辉撰写第九章，张功望撰写第十、十一章。

本书在编写过程中得到了陕西省财政厅会计处、宝鸡市收费管理中心、宝鸡市农村合作经济工作站、渭南市蒲城县农村合作经济工作站各位领导的大力支持；在农民专业合作社的调研工作中，宝鸡市陈仓区实惠农机专业合作社、宝鸡市陈仓区绿丰源蔬果专业合作社、宝鸡市神农养猪专业合作社、宝鸡惠兰土织布专业合作社、渭南市蒲城县四方果业专业合作社、渭南市蒲城县三农乐粮食专业合作社给予了积极配合和鼎力协助，在此一并表示感谢。

由于作者水平有限，且调研单位和部门存在一定的局限性，不足之处、疏漏缺点和错误在所难免，恳请广大读者批评指正，以便继续完善。

本书编写组

2022 年 3 月 30 日

目录

第一篇　基础篇

第二篇　核算篇

第一篇　基础篇

第一章　农民专业合作社和会计基础知识概述

第一节　农民专业合作社的概念及发展历程

一、农民专业合作社的概念

（一）农民专业合作社的定义

合作经济是社会经济发展到一定阶段，劳动者自愿入股联合，实行民主管理，获得服务和利益的一种合作成员个人所有与合作成员共同所有相结合的经济形式。自愿、民主、互利，惠顾者与所有者相统一的合作经济，是其在不同的社会经济制度中所具有的共性，合作社则是这种合作经济关系的一种典型组织形式。农民专业合作社是对我国现阶段合作社所使用的特定称谓。

我国在新修订的《中华人民共和国农民专业合作社法》（以下简称《农民专业合作社法》）的第一章“总则”中对农民专业合作社进行了定义，即农民专业合作社是指以农民作为经济主体，从事经营活动的实体型农民合作经济组织，这就是说农民合作社的本质是一种构建了新的组织形式的经济组织。

从农民专业合作社的定义来看，主要包括两个方面的含义：一是从组织形式来看，农民专业合作社是以农村家庭承包经营为基础，通过提供农产品的销售、加工、运输、贮藏以及与农业生产经营有关的服务来实现成员互助目的。从成立开始，农民专业合作社就具有经济互助性，拥有一定组织架构，成员享有一定权利，同时负有一定责任。二是从服务对象上来看，农民专业合作社以其成员为主要服务对象，开展农业生产资料的购买、使用，农产品的生产、销售、加工、运输、贮藏及其他相关服务，农村民间工艺及制品、休闲农业和乡村旅游资源的开发经营，以及农产品的销售、加工、运输、贮藏以及与农业生产经营有关的技术、信息设施建设运营等服务。

（二）农民专业合作社的主要特点

依据《农民专业合作社法》的相关规定，我们可以深刻把握农民专业合作社的几个关键性特征，主要体现在以下几个方面。

1. 农民专业合作社是一种经济组织

我国是农业大国，改革开放以来，各种类型的农村合作组织发展迅猛，并逐步出现了多种形式，例如，一些相关的农业技术协会、农产品的协会和合作社等，但是这些组织在组织形式、运行机制、发展模式以及服务内容和服务方式上，与农民专业合作社具有很大不同。按照《农民专业合作社法》的相关规定，只有从事经营活动的实体型农民合作经济组织才是农民专业合作社，农民专业合作社是在农村家庭承包经营基础上，同类农产品的生产经营者或者同类农业生产经营服务的提供者、利用者，自愿联合、民主管理的互助性经济组织。

2. 农民专业合作社建立在农村家庭承包经营基础之上

农民专业合作社是以农民为主体自愿组织起来实施的，是在不改变家庭承包经营的基础上，农民作为依法享有土地承包经营权的主体，加入了农民专业合作社，实现了劳动和资本的联合，从而形成了新的所有制结构。因此，农民专业合作社区别于农村集体经济组织，它是由依法享有农村土地承包经营权的农村集体经济组织成员（即农民）为主体，自愿组织起来的新型合作社。加入农民专业合作社不改变家庭承包经营。

3. 农民专业合作社是专业的经济组织

农民专业合作社以同类农产品的生产或者同类农业生产经营服务为组

带，来实现成员共同的经济目的，其经营服务的内容具有很强的专业性。这里所称的“同类”，是指以《国民经济行业分类》规定的中类以下的分类标准为基础，提供该类农产品的销售、加工、运输、贮藏、农业生产资料的购买，以及与该类农业生产经营有关的技术、信息等服务。例如，可以是种植专业合作社，也可以是更具体的葡萄种植、柑橘种植等专业合作社。

4. 农民专业合作社是自愿和民主的经济组织

农民专业合作社与以公司为代表的企业法人一样，是独立的市场经济主体，具有法人资格，享有生产经营自主权，受法律保护，任何单位和个人都不得侵犯其合法权益。农民专业合作社是农民自发成立和主动参加的，任何单位和个人都不能强迫或违背农民自己的主观意识让他们被动参与，同时社员在农民专业合作社中地位都是平等的，本着入社自愿，退社自由，民主治理等原则，建构了新的经营管理体制，从始至终都体现出“民主办、民享有、民自管、民受益”的组织精神。

5. 农民专业合作社是具有互助性质的经济组织

农民合作社的成员是农民本身，成立的目的也是为自身服务，合作社对内部成员的交易不以营利为目的。参与合作社的成员都是从事农产品的生产经营等一系列相关活动，最终是为了通过合作社的组织形式提高农产品的质量层次，提升产品的竞争力，从而提高自身的经济效益。按照《农民专业合作社法》第二条的规定，可以看出自愿、自治和民主管理是合作社制度最基本的特征。农民专业合作社是以成员自我服务为目的成立的，参加农民专业合作社的成员，都是从事同类农产品生产、经营或提供同类服务的农业生产经营者，目的是通过合作互助提高规模效益，完成单个农民办不了、办不好、办了不合算的事。这种互助性特点，决定了它以成员为主要服务对象，决定了“对成员服务不以营利为目的”的经营原则。因此，农民合作社是不以营利为目的的，互相协助共赢的一种经济组织。

二、我国农民专业合作社的发展历程

党的十一届三中全会以来推行的家庭联产承包责任制是在土地集体所有前提下进行的。这项改革在一定程度上为未来的农民合作社奠定了基础、提供了前提。它将所有权与承包经营权分离，改变了农业生产经营形式，而没有改变土地所有权性质。家庭联产承包的方式符合当时历史条件下农业生产力发展水平，有利于提高农民的生产积极性，推动农业生产发展水平的提升，为集体经营打下牢固基础。但同时，农业生产实行家庭联产承包责任制后，很快暴露出在规模化、科技运用、市场竞争等方面“三个弱势地位”，随后各地兴起不同形式合作组织，其名称各异。

进入 21 世纪以来，农业改革不断深化，农产品与市场的联系更加紧密，合作社类型更加多样。合作社能够发挥规模效应，降低农业成本，提高农业产业效率；农民有计划、有组织地帮助合作社在农业生产、销售、加工、运输、贮藏等各个环节展开；国家对农民合作社的扶持力度也在不断加强，在财税等方面为农业合作社发展提供相应的支持。顺应发展规律，满足农业发展要求，为了规范农民合作社的组织和行为，鼓励、支持、引导农民专业合作社的发展，保护农民专业合作社及其成员的合法权益，推进农业农村现代化，2006 年 10 月，全国人大常委会审议通过《农民专业合作社法》，这部法律为农民专业合作社建设提供了依据，为依法发展和运营农民专业合作社提供了法律指导。

随着农民专业合作社不断发展，农村改革不断深入，2007 年，中央“一号文件”再次强调“大力发展农民专业合作组织”“增大农民专业合作社建设示范项目资金规模”，从法律和政策方面不断为农民专业合作社提供强有力的支持。对在社会实践中出现的问题，在农村改革中不断解决，从而推动农民专业合作社的规范和发展，这是中国共产党领导广大劳动人民的一个伟大创举和宝贵经验，也是以改革促发展在“三农”领域的生动体现。

中国特色社会主义进入新时代，农业基础性作用更加凸显，农业供给侧结构性改革继续深化，农业保险制度更加完善，农业发展与生态保护的关系更加紧密，农业国际合作成为国际交往的重要方面，这一切都显示出农业的地位在不断提升。

2013 年，在《关于〈中共中央关于全面深化改革若干重大问题的决定〉的说明》中，习近平总书记指出："鼓励和引导工商资本到农村发展适合企业化经营的现代种养业，允许农民以土地承包经营权入股发展农业产业化经营等。"农民可以以经营权为股份入股，扩大了农民的财产性权益，丰富了土地流转方式，有利于增加农民收入，让广大农民感受到实实在在的福利。

2017 年 12 月，《农民专业合作社法》进行修订，起草人之一、十一届全国人大常委会农业委员会副主任刘振伟认为，"没有家庭经营的概念，就没有农业专业合作社的概念""在坚持基本经营制度的前提下，让农民以新的方式组织起来，逐步改变'三个弱势地位'，就是《农民专业合作社法》的历史使命"。

2019 年，中央一号文件提出："开展农民合作社规范提升行动，深入推进示范合作社建设，"并从制度方面为农民专业合作社保驾护航，为新时代农民专业合作社改革提供了方向指引。中国特色社会主义现代化成就为新时代农民专业合作社的发展注入了强劲动力，中国特色社会主义市场经济发展积累起来的经济基础、工业基础和科技基础也强有力地推动了农业产业化水平的提高，为农业规模化经营发展提供了经济、科技等方面的支持，是新时代发展农民专业合作社不可或缺的条件。农民专业合作社发展进入新的阶段，正在成为农业经营主体不可或缺的一部分，承担着再次解放农业生产力的重任。在党和政府引导、扶持下，近年来农民专业合作社蓬勃发展。发展农民专业合作社，是打造新型生产关系、构建科学合理的农业发展格局、完善现代农业产业体系，并最终实现农业现代化的必由之路。党的十九大报告提出："发展多种形式适度规模经营，培育新型农业经营主体，健全农业社会化服务体系"，再次为农民专业合作社发展构筑了宏伟蓝图。

第二节　农民专业合作社会计主体、对象和原则

一、农民专业合作社会计主体

（一）会计主体的定义

会计主体是指会计工作为其服务的特定单位或组织，是会计人员进行会计核算时采取的立场以及在空间范围上的界定。会计主体既可以是一个特定单位，也可以是若干个单位组织起来的集团，既可以是法人，也可以是不具备法人资格的实体。一个会计主体应当对其本身发生的交易或事项进行会计确认、计量和报告，独立地记录和核算本身的各项生产经营活动，而不能核算、反映投资者或者其他经济主体的经济活动。

明确界定会计主体是开展会计确认、计量和报告工作的重要前提。首先，明确会计主体，才能划定会计所要处理的各项交易或事项的范围。在会计工作中，只有那些影响会计主体本身经济利益的各项交易或事项才能加以确认、计量和报告，而那些不影响会计主体本身经济利益的各项交易或事项则不能加以确认、计量和报告。会计工作中通常讲的资产、负债的确认，收入的实现，费用的发生等，都是针对特定会计主体而言的。其次，明确会计主体，才能将会计主体的交易或者事项与会计主体所有者的交易或者事项以及其他会计主体的交易或者事项区分开来。

（二）农民专业合作社会计主体

《农民专业合作社法》中明确农民专业合作社是指在农村家庭承包经营基础上，农产品的生产经营者或者农业生产经营服务的提供者、利用者，自愿联合、民主管理的互助性经济组织。农民专业合作社按照国务院财政部门制定的财务会计制度进行财务管理和会计核算。因此，农民专业合作社会计制度适用于依照《农民专业合作社法》设立，并取得法人资格的农民专业合作社和农民专业合作社联合社（以下统称合作社）。农民专业合作社会计的会计主体就是合作社，它要求其会计人员提供的会计信息

必须与本合作社相关，即只对合作社本身发生的交易或事项进行会计确认，而那些与本合作社无关的信息则不属于其核算的范围。

二、农民专业合作社会计对象

（一）会计对象的定义

会计的对象是指会计所核算和监督的内容，即会计工作的客体，一般是指再生产过程中的资金运动。再生产过程是由生产、分配、交换和消费四个相互关联的环节所构成，它包括多种多样的经济活动。由于会计需要以货币为主要计量单位，对一定会计主体的经济活动进行核算和监督，会计并不能反映和监督再生产过程的所有方面的经济活动，而只能反映和监督用货币表现的那些方面的经济活动。所以再生产过程中以价值形式表现的经济活动，就是会计反映和监督的内容。而再生产过程中以价值形式表现的经济活动，可以抽象为资金运动，所以一般认为再生产过程中的资金运动是会计的一般对象。把会计的对象描述为资金运动，这是很抽象的，会计核算和监督的内容应该是详细具体的，这就要求必须把会计主体的资金运动进行分类，使之具体化。对资金运动进行的分类就是会计要素；对会计要素进行的分类就是会计科目。由于单位的组织形式和经济活动的内容不同，所以不同单位的会计对象均有不同的特点。

（二）农民专业合作社会计对象

农民专业合作社会计对象就是合作社在再生产过程中的资金运动，即再生产过程中以价值形式表现的经济活动。把农民专业合作社会计对象具体化，就是农民专业合作社会计要素和会计科目。根据农民专业合作社会计制度的规定，合作社的资金运动分成六大要素，即资产、负债、所有者权益、收入、费用和盈余；而每一会计要素又包括若干会计科目。

三、农民专业合作社会计原则

（一）会计基本假设

会计假设是指为保证会计工作的正常进行和会计信息的质量，对会计核算的范围、内容、基本程序和方法所作的基本假定。会计工作所处的经济环境十分复杂，受很多不确定因素的影响；而会计基本假设是会计确认，计量和报告的前提，是对会计核算所处时间、空间环境等所作的合理假定。会计假设虽然有人为假定的一面，但是并不因此影响其客观性。事实上，作为进行会计活动的必要前提条件，会计假设是会计人员在长期的会计实践中逐步认识、总结而形成的，绝不是毫无根据的猜想或简单武断的规定。离开了会计假设，会计活动就失去了确认、计量、记录、报告的基础，会计工作就会陷入混乱甚至难以进行。

合作社在组织会计核算时，应遵循的会计假设包括：会计主体假设、持续经营假设、会计分期假设和货币计量假设。

1. 会计主体假设

会计主体是指会计工作服务的特定单位，是会计确认、计量和报告的空间范围。明确界定会计主体是开展会计确认、计量和报告工作的重要前提，在会计主体假设下，应当对其本身发生的交易或者事项进行会计确认、计量和报告，反映本身从事的各项生产经营活动。《农民专业合作社会计制度》第二条明确，本制度适用于依照《农民专业合作社法》设立，并取得法人资格的合作社。因此，农民专业合作社会计的会计主体就是合作社。

2. 持续经营假设

持续经营是指会计主体的生产经营活动将无期限持续下去，在可以预见的将来不会倒闭结算。在持续经营前提下，会计确认、计量和报告应当以会计主体持续、正常的生产经营活动为前提。是否持续经营，在会计原则、会计方法的选择上有很大差别。在一般情况下，应当假定会计主体将会按照当前的规模和状态继续经营下去，明确这个基本假设，就意味着会计主体将按照既定用途使用资产，按照既定的合约条件清偿债务，会计人员就可以在此基础上选择会计原则和会计方法。《农民专业合作社会计制度》第五条明确，合作社的会计核算应当以持续经营为前提。

3. 会计分期假设

会计分期是指将一个会计主体持续经营的生产经营活动划分为一个个

连续的、长短相同的期间，目的在于通过划分会计期间，将持续的生产经营活动划分成连续、相等的期间，据以结算盈亏，按期编报财务报告，从而及时向财务报告使用者提供有关会计主体财务状况、经营成果和现金流量的信息。在会计分期假设下，会计主体应当划分会计期间，分期结算账目和编制财务报告。明确会计分期假设意义重大。由于会计分期，才产生了当期与以前期间、以后期间的差别，才使不同类型的会计主体有了记账的基准，进而出现了折旧、摊销等会计处理方法。《农民专业合作社会计制度》第六条明确，合作社的会计核算应当划分会计期间，分期结算账目和编制财务报表。会计期间分为年度和中期，中期是指短于一个完整的会计年度的报告期间。会计年度自公历 1 月 1 日起至 12 月 31 日止。

4. 货币计量假设

货币计量是指会计主体在会计确认、计量和报告时以货币计量反映会计主体的生产经营活动。货币计量指在会计核算中要以货币为统一的主要的计量单位，记录、反映生产经营过程和经营成果。会计主体的经济活动是多种多样、错综复杂的。为了实现会计目的，必须综合反映会计主体的各项经济活动，这就要求有一个统一的计量尺度。

在会计确认、计量和报告过程中选择货币为基础进行计量，是由货币的本身属性决定的。货币是商品的一般等价物，是衡量一般商品价值的共同尺度，具有价值尺度、流通手段、贮藏手段和支付手段等特点。其他计量单位，如重量、长度、容积、台、件等，只能从一个侧面反映会计主体的生产经营情况。无法在总量上进行汇总和比较，不便于会计计量和经营管理。只有选择货币尺度进行计量才能充分反映会计主体的生产经营情况，所以会计确认、计量和报告选择货币作为计量单位。会计在选择货币作为统一的计量尺度的同时，要以实物量度和时间量度等作为辅助的计量尺度。要进行实际会计核算，除了应明确以货币作为主要计量尺度之外，还需要具体确定记账本位币，即按币种统一的货币来反映会计主体的财务状况与经营成果。《农民专业合作社会计制度》第七条明确，合作社的会计核算应当以货币计量，以人民币“元”为金额单位，“元”以下填至“分”。

（二）会计核算的一般原则

会计的一般原则是指对会计核算的基本要求作出规定，是对会计核算基本规律的高度概括和总结。农民专业合作社会计的一般原则可以归纳为：客观性、实质重于形式、相关性、可比性、及时性、明晰性、谨慎性和重要性等 8 项原则。

1. 客观性原则

客观性原则是指会计核算应当以实际发生的交易或事项为依据，如实反映会计主体的财务状况和经营成果。会计核算的客观性包括真实性和可靠性两方面的含义。真实性要求会计核算的结果应当与会计主体实际的财务状况和经营成果相一致；可靠性是指对于经济业务的记录和报告，应当做到不偏不倚，以客观事实为依据，不受会计人员主观意志左右，避免错误并减少偏差。会计主体提供会计信息的目的是满足会计信息使用者的决策需要，因此，必须做到内容真实、数字准确和资料可靠。《农民专业合作社会计制度》第十条明确，合作社应当以实际发生的交易或者事项为依据进行会计核算，如实反映合作社的财务状况和经营成果。

2. 实质重于形式原则

实质重于形式原则是指会计主体应当按照交易或事项的经济实质进行会计核算，而不应当仅仅按照它们的法律形式作为会计核算的依据。在实际工作中，交易或事项的外在法律形式并不总能真实反映其实质内容，为了使会计信息真实反映财务状况和经营成果，就不能仅依据交易或事项的外在表现形式来进行核算，而要反映交易或事项的经济实质。违背这一原则，可能会误导会计信息使用者的决策。《农民专业合作社会计制度》第十条明确，合作社应当按照交易或者事项的经济实质进行会计核算，不应仅以交易或者事项的法律形式为依据。

3. 相关性原则

相关性原则也称为有用性原则，是指会计提供的信息应当能够反映会计主体的财务状况、经营成果，以满足会计信息使用者的需要。会计信息与使用者的决策密切相关，表现在提供的会计信息能帮助决策者预测未来，把握可能的结果，从而改善当前的决策；同时提供的会计信息也能为决策者证实过去的决策产生的结果，从而修正或坚持原来的决策。因此，在会计核算中应坚持这一原则，在收集、加工、处理和提供会计信息的过程中，充分考虑会计信息使用者的信息需求。《农民专业合作社会计制度》第十条、第十三条明确了合作社应当以实际发生的交易或者事项为依据进行会计核算，如实反映合作社的财务状况和经营成果，同时合作社提供的会计信息应当清晰明了，便于理解和使用。

4. 可比性原则

可比性原则是指会计核算应当按照规定的会计处理方法进行，会计处理方法前后各期应当保持一致，不得随意变更，会计指标应当口径一致、相互可比。在会计核算中，经常会出现相同经济业务的会计处理有多种可供选择的办法，会计主体可以在制度允许的范围内选择使用。但是在一般情况下，一经选定某一种方法，就不得随意变动。如果在不同的会计期间采用不同的会计处理方法，将不利于会计信息使用者对会计信息的理解，不利于会计信息作用的发挥。《农民专业合作社会计制度》第十一条明确了合作社应当按照规定的会计处理方法进行。会计处理方法前后各期应当保持一致，不得随意变更。

5. 及时性原则

及时性原则是指会计核算应当及时进行，不得提前或延后。对会计信息使用者来说，会计信息与决策的相关性不仅表现在会计信息的真实可靠，而且表现在会计信息时效性上，过时的会计信息对决策者的使用价值就会大大降低，甚至无效。在会计核算中，坚持这一原则就是要求及时收集会计信息、及时对会计信息进行加工处理、及时传递会计信息，以满足各方面会计信息使用者的决策需要。《农民专业合作社会计制度》第十二条明确了合作社的会计核算应当及时进行，不得提前或者延后。

6. 明晰性原则

明晰性原则亦称可理解性原则，是指会计核算和编制财务会计报告应当清晰明了，便于理解和利用。对会计信息使用者来说，首先要能弄懂财务会计报告反映的信息内容，才能加以利用，并作为决策的依据，因此，明晰性是会计信息质量的首要要求。明晰性原则就是要求会计核算提供的信息应当简明、易懂，能简单地反映财务状况和经营成果，能被大多数使用者理解。在会计核算中只有坚持明晰性原则，才能有利于会计信息使用者准确、完整地把握会计信息的内容，从而更好地利用会计信息。《农民专业合作社会计制度》第十三条明确了合作社提供的会计信息应当清晰明了，便于理解和使用。

7. 谨慎性原则

谨慎性原则是指对交易或者事项进行会计确认、计量和报告应当保持应有的谨慎，不应高估资产或者收益、低估负债或者费用。遵循这一原则，要求会计主体在面临经济活动中不确定因素的情况下作出职业判断并处理会计事项时，应当保持必要的谨慎，充分估计风险和损失，对于预计会发生的损失应计算入账，对于可能产生的收益则不预计入账。当然，遵循这一原则并不意味着可以任意设置各种秘密准备，否则应当按照对重大会计差错更正的要求进行相应会计处理，加以纠正。《农民专业合作社会计制度》第一章总则第十二条明确了合作社在进行会计核算时应当保持应有的谨慎，不得多计资产或者收益，少计负债或者费用。

8. 重要性原则

重要性原则是指在全面核算的前提下，对于在会计核算过程中的交易或事项应当区别其重要程度，采用不同的核算方式。对资产、负债、损益等有较大影响，并进而影响财务会计报告使用者据以作出合理判断的重要会计事项，必须按照规定的会计方法和程序进行处理，并在财务会计报告中予以充分、准确地披露；对于次要的会计事项，在不影响会计信息真实性和不误导财务会计报告使用者作出正确判断的前提下，可适当简化处理。

第三节　农民专业合作社会计要素和会计科目

一、农民专业合作社会计要素

把农民专业合作社会计对象具体化，就是农民专业合作社会计要素。

会计要素是对会计对象的基本分类，是会计对象的具体化和会计分类核算的基础，也是反映会计主体的财务状况和经营成果的基本单位。《农民专业合作社会计制度》第九条明确，合作社的会计要素包括资产、负债、所有者权益、收入、费用和盈余。其中，资产、负债和所有者权益是反映合作社财务状况的会计要素，而费用、收入及盈余是反映合作社一定时期内经营成果的会计要素。

（一）资产

合作社的资产，是指合作社过去的交易或者事项形成的、由合作社拥有或者控制的、预期会给合作社带来经济利益的资源。合作社的资产按照流动性可分为流动资产和非流动资产。流动资产是指预计在 1 年内（含 1 年）变现、出售或耗用的资产，包括库存现金、银行存款、应收款项、存货、消耗性生物资产等。非流动资产是指流动资产以外的资产，包括对外投资、生产性生物资产、固定资产、无形资产、公益性生物资产、长期待摊费用等。合作社的资产应当按照成本计量。

（二）负债

合作社的负债，是指合作社过去的交易或者事项形成的、预期会导致经济利益流出合作社的现时义务。合作社的负债按照流动性可分为流动负债和非流动负债。流动负债是指偿还期在 1 年内（含 1 年）的债务，包括短期借款、应付款项、应付工资、应付劳务费、应交税费、应付利息、应付盈余返还、应付剩余盈余等。非流动负债是指偿还期在 1 年以上的债务，包括长期借款、专项应付款等。合作社的负债按照实际发生额计价。

（三）所有者权益

合作社的所有者权益，是指合作社资产扣除负债后由成员享有的剩余权益。合作社的所有者权益包括股金、专项基金、资本公积、盈余公积、未分配盈余等。合作社收到成员出资投入的资产，应当按照确定的成本计入相关资产。按照该成员应享有合作社成员出资总额的份额计算的金额计入股金，两者之间的差额计入资本公积。合作社按照法定程序减少成员出资总额或成员退股时，应当减少股金。

（四）收入

合作社的收入，是指合作社在日常活动中形成的、会导致所有者权益增加的、与成员投入资本无关的经济利益的总流入。合作社的收入包括经营收入和其他收入。经营收入包括合作社提供农业生产资料的购买、使用，农产品的生产、销售、加工、运输、贮藏以及与农业生产经营有关的技术、信息、设施建设运营等服务，开发经营农村民间工艺及制品、休闲农业和乡村旅游资源等，以及销售本社产品取得的收入。其他收入包括盘盈收益、确实无法支付的应付款项等除经营收入以外的收入。合作社的经营收入一般应当于产品物资已经发出，服务已经提供，同时收讫价款或取得收取价款的凭据时予以确认。合作社的其他收入一般应当于收入实现时予以确认。合作社应当按照从购买方已收或应收的合同或协议价款，确定收入金额。

（五）费用

合作社的费用，是指合作社在日常活动中发生的、会导致所有者权益减少的、与向成员分配盈余无关的经济利益的总流出。合作社的费用包括经营支出、税金及附加、管理费用、财务费用和其他支出等。合作社的费用一般应当在发生时按照其发生额计入当期损益。经营支出包括合作社提供农业生产资料的购买、使用，农产品的生产、销售、加工、运输、贮藏以及与农业生产经营有关的技术、信息、设施建设运营等服务，开发经营农村民间工艺及制品、休闲农业和乡村旅游资源等，以及销售本社产品发生的实际支出。

税金及附加包括合作社从事生产经营活动按照税法的有关规定应负担的消费税、城市维护建设税、资源税、房产税、土地使用税、车船税、印花税、教育费附加及地方教育附加等相关税费。管理费用包括管理人员的工资、办公费、差旅费、业务招待费，管理用固定资产的折旧、无形资产摊销等为组织和管理生产经营活动发生的支出。财务费用包括利息费用（减利息收入）、银行相关手续费等为筹集生产经营所需资金发生的支出。

其他支出包括生物资产的死亡毁损支出、损失，固定资产及产品物资等的盘亏、损失，防灾抢险支出，安全生产支出，环境保护支出，罚款支出，捐赠支出，确实无法收回的应收款项损失等。

（六）盈余

合作社的盈余，是指合作社在一定会计期间的经营成果。合作社的本年盈余按照下列公式计算：

本年盈余 = 经营收益 + 其他收入 - 其他支出 - 所得税费用

其中：

经营收益 = 经营收入 + 投资收益 - 经营支出 - 税金及附加 - 管理费用 - 财务费用

二、会计恒等式

会计恒等式是指各个会计要素在总额上必须相等的一种关系式。它揭示了各会计对象要素之间的联系，是复式记账、编制会计报表的理论依据。会计恒等式能够体现合作社的权利和义务。农民专业合作社会计的会计要素为资产、负债、所有者权益、收入、费用和盈余，它们之间的关系可以用以下会计恒等式表示。

（一）会计恒等式一

资产 = 负债 + 所有者权益

该等式是会计记账、核算的基础，也是编制资产负债表的基础，反映企业资金运动的静态状况。它表明了合作社成员与债权人两者在合作社资产中所占的份额。在负债不变时，资产与所有者权益同方向变化；所有者权益不变时，资产就与负债同方向变化；而当所有者权益与负债都变化的时候，资产的变化则等于两者之和。

（二）会计恒等式二

收入 - 费用 = 盈余

该等式反映的是合作社资金运动的情况，资产一旦运用并取得收入时，资产就转化为费用，收入减去费用即为盈余，又会作为资产用到下一轮的经营。由此我们可以推出第三个会计恒等式。

（三）会计恒等式三

资产 + 费用 = 负债 + 所有者权益 + 收入

等式三并没有破坏等式一，当盈余分配后，一部分成为合作社成员的收益，另一部分缴纳税金，等式三便消失了，变成了等式一。

所以会计六要素不管如何转变，最后都会回到“资产 = 负债 + 所有者权益”这一等式。在实际工作中要是等式不平了，那就说明记账有错误。

三、农民专业合作社会计科目

对农民专业合作社会计六大会计要素进行具体划分，可分成48 个会计科目，如表 1 - 1 所示。

表 1 - 1　　会计科目名称和编号

顺序号	编号	会计科目名称
		一、资产类科目
1	101	库存现金
2	102	银行存款
3	113	应收款
4	114	成员往来
5	121	产品物资
6	124	委托加工物资
7	125	委托代销商品
8	127	受托代购商品
9	128	受托代销商品
10	131	对外投资
11	141	消耗性生物资产
12	142	生产性生物资产
13	143	生产性生物资产累计折旧
14	144	公益性生物资产
15	151	固定资产

续表

顺序号	编号	会计科目名称
16	152	累计折旧
17	153	在建工程
18	154	固定资产清理
19	161	无形资产
20	162	累计摊销
21	171	长期待摊费用
22	181	待处理财产损溢
		二、负债类科目
23	201	短期借款
24	211	应付款
25	212	应付工资
26	213	应付劳务费
27	214	应交税费
28	215	应付利息
29	221	应付盈余返还
30	222	应付剩余盈余
31	231	长期借款
32	235	专项应付款
		三、所有者权益类科目
33	301	股金
34	311	专项基金
35	321	资本公积
36	322	盈余公积
37	331	本年盈余
38	332	盈余分配
		四、成本类科目
39	401	生产成本
		五、损益类科目
40	501	经营收入
41	502	其他收入
42	511	投资收益
43	521	经营支出

续表

顺序号	编号	会计科目名称
44	522	税金及附加
45	523	管理费用
46	524	财务费用
47	529	其他支出
48	531	所得税费用

第四节　借贷记账法

一、借贷记账法概念与账户结构

（一）借贷记账法的概念

借贷记账法指的是以会计等式作为记账原理，以借、贷作为记账符号，反映经济业务增减变化的一种复式记账方法。其中，原来仅限于记录债权、债务的“借”“贷”二字已不能概括经济活动的全部内容，它表示的内容应该包括全部经济活动资金运动变化的来龙去脉，它们逐渐失去了原来字面上的含义而转为一种单纯的记账符号，只表明记账的方向，成为一种专门的会计术语。《农民专业合作社会计制度》第八条明确了合作社的会计记账方法采用借贷记账法。

（二）借贷记账法的账户结构

借贷记账法下，所有账户的结构都是左方为借方，右方为贷方，但借方、贷方反映会计要素数量变化的增减性质则是不固定的。不同性质的账户，借贷方登记的内容不同，下面分别说明各类账户的结构。

1. 资产类账户的结构

在资产类账户中，它的借方记录资产的增加额，贷方记录资产的减少额。在同一会计期间，借方记录的合计数额称作本期借方发生额，贷方记录的合计数额称作本期贷方发生额，在每一会计期间的期末，将借贷方发生额相比较，其差额称作期末余额。资产类账户的期末余额一般在借方。资产类账户的期末余额可根据下列公式计算：

期末余额（借方）=期初余额+本期借方发生额-本期贷方发生额

2. 负债类账户和所有者权益类账户的结构

负债类及所有者权益类账户的结构与资产类账户的结构正好相反，其贷方记录负债及所有者权益的增加额；借方记录负债及所有者权益的减少额，期末余额一般应在贷方。负债类账户和所有者权益类账户的期末余额可根据下列公式计算：

期末余额（贷方）=期初余额+本期贷方发生额-本期借方发生额

3. 费用成本类账户的结构

成本费用类账户的结构与资产类账户的结构基本相同，账户的借方记录费用成本的增加额，账户的贷方记录费用成本用于抵销收益类账户（减少）的数额，由于借方记录的费用成本的增加额一般都要通过贷方转出，所以账户通常没有余额。如果有余额，也表现为借方余额。

4. 收益类账户的结构

收益类账户的结构则与负债类账户和所有者权益类账户的结构基本相同，收入的增加额记入账户的贷方，收入转出（减少额）则应记入账户的借方，由于贷方记录的收入增加额一般要通过借方转出，所以账户通常也没有期末余额。如果有余额，则表现为贷方余额。

二、借贷记账法记账规则

（一）借贷记账法的基本要求

借贷记账法的记账规则可以概括为：有借必有贷，借贷必相等。在运用借贷记账法记账时，对每项经济业务，既要记录一个（或几个）账户的借方，又必然要记录另一个（或几个）账户的贷方，即“有借必有贷”；账户借方记录的金额必然等于账户贷方的金额，即“借贷必相等”。记录的账户可以是同类账户，也可以是不同类账户，但必须是两个记账方向，既不能都计入借方，也不能都计入贷方，计入借方的金额必须等于计入贷方的金额。

（二）借贷记账法的主要原理

任何经济业务的发生，都会引起资产、负债、所有者权益等会计要素发生相应变动。但无论发生任何经济业务，它们对资产和负债或者所有者权益的影响不外乎是以下几种类型。

1. 资产和负债或者所有者权益同时增加。

对这类经济业务，一方面，要将发生的金额登记到资产类账户的借方，另一方面，要以相等金额登记到负债或所有者权益的贷方。

2. 资产和负债或者所有者权益同时减少。

对这类经济业务，一方面，要将发生的金额登记到资产类账户的贷方，另一方面，要以相等金额登记到负债或所有者权益的借方。

3. 发生经营收入，一般会导致资产和收入同时增加。

对这类经济业务，一方面，要将发生的金额计入资产类账户的借方，另一方面，要以相等金额登记到收入账户的贷方。

4. 发生费用，一般会导致资产减少与费用增加。

对这类经济业务，一方面，要将发生的金额登记到资产类账户的贷方，另一方面，要以相等金额登记到费用账户的借方。

5. 资产内部项目互相转化，即两个项目一增一减。

对这类经济业务，一方面，要将发生的金额登记到某一个资产账户的借方，另一方面，要以相等金额登记到另一个资产账户的贷方。

6. 负债或所有者权益一增一减。

对这类经济业务，一方面，要将发生的金额登记到某一个负债或所有者权益账户的贷方，另一方面，要以相等金额登记到另一个负债或所有者权益账户的借方。

借贷记账法的主要优点是：有利于分析经济业务，加强经济管理；有利于防止和减少记账差错；在账户设置上较为灵活；有利于会计电算化。

（三）会计分录

会计分录是指根据经济业务的内容指明应借应贷账户的方向、账户名称及其金额的一种会计记录。会计分录要素包括记账方向、账户名称、金额。会计分录种类包括简单分录和复合分录两种，其中，简单分录是指只涉及两个账户的会计分录，复合分录是指涉及两个（不包括两个）以上账户的会计分录。会计分录编制要求一般是先写借方的内容后写贷方的内容，借方和贷方的内容应当错格表示，即借方要比贷方往前一格，以表示账户之间的对应关系，每个账户只能书写一行，经济业务事项涉及几个账户就应该分别列示几行，不能把涉及的账户都写在一行。

三、借贷记账法试算平衡计算方法及运用

（一）借贷记账法试算平衡计算方法

试算平衡是指在某一时日（如会计期末），为了保证本期会计处理的正确性，依据会计等式或复式记账原理，对本期各账户的全部记录进行汇总、测算，以检验其正确性的一种专门方法。通过试算平衡，可以检查会计记录的正确性，查明出现不正确会计记录的原因，并进行调整，从而为会计报表的编制提供准确的资料。在借贷记账法下，根据借贷复式记账的基本原理，试算平衡的方法主要有两种：本期发生额平衡法和余额平衡法。

1. 本期发生额平衡法

本期发生额平衡法，是指将全部账户的本期借方发生额和本期贷方发生额分别加总后，利用“有借必有贷，借贷必相等”的记账规则来检验本期发生额账户处理正确性的一种试算平衡方法，其试算平衡公式如下：

全部账户本期借方发生额合计 = 全部账户本期贷方发生额合计

（发生额是属于期间动态的会计指标，反映资金的增减变化，所以又称为动态平衡公式。）

这种试算平衡方法的原理是：在平时编制会计分录时，都是“有借必

有贷，借贷必相等”，将其计入有关账户并经汇总后，也必然是“借贷必相等”。本期发生额平衡法主要是用来检查本期发生的经济业务在进行各种账户处理时的正确性。

2. 余额平衡法

余额试算平衡法就是根据本期所有账户借方余额合计与贷方余额合计的恒等关系，检验本期账户记录是否正确的方法。其理论依据是资产和权益的恒等关系。余额试算平衡法又可分为期初余额平衡与期末余额平衡两类。其试算平衡公式如下：

全部账户的借方期末余额 = 全部账户的贷方期末余额

全部账户的借方期初余额 = 全部账户的贷方期初余额

（余额是属于时点静态的会计指标，反映资金增减变动后的结果，所以又称为静态平衡公式。）

余额平衡法的基本原理是：在借贷记账法下，资产账户的期末余额在借方，负债和所有者权益账户的期末余额在贷方，由于存在“资产 = 负债 + 所有者权益”的平衡关系，所以全部账户的借方期末余额合计数应当等于全部账户的贷方期末余额合计数。余额平衡法主要是通过各种账户余额来检查、推断账户处理正确性的。

3. 试算不平衡的原因

如果试算不平衡，说明账户的记录肯定有错；如果试算平衡，说明账户的记录基本正确，但不一定完全正确。这是因为有些错误并不影响借贷双方的平衡。发生这类不影响平衡关系的错误通常包括以下几个方面：

（1）某项经济业务在有关账户中全部重记、全部漏记或多记、少记，且金额一致等错误，并不能通过试算平衡来发现。但试算平衡仍表明账户记录是正确的。

（2）某项经济业务记错账户，而方向无误，借贷仍然平衡。

（3）某项经济业务记录的应借、应贷账户相互颠倒，借贷仍然平衡。

（4）记录某账户的错误金额一多一少，恰好互相抵销，借贷仍然平衡。

（二）借贷记账法的具体运用

借贷记账法应用的基本会计等式为：资产 = 负债 + 所有者权益

1. 资金流入的业务

资产与负债、所有者权益同时增加。资产增加计入有关账户的“借方”，负债和所有者权益增加计入有关账户的“贷方”。

2. 资金在内部流动的业务

资产、收入和费用之间或资产要素内部的增减。资产和费用的增加以及收入减少计入相关账户的“借方”，收入增加以及资产和费用的减少计入相关账户的“贷方”。

3. 权益转化的业务

负债、所有者权益和利润三者之间或一个要素内部有增有减。负债、所有者权益的增加以及利润的增加计入相关账户的“贷方”，利润减少以及负债、所有者权益的减少则计入相关账户的“借方”。

4. 资金退出的业务

资产和负债、所有者权益同时减少。资产减少计入有关账户的“贷方”，负债及所有者权益减少则计入有关账户的“借方”。由此可以看出，每类业务都要同时计入有关账户的借方和另一些账户的贷方，且计入双方账户的金额相等。

第五节　会计档案

会计档案是指单位在进行会计核算等过程中接收或形成的，记录和反映单位经济业务事项的，具有保存价值的文字、图表等各种形式的会计资料，包括通过计算机等电子设备形成、传输和存储的电子会计档案。合作社应当加强会计档案管理工作，建立和完善会计档案的收集、整理、保管、利用和鉴定销毁等管理制度，采取可靠的安全防护技术和措施，保证会计档案的真实、完整、可用、安全。合作社的档案机构或者档案工作人员所属机构（以下统称“单位档案管理机构”）负责管理本合作社的会计档案。合作社也可以委托具备档案管理条件的机构代为管理会计档案。

《农民专业合作社会计制度》第六十条明确规定，合作社管理会计档案等，应当按照《会计基础工作规范》《会计档案管理办法》等规定执行。

一、会计档案的范围及保管

（一）会计档案的范围

《会计档案管理办法》规定下列会计资料应当进行归档：会计凭证，包括原始凭证、记账凭证；会计账簿，包括总账、明细账、日记账、固定资产卡片及其他辅助性账簿；财务会计报告，包括月度、季度、半年度、年度财务会计报告；其他会计资料，包括银行存款余额调节表、银行对账单、纳税申报表、会计档案移交清册、会计档案保管清册、会计档案销毁清册、会计档案鉴定意见书及其他具有保存价值的会计资料。

（二）会计档案的保管

1. 会计档案的整理立卷

合作社的会计机构或会计人员所属机构（以下统称“单位会计管理机构”）按照归档范围和归档要求，负责定期将应当归档的会计资料整理立卷，编制会计档案保管清册。会计档案的整理一般采用“三统一”的办法，即分类标准统一、档案形成统一、管理要求统一，并分门别类按各卷顺序编号。

（1）分类标准统一。一般将财务会计资料分为一类账簿、二类凭证、三类报表、四类文字资料及其他。

（2）档案形成统一。案册封面、档案卡夹、存放柜和存放序列统一。

（3）管理要求统一。建立财务会计资料档案簿、会计资料档案目录；会计凭证装订成册，报表和文字材料分类立卷，其他零星资料按年度排序汇编装订成册。

2. 会计档案的保管

当年形成的会计档案，在会计年度终了后，可由合作社会计管理机构临时保管 1 年，再移交档案管理机构保管。因工作需要确需推迟移交的，应当经档案管理机构同意。合作社会计管理机构临时保管会计档案最长不超过 3 年。临时保管期间，会计档案的保管应当符合国家档案管理的有关规定，且出纳人员不得兼管会计档案。

会计档案的保管期限分为永久、定期两类。定期保管期限一般分为 10 年和 30 年。会计档案的保管期限，从会计年度终了后的第一天算起。各类会计档案的保管期限原则上应当按照《会计档案管理办法》执行。

3. 会计档案的移交

（1）合作社会计管理机构在办理会计档案移交时，应当编制会计档案移交清册，并按照国家档案管理的有关规定办理移交手续。

（2）纸质会计档案移交时应当保持原卷的封装。电子会计档案移交时应当将电子会计档案及其元数据一并移交，且文件格式应当符合国家档案管理的有关规定。特殊格式的电子会计档案应当与其读取平台一并移交。

（3）合作社档案管理机构接收电子会计档案时，应当对电子会计档案的准确性、完整性、可用性、安全性进行检测，符合要求的才能接收。

二、电子会计档案及会计档案的借阅

（一）电子会计档案

合作社可以利用计算机、网络通信等信息技术手段管理会计档案。同时满足下列条件的，合作社内部形成的属于归档范围的电子会计资料可仅以电子形式保存，形成电子会计档案。满足以下规定条件，从外部接收的电子会计资料附有符合《中华人民共和国电子签名法》规定的电子签名的，可仅以电子形式归档保存，形成电子会计档案。

（1）形成的电子会计资料来源真实有效，由计算机等电子设备形成和传输。使用的会计核算系统能够准确、完整、有效接收和读取电子会计资料，能够输出符合国家标准归档格式的会计凭证、会计账簿、财务会计报表等会计资料，设定了经办、审核、审批等必要的审签程序。

（2）使用的电子档案管理系统能够有效接收、管理、利用电子会计档案，符合电子档案的长期保管要求，并建立了电子会计档案与相关联的其他纸质会计档案的检索关系。合作社应采取有效措施，防止电子会计档案被篡改。

(3) 建立电子会计档案备份制度，能够有效防范自然灾害、意外事故和人为破坏的影响。形成的电子会计资料不属于具有永久保存价值或者其他重要保存价值的会计档案。

(二) 会计档案的借阅

合作社应当严格按照相关制度利用会计档案，在进行会计档案查阅、复制、借出时履行登记手续，严禁篡改和损坏。保存的会计档案一般不得对外借出。确因工作需要且根据国家有关规定必须借出的，应当严格按照规定办理相关手续。会计档案借用单位应当妥善保管和利用借入的会计档案，确保借入会计档案的安全完整，并在规定时间内归还。

三、会计档案的销毁

(一) 会计档案的鉴定

合作社应当定期对已到保管期限的会计档案进行鉴定，并形成会计档案鉴定意见书。经鉴定，仍需继续保存的会计档案，应当重新划定保管期限；对保管期满，确无保存价值的会计档案，可以销毁。会计档案鉴定工作应当由合作社档案管理机构牵头，组织合作社相关机构或人员共同进行。

(二) 会计档案的销毁

保管期满但未结清的债权债务会计凭证和涉及其他未了事项的会计凭证不得销毁，纸质会计档案应当单独抽出立卷，电子会计档案单独转存，保管到未了事项完结时为止。单独抽出立卷或转存的会计档案，应当在会计档案鉴定意见书、会计档案销毁清册和会计档案保管清册中列明。经鉴定可以销毁的会计档案，应当按照以下程序销毁：

第一步，合作社档案管理机构编制会计档案销毁清册，列明拟销毁会计档案的名称、卷号、册数、起止年度、档案编号、应保管期限、已保管期限和销毁时间等内容。

第二步，合作社负责人、档案管理机构负责人、会计管理机构负责人、档案管理机构经办人、会计管理机构经办人在会计档案销毁清册上签署意见。

第三步，合作社档案管理机构负责组织会计档案销毁工作，并与会计管理机构共同派员监销。监销人在会计档案销毁前，应当按照会计档案销毁清册所列内容进行清点核对；在会计档案销毁后，应当在会计档案销毁清册上签名或盖章。

第四步，电子会计档案的销毁还应当符合国家有关电子档案的规定，并由合作社档案管理机构、会计管理机构和信息系统管理机构共同派员监销。

第二章 《农民专业合作社会计制度》概述

第一节 《农民专业合作社会计制度》的出台和修订

农民专业合作社作为目前我国农村的主要经济组织形式，如何规范其会计核算工作是我国目前会计改革中所面临的重要问题。为了规范农民专业合作社的会计工作，保护农民专业合作社及其成员的合法权益，财政部制定印发了《农民专业合作社会计制度》（财会〔2021〕37 号），自 2023 年 1 月 1 日起施行。

一、《农民专业合作社会计制度》出台和修订的背景

（一）《农民专业合作社会计制度》出台的背景

《农民专业合作社会计制度》是基于农民专业合作社的组织和行业特征，为了规范农民专业合作社会计工作，保护农民专业合作社及其成员的合法权益，满足公益需求，根据《中华人民共和国会计法》（以下简称《会计法》）、《中华人民共和国农民专业合作社法》等有关规定，结合合作社的实际情况，融入“三农”要素，制定的会计行政法规。

2006 年 10 月，全国人大常委会审议通过《中华人民共和国农民专业合作社法》（以下简称《农民专业合作社法》），并于 2007 年 7 月 1 日正式实施。《农民专业合作社法》是继《公司法》《合伙企业法》《个人独资企业法》等市场主体法之后，又一部重要的市场主体法律。从财务角度，《农民专业合作社法》对农民专业合作社成员入股、业务往来、盈余分配和公积金

量化等财务活动方面进行了专门规范。结合《农民专业合作社法》的出台，财政部于2007年发布《农民专业合作社财务会计制度（试行）》[财会〔2007〕15号，以下简称《财务会计制度（试行）》]，自2008年1月1日起施行。《财务会计制度（试行）》不仅在会计确认、计量和记录环节严格规范会计信息，注意完善农民专业合作社内部控制，而且为了遵循《农民专业合作社法》关于“农民专业合作社的理事长或者理事会应当按照章程规定，组织编制年度业务报告，盈余分配方案、亏损处理方案以及财务会计报告”的要求，《财务会计制度（试行）》规定合作社除编制“资产负债表”“科目余额表”“收支明细表”外，还需要编制“盈余及盈余分配表”“成员权益变动表”和财务状况说明书等。可以说，《财务会计制度（试行）》对于规范合作社会计核算、促进合作社规范发展发挥了重要作用。

（二）《农民专业合作社会计制度》修订的背景

随着农民专业合作社作为实现小农户和现代农业发展有机衔接的中坚力量，相关法律法规、中央有关工作部署对加强合作社会计核算提出了明确要求。特别是2017年《农民专业合作社法》的修订，提出“农民专业合作社应当按照国务院财政部门制定的财务会计制度进行财务管理和会计核算”。2019年9月，中央农办、农业农村部、财政部、税务总局、市场监管总局等11个部门和单位联合印发《关于开展农民合作社规范提升行动的若干意见》（中农发〔2019〕18号），提出抓紧修订合作社相关配套法规，完善合作社财务制度和会计制度的要求。为配合相关法律法规，进一步规范合作社会计工作，财政部于2021年12月制定印发了《农民专业合作社会计制度》（财会〔2021〕37号），要求自2023年1月1日起施行。《农民专业合作社会计制度》作为一个独立的行业会计制度，也是我国统一会计制度体系的重要组成部分，遵循《会计法》和《农民专业合作社法》，保持其与法律及其他制度之间的协调性。

二、《农民专业合作社会计制度》修订的必要性和遵循的原则

（一）《农民专业合作社会计制度》修订的必要性

2022年1月17日，财政部会计司有关负责人就印发《农民专业合作

社会计制度》答记者问时对《财务会计制度（试行）》修订的必要性进行了解读。

1. 相关法律法规更新提出了明确要求

修订后的《农民专业合作社法》，对合作社的成员出资方式、联合社的管理等提出新的要求，从与相关法规制度一致性的要求出发，有必要对原制度进行补充明确和修订完善，满足合作社经济业务发展的需要。

2. 乡村振兴战略对合作社加强会计核算提出了明确要求

乡村振兴战略实施等中央有关工作部署对合作社质量提升、加强会计核算提出了明确要求。2018 年 9 月，中共中央、国务院印发《乡村振兴战略规划（2018—2022 年）》，要求以乡村基础财务会计制度建设、基本财会人员选配和专业技术培训为重点，提升农民合作组织的财务会计管理水平和开展各类基本经济活动的规范管理能力。

2019 年 9 月，中央农办、农业农村部、财政部、税务总局、市场监管总局等 11 个部门和单位联合印发《关于开展农民合作社规范提升行动的若干意见》（中农发〔2019〕18 号），明确提出抓紧修订合作社相关配套法规，完善合作社财务制度和会计制度的要求。

3. 合作社的发展实践对会计核算提出了新的需求

随着农村分工分业深化以及合作社的不断发展和业务扩展，合作社资产类型、业务范围等有所扩大，涉税业务日益增多，《财务会计制度（试行）》出现了一些不适应的地方，有必要对原财务会计制度（试行）进行补充明确和修订完善，满足合作社经济业务发展的需要。

因此，根据《会计法》等有关规定，结合合作社的实际情况和需要，对原制度进行补充和修订完善，进一步明确农民专业合作社会计核算的要求，规范体例、充实会计科目、完备涵盖范围，有助于进一步规范农民专业合作社会计工作，加强合作社会计核算、保护合作社及其成员的合法权益，对贯彻落实乡村振兴战略，提升合作社规范化水平将发挥积极作用。

（二）《农民专业合作社会计制度》修订遵循的原则

1. 依法规范原则

依据新修订的《农民专业合作社法》新增内容，《农民专业合作社会计制度》也相应地补充了有关会计处理要求。例如，针对出资参加合作社的法律规定，增加关于土地经营权、林权出资的确认、计量等要求；针对新增的联合社组织形式，明确联合社应当适用《农民专业合作社会计制度》，并对成员社收到联合社的盈余返还、盈余分配等会计处理作出规定。

2. 问题导向原则

一方面，对符合合作社互助经济组织定位、过往会计核算中已被实务广泛接受认可的做法，《农民专业合作社会计制度》予以保留，并适当调整完善，以有序衔接、确保稳定。例如，对"成员往来"等科目进行充实完善，对外投资暂不区分长期投资和短期投资等。另一方面，对合作社发展中出现的新情况、新需要，补充完善有关会计科目和账务处理，促进合作社精细核算，提升会计核算水平和会计信息质量。例如，引入"生物资产"的分类和核算要求，增设"累计摊销""长期待摊费用""待处理财产损溢""应付劳务费""应付利息""财务费用"等13个会计科目，补充充实涉税业务、财政补助资金的有关会计核算等。

3. 务实简化原则

从全国范围来看，大部分合作社规模较小、业务单一，合作社成员以农民为主，因此，参考《农民专业合作社法》修改思路，在与行业主管部门及有关专家充分沟通的基础上，《农民专业合作社会计制度》在满足会计核算需求的前提下，适当保留相对简化的会计处理要求，力求简便易行、方便操作，例如，不计提资产减值准备、固定资产折旧方法限于采用平均年限法或工作量法等。

4. 协调衔接原则

《财务会计制度（试行）》涉及合作社财务管理和会计核算两方面内容，按照《农民专业合作社法》《关于开展农民合作社规范提升行动的若干意见》的有关要求，《农民专业合作社会计制度》聚焦规范会计核算工作，并且与正在制定中的财务制度在具体内容上实现较好的协调衔接。此外，《农民专业合作社会计制度》对于《财务会计制度（试行）》中存在的不全面、不协调之处进行了修订，确保《农民专业合作社会计制度》的内在协调衔接，例如，对“资产负债表”的报表格式、项目和顺序等进一步优化，增进可理解性；完善“盈余及盈余分配表”的报表项目列报顺序，以与《农民专业合作社法》中对合作社盈余分配程序的要求相一致等。

第二节 《农民专业合作社会计制度》体系框架

一、《农民专业合作社会计制度》基本框架

《农民专业合作社会计制度》由正文和附录两部分组成。

正文包括总则，资产，负债，所有者权益，成本、收入和费用，盈余及盈余分配，财务报表和附则，共 8 章 61 条内容。

第一章总则，主要阐述《农民专业合作社会计制度》的制定目的和制定依据、适用范围、会计基础、会计信息质量等总体要求。

第二章至第五章分别为资产，负债，所有者权益，成本、收入和费用，结合合作社主要生产经营活动，对相关资产，负债，所有者权益，成本、收入和费用等会计要素的确认和计量等作出规范要求。

第六章盈余及盈余分配，对合作社本年盈余的形成和分配等会计处理作出规范要求。

第七章财务报表，对合作社会计报表类型、报表附注、编制要求、会计政策、会计估计变更和差错更正等作出规范要求。

第八章附则，主要规范施行日期以及与《财务会计制度（试行）》的衔接问题，并对合作社会计基础工作、会计档案管理等工作提出原则要求。

附录“合作社会计科目和财务报表”主要规范 48 个会计科目的具体设置、核算内容和主要账务处理，以及会计报表格式与附注及其编制要求等。

二、《农民专业合作社会计制度》主要修订内容

（一）统一规范会计核算

从内容布局上，相比《财务会计制度（试行）》进行了更新与调整，整体上框架更明确、逻辑更清晰。新修订的《农民专业合作社会计制度》分章节对会计制度总体要求，合作社资产，负债，所有者权益，成本、收入、费用，盈余等会计要素，财务报表以及实施衔接问题的定义、确认、计量和账务处理等内容进行统一全面规范。征求意见稿对本制度的适用范围上补充了联合社，给联合社以会计核算的依据。从内容上增加了“扶贫项目资产”的账务处理。

（二）细化充实账务处理

对于资产的分类更明确，分为流动资产和非流动资产，对负债的分类也做了修订，分为流动负债与非流动负债。增加了“待处理财产损溢”等的账务处理，对资产盘盈盘亏的账务处理予以明确。在账务处理中，还增加了对“扶贫项目资产”的相关账务处理办法。在核算办法中，本年盈余和经营收益的计算公式中加上了税金相关内容。在固定资产的认定标准方面，《财务会计制度（试行）》中有“凡使用年限在1年以上，单位价值在500元以上的列为固定资产”的标准，征求意见稿中对固定资产的单位价值不做要求，由合作社按常规要求予以操作。

（三）增加补充会计科目

在征求意见稿中，会计科目由原来的37个变成现在的48个。会计科目的修订主要有：资产类科目增加7个，即“累计摊销”“长期待摊费用”“待处理财产损溢”“消耗性生物资产”“生产性生物资产”“生产性生物资产累计折旧”“公益性生物资产”科目，取消了“牲畜（禽）资产”“林木资产”2个会计科目；负债类科目增加3个，即“应付劳务费”“应交税费”“应付利息”科目；所有者权益类科目没有变化；成本类科目没有变化；损益类科目增加3个，即“税金及附加”“财务费用”“所得税费

用”科目。相应的调整更符合合作社发展实践需求，对合作社会计制度进行了有益补充。

（四）修订完善会计报表

“资产负债表”中，根据资产和负债分类的调整将长期资产改为非流动资产，长期负债改为非流动负债，表中还补充了与会计科目调整对应的项目。“盈余及盈余分配表”中，把提取盈余公积置于可分配盈余之前，即在本年盈余中，先提取盈余公积，然后才是可分配盈余，这与《农民专业合作社法》第四十四条规定一致。可分配盈余中除“盈余返还”与“剩余盈余分配”外，还加上了“转为成员出资”，此外，补充了“税金”“财务费用”等与会计科目调整对应的项目。“成员权益变动表”中，未分配盈余项目的本年增加数加入了“本年盈余”和“其他转入”；本年减少数加入了“提取盈余公积”“转为成员出资”和“弥补亏损”。成员账户中，将剩余盈余返还金额改成了剩余盈余分配金额，项目名称上与本制度前后一致，也有利于区别盈余返还与剩余盈余分配，相应说法亦与《农民专业合作社法》一致。成员出资增加了一个来源，即“来源于到户类扶贫项目资产的出资额”，增加扶贫相关项目资产的内容。此外，《财务会计制度（试行）》中要求的“科目余额表”和“收支明细表”、财务状况说明书在征求意见稿中不再做要求。

三、《农民专业合作社会计制度》的总体要求

《农民专业合作社会计制度》第一章总则中明确了对制度制定目的和制定依据、适用范围、会计基础、会计信息质量等总体要求。

（一）制定目的和制定依据

本制度制定目的是规范农民专业合作社会计工作，加强农民专业合作社会计核算，保护农民专业合作社及其成员的合法权益。制度根据《会计法》《农民专业合作社法》等有关规定，结合农民专业合作社的实际情况制定。

（二）适用范围

本制度适用于依照《农民专业合作社法》设立，并取得法人资格的农民专业合作社和农民专业合作社联合社。合作社应当根据制度规定和会计业务需要，设置会计账簿，配备必要的会计人员，或者按规定委托代理记账，进行会计核算。合作社应当按照制度规定，设置和使用会计科目，填制会计凭证，登记会计账簿，编制财务报表。

（三）遵循的会计基础

本制度要求合作社的会计核算应当以持续经营为前提，会计核算应当划分会计期间，分期结算账目和编制财务报表。会计期间分为年度和中期，中期是指短于一个完整的会计年度的报告期间。会计年度自公历 1 月 1 日起至 12 月 31 日止。同时，合作社的会计核算应当以货币计量，以人民币“元”为金额单位，“元”以下填至“分”。会计核算采用权责发生制，记账方法采用借贷记账法。

（四）会计信息质量要求

按照制度要求，合作社的会计要素包括资产、负债、所有者权益、收入、费用和盈余。合作社应当以实际发生的交易或者事项为依据进行会计核算，如实反映合作社的财务状况和经营成果。合作社应当按照交易或者事项的经济实质进行会计核算，不应仅以交易或者事项的法律形式为依据。合作社的会计核算应当按照规定的会计处理方法进行，会计处理方法前后各期应当保持一致，不得随意变更。合作社的会计核算应当及时进行，不得提前或者延后。合作社在进行会计核算时应当保持应有的谨慎，不得多计资产或者收益、少计负债或者费用，提供的会计信息应当清晰明了，便于理解和使用。

四、农民专业合作社会计核算的计价规则

《农民专业合作社会计制度》明确了对制度制定目的和制定依据、适用范围、会计基础、会计信息质量等总体要求。

（一）合作社资产的计价规则

合作社的资产按照流动性可分为流动资产和非流动资产，应当按照成本计量。

1. 合作社的应收款项计价规则

合作社的应收款项包括与成员和非成员之间发生的各项应收及暂付款项，应当按照发生额入账。确实无法收回的应收款项，应当计入“其他支出”。

2. 合作社的存货计价规则

合作社的存货按照下列原则计价：购入的物资应当按照购买价款、应支付的相关税费、运输费、装卸费、运输途中的合理损耗以及外购过程发生的其他直接费用计价；受托代购商品视同购入的物资计价；生产入库的农产品和工业产成品，应当按照生产过程中发生的实际支出计价；委托加工物资验收入库时，应当按照委托加工物资的成本和实际支付的全部费用计价；受托代销商品应当按照合同或协议约定的价格计价，出售受托代销商品时，实际收到的价款大于合同或协议约定价格的差额计入“经营收入”，实际收到的价款小于合同或协议约定价格的差额计入“经营支出”；委托代销商品应当按照委托代销商品的实际成本计价；成员出资投入的存货，应当根据有关规定和合作社章程规定，按照有关凭据注明的金额加上相关税费、运输费等计价；没有相关凭据的，经过全体成员评估作价或由第三方机构评估作价、成员大会或者成员代表大会表决通过后，按照全体成员确认的价值计价；盘盈的存货，应当按照同类或类似存货的市场价格或评估价值计价。

同时，合作社应当采用先进先出法、加权平均法或者个别计价法确定领用或出售的出库存货成本。计价方法一经确定，不得随意变更。

3. 合作社的对外投资计价规则

合作社的对外投资按照下列原则计价：以现金、银行存款等货币资金方式向联合社或其他单位投资的，应当按照实际支付的款项和相关税费计价。以实物资产（含生物资产，下同）、无形资产等非货币性资产方式向联合社或其他单位投资的，应当按照评估确认或者合同、协议约定的价值和相关税费计价，实物资产、无形资产等重估确认价值与其账面价值之间的差额，计入“资本公积”。

4. 合作社生物资产的计价规则

合作社生物资产按照下列原则计价：

（1）购入的生物资产应当按照购买价款、应支付的相关税费、运输费以及外购过程发生的其他直接费用计价。

（2）自行栽培、营造、繁殖或养殖的消耗性生物资产，应当按照下列规定确定其成本：自行栽培的大田作物和蔬菜的成本，包括在收获前耗用的种子、肥料、农药等材料费、人工费和应分摊的间接费用等必要支出；自行营造的林木类消耗性生物资产的成本，包括郁闭前发生的造林费、抚育费、营林设施费、良种试验费、调查设计费和应分摊的间接费用等必要支出；自行繁殖的育肥畜的成本，包括出售前发生的饲料费、人工费和应分摊的间接费用等必要支出；水产养殖的动物和植物的成本，包括在出售或入库前耗用的苗种、饲料、肥料等材料费、人工费和应分摊的间接费用等必要支出。

（3）自行营造或繁殖的生产性生物资产，应当按照下列规定确定其成本：自行营造的林木类生产性生物资产的成本，包括达到预定生产经营目的前发生的造林费、抚育费、营林设施费、良种试验费、调查设计费和应分摊的间接费用等必要支出。自行繁殖的产畜和役畜的成本，包括达到预定生产经营目的（成龄）前发生的饲料费、人工费和应分摊的间接费用等必要支出。达到预定生产经营目的，是指生产性生物资产进入正常生产期，可以多年连续稳定产出农产品、提供劳务或出租。

（4）自行营造的公益性生物资产，应当按照郁闭前发生的造林费、抚育费、森林保护费、营林设施费、良种试验费、调查设计费和应分摊的间接费用等必要支出计价。

（5）成员出资投入的生物资产，应当根据有关规定和合作社章程规定，按照有关凭据注明的金额加上相关税费、运输费等计价；没有相关凭据的，经过全体成员评估作价或由第三方机构评估作价、成员（代表）大会表决通过后，按照全体成员确认的价值计价。

（6）收到国家财政直接补助的生物资产（包括以前年度收到或形成但尚未入账的）或者他人捐赠的生物资产，应当按照有关凭据注明的金额加上相关税费、运输费等计价；没有相关凭据的，按照资产评估价值或者比照同类或类似生物资产的市场价格，加上相关税费、运输费等计价。如无法采用上述方法计价的，应当按照名义金额（人民币 1 元，下同）计价，相关税费、运输费等计入其他支出，同时在备查簿中登记说明。

5. 合作社固定资产的计价规则

合作社的固定资产按照下列原则计价：

（1）购入的固定资产，不需要安装的，应当按照购买价款和采购费、应支付的相关税费、包装费、运输费、装卸费、保险费以及外购过程发生的其他直接费用计价；需要安装或改装的，还应当加上安装费或改装费。

（2）新建的房屋及建筑物、农业农村基础设施等固定资产，应当按照竣工验收的决算价计价。

（3）成员出资投入的固定资产，应当根据有关规定和合作社章程规定，按照有关凭据注明的金额加上相关税费、运输费等计价；没有相关凭据的，经过全体成员评估作价或由第三方机构评估作价、成员（代表）大会表决通过后，按照全体成员确认的价值计价。

（4）收到国家财政直接补助的固定资产（包括以前年度收到或形成但尚未入账的）或者他人捐赠的固定资产，应当按照有关凭据注明的金额加上相关税费、运输费等计价；没有相关凭据的，按照资产评估价值或者比照同类或类似固定资产的市场价格，加上相关税费、运输费等计价。如无法采用上述方法计价的，应当按照名义金额计价，相关税费、运输费等计入其他支出，同时在备查簿中登记说明。

（5）盘盈的固定资产，应当按照同类或类似固定资产的市场价格或评估价值，扣除按照该项固定资产新旧程度估计的折旧后的余额计价。

6. 合作社无形资产的计价规则

合作社的无形资产按照下列原则计价：

（1）购入的无形资产应当按照购买价款、应支付的相关税费以及相关的其他直接费用计价。

（2）自行开发并按法律程序申请取得的无形资产，应当按照依法取得时发生的注册费、律师费等实际支出计价。

（3）成员出资投入的无形资产，应当根据有关规定和合作社章程规定，按照有关凭据注明的金额加上相关税费等计价；没有相关凭据的，经过全体成员评估作价或由第三方机构评估作价、成员（代表）大会表决通过后，按照全体成员确认的价值计价。

（4）收到国家财政直接补助的无形资产（包括以前年度收到或形成但尚未入账的）或者他人捐赠的无形资产，应当按照有关凭据注明的金额加上相关税费等计价；没有相关凭据的，按照资产评估价值或者比照同类或类似无形资产的市场价格，加上相关税费等计价。如无法采用上述方法计价的，应当按照名义金额计价，相关税费等计入其他支出，同时在备查簿中登记说明。

（二）负债、所有者权益的计价规则

合作社的负债按照流动性可分为流动负债和非流动负债，按照实际发生额计价。合作社应当在应付利息日，对借款按照借款本金和借款合同利率计提利息费用，计入财务费用。合作社的应付款项包括与成员和非成员之间发生的各项应付及暂收款项。对发生因债权人特殊原因等确实无法支付的或者债权人对合作社债务豁免的应付款项，应当计入其他收入。

合作社的所有者权益包括股金、专项基金、资本公积、盈余公积、未分配盈余等。收到成员出资投入的资产，应当按照确定的成本计入相关资产，按照该成员应享有合作社成员出资总额的份额计算的金额计入股金，两者之间的差额计入资本公积。按照法定程序减少成员出资总额或成员退股时，应当减少股金。接受国家财政直接补助形成的生物资产、固定资产、无形资产等，以及接受他人捐赠、用途不受限制或已按约定使用的资产计入专项基金。合作社可以按照章程规定或者成员大会决议，从本年盈余中提取公积金，计入盈余公积。

（三）损益的确认和计量

1. 收入的确认和计量

合作社的收入包括经营收入和其他收入。经营收入包括合作社提供农业生产资料的购买、使用，农产品的生产、销售、加工、运输、贮藏以及与农业生产经营有关的技术、信息、设施建设运营等服务，开发经营农村民间工艺及制品、休闲农业和乡村旅游资源等，以及销售本社产品取得的收入。其他收入包括盘盈收益、确实无法支付的应付款项等除经营收入以外的收入。

合作社的经营收入一般应当于产品物资已经发出，服务已经提供，同时收讫价款或取得收取价款的凭据时予以确认。合作社的其他收入一般应当于收入实现时予以确认。合作社应当按照从购买方已收或应收的合同或协议价款，确定收入金额。

2. 费用的确认和计量

根据《农民专业合作社会计制度》第四十九条，合作社的费用，是指合作社在日常活动中发生的、会导致所有者权益减少的、与向成员分配盈余无关的经济利益的总流出。合作社的费用包括经营支出、税金及附加、管理费用、财务费用和其他支出等。经营支出包括合作社提供农业生产资料的购买、使用，农产品的生产、销售、加工、运输、贮藏以及与农业生产经营有关的技术、信息、设施建设运营等服务，开发经营农村民间工艺及制品、休闲农业和乡村旅游资源等，以及销售本社产品发生的实际支出。

税金及附加包括合作社从事生产经营活动按照税法的有关规定应负担的消费税、城市维护建设税、资源税、房产税、土地使用税、车船税、印花税、教育费附加及地方教育附加等相关税费。管理费用包括管理人员的工资、办公费、差旅费，业务招待费，管理用固定资产的折旧、无形资产摊销等为组织和管理生产经营活动发生的支出。财务费用包括利息费用（减利息收入）、银行相关手续费等为筹集生产经营所需资金发生的支出。

其他支出包括生物资产的死亡毁损支出、损失，固定资产及产品物资等的盘亏、损失，防灾抢险支出，安全生产支出，环境保护支出，罚款支出，捐赠支出，确实无法收回的应收款项损失等。

合作社的费用一般应当在发生时按照其发生额计入当期损益。

（四）盈余及盈余分配

合作社的盈余是指合作社在一定会计期间的经营成果。合作社的本年盈余按照下列公式计算：

本年盈余＝经营收益＋其他收入－其他支出－所得税费用

其中：经营收益＝经营收入＋投资收益－经营支出－税金及附加－管理费用－财务费用

投资收益是指投资所取得的收益扣除发生的投资损失后的数额。投资所取得的收益包括对外投资分得的利润、盈余返还和盈余分配、现金股利和债券利息，以及对外投资到期收回或中途转让取得款项高于账面余额的差额等。投资损失包括对外投资到期收回或中途转让取得款项低于账面余额的差额等。

合作社应当按照税法有关规定计算的当期应纳税额，确认所得税费用。合作社应当在盈余总额的基础上，按照税法有关规定进行纳税调整，计算出当期应纳税所得额，以应纳税所得额与适用所得税税率为基础计算确定当期应纳税额。

合作社在弥补亏损、提取公积金后剩余的本年盈余为可分配盈余。合作社按照有关法律法规和合作社章程规定向成员进行盈余返还和盈余分配，或者将全部或部分可分配盈余转为成员对合作社的出资时，应当减少可分配盈余。

（五）会计政策变更、会计估计变更和会计差错更正

合作社对会计政策变更、会计估计变更和会计差错更正应当采用未来适用法进行会计处理。会计政策，是指合作社在会计确认、计量和报告中所采用的原则、基础和会计处理方法。会计估计变更，是指由于资产和负债的当前状况及预期经济利益和义务发生了变化，从而对资产或负债的账面价值或者资产的定期消耗金额进行调整。前期差错包括计算错误、应用

会计政策错误、应用会计估计错误等。未来适用法，是指将变更后的会计政策和会计估计应用于变更日及以后发生的交易或者事项，或者在会计差错发生或发现的当期更正差错的方法。

第三节　农民专业合作社会计工作组织

从广义上讲，凡是与组织会计工作有关的一切事务都属于会计工作组织的内容；从狭义上讲，会计工作组织是指设置会计机构、配备会计人员并按照规定开展会计工作。本节主要从狭义的角度对农民专业合作社会计工作组织展开论述。

一、会计机构的设置

（一）会计机构的职能

会计机构是直接从事和组织会计工作的职能部门，是保证会计工作顺利进行的重要条件，是单位会计工作的专职机构，具体负责办理财务会计工作。《农民专业合作社会计制度》第三条明确规定：合作社应当根据本制度规定和会计业务需要，设置会计账簿，配备必要的会计人员，或者按规定委托代理记账，进行会计核算。在会计机构内部要合理地配备会计人员，按照会计工作内容分工，建立健全岗位责任制度，做好会计工作。在组建会计工作组织时，必须按照国家统一规定，结合本单位的具体情况进行，并与各种经营和管理工作密切配合，相互促进分工协作，共同完成任务。科学地组织会计工作对于完成会计职能，实现会计的目标，发挥会计在经济管理中的作用，具有十分重要的意义。其具体表现在：有利于提高会计工作的质量和效率、有利于协调与其他经济管理工作的关系、有利于加强经济责任制。

（二）会计机构设置的依据和要求

建立健全会计机构是做好会计工作，充分发挥会计职能作用的重要前提条件。关于会计机构的设置，《会计法》第三十六条第一款规定，各单位应当根据会计业务的需要，设置会计机构，或者在有关机构中设置会计人员并指定会计主管人员；不具备设置条件的，应当委托经批准设立从事会计代理记账业务的中介机构代理记账。因此，对于规模较大，经济业务较多，财务收支量较大，且有能力单独进行会计核算的合作社，应独立设置会计机构；对于财务收支数额不大、经济业务比较简单、规模很小的合作社，应在合作社有关机构中设置会计人员并指定会计主管人员；对于那些不具备设置会计机构、配备会计人员的小型合作社，本着民主、自愿的原则，委托农村经营管理机构或代理记账机构代理记账、核算。

合作社所属会计机构或设置的会计人员、代理记账机构，负责组织和实施本合作社的会计工作，制定本合作社的财务管理制度，负责处理本合作社的财务收支，并对本合作社的经济活动进行核算汇总，编报本合作社的会计报表。对规模较大的合作社，其内部各业务部门、车间等单位，也应设置会计机构，或配备专职核算人员，在合作社会计机构的领导下，组织和进行规定范围内的会计工作。

乡（镇）以上各级农村经营管理部门是合作社财务会计工作的指导和监督部门，其主要职责是负责指导和监督所辖地区合作社的会计工作；对合作社报送的资产负债表、盈余及盈余分配表和成员权益变动表等会计报表进行审查和分析；逐级汇总编制本地区的汇总会计报表，并同时附送财务状况说明书，按规定时间逐级上报农业部；对合作社进行会计检查和审计；帮助其解决工作中的问题；总结、交流和推广先进单位的经验等。

二、会计人员及其岗位设置

（一）会计人员的任职条件

财会人员是指从事财务会计工作的各类人员，包括合作社及其所属单位从事财会工作的人员，如合作社主管会计、出纳员、合作社社属企业会计、保管员等。会计员、出纳员之间不得互相兼职。

1. 必须具备必要的专业知识和专业技能

会计工作是一项政策性、专业性很强的工作，会计人员必须具备必要的专业知识，才能胜任这项重要的工作。合作社会计人员从事会计工作应符合以下基本要求：

（1）掌握会计专业知识。会计人员要了解会计的基本知识，熟练掌握会计的基本方法和基本技能。

（2）熟悉有关财经法规和财务会计制度。财经法规和财会制度是会计人员处理会计工作的重要依据，会计人员只有熟悉《会计法》《企业会计准则》《农民专业合作社会计制度》等法律、法规和制度的具体规定，才能对经济业务的合理合法性作出正确的分析和判断。

（3）具有一定的经济活动分析能力。具有了分析能力，才能不断发现问题，提出改进意见，真正发挥会计的反映和监督作用。

2. 必须具备良好的职业道德

会计职业道德规范，是根据会计这一职业的特点，对会计人员在社会经济生活中的会计行为所提出的道德要求。具体地讲，会计职业道德规范规定了会计人员在履行职责中应该怎样做和不应该怎样做，即从道义上规定了会计人员应以什么样的思想、什么样的态度和什么样的作风去待人、接物、处事，去完成本职工作。职业道德是从业人员职业品质、职业作风和职业纪律的统一。会计职业道德规范是财经法律、法规和制度所不能代替的。

会计职业道德主要包括以下几个方面的内容：

（1）爱岗敬业。爱岗敬业，就是要求会计人员充分认识本职工作在整个经济和社会事业发展过程中的地位和作用，珍惜自己的工作岗位，做到干一行爱一行，一丝不苟，兢兢业业，争当会计工作的行家里手。同时，还要求会计人员在工作中自觉主动地履行岗位职责，以积极、健康、求实、高效的态度对待会计工作，做到认真负责，恪尽职守，努力钻研业务，使自己的知识和技能适应所从事工作的要求。

（2）廉洁自律。廉洁自律是会计人员的基本品质。会计职业是一项极为特殊的职业，是一项与钱、财、物打交道的职业。会计人员只有做到洁身自好、不贪不沾，才能处理好方方面面的利益关系，才能做到“常在河边走，就是不湿鞋”，正所谓“廉则明”。

（3）客观公正。会计人员办理会计事务应当实事求是、客观公正。客观公正是会计人员必须具备的行为品德，是会计职业道德规范的灵魂。所谓客观，是指会计人员在处理会计事务时必须以实际发生的交易或事项为依据，如实反映单位的财务状况、经营成果和现金流量情况；所谓公正，是指会计人员应该具备正直、诚实的品质，不偏不倚地对待有关利益各方，做到一碗水端平。

（4）保守秘密。保守秘密是会计职业道德规范的基本要求，指的是会计人员应当保守本单位的商业秘密，不能将从业过程中所获得的信息为己所用，或者泄露给第三方以牟取私利。保守秘密一方面指会计人员要保守自身单位秘密，另一方面也包括会计人员不得以不道德的手段去获取他人的秘密。

（5）诚实守信。诚实守信是会计人员的基本道德素养。会计人员面对虚假会计信息，不仅“不能为、不敢为”，而且更应“不屑为”。“不能为、不敢为”体现的是制度的约束和责任的追究，“不屑为”则是诚信素养的具备。会计人员应该坚守职业道德底线，保持职业尊严，做高尚的会计人，“诚信为本，操守为重”。

（6）遵纪守法。遵纪守法是会计职业道德规范中的重中之重。会计工作涉及社会经济生活的方方面面，必须以会计法律、法规和规章为准绳，正确处理国家、集体和个人三者间的利益关系，把好财务收支合法性、合规性的关口，依法理财；必须具备高度的政治责任感，时刻保持清醒的头脑，既不助纣为虐，也不监守自盗，做到立于潮头而不倒。

（7）提高技能。如今的会计工作对从业人员的业务素质有着相当高的要求。会计人员应当具有一定的专业胜任能力，主要包括相应的经济理论水平、政策法规水平、业务知识水平、操作能力水平和文字表达水平等。会计人员应该做到干一行专一行，不断学习，经常充电，树立终生学习的理念，努力提升自身的技能。

（8）文明服务。会计是一项服务性很强的管理工作，当好参谋，为单位经济管理服务是新时期赋予会计人员的职业道德要求。会计是一项管理活动，不仅具有核算职能，也具有监督和参与决策的职能。会计人员要牢固树立服务观念，悉心钻研会计服务知识，不断提高会计服务技能，将为会计信息使用者提供良好服务的会计行为建立在更加自觉的基础上，并在服务中树立良好的职业形象，为会计自身发展创造更为有利的条件。

（二）会计人员的工作权限和岗位职责

1. 会计人员的工作权限

（1）有权根据《会计法》和《农民专业合作社会计制度》的规定，进行会计核算，实行会计监督，办理有关会计事务。

（2）有权参与本单位各项财务计划的编制和参加有关生产、经营管理的会议。

（3）有权对本单位有关资金的筹集、使用和财产保管等方面的工作提出建议和进行检查监督。

（4）有权向上级和有关部门报告合作社的财务收支情况，反映财务管理方面的问题。

（5）有权要求本单位的有关人员提供与财务工作有关的各种情况和资料。

（6）有权不办理违反财务会计制度的收支。对认为是违反财务会计制度的收支，应立即制止和纠正；制止和纠正无效的，应向乡（镇）经营管理机构提出书面报告，要求处理。

2. 会计人员的岗位职责

合作社的会计工作岗位一般可分为主管会计、会计、出纳员和保管员。这些岗位可以一人一岗、一人多岗或者一岗多人。但出纳人员不得兼管稽核、会计档案保管和收入、费用、债权债务账目的登记工作，非出纳人员不得经管现金、有价证券。

（1）主管会计的岗位职责。

①领导、组织和指导本单位的会计工作，并及时向领导汇报财务管理情况，提出合理化建议，改善经营管理；

②根据财务会计制度规定和本社实际情况，组织制定本单位的各项财务管理制度，并认真组织干部和会计人员付诸实施；

③根据财务会计制度的规定，认真编制并严格执行财务收支计划、固

定资产购建计划、收益分配方案等；

④参与经营决策和各种经济合同的拟定、加强事前监督；

⑤负责本单位的记账、算账、报账工作，做到手续完备，内容真实，数字准确，账目清楚，日清月结，按规定时间和项目公开账目；

⑥指导会计搞好会计核算工作；

⑦负责本单位会计人员交接的监交工作；

⑧组织会计人员管好、用好本单位的集体资金和财产物资；

⑨负责合作社财务档案的保管工作。

（2）会计的岗位职责。

①按照财务会计制度规定，记账、算账、报账，做到手续完备，数字准确，账目清楚，日清月结，按月出报表和向成员公布账目；

②按照财务会计制度的要求，建立会计档案，年终移交合作社主管会计统一保管。

（3）出纳员的岗位职责。

①负责登记现金日记账和银行存款日记账，做到逐日逐笔记账，每日结出余额，并与实际库存现金核对相符；

②定期和会计核对账目，做到账账相符；

③保管库存现金和各种有价证券；

④认真执行现金管理方面的制度，不坐支现金，不公款私存，不白条抵库，不挪用公款，不超规定限额留存现金。

（4）保管员的岗位职责。

①根据会计开具的出、入库手续进行产品物资的收发工作；

②定期盘点库存，做到账实相符；

③负责产品物资保管登记簿的登记；

④负责产品物资的保管，防止霉烂、变质、损坏和被盗。

第二篇　核算篇

第三章　设立与清算的会计核算

第一节　设立与清算时发生的具体实务

一、设立与清算概述

（一）设立

农民专业合作社是在农村家庭承包经营的基础上，农产品的生产经营者或者农业生产经营服务的提供者、利用者，自愿联合、民主管理的互助性经济组织。随着我国改革开放的深入，传统农业正面临前所未有的挑战，小生产与大市场之间的矛盾，以家庭联产承包责任制的发展模式，已经远远不能满足农村生产发展的需要，在这种情况下，由农民自发组织的一种非政府组织，一种新型经营主体——农民专业合作社应运而生。

1. 农民专业合作社成立的条件

《农民专业合作社法》规定，设立农民专业合作社，应当具备下列条件：

（1）成员。有五名以上具有民事行为能力的公民，以及从事与农民专业合作社业务直接有关的生产经营活动的企业、事业单位或者社会组织可以申请成立（但是具有管理公共事务职能的单位不得加入农民专业合作社），并且农民至少应占社员总数的80%；社员总数少于20人的，可以有一个企业、事业单位或者社会组织成员；社员总数超过20人的，企业、事业单位或者社会组织成员不得超过成员总数的5%。

（2）章程。农民专业合作社章程应当载明下列事项：名称和住所；业务范围；成员资格及入社、退社和除名；成员的权利和义务；组织机构及其产生办法、职权、任期、议事规则；成员的出资方式、出资额，成员出资的转让、继承、担保；财务管理和盈余分配、亏损处理；章程修改程序；解散事由和清算办法；公告事项及发布方式；附加表决权的设立、行使方式和行使范围；需要载明的其他事项。

（3）组织机构。农民专业合作社作为新型经营主体，具有法人资格，需要承担民事责任。设立农民专业合作社，应当向工商行政管理部门提交下列文件：一是登记申请书；二是全体设立人员签名盖章的设立大会纪要；三是全体设立人员签名盖章的章程；四是法定代表人、理事的任职文件及身份证；五是出资成员签名盖章的出资清单；六是住所使用证明；七是法律、行政法规规定的其他文件。

（4）名称和住所。必须符合法律、行政法规的规定。

（5）成员出资。农民专业合作社成员可以用货币出资，也可以用实物、知识产权、土地经营权、林权等可以用货币估价并可以依法转让的非货币财产，以及章程规定的其他方式作价出资；但是，法律、行政法规规定不得作为出资的财产除外。农民专业合作社成员不得以对该社或者其他成员的债权，冲抵出资；不得以缴纳的出资，抵销对该社或者其他成员的债务。

2. 农民专业合作社成立的步骤

（1）召开设立大会。全体设立人参加，设立大会行使下列职权：通过本社章程，章程应当由全体设立人一致通过；选举产生理事长、理事、执行监事或者监事会成员；审议其他重大事项。

（2）依法向工商管理部门申请设立登记，取得法人资格。

（3）到同级质量技术监督局办理组织机构代码。

（4）到同级税务部门办理税务登记。

（5）到公安局办理合作社公章。

（6）到任何一家商业银行或农村信用合作社开设合作社对公账户。

3. 农民专业合作社应当遵循的原则

（1）成员以农民为主体。

（2）以服务成员为宗旨，谋求全体成员的共同利益。

（3）入社自愿、退社自由。

（4）成员地位平等，实行民主管理。

（5）盈余主要按照成员与农民专业合作社的交易量（额）比例返还。

（二）清算

农民专业合作社清算，是指合作社解散后，依照法定程序处理合作社剩余财产，清理合作社债权债务，使合作社归于消灭的法律行为。

1. 清算发生的条件

根据《农民专业合作社法》规定，农民专业合作社在经营过程中出现以下四种情形，可以解散：一是章程规定的解散事由出现的；二是成员大会决议解散的；三是因合并或者分立需要解散；四是依法被吊销营业执照或者被撤销的。

合作社应当在解散事由出现之日起十五日内由社员大会推举成员组成清算组，开始解散清算。逾期不能组成清算组的，成员、债权人可以向人民法院申请指定成员组成清算组进行清算，人民法院应当受理该申请，并及时指定成员组成清算组进行清算。因合作社合并或者分立需要解散的，其债权债务全部由合并或者分立后存续或者新设立的合作社承继，故不用成立清算组进行清算。

2. 清算的程序

（1）成立清算机构。

（2）编制清算开始前的会计报表。

（3）进行财产清查，编制清查后的资产负债表和财产清单。

（4）制定清算方案。

（5）回收债权、清偿债务。

（6）分配剩余财产。

（7）清算结束，注销登记。

3. 清算的具体规定

（1）清算组自成立之日起接管农民专业合作社，负责处理与清算有关未了结业务，清理财产和债权、债务，分配清偿债务后的剩余财产，代表农民专业合作社参与诉讼、仲裁或者其他法律程序。

（2）清算组应当自成立之日起十日内通知农民专业合作社成员和债权人，并于六十日内在报纸上公告。债权人应当自接到通知之日起三十日内，未接到通知的自公告之日起四十五日内，向清算组申报债权。如果在规定期间内全部成员、债权人均已收到通知，免除清算组的公告义务。债权人申报债权，应当说明债权的有关事项，并提供证明材料。清算组应当对债权进行审查、登记。在申报债权期间，清算组不得对债权人进行清偿。

（3）清算组制定清算方案。清算组负责制定包括清偿农民专业合作社员工的工资及社员保险费用，清偿所欠税款和其他各项债务，以及分配剩余财产在内的清算方案，经成员大会通过或者申请人民法院确认后实施。

（4）清算组依法申请破产。清算组发现农民专业合作社的财产不足以清偿债务的，应当依法向人民法院申请破产。农民专业合作社破产适用《中华人民共和国企业破产法》的有关规定。但是，破产财产在清偿破产费用和共益债务后，应当优先清偿破产前与农民成员已发生交易但尚未结清的款项。

（5）财政补助资金形成财产，不得进行分配。农民专业合作社接受国家财政直接补助形成的财产，在解散、破产清算时，不得作为可分配剩余资产分配给农民。

（6）清算结束后清算组应当向农业主管部门提交清算报告并编制清算期内收支报表，并到登记机关办理注销手续。

4. 清算的账务处理

（1）编制解散日资产负债表。

（2）核对货币资金。

（3）核算非货币性资产盘存及处置。

（4）清理核算债权债务。

（5）归集清算费用。

（6）核算弥补以前年度亏损。

（7）核算剩余财产及其分配。

（8）编制清算损益表、清算结束日资产负债表。

二、发生的具体业务

（一）设立时具体业务

合作社根据有关法律、法规规定，可以采取多种形式筹集股金。合作社股金分为个人股金和法人股金。个人股金指合作社成员以个人合法财产投入合作社形成的股金。法人股金指法人单位投入合作社形成的股金。在一些经济发达的地区，还有外商投入的股金等。农民专业合作社成员可以用货币出资，也可以用实物、知识产权、土地经营权、林权等可以用货币估价并可以依法转让的非货币财产，以及章程规定的其他方式作价出资。

各项出资应当遵循以下计价原则：合作社成员投入的人民币，按实际收到的金额入账；投入的外币，应按协议、章程中规定的汇价折合成人民币记账，如果协议、章程中未作规定，应按收款日的市场汇价折合人民币记账；合作社成员投入房屋、运输工具、大型农业机械、建筑材料等实物资产，按投资各方确认的价值计价；合作社成员以实物投资，必须出具资产所有权和处置权的证明；合作社成员不得以租赁的资产或者已作为担保物的资产进行投资；合作社成员投入劳务一般应按当地劳务价格标准作价入账；合作社成员以专利权、专有技术、商标权、特许经营权、场地使用权进行的投资，作为合作社成员投入的无形资产，按评估确认的价值入账。

1. 农民专业合作社在成立时按照公司章程注入资本，每位社员按照章程承担自己义务进行出资。社员以货币资金进行出资时，按照实际收到的金额，借记“库存现金”“银行存款”科目，按照成员应享有合作社成员出资总额的份额计算的金额，贷记“股金”科目，按照两者之间的差额，贷记“资本公积”科目。

2. 社员以非货币性资产如机械设备、专利技术投入。如果是新购入的，投入资产价值按购买价加运费等费用，借记“固定资产”“无形资产”等科目，股金按章程规定所确认的份额贷记“股金”科目，实际成本与确认份额之间的差额记入“资本公积”科目。如果是正在使用的，按所有社员评估的价值，借记“固定资产”“无形资产”等科目，贷记“股金”科目。

3. 社员以合作社所需的原材料、生物资产投入。其价值按所有社员评估的价值入账，借记“产品物资”“消耗性生物资产”“生产性生物资产”科目，贷记“股金”科目。

4. 社员以土地经营权、林权等依法转让的无形财产出资。借记“无形资产”科目，贷记“股金——××土地经营权/××林权”科目；土地经营权和林权经所有社员评估价值入账。

5. 合作社吸收外商成员以外币进行出资时。如果协议约定汇率的，按协议约定汇率折算；如果协议没有约定汇率，按接收到出资额当日的汇率折算。由于资产账户和股金账户所采用的汇率不同而产生的差额，借记或贷记“资本公积”科目。

（二）清算时的具体业务

合作社在生产经营过程中，出现了法律规定的解散事项的，须依法进行清算，依法成立清算组。清算组直接接管合作社，对合作社货币性资产、非货币性资产、债权债务进行清理，归集清算费用，弥补以前年度亏损并对剩余财产进行分配。

货币性资产清查。货币性资产清查包括库存现金的清查和银行存款的清查。

库存现金的清查，是通过实地盘点法确定库存现金的实存数，然后再与库存现金日记账的账面余额核对，填制“库存现金盘点报告表”，确定账存与实存相符或盈亏情况。

银行存款清查，是通过核对银行存款日记账与银行存款收、付款凭证，做到账证相符；核对银行存款日记账与银行存款总账，做到账账相符；核对银行存款日记账与开户银行开出的对账单，做到账实相符。如果银行对账单与合作社银行存款日记账余额不一致，可能存在如下原因：一是合作社和银行记录有误；二是发生未达账项，所谓未达账项是合作社与银行由于凭证传递上的时间差，一方已登记入账，另一方未入账的账项。

非货币性资产清查，是对财产物资存放现场逐一清点数量或用计量器确定其实存数，并与账面余额进行核对，填制“财产物资盘存表”确定盘盈或盘亏数；清查完后对需要处置的非货币性资产进行处置。

债权债务的清查，是对“应收款”“应付款”通过发函询证的方法进行核对，填制“往来款项清查表”核对相符或不相符的款项。

解散清算，是指清算组在上级主管部门指导和监督下，以清户和分配剩余财产为目的的清算。

1. 合作社库存现金清理

根据“库存现金盘点报告表”，若发现账实不符或者存在其他问题，通过“待处理财产损溢——待处理流动资产损溢”账户过渡核算。

（1）现金长款是指现金实存数量大于账面数量。发生现金长款时，应按长款金额借记“库存现金”科目，贷记“待处理财产损溢——待处理流动资产损溢”科目。

查明原因并报经批准后，再分情况作以下处理：

①属于应支付给有关人员或单位的部分，借记“待处理财产损溢——待处理流动资产损溢”科目，贷记“应付款——应付现金溢余（××个人或单位）”科目。

②属于无法查明原因的现金溢余的部分，借记“待处理财产损溢——待处理流动资产损溢”科目，贷记“其他收入——现金溢余”科目。

（2）现金短款是指现金实存数量小于账面数量。发生现金短款时，应按短款金额，借记“待处理财产损溢——待处理流动资产损溢”科目，贷记“库存现金”科目。

查明原因并报经批准后，再分情况作以下处理：

①属于应由责任人赔偿或保险公司赔偿的部分，借记“应收款”科目，贷记“待处理财产损溢——待处理流动资产损溢”科目。

②属于无法查明原因的部分借记“其他支出——现金短缺”科目，贷记“待处理财产损溢——待处理流动资产损溢”科目。

2. 合作社银行存款的清查

对于合作社或银行记录有误的情况，应及时更正；对于发生的未达账项，通过编制“银行存款余额调节表”进行调节。“银行存款余额调节表”是在银行存款日记账和银行对账单账面余额的基础上，合作社和银行各自加上对方已收、己方未收的款项，减去对方已付、己方未付的款项，最后得出各自调节后的存款余额。调节后的银行存款余额为合作社当日银行存款实有数。

合作社存款日记账余额 + 银行已收、合作社未收 - 银行已付、合作社未付 = 银行对账单余额 + 合作社已收、银行未收 - 合作社已付、银行未付

3. 非货币性资产清理

合作社的非货币性资产清理主要涉及存货、生物资产、固定资产、无形资产等。

非货币性资产清查的计价规则：

（1）合作社盘盈的存货，按照同类或类似存货的市场价格或评估价值计价，盘盈存货实现的收益应当计入“其他收入”科目，盘亏的存货发生的损失应当计入“其他支出”科目。合作社存货发生毁损或报废时，处置收入、可收回的责任人和保险公司赔偿的金额扣除其成本、相关税费和清理费用后的净额，应当计入“其他收入”或“其他支出”科目。

（2）合作社生物资产死亡毁损时，处置可收回的责任人和保险公司赔偿的金额扣除其账面价值、相关税费和清理费用后的净额，应当计入“其他收入”或“其他支出”科目。

（3）合作社盘盈的固定资产，按照同类或类似固定资产的市场价格或评估价值计价，扣除该项固定资产新旧程度估计的折旧后的余额计价，盘盈的固定资产实现的收益计入“其他收入”科目。盘亏固定资产发生的损失计入“其他支出”科目；合作社处置固定资产时，通过“固定资产清理”账户进行过渡核算，处置收入扣除账面价值、相关税费和清理费用后的净额，计入“其他收入”或“其他支出”科目。

（4）合作社处置无形资产时，处置收入扣除其账面价值（账面价值是指无形资产成本扣减累计摊销后的金额）、相关税费等的净额，计入“其他收入”或“其他支出”科目。

4. 债权债务的清理

合作社应收款项包括与成员和非成员之间发生的各项应收及暂付款项。应收款项应当按照发生额入账，确实无法收回的应收款项，计入“其

他支出”科目；合作社的应付款项包括与成员和非成员之间发生的各项应付及暂收款项。对发生因债权人特殊原因等确实无法支付的或债权人对合作社债务豁免的应付款项，应当计入“其他收入”科目。

5. 解散清算

合作社解散清算时，一般应设置“清算费用”和“清算损益”两个过渡性账户，用于专门反映、核算和监督清算中特定事项。

“清算费用”账户专门用于核算合作社在清算期间发生的各项费用支出，发生清算费用时，借记“清算费用”科目，贷记“银行存款”或“库存现金”科目。清算结束后，“清算费用”借方账户余额全部转入“清算损益”账户借方，本账户无余额。

“清算损益”账户专门用于核算合作社清算期间发生的各项收益和损失，若为清算收益，借记相关科目，贷记“清算损益”；若为清算损失，借记“清算损益”，贷记相关科目。清算结束时将“清算损益”账户余额全部转入所有者权益类账户，本账户无余额。

合作社清算后所有者权益清偿农民专业合作社员工的工资及社员保险费用，清偿所欠税款和其他各项债务，以及分配剩余财产；如果合作社所有权益不足以清算各项债务，合作社宣告破产。

第二节 设立与清算时发生具体实务的会计核算

一、设立与清算涉及的主要会计科目

农民专业合作社设立和清算时可能涉及“库存现金”“银行存款”“股金”“资本公积”“固定资产”“固定资产清理”“无形资产”“待处理财产损溢”“其他收入”“其他支出”等科目，下面我们用 T 型账户对本章涉及的主要科目核算内容予以说明。

（一）库存现金

1. 核算内容

农民专业合作社的库存现金。

2. 核算方法

借方	库存现金（101） 贷方
（1）合作社出售存货包括材料、农产品、工业产成品、低值易耗品、包装物等产品物资，销售委托代销商品、受托代销商品、消耗性生物资产、生产性生物资产、固定资产、无形资产等收到现金 （2）现金清查出现的现金溢余	（1）销售过程中支付现金 （2）现金清查出现的现金短缺
期末余额： 反映合作社实际持有的库存现金	

3. 注意事项

（1）设置"库存现金日记账"，由出纳人员根据收付款凭证，按照业务发生顺序逐笔登记。

（2）每日终了，应当计算当日的现金收入合计额、现金支出合计额和结余额，将结余额与实际库存额核对，做到账款相符。

（二）银行存款

1. 核算内容

合作社存入银行、信用社或其他金融机构的款项。

2. 核算方法

借方	银行存款（102） 贷方
将款项存入银行、信用社或其他金融机构	提取和支出存款
期末余额： 反映合作社实际存在银行、信用社或其他金融机构的款项	

3. 注意事项

（1）按照开户银行、信用社和其他金融机构、存款种类等设置明细科目，进行明细核算。同时，设置"银行存款日记账"，由出纳人员根据收付款凭证，按照业务的发生顺序逐笔登记。

（2）每日终了，应结出余额。

（3）“银行存款日记账”应定期与“银行对账单”核对，至少每月核对一次。合作社银行存款账面余额与银行对账单余额之间如有差额，应编制“银行存款余额调节表”调节相符。

（三）股金

1. 核算内容

核算合作社通过成员投资入股、公积金转增、可分配盈余转增等所形成的股金。

2. 核算方法

借方　　　　股金（301）	贷方
按照法定程序减少成员出资总额或成员退股	（1）合作社收到成员投资入股的货币资金，按照成员应享有合作社成员出资总额的份额计算的金额 （2）收到成员投资入股的非货币性资产，按照成员应享有合作社成员出资总额的份额计算的金额 （3）用资本公积或盈余公积转增股金 （4）根据成员（代表）大会表决同意，将可分配盈余转为成员为合作社出资
	期末余额： 反映合作社实有的股金数额

3. 注意事项

（1）该科目应按照成员设置明细科目，进行明细核算。

（2）成员按照规定转让出资的，应在成员账户和有关明细账及备查簿中记录受让方。

（四）固定资产

1. 核算内容

合作社固定资产的原价（成本）。

2. 核算方法

借方	固定资产（151）	贷方
(1) 购入不需要安装的固定资产，按照购买价款和采购费、应支付的相关税费、包装费、运输费、装卸费、保险费以及外购过程发生的其他直接费用 (2) 自行建造完成交付使用的固定资产，按照建造该固定资产的实际成本 (3) 取得成员出资投入的固定资产，按照确定的成本 (4) 收到国家财政直接补助的固定资产（包括以前年度收到或形成但尚未入账的）或者他人捐赠的固定资产，按照有关凭据注明的金额加上相关税费、运输费等；没有相关凭据的，按照资产评估价值或者比照同类或类似固定资产的市场价格，加上相关税费、运输费等；如无法采用上述方法计价的，应当按照名义金额 (5) 盘盈的固定资产，按照同类或类似固定资产的市场价格或评估价值扣除按照该项固定资产新旧程度估计的折旧后的余额 (6) 对固定资产进行改建时，改建完成交付使用时，按照确定的固定资产成本		固定资产出售、报废和毁损等时，按照固定资产原价（成本）计量
期末余额： 反映合作社持有的固定资产的原价（成本）		

3. 注意事项

（1）该科目应按照固定资产类别和项目、是否属于扶贫项目资产等设置明细科目，进行明细核算。

（2）合作社应当设置“固定资产登记簿”和“固定资产卡片”。

（五）固定资产清理

1. 核算内容

合作社因出售、捐赠、报废和毁损等原因转入清理的固定资产的账面价值及其在清理过程中所发生的费用等。

2. 核算方法

借方	固定资产清理（154） 贷方
（1）出售、捐赠、报废和毁损的固定资产转入清理时，按照固定资产账面价值计量 （2）清理过程中发生的相关税费及其他费用	（1）清理过程中收回出售固定资产的价款、残料价值和变价收入等；按照可收回的责任人和保险公司赔偿的金额计量 （2）清理完毕后发生的净损失
期末余额： 反映合作社尚未清理完毕的固定资产清理净损失	期末余额： 反映合作社尚未清理完毕的固定资产清理净收益

3. 注意事项

（1）该科目应按照被清理的固定资产、是否属于扶贫项目资产等设置明细科目，进行明细核算。

（2）该科目是双重性质的科目，期末余额有可能在借方，也有可能在贷方。

（六）无形资产

1. 核算内容

合作社持有的无形资产的成本。

2. 核算方法

借方	无形资产（161） 贷方
（1）购入的无形资产，按照购买价款、相关税费以及相关的其他直接费用计量 （2）自行开发并按照法律程序申请取得的无形资产，按照依法取得时发生的注册费、律师费等实际支出计量 （3）取得成员出资投入的无形资产，按照确定的成本计量 （4）收到国家财政直接补助的无形资产（包括以前年度收到或形成但尚未入账的）或者他人捐赠的无形资产，按照有关凭据注明的金额加上相关税费等计量；没有相关凭据的，按照资产评估价值或者比照同类或类似无形资产的市场价格，加上相关税费等计量；如无法采用上述方法计价的，应当按照名义金额计量	（1）因出售、报废等原因处置无形资产，按照无形资产的成本计量 （2）以无形资产对外投资时，按照无形资产的成本计量
期末余额： 反映合作社持有的无形资产的成本	

3. 注意事项

该科目应按照无形资产类别、是否属于扶贫项目资产等设置明细科目，进行明细核算。

（七）待处理财产损溢

1. 核算内容

合作社在清查财产过程中查明的各种财产盘盈、盘亏和毁损的价值。

2. 核算方法

借方　　　　待处理财产损溢（181）	贷方
（1）盘亏、毁损、短缺的各种产品物资、消耗性生物资产、现金等；按照其账面余额、实际短缺的金额计量 （2）盘盈的各项资产，按规定程序批准后处理时，按照本科目余额计量 （3）盘亏的固定资产以及盘亏、死亡毁损的生产性生物资产，按照其账面价值计量	（1）盘盈的各种产品物资、消耗性生物资产、现金等，按照同类或类似资产的市场价格或评估价值、实际溢余的金额计量 （2）盘盈的固定资产、生产性生物资产，按照同类或类似资产的市场价格或评估价值扣除按照该项资产新旧程度或状况估计的折旧后的余额计量 （3）盘亏、毁损、报废的各项资产，按规定程序批准后处理时，按照规定程序批准后处理时，按照本科目余额计量

3. 注意事项

（1）该科目应按照“待处理流动资产损溢”和“待处理非流动资产损溢”进行明细核算。

（2）合作社的财产损溢，应当查明原因，在期末结账前处理完毕，处理后本科目应无余额。

二、会计核算分录的编制

（一）合作社成立时会计核算实务

【例3－1】20×2年3月1日，A市某农机专业合作社由5个农民共同投资组建，根据合作社章程及出资清单投资如下：合作社社员张某出资30 000

元；李某用5台联合收割机出资，经合作社全体成员评估为40 000元；王某用自己农机专利投资，经合作社全体成员评估为30 000元；合作社成员康某用自家承包经营土地10亩和林权30亩出资，经全体社员评估作价60 000元；合作社成员闫某用直接转账40 000元出资。账务处理如表3－1所示。

表3－1　　　　合作社成立时的账务处理

经济业务和事项	账务处理
20×2年3月1日，农民专业合作社成立	借：库存现金　30 000 固定资产——机械设备　40 000 无形资产——专利技术　30 000 ——土地经营权、林权　60 000 银行存款　40 000 贷：股金——张某　（占15%）30 000 ——李某　（占20%）40 000 ——王某　（占15%）30 000 ——康某　（占30%）60 000 ——闫某　（占20%）40 000

【例3－2】 20×2年5月1日，A市某养殖专业合作社成立，根据合作社章程制定的出资清单投资如下：合作社社员张某出资100 000元；李某用自建圈设出资，经全体社员评估，圈设评估作价30 000元，闫某用100头小猪仔评估作价50 000元；王某用养猪饲料10吨出资，经全体社员评估作价60 000元；合作社成员康某用自家承包经营土地10亩出资，经全体社员评估作价60 000元。账务处理如表3－2所示。

表3－2　　　　合作社成立的账务处理

经济业务和事项	账务处理
20×2年5月1日，农民专业合作社成立	借：库存现金　100 000 固定资产——圈设　30 000 生产性生物资产　50 000 无形资产——土地经营权　60 000 产品物资　60 000 贷：股金——张某　（占33%）100 000 ——李某　（占10%）30 000 ——闫某　（占17%）50 000 ——王某　（占20%）60 000 ——康某　（占20%）60 000

【例 3 -3】某合作社吸收外商成员投入港币 42 000 元，投资合同约定的汇价为 1.05，收款当日的市场汇价为 1.1。账务处理如表 3 -3 所示。

表 3 -3　　外商成员投资的账务处理

经济业务和事项	账务处理
受到外商成员投入港币	借：银行存款　46 200 　贷：股金　44 100 　　资本公积　2 100

注：按当日市场汇价，合作社收到 42 000 × 1.1 = 46 200 元，而按合同规定有 42 000 × 1.05 = 44 100 元作为股金入账，其余 2 100 元，作为股金溢价。

（二）合作社清算时会计核算实务

1. 货币性资产的清查核算

（1）现金长款的核算举例。

【例 3 -4】M 市某农机专业合作社 20 ×2 年 9 月 15 日宣告解散，合作社成立清算组。9 月 18 日，清算组采用实地盘点法对现金进行清查，清查后发现库存现金长款 300 元，9 月 20 日，经过核实，其中 200 元为多收 A 合作社账款，100 元无法查明原因。账务处理如表 3 -4 所示。

表 3 -4　　现金长款的账务处理

经济业务和事项	账务处理
①20 ×2 年 9 月 18 日，发现长款	借：库存现金　300 　贷：待处理财产损溢——待处理流动资产损溢　300
②20 ×2 年 9 月 20 日，经核实完毕	借：待处理财产损溢——待处理流动资产损溢　300 　贷：应付款——A 合作社　200 　　其他收入　100
③实际支付 A 合作社应付款	借：应付款——A 合作社　200 　贷：库存现金　200

（2）现金短款核算举例。

【例 3 -5】N 市某农机专业合作社 20 ×2 年 9 月 15 日宣告解散，合作社成立清算组，采用实地盘点法对现金进行清查。9 月 18 日，清查后发现库存现金短款 300 元，9 月 20 日，经核实，其中 200 元属于出纳小陈的责任，100 元无法查明原因。账务处理如表 3 -5 所示。

表 3－5 现金短款的账务处理

经济业务和事项	账务处理
①20×2 年 9 月 18 日，清查发现短款	借：待处理财产损溢——待处理流动资产损溢 300 贷：库存现金 300
②20×2 年 9 月 20 日，核实并处理	借：应收款——小陈 200 其他支出 100 贷：待处理财产损溢——待处理流动资产损溢 300
③实际收到出纳小陈赔款	借：库存现金 200 贷：应收款——小陈 200

（3）银行存款的清查举例。

【例 3－6】 B 市某农机专业合作社 20×2 年 9 月 15 日宣告解散，合作社成立清算组。9 月 18 日，对银行存款进行核对，合作社银行存款日记账余额 58 000 元，银行转来的对账单的余额 63 000 元，经逐笔核对，发现以下未达账项：

①合作社送存转账支票 34 000 元，已登记银行存款增加，但银行尚未入账；

②合作社开出转账支票 12 000 元已入账，但持票人尚未到银行办理转账手续，故银行尚未入账；

③合作社委托银行代收 D 合作社货款 32 000 元，银行已收并入账，但合作社未收到收款通知，故尚未入账；

④银行代扣贷款利息 5 000 元，银行已登记合作社存款减少，但合作社未收到银行利息扣款通知单，故尚未入账。

根据以上未达账项，该农机专业合作社编制银行存款余额调节表如表 3－6 所示。

表 3－6 某农机专业合作社银行存款余额调节表

项目	金额	项目	金额
合作社银行存款日记账余额	58 000	银行对账单余额	63 000
加：银行已收，合作社未收	32 000	加：合作社已收，银行未收	34 000
减：银行已付，合作社未付	5 000	减：合作社已付，银行未付	12 000
调节后的余额	85 000	调节后余额	85 000

2. 非货币性资产的清查会计核算

（1）存货清查核算举例。

【例3－7】 A市某养殖合作社20×2年9月15日宣告解散，合作社成立清算组，采用实地盘点法对产品物资进行清查。9月18日，发现盘盈猪饲料0.5吨，市场价1 000元。账务处理如表3－7所示。

表3－7　　存货清查盘盈账务处理

经济业务和事项	账务处理
①20×2年9月18日，清查盘盈产品物资	借：产品物资　1 000 贷：待处理财产损溢——待处理流动资产损溢　1 000
②按程序报经批准后	借：待处理财产损溢——待处理流动资产损溢　1 000 贷：其他收入　1 000

【例3－8】 H市某养殖合作社20×2年9月15日宣告解散，合作社成立清算组，采用实地盘点法对产品物资进行清查。9月18日，发现盘亏猪饲料0.5吨，市场价1 000元。经查盘亏的0.3吨饲料因管理人员小王管理不善造成，应收管理人员小王赔偿600元，0.2吨属于发货计量误差，计入其他支出。账务处理如表3－8所示。

表3－8　　存货清查盘亏的账务处理

经济业务和事项	账务处理
①20×2年9月18日，清查盘亏产品物资	借：待处理财产损溢——待处理流动资产损溢　1 000 贷：产品物资　1 000
②按程序报经批准后	借：其他支出　400 应收款——小王　600 贷：待处理财产损溢——待处理流动资产损溢　1 000

（2）固定资产清查举例。

【例3－9】 A市某农机专业合作社20×2年9月15日宣告解散，合作社成立清算组，采用实地盘点法对固定资产进行清查。9月18日，发现一台未入账的电脑，有八成新，其市场价格为5 000元，估计折旧为1 000元。账务处理如表3－9所示。

表 3－9　　　　固定资产盘盈的账务处理

经济业务和事项	账务处理
①20×2 年 9 月 18 日，清查盘盈固定资产	借：固定资产　5 000 　贷：待处理财产损溢——待处理非流动资产损溢　4 000 　　累计折旧　1 000
②按程序报经批准后	借：待处理财产损溢——待处理非流动资产损溢　4 000 　贷：其他收入　4 000

【例 3－10】 A 市某农机专业合作社 20×2 年 9 月 15 日宣告解散，合作社成立清算组，采用实地盘点法对固定资产进行清查。9 月 18 日，发现短缺一台笔记本电脑，原价 7 000 元，已计提折旧 5 000 元。账务处理如表 3－10 所示。

表 3－10　　　　固定资产短缺的账务处理

经济业务和事项	账务处理
①20×2 年 9 月 18 日，清查短缺固定资产	借：待处理财产损溢——待处理非流动资产损溢 2 000 　累计折旧　5 000 　贷：固定资产　7 000
②按程序报经批准后	借：其他支出　2 000 　贷：待处理财产损溢——待处理非流动资产损溢　2 000

（3）生物资产死亡毁损核算举例。

【例 3－11】 A 市某养殖专业合作社 20×2 年 9 月 15 日宣告解散，合作社成立清算组。9 月 18 日，清查组在清查过程中发现三头种猪已死亡，账面原值 12 000 元，已计提折旧 6 000 元，但合作社一直未做账务处理，经核实，3 头种猪属非自然死亡，饲养员小王应赔偿 3 000 元。账务处理如表 3－11 所示。

表 3－11　　　　生物资产死亡的账务处理

经济业务和事项	账务处理
①20×2 年 9 月 18 日，清查生物资产死亡	借：待处理财产损溢——待处理流动资产损溢　6 000 　累计折旧　6 000 　贷：消耗性生物资产——种猪　12 000

续表

经济业务和事项	账务处理
②按程序报经批准后	借：其他支出 3 000 应收款——小王 3 000 贷：待处理财产损溢——待处理流动资产损溢 6 000

（4）固定资产处置的核算举例。

【例 3－12】 C 市某农机专业合作社 20×2 年 9 月 18 日宣告解散，合作社成立清算组，清算组对已遭水灾而毁损的一座仓库进行清理，仓库原价 50 000 元，已计提折旧 30 000 元。其残料估计 3 000 元，发生的清理费用 5 000 元，用银行存款支付。经保险公司核定应赔偿损失 15 000 元，尚未收到赔款。账务处理如表 3－12 所示。

表 3－12 固定资产处置的账务处理

经济业务和事项	账务处理
①20×2 年 9 月 18 日，将毁损的仓库转入清理时	借：固定资产清理 20 000 累计折旧 30 000 贷：固定资产 50 000
②残料入库时	借：产品物资 3 000 贷：固定资产清理 3 000
③支付清理费用	借：固定资产清理 5 000 贷：银行存款 5 000
④确定应由保险公司赔偿的损失	借：应收款 15 000 贷：固定资产清理 15 000
⑤结转仓库清理损失	借：其他支出 7 000 贷：固定资产清理 7 000

（5）无形资产处置的核算举例。

【例 3－13】 A 市某农机专业合作社 20×2 年 9 月 18 日宣告解散，合作社成立清算组，清算组在无形资产清查过程中，将合作社拥有的某项专利技术转让，成本 80 000 元，已摊销金额 30 000 元，转让取得 60 000 元。账务处理如表 3－13 所示。

表 3－13 转让专利技术的账务处理

经济业务和事项	账务处理	
20×2 年 9 月 18 日，转让该专利技术	借：银行存款	60 000
	累计摊销	30 000
	贷：无形资产——专利技术	80 000
	其他收入	10 000

【例 3－14】M 市某农机专业合作社 20×2 年 9 月 18 日宣告解散，合作社成立清算组，清算组对无形资产清查过程中发现，合作社拥有的某项专利技术成本 80 000 元，已摊销金额 60 000 元，因其专利技术已没有市场，经研究决定将其报废。账务处理如表 3－14 所示。

表 3－14 专利技术报废的账务处理

经济业务和事项	账务处理	
20×2 年 9 月 18 日，报废该专利技术	借：其他支出	20 000
	累计摊销	60 000
	贷：无形资产——专利技术	80 000

（6）债权债务清查核算举例。

【例 3－15】M 市某农机专业合作社 20×2 年 9 月 18 日宣告解散，合作社成立清算组，9 月 21 日清算组对应收款项进行清查过程中发现，有一笔应收款 15 000 元，因对方 X 种植合作社已宣告破产，确实无法收回。账务处理如表 3－15 所示。

表 3－15 无法收回应收款的账务处理

经济业务和事项	账务处理	
20×2 年 9 月，确实无法收回应收款项	借：其他支出	15 000
	贷：应收款——X 种植合作社	15 000

（7）解散清算核算举例。

【例 3－16】某市某农机专业合作社 20×2 年 9 月 18 日宣告解散，合作社成立清算组，清算组对合作社库存现金、产品物资、固定资产、无形资产进行盘点清查，并进行账务处理。合作社账面余额如下：库存现金 35 000 元，银行存款 64 000 元，应收款 53 000 元，固定资产净值 240 000

元，应付款 75 000 元，股金 300 000 元，资本公积 15 000 元，盈余公积 10 000 元，盈余分配——未分配盈余（借方余额）8 000 元。清算组在清算时发现：收回应收账款 50 000 元，确认损失 3 000 元，款项已存入银行；变卖固定资产 210 000 元已存入银行，账面损失 30 000 元；用银行存款支出应付款 75 000 元；现金支付清算小组人员工资 18 000 元、差旅费 3 000 元、律师费 5 000 元、办公费 2 000 元。账务处理如表 3－16 所示。

表 3－16　　合作社解散清算账务处理

经济业务和事项	账务处理
①收回应收账款	借：银行存款　50 000 　　清算损益　3 000 　　贷：应收款　53 000
②变卖固定资产	借：银行存款　210 000 　　清算损益　30 000 　　贷：固定资产　240 000
③用银行存款偿还债务	借：应付款　75 000 　　贷：银行存款　75 000
④用现金支付清算组工资、差旅费、律师费	借：清算费用　28 000 　　贷：库存现金　28 000
⑤清算费用转清算损益	借：清算损益　28 000 　　贷：清算费用　28 000
⑥结转清算损益和未分配盈余（注：清算损失先冲减盈余公积，盈余公积不足再冲减资本公积，仍不足冲减股金）	借：盈余公积　10 000 　　资本公积　15 000 　　股金　44 000 　　贷：清算损益　61 000 　　　　盈余分配——未分配盈余　8 000
⑦分配剩余财产 ［注：库存现金＝35 000－28 000＝7 000（元） 银行存款＝64 000＋50 000＋210 000－75 000＝249 000（元）］	借：股金　256 000 　　贷：库存现金　7 000 　　　　银行存款　249 000

三、重点和难点

（一）农民专业合作社出资形式及确认

1. 农民专业合作社成员可以用货币出资，也可以用实物、知识产权、土地经营权、林权等能用货币估价并可以依法转让的非货币财产。

2. 农民专业合作社成员不得以对该社或者其他成员的债权，冲抵出资；不得以缴纳的出资，抵销对该社或者其他成员的债务出资。

3. 合作社收到成员投资入股的货币性资金，按其实际收到的金额，增加货币性资产，按其享有合作社出资总额的份额计算增加股金，两者之间差额计入资本公积。

4. 合作社收到成员投入非货币性资产，经全体社员评估作价，增加合作社非货币性资产，按合作社章程享有份额增加合作社股金，两者之间的差额计入资本公积。

（二）农民专业合作社清算的原则及程序

1. 农民专业合作社解散清算过程，严格按照《农民专业合作社法》规定的时间节点进行办理。例如，在合作社解散事由出现之日起十五日内成立清算组；在申报债权期间，清算组不得对债权人进行清偿；清算组负责制定的清算方案必须经成员大会通过或者申请人民法院确认后实施等。

2. 农民专业合作社解散清算必须符合法律规定（章程规定的解散事由出现、成员大会决议解散的、依法被吊销营业执照或者被撤销的）条件发生时才可进行解散清算。

3. 农民专业合作社接受国家财政直接补助形成的财产，在解散、破产清算时，不得作为可分配剩余资产分配给成员。应当按照《农民专业合作社解散、破产清算时接受国家财政直接补助形成的财产处置暂行办法》（财资〔2019〕25 号）文件规定办理。

农民专业合作社解散、破产清算时，在清偿债务后如有剩余财产，清算组应当计算其中国家财政直接补助形成的财产总额。计算公式为：

$$\begin{array}{c}\text{剩余财产中国家财政直接}\\\text{补助形成的财产总额}\end{array}=\begin{array}{c}\text{剩余财产}\\\text{金额}\end{array}\times\frac{\text{专项基金中国家财政直接补助金额}}{\text{股金金额}+\text{专项基金金额}}$$

剩余财产中国家财政直接补助形成的财产，应当优先划转至原农民专业合作社所在地的其他农民专业合作社，也可划转至原农民专业合作社所在地的村集体经济组织或者代行村集体经济组织职能的村民委员会。

涉及剩余财产中国家财政直接补助形成的财产划转的，清算组应当将划转情况反映在清算方案中，并将清算方案报县级农业农村部门、财政部门备案，同时做好相关财务账目、原始凭证等资料移交工作。

4. 盘盈、盘亏、毁损、短缺的各种产品物资，消耗性生物资产，现金等，通过“待处理财产损溢”账户进行核算。

5. 合作社因出售、捐赠、报废和毁损等原因，转入清理的固定资产账面价值及其在清理过程中所发生的费用，通过“固定资产清理”账户进行核算。

6. 农民专业合作社解散清算时，归集清算费用。设两个临时账户“清算费用”和“清算损益”进行核算，用以专门反映、核算、监督清算中发生的特定事项。“清算费用”属于费用类账户，专门用于核算农民专业合作社清算期间发生的各项费用支出；“清算损益”账户属于损益类账户，专门用于核算农民专业合作社清算期间发生的各项收益和损失，期末余额转入所有者权益。

（三）合作社合并的程序及账务处理

合作社合并是指两个或者两个以上的合作社依照法定程序合为一个合作社的行为。合并主要有两种形式：一种是吸收合并，指一个合作社接纳一个或一个以上的其他合作社加入本合作社，接纳方继续存在，加入方解散并取消原法人资格；另一种是新设合并，指合作社与一个或一个以上合作社合并设立一个新的合作社，原合并各方解散，取消原法人资格。合作社合并时，合并各方的债权、债务应当由合并后存续或者新设的合作社承继。

1. 合作社合并的程序

（1）签订合并意向。意向要列明合作社有关合并相关事项，提交成员大会审议。

（2）成员大会作出决议。成员大会作出合并决议，应当由本社成员表决权总数的2/3以上通过，章程对表决权数有较高规定的，从其规定。

（3）订立合并协议。合并协议一般应有如下内容：合并各方的名称、住所；合并后存续合作社或新设合作社的名称、住所；合并各方的债权、债务处理办法；合并各方的资产状况及其处理办法；存续或新设合作社因合并而新增的股金总额；合并各方认为需要说明的其他事项。

（4）通知债权人。合作社合并，应当自合并决议作出之日起十日内通知债权人。

（5）财产清查。加入方应对本合作社的流动资产、固定资产、对外投资、生物资产、无形资产以及其他资产进行全面清查登记，同时对各项债权债务进行全面核对查实。具体包括：现金、银行存款和其他货币资金、应收款项、存货、固定资产、对外投资、无形资产、各项负债等。并编制财产清单、债权清单和债务清单。

（6）对合并业务进行账务处理。

（7）编制会计报表。编制合并日的资产负债表，报农村经营管理部门备案。

（8）依法进行登记。合作社合并后，应当及时向工商行政管理部门办理变更或新设法人登记手续。合并后解散的合作社，应当依法办理注销登记。

（9）移交会计档案。加入方合作社办理产权转移手续后，应将会计档案移交给接纳方合作社保管。会计档案的保管要求和保管期限应当符合《会计档案管理办法》的规定。

2. 合作社合并的账务处理

账务处理的基本原则：采取吸收合并方式进行合并的，应以接纳方合作社为主，对加入方合作社视同新成员入社进行账务处理；采用新设合并方式进行合并的，应视同新成立合作社进行账务处理。

（1）加入方的账务处理。

①对财产清查结果进行账务处理。如果清查中出现盘盈、盘亏和无法收回的债权、无法偿付的债务，均应作出账务处理。财产的盘盈、盘亏除能确定直接责任者外，可以直接计入其他收支；将确实无法收回的债权和无法归还的债务，计入损益；对财产清查过程中发现的资产盘盈、盘亏、毁损、报废等，应按会计制度的规定计入当期损益，同时转销相关资产的

账面价值，清查后清偿债务。

【例 3－17】 甲养殖专业合作社并入乙养殖专业合作社，甲合作社在清查中发现库存损失 8 000 元，无法收回的应收款 12 000 元，以上损失均由合作社承担。一台机器报废，原值 25 000 元，已提折旧 13 000 元，用存货偿还 30 000 元债务。账务处理如表 3－17 所示。

表 3－17　　　　财产清查结果账务处理

经济业务和事项	账务处理
①对存货和应收款损失进行处理	借：其他支出　20 000 　　贷：产品物资　8 000 　　　　应收款　12 000
②报废机器	借：固定资产清理　12 000 　　累计折旧　13 000 　　贷：固定资产　25 000 借：其他支出　20 000 　　贷：固定资产清理　20 000
③偿还债务	借：应付款　30 000 　　贷：产品物资　30 000

②结账。首先归集本期收入和支出，其次计算本期盈余，最后进行账务处理。对亏损挂账，经批准后，应先冲减盈余公积，盈余公积不足的再冲减资本公积，仍不足的再冲减股金。借记“盈余公积”“资本公积”“股金”科目，贷记“盈余分配——未分配盈余”科目。

【例 3－18】 接例 3－17，归集收支计算盈余，甲合作社本期亏损 20 000 元，前期亏损 60 000 元，累计亏损 80 000 元。合并前，甲合作社共有股金 1 000 000 元，盈余公积 32 000 元，资本公积 24 000 元，专项基金 150 000 元。账务处理如表 3－18 所示。

表 3－18　　　　合作社处理累计亏损的账务处理

经济业务和事项	账务处理
处理累计亏损	借：盈余公积　32 000 　　资本公积　24 000 　　股金　24 000 　　贷：盈余分配——未分配盈余　80 000

（2）接纳方的账务处理。

接纳方合作社以加入方资产负债表为基准，借记所有资产类科目余额，贷记所有负债和权益类科目余额。为合并而发生的各项直接费用，如审计费、法律服务费等，计入当期损益。新股东按合并协议确定股东的权益，开设成员账户。

【例 3－19】接例 3－18，甲合作社封账时，有股东 80 人，股金 976 000 元，每位股东股金 12 200 元。有专项基金 150 000 元，产品物资 45 600 元，固定资产 1 217 400 元，已提折旧 175 000 元，应收款 50 000 元，应付款 60 000 元，成员往来借方 13 000 元、贷方 15 000 元，对外投资 50 000 元。账务处理如表 3－19 所示。

表 3－19　　　　合作社合并的账务处理

经济业务和事项	账务处理	
合作社合并时	借：固定资产	1 217 400
	产品物资	45 600
	应收款	50 000
	成员往来	13 000
	对外投资	50 000
	贷：股金	976 000
	专项基金	150 000
	累计折旧	175 000
	应付款	60 000
	成员往来	15 000

（四）合作社分立的程序及账务处理

合作社分立是指一个合作社依据法律规定，通过成员大会决议分成两个或者两个以上的合作社。合作社的分立有两种形式：一种是存续分立，指合作社以其部分财产和业务设立另外的新合作社，原合作社存续；另一种是解散分立，指合作社以全部财产归入两个以上新的合作社，原合作社解散。

1. 合作社分立的程序

合作社的分立程序与合并程序基本一致。

（1）拟定分立方案。分立方案涉及的内容包括分立形式、分立后原合作社的地位、分立后章程、管理人员及固定员工安排方案、分立协议各方对拟分立合作社财产的分割方案、分立协议各方拟分立合作社债权债务的承继方案等。

（2）成员大会通过分立方案。

（3）签订分立协议。协议内容实质上是对分立方案的具体化。分立协议中应当对原合作社资产的分割、分立后各方合作社对原合作社债权债务的承继、分立后各方合作社营业范围的划分及其他相关问题作出明确约定。

（4）通知债权人。

（5）财产清查，编制相关会计报表。

（6）对分立业务进行账务处理。

（7）办理分立合作社登记手续。

（8）档案保管。存续分立的合作社，分立前的档案由存续的合作社继续保管，解散分立的合作社，分立前档案的保管由分立各方协商确定，也可由农村经营管理部门指定分立的合作社保管。

2. 合作社分立的账务处理

账务处理的原则：采取存续分立方式的，应以存续方合作社为主，对分立方合作社视同成员退社进行账务处理；采用解散分立方式的，应视同原合作社解散，按合作社解散的有关规定进行账务处理。分立的合作社按新成立合作社的有关规定处理。

合作社分立前，首先要进行财产清查，清查内容与合作社合并财产清查基本相同。解散分立的，对尚未处理的亏损，经批准后，应先冲减盈余公积，盈余公积不足的再冲减资本公积，仍不足的再冲减股金。借记“盈余公积”“资本公积”“股金”科目，贷记“盈余分配——未分配盈余”科目。

【例3-20】某蔬果种植合作社经股东大会决定，将原合作社分出另一个独立的蔬果种植合作社，入股成员相应也分开，原合作社继续经营。新成立蔬果种植合作社分得固定资产450 000，应收款18 000，应付款30 000

元，产品物资 8 000，股金 446 000 元。账务处理如表 3－20 所示。

表 3－20　　合作社分立的账务处理

经济业务和事项	账务处理	
①原蔬果种植合作社的账务处理	借：股金	446 000
	应付款	30 000
	贷：固定资产	450 000
	应收款	18 000
	产品物资	8 000
②新成立蔬果种植合作社的账务处理	借：固定资产	450 000
	应收款	18 000
	产品物资	8 000
	贷：股金	446 000
	应付款	30 000

【例 3－21】 丙小麦种植合作社经股东大会决定，将原合作社分为 A 和 B 两个独立的合作社，成员也相应分开，原合作社注销。A 合作社分得固定资产 450 000 元，应收款 20 000 元，应付款 30 000 元，产品物资 10 000 元，股金 450 000 元；B 合作社分得固定资产 60 000 元，应收款 20 000 元，应付款 40 000 元，产品物资 10 000 元，股金 50 000 元。原小麦种植合作社按合作社解散的有关规定进行账务处理。A、B 合作社账务处理如表 3－21 所示。

表 3－21　　合作社分立的账务处理

经济业务和事项	账务处理	
①A 合作社的账务处理	借：固定资产	450 000
	应收款	20 000
	产品物资	10 000
	贷：股金	450 000
	应付款	30 000
②B 合作社的账务处理	借：固定资产	460 000
	应收款	20 000
	产品物资	10 000
	贷：股金	450 000
	应付款	40 000

第四章　筹资和投资的会计核算

第一节　筹资与投资时发生的具体实务

一、筹资与投资的概述

（一）筹资的概述

筹资是指农民专业合作社筹集资金的行为与过程。也就是说，农民专业合作社根据自身的生产经营状况、资金拥有的状况以及未来发展的需要，从不同渠道，选择适当的方式，从合作社外部或内部获取资金的行为。

1. 筹资的目的

一是满足合作社生产经营活动的需要。合作社作为农村新型经营主体，其目的是以服务成员为宗旨，谋求全体成员的共同利益，合作社拥有一定数量的资金是维持合作社正常经营的重要前提和必要保障。二是满足合作社资金结构调整的需要。资金结构是指各种资金的构成及其比例关系，主要表现为所有者和债权人权益之间的比例关系。从提高合作社自身权益出发，合作社须适时增加负债，降低资金成本，优化资金结构。三是满足合作社应对突发事件的需要。合作社在日常经营过程中有时会遇到某些资金方面的突发事件，合作社须根据实际情况选择恰当的方式加以应对，确保生产经营的正常运转。

2. 筹资的类型

（1）按资金使用期限的长短分类，可以将合作社筹资分为短期资金和长期资金两种。短期资金是指使用期限在 1 年以内的资金，主要通过短期借款、商业信用等方式筹集，用于维持合作社日常生产经营活动的开展；长期资金是指使用期限在 1 年以上的资金，用于厂房、项目建设和设备更新的需要，主要通过长期借款、发行债券等方式来筹集。

（2）按资金的来源渠道不同，可以将合作社筹集资金分为权益资金和负债资金。权益资金是合作社依法筹集并长期拥有，可自由支配的资金，主要包括股金和资本公积。股金是指企业投资者按照合作社章程、合同或协议的约定，实际投入合作社的资本金以及按照有关规定由资本公积、盈余公积等转增的资金；资本公积是合作社收到投资者投入的超出其在股金中所占份额的投资，以及直接计入所有者权益的利得和损失，资本公积主要用于转增资本。负债资金是合作社依法筹资并依约使用、按期偿还的资金，通过银行借款等方式筹集，主要包括短期借款、长期借款以及结算中形成的负债等。

3. 筹资的要求

合作社筹集资金是合作社财务活动的起点。筹集资金做得好坏不但影响合作社正常运营，而且可以降低合作社资金成本，提高资金使用效益。

（1）合理确定筹资金额，提高筹资效果。合作社筹资的目的是合作社正常生产经营，如果资金不足肯定影响生产经营；如果资金过剩，又会影响资金效果，所以筹资时要合理确定筹资金额，提高资金使用效益。

（2）及时足额筹集资金，确保资金投放。由于部分合作社季节性生产经营活动比较明显，如农机专业合作社、种植专业合作社等。这类合作社在筹集资金要充分考虑季节性和周期性等因素的影响，根据合作社实际情况，把握时机积极筹借资金，确保资金需求。

（3）灵活选择筹资方式，降低筹资成本。合作社筹资的渠道和方式众多，不同筹资渠道和方式的资金成本和财务风险不尽相同，因此合作社在筹资时要多加权衡，选择恰当的筹资渠道和方式，优化资金结构，尽量降低筹资成本。

（4）科学合理安排资金结构，做到适度举债。合作社资金由权益资金和负债资金两部分组成。合作社筹集资金必须保持合理的比例关系，既要防止负债过多增大财务风险，又要科学利用负债杠杆作用，提高资金使用效益。

（5）依法筹资，维护各方权益。合作社在筹资过程中必须遵守国家有关法律法规，做到公开、公正和公平，切实维护各方的合法权益。

4. 筹资的渠道

筹资渠道是指合作社取得资金的来源、方向和通道，即可供合作社筹集资金的地方。

（1）所有者投入资金。所有者投入的资金主要包括股金和资本公积。股金是指合作社投资者按照合作社章程、合同或协议的约定，实际投入合作社股金以及按照有关规定由资本公积、盈余公积等转增的资金。资本公积是合作社收到投资者投入的超出其在股金中所占份额的投资，以及直接计入所有者权益的利得和损失，资本公积主要用于转增资本。

（2）政府+农民专业合作社。国家对农民专业合作社的惠农政策多而杂。按照惠农政策的涵盖范围及其特点，可分为三大类：财政直接补助政策、优惠政策、补贴类政策。国家对合作社的补贴优惠政策和项目扶持是合作社筹资最主要资金来源。

（3）金融机构+农民专业合作社。金融机构即商业银行、政策性银行及非银行金融机构，从这些机构获取资金是合作社最普遍的融资方式。

（4）与龙头企业合作。合作社根据自身发展的需要，在该领域中，与发展比较好的龙头企业合作，利用合作社间的相互投资和商业信用，形成债务人对债权人的短期信用占用，获取龙头企业资金和技术的支持。

（5）社员+农民专业合作社。合作社通过自身发展，吸收更多的社员入社筹资。

（二）投资的概述

投资是农民专业合作社为了获取收益或实现资本增值，依法向农民专业合作联合社或其他单位投放资金的经济行为。

1. 投资的特点

合作社投资的特点主要是目的性、让渡性和收益的间接性。

（1）目的性。合作社投资的目的是增加财富或谋求其他利益，如获得分红、利息或转让价差，分散经营风险等。

（2）让渡性。投资是通过让渡一项资产而换取另一项资产的行为。如合作社将其拥有的货币资金、实物资产、无形资产等让渡给其他单位，以获取债权投资或股权投资等。

（3）收益的间接性。合作社投资所产生的经济利益在形式上通常是间接的，即通过分配其他单位运用投入的资产创造效益，或者参与控制其他单位的生产经营活动等方式来达到获取利益的目的。

2. 投资的分类

合作社投资可以分为权益性投资、债权性投资和混合性投资。

（1）权益性投资是指为了获取其他单位的权益或净资产而进行的投资。其主要目的是获得对另一单位的控制权，或实现对另一企业的重大影响。

（2）债权性投资是指为了获得债权而进行的投资，如购买公司债券、国库券等。其主要目的是获得高于银行存款利率的利息，并保证按期收回本息。

（3）混合性投资是指既有权益性质又有债权性质的投资。

3. 投资的计价原则

（1）合作社以现金、银行存款等货币资金方式向联合社或其他单位投资的，应当按实际支付的款项和相关税费计价。

（2）合作社以实物资产（含生物资产）、无形资产等非货币性资产方式向联合社或其他单位投资的，应当按照评估确认或者合同、协议约定的价值和相关税费计价，实物资产（含生物资产）、无形资产等重估确认价值与其账面价值之间的差额，计入资本公积。

（3）合作社以实物资产（含生物资产）、无形资产等非货币性资产方式向联合社或其他单位投资的，其评估确认或合同协议确定的价值必须真实、合理，不得高估或低估资产价值。

（4）合作社对外投资取得的盈余返还和盈余分配、分得的现金股利和利润、利息等计入投资收益。

（5）合作社到期收回或中途转让对外投资时，按照实际收到的价款与其账面余额的差额，计入投资收益。

二、发生的具体业务

（一）筹资时发生的具体业务

1. 所有者投入资金

合作社通过成员投资入股、资本公积、盈余公积转增形成股金。

①合作社收到成员投资入股的货币资金，按照实际收到的金额，借记“库存现金”“银行存款”科目，按照成员应享有合作社成员出资总额的份额计算的金额，贷记“股金”科目，按照两者之间的差额，贷记“资本公积”科目。

②用资本公积或盈余公积转增股金时，借记“资本公积”“盈余公积”等科目，贷记“股金”科目。

2. 通过政府+合作社融资

政府为鼓励合作社这种新型经营主体在市场经济中得以发展，在政策和项目上给予一定的扶持。例如，财政直接补助项目资金、项目贷款贴息和农业生产补贴等，也是合作社获取资金的渠道。

（1）国家财政直接补助资金。

①合作社收到国家财政直接补助资金时，借记“银行存款”“库存现金”科目，贷记“专项应付款”科目。

②按照国家财政直接补助资金的用途，取得生物资产、固定资产、无形资产等非货币性资产，或者修建农业农村基础设施时，按照实际使用国家财政直接补助资金的数额，借记“消耗性生物资产”“生产性生物资产”“固定资产”“无形资产”“在建工程”等科目，贷记“银行存款”“库存现金”科目。同时借记“专项应付款”科目，贷记“专项基金”科目。

③按照国家财政直接补助资金的用途，用于开展信息、培训、农产品质量标准与认证、市场营销和技术推广等项目支出时，借记“专项应付

款”科目，贷记“银行存款”“库存现金”科目。

④合作社取得生物资产、固定资产、无形资产等非货币性资产之后收到对应用途的国家财政直接补助资金的，按收到的金额借记“银行存款”“库存现金”科目，贷记“专项应付款”科目，同时按照实际使用国家财政直接补助资金的数额，借记“专项应付款”科目，贷记“专项基金”科目。

⑤发生信息、培训、农产品质量标准与认证、市场营销和技术推广等项目支出之后收到对应用途的国家财政直接补助资金的，按照实际收到的金额，借记“库存现金”“银行存款”科目，贷记“专项应付款”科目，同时按照实际使用国家财政直接补助资金的数额，借记“专项应付款”科目，贷记“经营支出”“管理费用”等科目。

⑥因有结余等情况而退回国家财政直接补助资金时，借记“专项应付款”科目，贷记“银行存款”“库存现金”科目。

（2）国家补贴类政策。国家给予农民专业合作社农资综合补贴、生猪标准化规模养殖建设、农业保险补贴、粮食最低收购政策等，合作社取得国家的各类补贴时，借记“银行存款”“库存现金”科目，贷记“其他收入”科目。

3. 金融机构 + 合作社模式筹款

（1）短期借款。农民专业合作社因经营周转困难或季节性需求临时从银行、信用社或其他金融机构，以及外部单位和个人借入的期限在 1 年以下（含 1 年）的各种借款。

①合作社取得各种短期借款。按借款合同、收款通知联，借记“银行存款”“库存现金”科目，贷记“短期借款”科目。

②合作社借款利息的处理。按照借款本金和借款合同利率计算确定的利息费用，借记“财务费用”科目，贷记“应付利息”科目。

按照利息计算单，每月应计提利息 = 本金 × 贷款利率 ÷ 12（注：贷款利率一般是年利率，应换算为月利率）

如果到期还本付息，每月末只计提利息，到期时一次归还，计提利息时借记“财务费用”科目，贷记“应付利息”科目，实际支付利息时，借记“应付利息”科目，贷记“银行存款”或“库存现金”科目。

如果到期还本，按季支付利息。每月末按利息计算单计提利息，借记“财务费用”科目，贷记“应付利息”科目。季度按银行扣息通知联，借记“应付利息”科目，贷记“银行存款”科目。

③到期偿还短期借款时，借记“短期借款”科目，贷记“库存现金”“银行存款”科目。

（2）长期借款。农民专业合作社因固定资产购建、改扩建工程等从银行等金融机构及外部单位和个人借入的期限在1年以上（不含1年）的各项借款。

①合作社取得长期借款时，按照借款合同、收款通知单，借记“银行存款”科目，贷记“长期借款”科目。

②合作社偿还借款利息时，在应付利息日，按照借款本金和借款合同利率计算确定利息费用，借记“财务费用”科目，贷记“应付利息”科目。

③到期偿还长期借款时，借记“长期借款”科目，贷记“银行存款”科目。

④“长期借款”科目按照借款单位和个人设置明细账，进行明细核算。

4. 龙头企业借款

合作社因季节性资金周转困难，向有经济业务往来的龙头企业借款，这种借款期限短，依靠企业长期合作的商业信誉。

（1）取得款项时，借记“银行存款”科目，贷记“应付款”科目。

（2）归还款项时，借记“应付款”科目，贷记“银行存款”科目。

（3）合作社因特殊原因确实无法支付取得的应付款或获得债权人债务豁免时，按规定程序批准后，借记“应付款”科目，贷记“其他收入”科目。

5. 通过社员+合作社融资

合作社经过前期发展，取得一定成效，村民看到合作社的效益，自愿缴纳一定资金投入合作社，成为合作社的社员，实现共赢，这也是合作社获取资金的一种方式。合作社收到村民投资入股的货币资金时，按实际收到的金额，借记“库存现金”“银行存款”等科目，按照成员应享有合作社成员出资总额的份额计算的金额，贷记“股金”科目，按两者的差额计入“资本公积”科目。

（二）投资时发生的具体业务

1. 对外投资属于资产类账户，主要核算合作社持有的各种对外投资，包括依法出资设立或者加入联合社，以及采用货币资金、实物资产、无形资产等向其他单位的投资。并按照投资的种类设置明细科目进行明细核算，期末借方余额反映合作社对外投资的实际成本。

2. 合作社用现金、银行存款等货币资金向外单位或者联合社进行投资，按实际支付的价款和相关税费，借记“对外投资”科目，贷记“银行存款”“库存现金”科目；按照应支付的相关税费，贷记“应交税费”等科目。

3. 合作社以实物资产、无形资产等非货币性资产向外单位或者联合社进行投资，按照评估确认或者合同、协议约定的价值和相关税费，借记“对外投资”科目；同时核销非货币性资产已计提折旧或摊销，借记“生产性生物资产累计折旧”“累计折旧”“累计摊销”科目，按投出非货币性资产的原值，贷记“消耗性生物资产”“生产性生物资产”“固定资产”“无形资产”等科目；按其应交的税费贷记“应交税费”等科目；按其借贷的差额，借记或贷记“资本公积”科目。

4. 合作社在经营过程中用自己拥有外单位或联合社债权转股权投资，借记“对外投资”科目，贷记“应收款”科目。

5. 合作社到期收到处置投资或者将投资转让，按照实际收回的价款，借记“银行存款”“库存现金”等科目；按照对外投资账面余额，贷记“对外投资”科目；按实际收到与账面价值的差额，借记或贷记“投资收益”科目。

6. 被投资单位宣告分配现金股利或利润、联合社返还分配盈余时，合作社借记“应收款”科目，贷记“投资收益”科目；实际收到现金股利或利润、盈余返还、盈余分配时，借记“银行存款”“库存现金”等科目，贷记“应收款”科目；获得股票股利时，不作账务处理，只在备查簿中登记。

7. 合作社对外投资发生不可抗拒的损失时，按规定程序批准后，按照可收回责任人或保险公司的赔偿金额，借记“应收款”科目；按照实际发生损失的对外投资账面余额，贷记“对外投资”科目；两者之间的差额计入“投资收益”科目。

第二节　筹资与投资时发生的具体实务的会计核算

一、涉及的主要会计科目

农民专业合作社筹资与投资过程中可能涉及“短期借款”“长期借款”“应付利息”“应付款”“应收款”“财务费用”“对外投资”“投资收益”“股金”“资本公积”“专项应付款”“专项基金”“固定资产”“无形资产”“生物资产”“库存现金”“银行存款”等科目，“股金”“资本公积”“固定资产”“无形资产”“生物资产”“库存现金”“银行存款”等科目在其他章节已解析不再重复，我们用T型账户对本章涉及的主要会计科目核算内容予以说明。

（一）短期借款

1. 核算内容

合作社从银行、信用社或其他金融机构，以及外部单位和个人借入的期限在1年内（含1年）的各种借款。

2. 核算方法

借方　　短期借款（201）	贷方
偿还短期借款	借入各种短期借款
	期末余额： 反映合作社尚未偿还短期借款本金

3. 注意事项

该科目应按照借款单位和个人设置明细账，进行明细核算。

（二）长期借款

1. 核算内容

合作社从银行等金融机构及外部单位和个人借入的期限在 1 年以上（不含 1 年）的各项借款。

2. 核算方法

借方　　　　长期借款（231）	贷方
偿还长期借款	借入长期借款
	期末余额： 反映合作社尚未偿还的长期借款本金

3. 注意事项

该科目应按照借款单位和个人设置明细科目，进行明细核算。

（三）专项应付款

1. 核算内容

合作社接受国家财政直接补助的资金。

2. 核算方法

借方　　　　专项应付款（235）	贷方
（1）按照国家财政直接补助资金的项目用途，取得生物资产、固定资产、无形资产等非货币性资产，或用于兴建农业农村基础设施时，按照实际使用国家财政直接补助资金的数额计量 （2）用于开展信息、培训、农产品质量标准与认证、市场营销和技术推广等项目支出 （3）按照实际使用国家财政直接补助资金的数额计量 （4）因有结余等情况而退回国家财政直接补助资金	（1）收到国家财政直接补助的资金 （2）取得生物资产、固定资产、无形资产等非货币性资产之后，收到对应用途的国家财政直接补助资金的，按照收到的金额计量 （3）发生信息、培训、农产品质量标准与认证、市场营销和技术推广等项目支出之后，收到对应用途的国家财政直接补助资金的，按照收到的金额计量
	期末余额： 反映合作社尚未使用和结转的国家财政直接补助资金数额

3. 注意事项

该科目应按照国家财政直接补助资金项目设置明细科目，进行明细核算。

（四）专项基金

1. 核算内容

合作社接受国家财政直接补助和他人捐赠形成的专项基金。

2. 核算方法

借方	专项基金（311） 贷方
按照法定程序减少成员出资总额或成员退股	（1）合作社使用已收到的国家财政直接补助资金取得生物资产、固定资产、无形资产等非货币性资产，或用于兴建农业农村基础设施时，按照实际使用国家财政直接补助资金的数额计量 （2）取得生物资产、固定资产、无形资产等非货币性资产之后，按照实际使用国家财政直接补助资金的数额计量 （3）实际收到他人捐赠的货币资金 （4）收到国家财政直接补助的生物资产、固定资产、无形资产等非货币性资产（包括以前年度收到或形成但尚未入账的）或者他人捐赠的非货币性资产时，按照有关凭据注明的金额加上相关税费等计量；没有相关凭据的，按照资产评估价值或者比照同类或类似资产的市场价格，加上相关税费等计量；如无法采用上述方法计价的，应当按照名义金额计量
	期末余额： 反映合作社实有的专项基金数额

3. 注意事项

（1）该科目应按照专项基金的来源设置明细科目，进行明细核算。

（2）用名义金额计量的专项基金，设置备查簿进行登记和后续管理。

（五）对外投资

1. 核算内容

合作社持有的各种对外投资，包括依法出资设立或者加入联合社，以及采用货币资金、实物资产、无形资产等向其他单位的投资等。

2. 核算方法

借方	对外投资（131）　　　　贷方
（1）以现金、银行存款等货币资金方式对外投资时，按照实际支付的价款和相关税费或协议约定的价格计量 （2）以实物资产、无形资产等非货币性资产方式对外投资时，按照评估确认或者合同、协议约定的价值和相关税费计量	（1）到期收回或中途转让对外投资时，按照对外投资的账面余额计量 （2）对外投资发生损失时，按照发生损失的对外投资账面余额计量
期末余额： 反映合作社对外投资的实际成本	

3. 注意事项

（1）该科目应按照对外投资的种类设置明细账，进行明细核算。

（2）合作社获得股票股利时，不作账务处理，但应在备查簿中登记增加的股份。

（六）投资收益

1. 核算内容

核算合作社对外投资取得的收益或发生的损失。

2. 核算方法

借方	投资收益（511）　　　　贷方
（1）到期收回或中途转让对外投资时，按照实际收回的价款或价值计量 （2）期末，应将本科目的贷方余额转入“本年盈余”科目贷方	（1）被投资单位宣告分配现金股利或利润、联合社返还和分配盈余等 （2）到期收回或中途转让对外投资时，按照实际收回的价款或价值计量 （3）如为投资净损失，应将本科目的借方余额转入“本年盈余”科目借方

3. 注意事项

（1）该科目应按照投资项目设置明细科目，进行明细核算。

（2）获得股票股利时，不作账务处理，但应在备查簿中登记增加的股份。

（七）应付利息

1. 核算内容

合作社按照合同约定应支付的利息费用。

2. 核算方法

借方	应付利息（215） 贷方
实际支付利息	在应付利息日，按照借款本金和借款合同利率计算确定的利息费用
	期末余额： 反映合作社应付未付的利息费用

3. 注意事项

该科目应按照借款单位和个人设置明细账，进行明细核算。

（八）财务费用

1. 核算内容

核算合作社为筹集生产经营所需资金发生的各项支出，包括利息费用（减利息收入）、银行相关手续费等。

2. 核算方法

借方	财务费用（524） 贷方
合作社发生的利息费用、银行相关手续费等	（1）发生的应冲减财务费用的利息收入 （2）期末，应将本科目的余额转入“本年盈余”科目的借方

3. 注意事项

该科目应按财务费用的项目设置明细科目，进行明细核算。

二、会计分录的编制

（一）合作社筹资时会计核算举例

1. 所有者投入筹资核算举例

【例4-1】 20×2年3月1日，某市某农机专业合作社由5个农民共同投资组建，根据合作社章程，其成员出资清单投资如下：合作社社员张某出资30 000元；李某出资40 000元；王某出资30 000元；康某出资60 000元；闫某出资40 000元，资金均已缴存合作社账户。账务处理如表4-1所示。

表4-1　合作社所有者投入筹资的账务处理

经济业务和事项	账务处理		
20×2年3月1日，农民专业合作社成立	借：银行存款		200 000
	贷：股金——张某	（占15%）	30 000
	——李某	（占20%）	40 000
	——王某	（占15%）	30 000
	——康某	（占30%）	60 000
	——闫某	（占20%）	40 000

2. 资本公积转增股金筹资举例

【例4-2】 20×2年3月1日，某市某农机专业合作社由5个农民共同投资组建，20×3年9月经全体社员召开社员大会，将合作社资本公积10万元转增股金，原注册股金中张某占15%、李某占20%、王某占15%、康某占30%、闫某20%，合作社按规定程序办理了增资手续。

张某转增股金金额=100 000×15%=15 000（元）

李某转增股金金额=100 000×20%=20 000（元）

王某转增股金金额=100 000×15%=15 000（元）

康某转增股金金额=100 000×30%=30 000（元）

闫某转增股金金额=100 000×20%=20 000（元）

账务处理如表4-2所示。

表 4-2　　资本公积转增股金的账务处理

经济业务和事项	账务处理
20×2 年 3 月 1 日，农民专业合作社资本公积转增股金	借：资本公积　100 000 　贷：股金——张某　（占 15%）15 000 　　　——李某　（占 20%）20 000 　　　——王某　（占 15%）15 000 　　　——康某　（占 30%）30 000 　　　——闫某　（占 20%）20 000

3. 通过政府 + 合作社融资核算举例

（1）先收财政直接补助资金，后续进行项目建设或购置非货币性资产的核算举例。

【例 4-3】 某市某种植专业合作社于 20×3 年 7 月 1 日收到冷库建设项目省级财政直接补助资金 400 000 元，已存入银行。7 月 15 日，购买冷库专用设备支付 300 000 元，支付培训费 7 000 元，支付基地无公害认证支出 50 000 元，结余资金退回国家。账务处理如表 4-3 所示。

表 4-3　　先收补助后建设或购置非货币资产的账务处理

经济业务和事项	账务处理
①7 月 1 日，收到财政补助项目资金	借：银行存款　400 000 　贷：专项应付款——冷库建设资金　400 000
②7 月 15 日，合作社按项目批书内容购买冷库专用设备	借：固定资产　300 000 　贷：银行存款　300 000 借：专项应付款——冷库建设资金　300 000 　贷：专用基金　300 000
③合作社按项目批复文件的对社员开展技术培训，支付培训费	借：专项应付款——冷库建设资金　7 000 　贷：银行存款　7 000
④合作社按项目批复文件进行了基地无公害认证，并支付相关费用	借：无形资产——无公害认证　50 000 　贷：银行存款　50 000 借：专项应付款——冷库建设资金　50 000 　贷：专项基金　50 000
⑤合作社按项目批复退回剩余财政补助资金	借：专项应付款——冷库建设资金　43 000 　贷：银行存款　43 000

（2）项目已建设或非货币性资产已购买，后收到对应用途的财政直接

补助资金的核算举例。

【例4－4】 某市某种植专业合作社进行冷库建设项目，20×3年7月1日，购置冷库专用设备300 000元，支付技术培训费7 000元，7月10日，支付基地无公害认证支出50 000元，款项已通过银行全部支付。7月15日，收到国家对该项目财政直接补助资金400 000元，结余资金退回国家。账务处理如表4－4所示。

表4－4　　先购买后收到政府补助的账务处理

经济业务和事项	账务处理		
①7月1日，购置冷库专用设备	借：固定资产	300 000	
	贷：银行存款		300 000
②7月1日，支付技术培训费	借：管理费用	7 000	
	贷：银行存款		7 000
③7月10日，支付基地无公害认证	借：无形资产	50 000	
	贷：银行存款		50 000
④7月15日，收至国家财政直接补助资金	借：银行存款	400 000	
	贷：专项应付款——冷库建设资金		400 000
	同时：		
	借：专项应付款——冷库建设资金	350 000	
	贷：专项基金		350 000
	借：专项应付款——冷库建设资金	7 000	
	贷：管理费用		7 000
⑤合作社按项目批复退回剩余财政补助资金	借：专项应付款——冷库建设资金	43 000	
	贷：银行存款		43 000

4. 各类补贴资金核算举例

【例4－5】 某市某农机专业合作社在20×3年7月17日收到农经部门拨付的农资综合补贴100 000元，补贴资金已到账。账务处理如表4－5所示。

表4－5　　合作社收到补贴资金的账务处理

经济业务和事项	账务处理		
7月17日，收到补贴资金	借：银行存款	100 000	
	贷：其他收入		100 000

【例 4－6】某市某农机专业合作社 20×3 年 9 月 1 日收到财政给予的种子补贴款 100 000 元。账务处理如表 4－6 所示。

表 4－6　　合作社收到补贴款的账务处理

经济业务和事项	账务处理
9 月 1 日，收到财政补贴款	借：银行存款　100 000 　贷：其他收入——财政补贴收入　100 000

【例 4－7】某市某农机专业合作社 20×3 年托管周围农户种植小麦 1 500 亩，每亩地托管费用 380 元，6 月 15 日，农户自己承担的每亩 280 元托管费用已全部收入账户。国家对农户每亩补贴托管费用 100 元，根据合作社、农户及上级主管部门协商，将国家对农户的托管费用直接打入合作社。7 月 20 日，收到上级补助农户托管费用 150 000 元，每亩补助 100 元。账务处理如表 4－7 所示。

表 4－7　　合作社收到补贴的账务处理

经济业务和事项	账务处理
①6 月 15 日收到所有农户托管费用	借：银行存款　（1 500×280）420 000 　其他应收款——农户财政补贴 　（1 500×100）150 000 　贷：经营收入　570 000
②7 月 20 日收到国家补助农户的托管费	借：银行存款　150 000 　贷：其他应收款——农户财政补贴 　（1 500×100）150 000

5. 金融机构＋合作社模式筹款核算举例

（1）短期借款核算举例。

【例 4－8】某市某农机专业合作社于 20×3 年 7 月 1 日向当地农村信用社借入一笔季节性经营用短期借款，共计 200 000 元，期限为 6 个月，年利率 6%。根据与当地信用社签署的贷款协议，该项借款的本金到期归还，利息分月预提，按季支付。账务处理如表 4－8 所示。

表 4 -8　　短期借款的账务处理

经济业务和事项	账务处理		
①7 月 1 日，取得银行入账通知单	借：银行存款	200 000	
	贷：短期借款		200 000
②7 月 31 日、8 月 31 日计提利息（200 000 ×6% ÷12 =1 000）	借：财务费用	1 000	
	贷：应付利息		1 000
③9 月 30 日按利息支付单支付季度利息时	借：应付利息	2 000	
	财务费用	1 000	
	贷：银行存款		3 000
④第四季度和第三季度分录一致			
⑤12 月 31 日归还本金时	借：短期借款	200 000	
	贷：银行存款		200 000

【例 4 -9】某市某农机专业合作社 20 ×3 年 7 月 1 日向当地农村信用社借入一笔季节性经营用短期借款，共计 200 000 元，期限为 6 个月，年利率 6%。根据与当地信用社签署的贷款协议，该项借款的本金和利息到期后一次归还，利息按月预提，到期支付。账务处理如表 4 -9 所示。

表 4 -9　　合作社借入季节性经营用借款的账务处理

经济业务和事项	账务处理		
①7 月 1 日，收到银行到账通知单	借：银行存款	200 000	
	贷：短期借款		200 000
②每月底计提利息	借：财务费用	（200 000 ×6% ÷12）1 000	
	贷：应付利息		（200 000 ×6% ÷12）1 000
③12 月 31 日到期，归还本金支付利息	借：短期借款	200 000	
	应付利息	5 000	
	财务费用	1 000	
	贷：银行存款		206 000

（2）长期借款的核算举例。

【例 4 -10】某市某农机专业合作社因扩大生产，购入一批设备，在 20 ×3 年 1 月 1 日向从银行借入资金，共计 500 000 元，期限为 2 年，年利率 6%（到期一次还本，按季归还利息），借入款项已存入银行。账务处理如表 4 -10 所示。

表 4－10　　合作社借入长期借款的账务处理

经济业务和事项	账务处理
①1 月 1 日，收到银行到账通知单	借：银行存款　500 000 　贷：长期借款　500 000
②每月计提利息	借：财务费用　（500 000 ×6% ÷12）2 500 　贷：应付利息　（500 000 ×6% ÷12）2 500
③季度末归还利息（每一季度末账务处理相同）	借：应付利息　5 000 　财务费用　2 500 　贷：银行存款　7 500
④到期还本	借：长期借款　500 000 　贷：银行存款　500 000

6. 龙头企业借款核算举例

【例 4－11】 某市某农机专业合作社 20×3 年 6 月 1 日向自己有业务往来的大型联合社借款 300 000 元，用于临时周转，期限为 1 个月。账务处理如表 4－11 所示。

表 4－11　　合作社向龙头企业借款的账务处理

经济业务和事项	账务处理
①6 月 1 日，收到借款资金	借：银行存款　300 000 　贷：应付款　300 000
②月底还款	借：应付款　300 000 　贷：银行存款　300 000

7. 通过社员＋合作社融资

【例 4－12】 某市某农机专业合作社 20×3 年 7 月 1 日收到当地村民向合作社投入的资金 100 000 元，按其享有股权的份额，计入股金 80 000 元，剩余 20 000 元计入资本公积。账务处理如表 4－12 所示。

表 4－12　　社员＋合作社融资的账务处理

经济业务和事项	账务处理
7 月 1 日，收到村民投资入社资金	借：银行存款　100 000 　贷：股金　80 000 　　资本公积　20 000

（二）合作社投资时会计核算举例

（1）合作社用货币性资产投资核算举例。

【例 4－13】某市绿丰源专业合作社 20×2 年 7 月 1 日，用 200 000 元人民币对有业务往来的新丰联合社进行投资，20×2 年 12 月 31 日，收到投资收益 8 000 元，已存入银行。20×3 年 6 月 30 日，将此投资进行转让，取得转让收入 235 000 元。账务处理如表 4－13 所示。

表 4－13　　合作社用货币性资产投资的账务处理

经济业务和事项	账务处理		
①20×2 年 7 月 1 日对外投资	借：对外投资	200 000	
	贷：银行存款		200 000
②20×2 年 12 月 31 日取得投资收益	借：银行存款	8 000	
	贷：投资收益		8 000
③20×3 年 6 月 30 日转让投资	借：银行存款	235 000	
	贷：对外投资		200 000
	投资收益		35 000

（2）合作社用非货币性资产投资的核算举例。

【例 4－14】某市绿丰源专业合作社 20×3 年 7 月 1 日用自己不再使用的固定资产对联合社进行投资，固定资产原值 250 000 元，已计提折旧 120 000 元，双方协议价款 100 000 元，联合社已收到投资的固定资产。20×3 年 12 月 31 日获得利润 6 000 元，已存入银行。账务处理如表 4－14 所示。

表 4－14　　合作社用固定资产投资的账务处理

经济业务和事项	账务处理		
①7 月 1 日，用固定资产投资	借：对外投资	100 000	
	累计折旧	120 000	
	资本公积	30 000	
	贷：固定资产		250 000
②12 月 31 日，收到返还的利润	借：银行存款	6 000	
	贷：投资收益		6 000

【例 4－15】某市养殖专业合作社 20×3 年 7 月 1 日，用自己生产经营

用20吨饲料成本价40 000元，自繁小猪崽200头对联合社进行投资，饲料双方协议价款42 000元，200头小猪崽的双方协议价200 000元，联合社已收到投资的资产。账务处理如表4－15所示。

表4－15　　合作社用生物资产投资的账务处理

经济业务和事项	账务处理	
7月1日，用饲料和小猪崽投资	借：对外投资	242 000
	贷：生产性生物资产	200 000
	产品物资	40 000
	资本公积	2 000

【例4－16】某市农机专业合作社20×2年7月1日用自己不再使用的无形资产对联合社进行投资，无形资产原值180 000元，已计提摊销100 000元，双方协议价款100 000元，联合社已收到投资的无形资产。20×2年12月31日，联合社宣告分配利润，农机专业合作社分得利润5 000元，20×3年4月30日已存入银行。账务处理如表4－16所示。

表4－16　　合作社用无形资产进行投资的账务处理

经济业务和事项	账务处理	
①20×2年7月1日对外投资	借：对外投资	100 000
	累计摊销	100 000
	贷：无形资产	180 000
	资本公积	20 000
②20×2年12月31日，被投资单位宣告分配利润	借：应收款	5 000
	贷：投资收益	5 000
③20×3年4月30日，收到利润	借：银行存款	5 000
	贷：应收款	5 000

（3）合作社债权转股权会计核算举例。

【例4－17】佳益公司于20×2年7月1日欠某市丰绿源专业合作社销售款1 000 000元，20×2年8月1日，佳益公司依法成为股份制公司，将绿丰源公司欠款转为股份，所占份额100万股，手续已办理完结。20×2年12月31日，佳益公司宣告分配现金股利，每股0.03元，于20×3年4月30日收到分配的现金股利，已存入银行。账务处理如表4－17所示。

表 4－17　　债权转股权的账务处理

经济业务和事项	账务处理		
①8 月 1 日，债权转为股权	借：对外投资	1 000 000	
	贷：应收款		1 000 000
②12 月 31 日，宣告分配现金股利	借：应收款	30 000	
	贷：投资收益		30 000
③20×3 年 4 月 30 日，实际收到现金股利	借：银行存款	30 000	
	贷：应收款		30 000

（4）合作社对外投资转让核算举例。

【例 4－18】某市丰绿源专业合作社在 20×2 年 9 月 15 日在二级市场支付价款 200 000 元，购入面值 1 000 元的 200 份某公司债券，20×2 年 12 月 31 日，该公司宣告分配债券利息 8 000 元，20×3 年 4 月 30 日，债券利息已转存银行。20×3 年 5 月 30 日，将该债券转让，取得转让收入 202 000 元。账务处理如表 4－18 所示。

表 4－18　　对外投资转让的账务处理

经济业务和事项	账务处理		
①9 月 15 日，购买公司债券时	借：对外投资	200 000	
	贷：银行存款		200 000
②12 月 31 日，宣告分配债券利息	借：应收款	8 000	
	贷：投资收益		8 000
③20×3 年 4 月 30 日，实际收到现金股利	借：银行存款	8 000	
	贷：应收款		8 000
④20×3 年 5 月 30 日转让债券时	借：银行存款	202 000	
	贷：对外投资		200 000
	投资收益		2 000

（5）合作社对外投资毁损赔偿核算举例。

【例 4－19】某市绿丰源专业合作社 20×2 年 5 月 1 日用自己不再用的固定资产对联合社进行投资，固定资产原值 250 000 元，已计提折旧 120 000 元，双方协议价款 100 000 元，联合社已收到投资的固定资产。20×3 年 8 月，联合社水灾，投资的固定资产遭到损毁，联合社对此项固定资产进行投保，按照协议及双方协商，联合社赔偿 50 000 元，保险公司赔偿 30 000

万元。绿丰源已收到赔偿金额并存入银行。账务处理如表 4 – 19 所示。

表 4 – 19　　对外投资毁损赔偿的账务处理

经济业务和事项	账务处理
①5 月 1 日，用固定资产投资	借：对外投资　100 000 累计折旧　120 000 资本公积　30 000 贷：固定资产　250 000
②达成赔偿协议	借：应收款——被投资单位　50 000 ——保险公司　30 000 投资收益　20 000 贷：对外投资　100 000
③实际收到赔偿款	借：银行存款　80 000 贷：应收款——被投资单位　50 000 ——保险公司　30 000

三、重点和难点

（一）合作社筹资核算的难点

1. 筹集非货币性资产的价值

合作社对社员入社投入的非货币性资产要经全体社员协商确认，而且协商确定的价格必须真实、合理，不得高估或低估资产的价值。按享有合作社注册资本的份额计入股金，双方确认的价值与按享有合作社注册资本的份额计算的差额计入资本公积。

2. 不得冲抵的情形

农民专业合作社成员不得以对该社或该社的其他成员的债权，冲抵出资；不得以缴纳的出资，抵销对该社或者其成员的债务。

3. 国家财政直接补助资金时“专项应付款”和“专项基金”的运用

（1）先收到财政直接补助资金后购买的核算处理。合作社使用已收到的国家财政直接补助资金取得生物资产、固定资产、无形资产等非货币性资产，或用于兴建农业农村基础设施的，按照实际使用国家财政直接补助资金的数额，借记“消耗性生物资产”“生产性生物资产”“固定资产”“无形资产”“在建工程”等科目，贷记“库存现金”“银行存款”等科目；同时借记“专项应付款”科目，贷记“专项基金”科目。

（2）先购买后收到财政直接补助资金的核算处理。合作社取得生物资产、固定资产、无形资产等非货币性资产之后收到对应用途的国家财政直接补助资金的，按照收到的金额，借记“库存现金”“银行存款”等科目，贷记“专项应付款”科目；同时按照实际使用国家财政直接补助资金的数额，借记“专项应付款”科目，贷记“专项基金”科目。

（3）直接收到财政直接补助的非货币性资产的核算处理。

①收到国家财政直接补助的生物资产、固定资产、无形资产等非货币性资产或者他人捐赠的非货币性资产时，按照有关凭据注明的金额加上相关税费等，借记“消耗性生物资产”“生产性生物资产”“固定资产”“无形资产”等科目，贷记“专项基金”科目。

②收到国家财政直接补助的生物资产、固定资产、无形资产等非货币性资产或者他人捐赠的非货币性资产时，没有相关凭据的，按照资产评估价值或者比照同类或类似资产的市场价格，加上相关税费等，借记“消耗性生物资产”“生产性生物资产”“固定资产”“无形资产”等科目，贷记“专项基金”科目。

③收到国家财政直接补助的生物资产、固定资产、无形资产等非货币性资产或者他人捐赠的非货币性资产时，无法采用上述方法计价的，应当按照名义金额，借记“消耗性生物资产”“生产性生物资产”“固定资产”“无形资产”等科目，贷记“专项基金”科目，并设置备查簿进行登记和后续管理。按照应支付的相关税费，借记“其他支出”科目，贷记相关科目。

（二）合作社投资核算难点

1. 以现金、银行存款等货币方式对外投资，对外投资科目按照实际支付的价款和相关税费计入“对外投资”科目。

2. 以非货币资产方式对外投资时，按照评估确认或者合同、协议约定的价值，计入“对外投资”科目的借方，按实物资产的账面价值，计入

“产品物资”“固定资产”“牲畜（禽）资产”“林木资产”等科目的贷方；按照评估确认或者合同、协议约定的价值与实物资产的账面价值之间的差额，计入“资本公积”科目。

（1）实物资产对外投资的核算。

【例 4－20】 合作社以库存建筑材料 10 吨向基础工程公司投资，每吨成本 500 元。账务处理如表 4－20 所示。

表 4－20　　合作社用实物资产对外投资的账务处理

经济业务和事项	账务处理	
①如双方评估确认每吨 500 元	借：对外投资 　　贷：产品物资	5 000 　　5 000
②如双方评估确认每吨 550 元	借：对外投资 　　贷：产品物资 　　　　资本公积	5 500 　　5 000 　　500
③如双方评估确认每吨 450 元	借：对外投资 　　资本公积 　　贷：产品物资	4 500 500 　　5 000

【例 4－21】 合作社以机床一台对乡机械制造厂进行联营投资，该机床账面原价为 50 000 元，已提折旧 15 000 元，经评估确认其价值为 40 000 元。账务处理如表 4－21 所示。

表 4－21　　合作社用实物资产对外投资的账务处理

经济业务和事项	账务处理	
合作社以机床一台对乡机械制造厂进行联营投资	借：对外投资 　　累计折旧 　　贷：固定资产 　　　　资本公积	40 000 15 000 　　50 000 　　5 000

（2）牲畜（禽）资产对外投资的核算。

以幼畜及育肥畜和产役畜对外投资时，按照合同、协议确定的价值与牲畜（禽）资产账面价值的差额借记或贷记资本公积。

【例 4－22】 20×2 年 2 月 1 日，合作社用 10 头役牛向阳光生态旅游区投资，双方已协商同意并签订了合同，该批役牛在 20×2 年 1 月 1 日由幼畜转役畜，成本 12 000 元，预计可使用 8 年。账务处理如表 4－22 所示。

表 4－22　　合作社用牲畜（禽）资产对外投资的账务处理

经济业务和事项	账务处理
①若双方协议价每头役牛 1 300 元	借：对外投资——阳光生态旅游区　13 000 　贷：生产性生物资产——役畜牛　11 881.25 　　资本公积　1 118.75
②若双方协议价每头牛 1 100 元	借：对外投资——阳光生态旅游区　11 000 　资本公积　881.25 　贷：生产性生物资产——役畜牛　11 881.25
③若双方协议役牛的价格为 11 881.25 元	借：对外投资——阳光生态旅游区　11 881.25 　贷：生产性生物资产——役畜牛　11 881.25

首先计算，投资时 10 头役牛的账面价值：

已摊销成本 = 12 000 ×（1 － 5%）÷ 8 = 1 425（元）

1 425 ÷ 12 = 118.75（元）

役牛成本 = 12 000 － 118.75 = 11 881.25（元）

3. 合作社在二级市场取得股票投资或债券投资的核算

（1）取得股票投资的核算。

合作社用自己闲余的资金在股票市场购买股票，取得的股票如果包含已宣告但尚未发放的现金股利，并支付手续费，借记“对外投资”“应收利息”“投资收益”科目，按实际支付的价款，贷记“银行存款”科目。

【例 4－23】 合作社于 20×2 年 1 月经全体社员同意，用闲余资金购入某公司股票 10 000 股，每股买价 9 元，其中包含已宣告但尚未发放的现金股利，每股 0.3 元，另外支付相关手续费 800 元。5 月因急需资金，出售该项投资，每股卖价 9.3 元，款项已存入银行。账务处理如表 4－23 所示。

表 4－23　　合作社取得股票投资的账务处理

经济业务和事项	账务处理
①购入股票时 对外投资成本 =（9 － 0.3）× 10 000 + 800 = 87 800 宣告股利 = 10 000 × 0.3 = 3 000	借：对外投资——股票　87 800 　应收款　3 000 　贷：银行存款　90 800

续表

经济业务和事项	账务处理
②收到现金股利	借：银行存款 3 000 　　贷：应收款 3 000
③出售股票	借：银行存款 93 000 　　贷：对外投资 87 800 　　　　投资收益 5 200

（2）取得债券投资的核算。

合作社用自己闲余的资金取得债券投资，如果支付的价款中包含了已到付息期但尚未领取的债券利息，并支付手续费，借记“对外投资”“应收利息”“投资收益”科目，按实际支付的价款，贷记“银行存款”科目。

【例4－24】 合作社于20×2年9月30日从债券市场购买某公司发行期3年、年利率6%的企业债券1 000份，每份债券面值100元，加付交易手续费等相关费用700元。该债券每年10月1日支付上年利息，到期偿还本金。账务处理如表4－24所示。

表4－24　　合作社取得债券投资的账务处理

经济业务和事项	账务处理
①购入债券	借：对外投资——债券 100 700 　　贷：银行存款 100 700
②确认投资收益 （1 000×100×6%＝6 000）	借：应收款 6 000 　　贷：投资收益 6 000
③收到债券利息	借：银行存款 6 000 　　贷：应收款 6 000
④到期收回债券本息	借：银行存款 106 000 　　贷：对外投资——债券 100 700 　　　　投资收益 5 300

第五章　采购过程的会计核算

第一节　采购过程发生的具体实务

一、农业合作社采购过程概述

采购，是指组织在一定的条件下从供应市场获取产品或服务作为组织资源，以保证生产及经营活动正常开展的一项经营活动。农民专业合作社采购业务主要由经营组织采购、供应成员所需的农业生产资料，是合作社在一定的条件下从供应市场获取产品或服务作为自己的资源，为满足自身需要或保证生产、经营活动正常开展的一项经营活动。

（一）农业合作社采购的过程

从定义中可以看出农业合作社采购的目标是为满足自身需要和保证经营活动顺利展开。农业合作社采购的过程主要包含以下几个方面。

1. 采购计划

采购计划是采购员根据农业合作社请购单和生产计划、销售计划制订的采购计划，是以农业合作社需求为依据的。

2. 供应商的选择与考核

采购的职责之一就是为农业合作社节约成本，选择高品质的产品，因此需要考察供应商是否达到自己的要求，要判断供应商的好坏。采购人员要根据合作社的采购需求，对供应商的产品质量、价格、后续服务、历史业绩等方面进行考察、评估和比较，确保供应商提供的产品质量是合格的，价格是优惠的。对于供应产品出现质量问题的，及时建立黑名单制度或取消其供货资格。

3. 询价、比价、议价

确保供应商有合理的利润。作为采购方，一般都在谈判中有相当的优势，关键是把这些优势发挥到什么地步。把供应商压榨到无利可图绝对不是明智之举。采购要做的是真正理解供应商的成本结构，让其有一定的利润，但又不要牟取暴利。这需要具备一些成本估算方面的知识。

4. 合同的签订

买卖双方经过询价、报价、议价、比价及其他过程，最后签订有关协议，合约即告成。

5. 交货验收

交货验收，采购员必须确保物品品种、数量、质量、交货期的正确无误。总体而言，农民专业合作社采购的工作涉及收集信息、询价、比价、议价、评估、索样、决定、请购、订购、协调与沟通、催交、进货验收、整理付款等过程，每一个过程都非常重要。确定供应商时，需要专业的行业知识和经验；选择最终供应商时，需要多部门合作的协调能力；谈判价格时，不仅需要商务知识、经验，还需要谈判技巧；完成订单时，需要懂得基本的财务和税务知识。

（二）农业合作社采购的重要性

农民专业合作社以其成员为主要服务对象，提供农业生产资料的购买，农产品的销售、加工、运输、贮藏以及与农业生产经营有关的技术、信息等服务。这个基本职能可以分解成物资销售、物资生产和物资采购三个子职能。在这三个职能中，按重要性排序，物资销售最重要。在市场经济中，没有销售，就没有市场，没有市场一切都免谈。只有有了市场需要，再根据市场需要来设计产品或服务，才能进行物资生产。物资生产确定以后，才能根据物资生产的需要来设计、策划物资采购。物资采购的重要性虽然排在最后，但并不意味着它不重要。其重要性表现在以下几个方面：

第一，物资采购为企业保障供应、维持正常生产、降低缺货风险创造条件。很显然，物资供应是物资生产的前提条件，生产所需要的原材料、设备和工具都要由物资采购来提供。没有采购就没有生产条件，没有物资供应就不可能进行生产。

第二，物资采购供应的物资的质量好坏直接决定了本企业生产的产品质量的好坏。能不能生产出合格的产品，取决于物资采购所提供的原材料以及设备工具的质量。

第三，物资采购的成本构成了物资生产成本的主体部分，其中包括采购费用、进货费用、仓储费用、流动资金占用费用以及管理费用等。物资采购的成本太高，将会大大降低企业生产的经济效益，甚至亏损，致使物资生产成为没有意义的事情。

第四，物资采购是企业和资源市场的关系接口，是企业外部供应链的操作点。只有通过物资采购部门人员与供应商的接触和业务交流，才能把企业与供应商联结起来，形成一种相互支持、相互配合的关系。在条件成熟以后，可以组织成一种供应链关系，那样就会使企业在管理方面、效益方面都登上一个崭新的台阶。

第五，物资采购是企业与市场的信息接口。物资采购人员直接和资源市场打交道。资源市场和销售市场是交融混杂在一起的，都处在大市场之中。所以，物资采购人员比较容易获得市场信息，是企业的市场信息接口，可以为企业及时提供各种各样的市场信息，供企业进行管理决策。

第六，物资采购是企业科学管理的开端。企业物资供应是直接和生产相联系的。物资供应模式往往会在很大程度上影响生产模式。例如，实行准时采购制度，则企业的生产方式就会改成看板方式，企业的生产流程、搬运方式也都要做很大的变革；如果要实行供应链采购，则需要实行供应商掌握库存、多频次小批量补充货物的方式，这也将大大改变企业的生产方式和搬运方式。所以，物资采购部门每提供一种科学的物资采购供应模式，必然会要求生产方式、物料搬运方式都做相应的变动，共同构成一种科学管理模式。可见，这种科学管理模式是以物资采购供应作为开端而运作起来的。

二、农业合作社采购发生的具体业务

（一）采购存货

合作社的存货包括材料、农产品、工业产成品、低值易耗品、包装物等产品物资，在产品，受托代销商品、受托代购商品、委托代销商品和委托加工物资等。

1. 购入的物资应当按照购买价款、应支付的相关税费、运输费、装卸费、运输途中的合理损耗以及外购过程发生的其他直接费用计价。

2. 受托代购商品视同购入的物资计价。

3. 生产入库的农产品和工业产成品，应当按照生产过程中发生的实际支出计价。

4. 委托加工物资验收入库时，应当按照委托加工物资的成本和实际支付的全部费用计价。

5. 受托代销商品应当按照合同或协议约定的价格计价，出售受托代销商品时，实际收到的价款大于合同或协议约定价格的差额计入经营收入，实际收到的价款小于合同或协议约定价格的差额计入经营支出。

（二）购买消耗性生物资产

消耗性生物资产，是指为出售而持有的，或在将来收获为农产品的生物资产。消耗性生物资产是具有生命的劳动对象，包括生长中的大田作物、蔬菜、可用材料以及存栏待售的牲畜、鱼虾贝类等。一般而言，消耗性生物资产要经过培育、长成、处置等阶段，如用材林就要经过培植、郁闭成林和采伐处置等阶段。采购消耗性生物资产的成本，包括购买价款、相关税费、运输费、保险费以及可直接归属于购买该资产的其他支出。其中，可直接归属于购买该资产的其他支出包括场地整理费、装卸费、栽植费、专业人员服务费等。

（三）购买生产性生物资产

生产性生物资产是指为产出农产品、提供劳务或者出租等目的而持有的生物资产，包括经济林、薪炭林、产畜和役畜等。首先，这项生物资产必须是出于为产出农产品、提供劳务或者出租等目的，也是为企业直接的生产经营活动的目的而持有，这是生产性生物资产与公益性生物资产的主要区别之一。其次，它包括经济林、薪炭林、产畜和役畜等，这些类别的生物资产都能直接为企业带来经济利益的流入，具有经济功能，如经济林、薪炭林可以用来获取其他能源性材料，产畜能直接带来具有经济利益的生物资产，役畜能被企业用来为他人提供服务等。采购生产性生物资产的成本，包括购买价款、相关税费、运输费、保险费以及可直接归属于购买该资产的其他支出（包括场地整理费、装卸费、栽植费、专业人员服务费等）。

（四）购买公益性生物资产

公益性生物资产是指以防护、环境保护为主要目的的生物资产，包括防风固沙林、水土保持林和水源涵养林等。公益性生物资产尽管不能直接给企业带来经济利益，但具有服务潜能，有助于企业从相关资产获得经济利益，如防风固沙林和水土保持林能带来防风固沙、保持水土的效能，风景林具有美化环境、休息游览的效能等，因此应当确认为生物资产，并且应当单独核算。购入的生物资产一般应当按照购买价款、应支付的相关税费、运输费以及外购过程发生的其他直接费用计价。

（五）购买固定资产

合作社购买的固定资产包括房屋、建筑物、机器、设备、工具、器具和农业农村基础设施等。购入的固定资产，不需要安装的，应当按照购买价款和采购费、应支付的相关税费、包装费、运输费、装卸费、保险费以及外购过程发生的其他直接费用计价；需要安装或改装的，还应当加上安装费或改装费。

（六）购买无形资产

合作社购买的无形资产包括专利权、商标权、著作权、非专利技术、土地经营权、林权、草原使用权等。购入的无形资产应当按照购买价款、应支付的相关税费以及相关的其他直接费用计价。

第二节　采购过程发生具体实务的会计核算

一、采购过程涉及的会计科目

物资采购过程在会计分录编制中可能会涉及的会计科目，主要包括：库存现金、银行存款、应收款、成员往来、产品物资、委托加工物资、受托代购商品、消耗性生物资产、生产性生物资产、生产性生物资产累计折旧、公益性生物资产、固定资产、固定资产清理、无形资产、累计摊销、在建工程、应付款、应交税费、应付工资、应付劳务费等。我们用 T 型账户对本章涉及的主要会计科目内容予以说明。

（一）库存现金

1. 核算内容

农民专业合作社的库存现金。

2. 核算方法

借方　　　　库存现金（101）	贷方
（1）收到采购时退还现金 （2）现金清查出现现金溢余	（1）合作社采购材料、农产品、工业产成品、低值易耗品、包装物等产品物资，在产品，受托代销商品、受托代购商品、委托代销商品和委托加工物资、生物资产、固定资产、无形资产等，支付现金 （2）现金清查出现的现金短缺
期末余额： 反映合作社实际持有的库存现金	

3. 注意事项

（1）设置“库存现金日记账”，由出纳人员根据收付款凭证，按照业务发生顺序逐笔登记。

(2) 每日终了，应当计算当日的现金收入合计额、现金支出合计额和结余额，将结余额与实际库存额核对，做到账款相符。

(二) 银行存款

1. 核算内容

合作社存入银行、信用社或其他金融机构的款项。

2. 核算方法

借方	银行存款（102） 贷方
将款项存入银行、信用社或其他金融机构	合作社采购材料、农产品、工业产成品、低值易耗品、包装物等产品物资，在产品，受托代销商品、受托代购商品、委托代销商品和委托加工物资、生物资产、固定资产、无形资产等，提取和支出银行存款
期末余额： 反映合作社实际存在银行、信用社或其他金融机构的款项	

3. 注意事项

(1) 按照开户银行、信用社和其他金融机构、存款种类等设置明细科目，进行明细核算。同时，设置“银行存款日记账”，由出纳人员根据收付款凭证，按照业务的发生顺序逐笔登记。

(2) 每日终了，应结出余额。

(3) “银行存款日记账”应定期与“银行对账单”核对，至少每月核对一次。合作社银行存款账面余额与银行对账单余额之间如有差额，应编制“银行存款余额调节表”并调节相符。

(三) 成员往来

1. 核算内容

合作社与成员之间发生的应收款项和应付款项等经济往来业务。

2. 核算方法

借方	成员往来（114） 贷方
（1）合作社与成员之间发生应收款项和偿还应付款项 （2）为成员提供农业生产资料购买服务 （3）按照为成员提供农业生产资料购买服务而应收取的服务费 （4）向成员给付代销商品款	（1）收回应收款项和发生应付款项 （2）收到成员给付的农业生产资料购买款项和服务费 （3）为成员提供农产品销售服务，收到成员交来的产品
期末余额： 反映成员欠合作社的款项总额	期末余额： 反映合作社欠成员的款项总额

3. 注意事项

（1）该科目是双重性质的科目，应按照合作社成员设置明细科目，进行明细核算，期末余额有可能在借方，也有可能在贷方。

（2）各明细科目期末借方余额合计数应在资产负债表“应收款项”项目反映。

（3）各明细科目期末贷方余额合计数应在资产负债表“应付款项”项目反映。

（四）产品物资

1. 核算内容

合作社库存的材料、燃料、机械零配件、低值易耗品、包装物、种子、化肥、农药、农产品、工业产成品等各种产品和物资。

2. 核算方法

借方	产品物资（121） 贷方
（1）购入并已验收入库的产品物资 （2）生产完工以及委托外单位加工完成并已验收入库的产品物资	（1）产品物资销售时，按照销售产品物资的实际成本结转成本 （2）产品物资领用
期末余额： 反映合作社库存产品物资的实际成本	

3. 注意事项

（1）该科目应按照产品物资品名设置明细科目，进行明细核算。

（2）合作社为本社成员服务取得的委托代销商品、受托代购商品、受托代销商品以及委托加工物资不在本科目核算。

（五）受托代购商品

1. 核算内容

合作社接受委托代为采购商品的实际成本。

2. 核算方法

借方	受托代购商品（127）　　　　贷方
受托采购商品时，按照采购商品的价款	将受托代购商品交付给委托方时，按照代购商品的实际成本计量
期末余额： 反映合作社受托采购尚未交付商品的实际成本	

3. 注意事项

该科目应按照受托方设置明细账，进行明细核算。

（六）消耗性生物资产

1. 核算内容

合作社持有的消耗性生物资产的实际成本。

2. 核算方法

借方	消耗性生物资产（141）　　　　贷方
购入的消耗性生物资产	（1）消耗性生物资产收获时，按照其账面余额计量 （2）幼畜成龄转为产畜或役畜、育肥转为产畜或役畜的，按照其账面余额计量
期末余额： 反映合作社持有的消耗性生物资产的实际成本	

3. 注意事项

该科目应按照消耗性生物资产的种类、群别、是否属于扶贫项目资产等设置明细科目，进行明细核算。

（七）生产性生物资产

1. 核算内容

合作社持有的生产性生物资产的原价（成本）。

2. 核算方法

借方　　　　生产性生物资产（142）	贷方
购入的生产性生物资产	（1）出售生产性生物资产时，按照生产性生物资产原价（成本）计量 （2）以生产性生物资产对外投资时，按照生产性生物资产原价（成本）计量 （3）生产性生物资产死亡毁损、盘亏时，按照生产性生物资产原价（成本）计量 （4）产畜或役畜淘汰转为育肥畜的，按照转群时的账面价值计量
期末余额： 反映合作社持有的生产性生物资产的原价（成本）	

3. 注意事项

该科目应按照生产性生物资产的种类、群别、是否属于扶贫项目资产等设置明细科目，进行明细核算。

（八）公益性生物资产

1. 核算内容

合作社持有的公益性生物资产的实际成本。

2. 核算方法

借方 公益性生物资产（144）	贷方
购入的公益性生物资产，按照应计入公益性生物资产成本的金额计量	
期末余额： 反映合作社持有的公益性生物资产的实际成本	

3. 注意事项

（1）该科目应按照公益性生物资产的种类或项目、是否属于扶贫项目资产等设置明细科目，进行明细核算。

（2）该科目只作取得时的会计核算，不作减少的会计核算。

（九）固定资产

1. 核算内容

合作社固定资产的原价（成本）。

2. 核算方法

借方 固定资产（151）	贷方
购入不需要安装的固定资产，按照购买价款和采购费、应支付的相关税费、包装费、运输费、装卸费、保险费以及外购过程发生的其他直接费用计量	对固定资产进行改建时，按照固定资产原价（成本）计量
期末余额： 反映合作社持有的固定资产的原价（成本）	

3. 注意事项

（1）该科目应按照固定资产类别和项目、是否属于扶贫项目资产等设置明细科目，进行明细核算。

（2）合作社应当设置“固定资产登记簿”和“固定资产卡片”。

（十）累计折旧

1. 核算内容

合作社固定资产计提的累计折旧。

2. 核算方法

借方	累计折旧（152） 贷方
对固定资产进行改建时，按照已计提的累计折旧计量	生产经营用、管理用、用于公益性用途的固定资产计提的折旧
	期末余额： 反映合作社固定资产的累计折旧额

3. 注意事项

该科目应按照相应固定资产的类别和项目、是否属于扶贫项目资产等设置明细科目，进行明细核算。

（十一）在建工程

1. 核算内容

合作社进行工程建设、设备安装、农业农村基础设施建造、固定资产改建等发生的实际支出。

2. 核算方法

借方	在建工程（153） 贷方
对固定资产进行改建时，按照购买价款和采购费、应支付的相关税费、包装费、运输费、装卸费、保险费以及外购过程发生的其他直接费用计量	（1）对固定资产进行改建时，改建完成交付使用时，按照确定的固定资产成本计量 （2）购建和安装工程完成并交付使用 （3）工程完成未形成固定资产
期末余额： 反映合作社尚未交付使用的工程项目的实际支出	

3. 注意事项

（1）该科目应按照工程项目、是否属于扶贫项目资产等设置明细科目，进行明细核算。

(2) 购入不需要安装的固定资产，不通过本科目核算。

(十二) 无形资产

1. 核算内容

合作社持有的无形资产的成本。

2. 核算方法

借方	无形资产 (161)　　贷方
购入的无形资产，按照购买价款、相关税费以及相关的其他直接费用计量	因出售、报废等原因处置无形资产，按照无形资产的成本计量
期末余额： 反映合作社持有的无形资产的成本	

3. 注意事项

该科目应按照无形资产类别、是否属于扶贫项目资产等设置明细科目，进行明细核算。

(十三) 累计摊销

1. 核算内容

合作社对无形资产计提的累计摊销。

2. 核算方法

借方	累计摊销 (162)　　贷方
因出售、报废等原因处置无形资产，按照已计提的累计摊销计量	(1) 土地经营权、林权等生产经营类无形资产计提的摊销 (2) 非生产经营类无形资产计提的摊销
	期末余额： 反映合作社计提的无形资产摊销累计数

3. 注意事项

该科目应按照相应无形资产的类别、是否属于扶贫项目资产等设置明细科目，进行明细核算。

二、采购过程会计分录的编制

合作社采购的产品物资主要包括：材料、燃料、机械零配件、低值易耗品、包装物、种子、化肥、农药、农产品、工业产成品等各种产品和物资。合作社因经济作物生产或生产加工经济作物而需要购进的物资，须通过“产品物资”科目进行核算。该科目属于资产类科目，核算合作社库存的各种产品和物资。购入并已验收入库的产品物资，按照实际成本，借记本科目，贷记“库存现金”“银行存款”“成员往来”“应付款”等科目。

1. 购入材料的核算

材料是指直接用于产品生产并构成产品实体的原料、主要材料和外购半成品，以及不构成产品实体但有助于产品形成的辅助材料。合作社的各种材料应通过“产品物资——材料”明细账户，进行明细分类核算。外购材料的核算。购入材料验收入库时，按实际支付的价款，计入“产品物资——材料”科目借方，同时计入“库存现金”“银行存款”“应付款”等科目贷方。

【例 5 -1】 20×2 年 8 月 6 日，某合作社购入化肥 10 吨，用现金支付运杂费 100 元，现运回入库，化肥计价 2 000 元，款暂欠。账务处理如表 5 -1 所示。

表 5 -1　　合作社购入材料的账务处理

经济业务和事项	账务处理
用现金支付运杂费，化肥款暂欠 购买化肥的增值税税率为 9%	借：产品物资——化肥　2 100 　　应交税费——进项税额　180 　　贷：库存现金　100 　　　　应付款　2 180

【例 5 -2】 20×2 年 1 月 5 日，某蜂业合作社为加工蜂蜜，购进辅助材料一批，发票注明价款 5 000 元，货款已用银行存款支付。账务处理如

表 5－2 所示。

表 5－2 合作社购入辅料的账务处理

经济业务和事项	账务处理		
购进辅助材料，根据发票和支付凭证	借：产品物资——材料	5 000	
	贷：银行存款		5 000

【例 5－3】20×2 年 5 月 11 日，某水果业生产合作社从生产资料公司购入一批化肥，价款 5 000 元，已验收入库，款项待结算。账务处理如表 5－3所示。

表 5－3 合作社购入材料的账务处理

经济业务和事项	账务处理		
化肥验收入库（购买化肥的增值税税率为 9%）	借：产品物资——化肥	5 000	
	应交税费——进项税额	450	
	贷：应付款——生产资料公司		5 450

【例 5－4】20×2 年 6 月 12 日，肉鸡养殖专业合作社以 2 500 元/吨的价格购入甲公司饲料 100 吨，增值税税率 9%，以现金支付 72 500 元，以银行存款支付 10 万元，余款暂欠，以现金支付运费及装卸费等费用 3 000 元。账务处理如表 5－4 所示。

表 5－4 合作社购入材料的账务处理

经济业务和事项	账务处理		
购入饲料（增值税税率 9%）	借：产品物资——饲料	250 000	
	应交税费——进项税额	22 500	
	贷：库存现金		72 500
	银行存款		100 000
	应付款——甲公司		100 000
支付运费、装卸费等费用	借：产品物资——饲料	3 000	
	贷：库存现金		3 000

【例 5－5】20×2 年 7 月 11 日，合作社向成员收购生姜 500 千克，收购价每千克 6 元，物资已入库，现金支付。账务处理如表 5－5 所示。

表 5－5　　合作社向成员收购材料的账务处理

经济业务和事项	账务处理
物资已入库，支付现金	借：产品物资——生姜　　3 000 　贷：库存现金　　3 000

【例 5－6】20×2 年 5 月 6 日，某合作社购进甲种农用物资 50 000 元，同时发生运费 200 元，款项通过银行存款支付，农用物资验收入库。会计人员已经收到供货单位发票、运输单位运费发票、仓库转来的收货单及转账支票存根。账务处理如表 5－6 所示。

表 5－6　　合作社购入农用物资的账务处理

经济业务和事项	账务处理
款项通过银行存款支付，农用物资验收入库	借：产品物资——甲农用物资　　50 200 　贷：银行存款　　50 200

2. 购入低值易耗品的核算

低值易耗品是指不能作为固定资产核算的各种工具、用具等物品。合作社的低值易耗品应通过“产品物资——低值易耗品”明细科目，进行明细分类核算。

购入低值易耗品验收入库时，按实际支付的价款，计入“产品物资低值易耗品”科目借方，同时计入“库存现金”“银行存款”“应付款”等科目贷方。领用低值易耗品时，按出库低值易耗品的实际成本，计入“生产成本”“管理费用”等科目借方，同时计入“产品物资——低值易耗品”科目贷方。

合作社对低值易耗品的摊销一般采取一次摊销法，即在领用时全部一次性计入当期成本。

【例 5－7】20×2 年 8 月 11 日，生猪合作社购入扫把 100 个，实际支付价款 800 元，饲养车间领用扫把 30 个，管理部门领用 5 个。账务处理如表 5－7 所示。

表 5-7　　合作社购入低值易耗品的账务处理

经济业务和事项	账务处理
①购入扫把，支付价款	借：产品物资——低值易耗品　800 　贷：银行存款　800
②领用扫把	借：生产成本　240 　管理费用　40 　贷：产品物资——低值易耗品　280

3. 购入包装物的核算

包装物是指合作社在生产经营过程中为包装本社的产品或商品而储备与使用的各种包装容器，如桶、箱、瓶等，合作社的各种包装物应通过“产品物资——包装物”明细科目，进行明细分类核算。合作社在经营中大量使用包装物，需要单独对其进行核算的，可增设“包装物”一级账户，包装物随同商品一起销售可合并计价，购入包装物的核算。购入包装物时，根据发票记录的金额，计入“产品物资——包装物”科目借方，同时计入“银行存款”“应付款”等科目贷方。

【例 5-8】 20×2 年 2 月 11 日，家禽合作社用银行存款购买纸箱 1 000 个，单价 5 元，并已验收入库，账务处理如表 5-8 所示。

表 5-8　　合作社购入包装物的账务处理

经济业务和事项	账务处理
①购入纸箱，支付价款	借：产品物资——包装物　5 000 　贷：银行存款　5 000
②如果该合作社在经营过程中大量使用包装物，需要对包装物进行一级核算	借：包装物　5 000 　贷：银行存款　5 000

【例 5-9】 接例 5-8，家禽合作社销售鸡蛋 100 箱，每箱售价 100 元，鸡蛋每箱成本 80 元，每个包装箱成本 5 元，货款已收存银行。账务处理如表 5-9 所示。

表 5－9　　合作社购入包装物的账务处理

经济业务和事项	账务处理
①销售鸡蛋，收到银行进账单据	借：银行存款　10 000 贷：经营收入　10 000
②鸡蛋出库并运达对方，结转成本	借：经营支出　8 500 贷：产品物资——商品　8 000 ——包装物　500

4. 委托代购物资的会计核算

合作社应设置“受托代购商品”账户，进行会计核算。该账户属于资产类账户，借方登记受托代购商品的实际成本，贷方登记交付委托代销商品的实际成本，期末余额在借方，反映受托采购尚未交付商品的实际成本，本账户应按受托方设置明细账，进行明细核算。

合作社委托外单位加工各种物资。发给外单位加工的物资，按照委托加工物资的实际成本，借记本科目，贷记“产品物资”等科目；按照合作社支付该项委托加工的全部费用（加工费、运杂费等），借记本科目，贷记“库存现金”“银行存款”等科目；加工完成验收入库的物资，按照加工收回物资的实际成本和剩余物资的实际成本，借记“产品物资”等科目，贷记“委托加工物资”科目。

合作社收到受托代购商品款时，计入“库存现金”“银行存款”等科目借方，同时计入“成员往来”“应付款”等科目贷方；受托采购商品时，按实际支付的价款，计入“受托代购商品”科目借方，同时计入“库存现金”“银行存款”“应付款”等科目贷方；交付受托代购商品时，按代购商品的实际成本，计入“成员往来”“应付款”等科目借方，同时计入“受托代购商品”科目贷方；如果受托代购商品收取手续费，按应收取的手续费，计入“成员往来”“应收款”等科目借方，同时计入“经营收入”科目贷方；收到手续费时，计入“库存现金”“银行存款”等科目借方，同时计入“成员往来”“应收款”等科目贷方。

【例 5－10】 20×2 年 2 月 15 日，合作社接受成员王大富、刘有理、李有财三位种植专业户委托代购农科院种子公司的西瓜新品种子，合作社购进价 3 000 元，手续费按 120 元结算。账务处理如表 5－10 所示。

表 5-10　委托代购物资的账务处理

经济业务和事项	账务处理		
①收到代购商品款	借：库存现金	3 000	
	贷：成员往来——王大富		1 000
	——刘有理		1 000
	——李有财		1 000
②合作社购进西瓜种子后，根据入库单及支出凭证进行账务处理	借：受托代购商品——西瓜种子	3 000	
	贷：库存现金		3 000
③将西瓜种子交付王大富、刘有理、李有财三位种植专业户	借：成员往来——王大富	1 000	
	——刘有理	1 000	
	——李有财	1 000	
	贷：受托代购商品——西瓜种子		3 000
	借：成员往来——王大富	40	
	——刘有理	40	
	——李有财	40	
	贷：经营收入		120
④收到王大富、刘有理、李有财三位种植专业户交来手续费，根据现金收据进行账务处理	借：库存现金	120	
	贷：成员往来——王大富		40
	——刘有理		40
	——李有财		40

【例 5-11】 20×2 年 5 月 11 日，生猪合作社接受本社成员兴旺生猪家庭猪场委托，当月用银行存款统一购买饲料 5 000 千克，成本 1.40 元/千克，并将饲料交付兴旺公司。账务处理如表 5-11 所示。

表 5-11　委托代购的账务处理

经济业务和事项	账务处理		
①接受委托购买，收到银行存款	借：银行存款	7 000	
	贷：成员往来——兴旺猪场		7 000
②购买饲料	借：受托代购商品	7 000	
	贷：银行存款		7 000
③交付委托方时，并结清款项	借：成员往来——兴旺猪场	7 000	
	贷：受托代购商品		7 000
④如果协议手续费为商品总价款的 2%	借：应收款——兴旺猪场	140	
	贷：经营收入		140
⑤收到手续费	借：银行存款	140	
	贷：应收款——兴旺猪场		140

【例5－12】20×2年6月11日，生猪合作社接受成员单位兴旺生猪公司委托购买饲料5 000千克，合作社收到兴旺公司购买饲料款7 500元，款存银行，合作社当月用银行存款购买饲料5 000千克，成本每千克1.4元，并将饲料交付兴旺公司。账务处理如表5－12所示。

表5－12　　委托代购的账务处理

经济业务和事项	账务处理		
①收到兴旺公司代购饮料款	借：银行存款	7 500	
	贷：成员往来		7 500
②购买饲料	借：受托代购商品	7 000	
	贷：银行存款		7 000
③向兴旺公司交付代购饲料并结清款项	借：成员往来——兴旺公司	7 500	
	贷：受托代购商品		7 000
	库存现金		500
④如果协议约定手续费为饲料价款的2%	借：成员往来	7 500	
	贷：受托代购商品		7 000
	经营收入		140
	现金		360

【例5－13】20×2年5月11日，合作社接受成员万某委托，统一购买复合肥1 000千克，并收到万某委托购买复合肥款现金33 000元，合作社当月用银行存款购买复合肥1 000千克，成本每千克3.20元，并将复合肥交付给万某。账务处理如表5－13所示。

表5－13　　合作社委托代购的账务处理

经济业务和事项	账务处理		
①收到委托款	借：库存现金	33 000	
	贷：成员往来——万某		33 000
②合作社购买复合肥	借：受托代购商品——复合肥	32 000	
	贷：银行存款		32 000
③交付万某时，并结清款项	借：成员往来——万某	33 000	
	贷：受托代购商品——复合肥		32 000
	库存现金		1 000

【例5－14】20×2年5月19日，某水果业生产合作社接受成员王刚的

货款 20 000 元，委托代购果树苗 1 000 株，款项存入银行。账务处理如表 5-14 所示。

表 5-14 接受成员贷款的账务处理

经济业务和事项	账务处理		
接受成员王刚的货款 20 000 元，款项存入银行	借：银行存款 贷：成员往来——王刚	20 000	 20 000

【例 5-15】20×2 年 5 月 21 日，某水果业生产合作社签发转账支票 15 000 元，购买果树苗 1 000 株。账务处理如表 5-15 所示。

表 5-15 签发支票购买材料的账务处理

经济业务和事项	账务处理		
签发转账支票 15 000 元，购买果树苗 1 000 株	借：受托代购商品——王刚 贷：银行存款	15 000	 15 000

【例 5-16】20×2 年 1 月 11 日，合作社为成员代购生产资料，预收代购商品款 5 000 元，交付代购商品后，按代购商品价款的 1% 收取手续费。账务处理如表 5-16 所示。

表 5-16 合作社为成员代购商品的账务处理

经济业务和事项	账务处理		
①收取代购商品款	借：库存现金 贷：成员往来	5 000	 5 000
②购入代购商品	借：受托代购商品 贷：库存现金	5 000	 5 000
③交付受托代购商品	借：成员往来 贷：受托代购商品	5 000	 5 000
④收取手续费	借：库存现金 贷：经营收入	50	 50

5. 采购消耗性生物资产的核算

合作社通过"消耗性生物资产"科目核算企业（合作社）持有的消耗性生物资产的实际成本，并按消耗性生物资产的种类、群别等对其进行明细核算。合作社购入的消耗性生物资产，按照应计入消耗性生物资产成本的金额，借记本科目，贷记“库存现金”“银行存款”“应付款”等科目。

（1）购入的牲畜（禽）等消耗性生物资产的核算。合作社购入的牲畜（禽）资产按实际支付的购买价格加上采购费、包装费、运输费、保险费及其他可直接归属于购买牲畜（禽）资产的相关税费，作为购入牲畜（禽）资产的原价入账，计入“牲畜（禽）资产”科目的借方，同时计入“库存现金”“银行存款”“应付款”等科目的贷方。

【例 5－17】 20×2 年 1 月，合作社从正大养殖厂赊购幼牛 100 头，育肥仔猪 50 头，总价值 70 000 元。其中，每头幼牛 600 元，每头育肥仔猪 200 元。账务处理如表 5－17 所示。

表 5－17　　合作社购入牲畜（禽）等的账务处理

经济业务和事项	账务处理
幼牛 100 头和育肥仔猪 50 头验收入库后	借：消耗性生物资产——幼畜牛　60 000 　　　　　　　　——育肥猪　10 000 　贷：应付款——正大养殖厂　70 000

【例 5－18】 20×2 年 1 月，合作社赊购幼牛 5 头，每头幼牛 600 元。账务处理如表 5－18 所示。

表 5－18　　合作社购入消耗性生物资产的账务处理

经济业务和事项	账务处理
合作社收到幼牛后	借：消耗性生物资产——幼牛　3 000 　贷：应付款——×××　3 000

【例 5－19】 20×2 年 1 月 2 日，合作社购入幼畜猪 200 头，500 元/头，以银行存款付清，运费 2 000 元暂欠。账务处理如表 5－19 所示。

表 5－19　　合作社购入消耗性生物资产的账务处理

经济业务和事项	账务处理
采购完成并以银行存款付清后	借：消耗性生物资产——幼畜猪　102 000 　贷：银行存款　100 000 　　　应付款——A 运输公司　2 000

【例 5 -20】 20×2 年 3 月 25 日，农民专业合作社购入成年马 5 匹，单价 3 500 元，共计 17 500 元。所购马匹进入马厩交给饲养员开始饲养，所有款项用现款结算，发生以下经济业务。相关账务处理如表 5 -20 所示。

表 5 -20　　　　购入消耗性生物资产的账务处理

经济业务和事项	账务处理
①购入成年马	借：消耗性生物资产——马　17 500 　贷：库存现金　17 500
②饲养员本月从合作社领出马料 3 000 元，应分配人工费 600 元，根据出库单及工资费用分配表等单据进行账务处理	借：经营支出——牲畜和禽类　3 600 　贷：产品物资——饲料　3 000 　　应付工资　600
③若 5 匹马的平均生存年限是 15 年，按月计提 5 匹马的摊销额	借：经营支出——牲畜和禽类 　[17 500×(1 -5%)÷15÷12] 92.36 　贷：消耗性生物资产——产役畜（马） 　[17 500×(1 -5%)÷15÷12] 92.36
④数月后，出售其中 1 匹马，按照“产役畜（马）”明细账户所载账面成本 17 500 元计算，其单位销售成本应该是 3 500 元；出售收入 3 800 元已经收到现款存入银行。会计人员根据成本资料及现金回单进行账务处理	借：银行存款　3 800 　贷：经营收入——牲畜和禽类　3 800 借：经营支出——牲畜和禽类　3 500 　贷：消耗性生物资产——产役畜（马）　3 500
⑤某月，有 1 匹马由于生病死亡。保险公司赔款 600 元，其余款项列作农民专业合作社损失而计入其他支出项目。根据保险公司理赔确认书及合作社负责人的批示意见进行账务处理	借：其他支出——畜禽死亡损毁　2 900 　应收款——×保险公司　600 　贷：消耗性生物资产——产役畜（马）　3 500

（2）采伐出售非经济林木资产的核算。

农民专业合作社对非经济林木进行砍伐出售，应具备相关的批准手续。同时，根据账面成本，借记“经营支出”科目，贷记“消耗性生物资产——非经济林木（××树）”科目；根据现金收款凭证或者银行入账通知等，借记“库存现金”“银行存款”或“应收款”科目，贷记“经营收入”科目。

【例 5－21】 农民专业合作社杨树 1 000 棵因更换品种被砍伐，已得到林业部门批准。核实账面成本 30 000 元。被砍杨树全部出售给木箱厂，取得收入 51 000 元。账务处理如表 5－21 所示。

表 5－21　　合作社采伐出售非经济林木资产的账务处理

经济业务和事项	账务处理
根据进账单及有关单据编制会计分录	借：银行存款　51 000 　贷：经营收入——消耗性生物资产（杨树）　51 000 借：经营支出——消耗性生物资产（杨树）　30 000 　贷：消耗性生物资产——非经济林木（杨树）　30 000

6. 采购生产性生物资产的核算

生产性生物资产，是指为产出农产品、提供劳务或出租等目的而持有的生物资产，包括经济林、薪炭林、产畜和役畜等。合作社生产性生物资产应按照取得时的实际成本计价，购入的生产性生物资产，按照应计入生产性生物资产成本的金额，借记本科目，贷记“库存现金”“银行存款”“应付款”等科目。

（1）购入农业生产性生物资产。

【例 5－22】 20×2 年 2 月 20 日，某合作社以银行存款预付某林场苹果树苗款 3 000 元。20×2 年 2 月 25 日，合作社到期运回苹果树苗并栽植时，20×2 年 3 月 18 日，某合作社购入枣树苗 20 000 棵，计价 20 000 元，以银行存款支付。账务处理如表 5－22 所示。

表 5－22　　合作社购入生产性生物资产的账务处理

经济业务和事项	账务处理
①20×2 年 2 月 20 日，某合作社以银行存款预付某林场苹果树苗款 3 000 元	借：应收款——某林场　3 000 　贷：银行存款　3 000
②20×2 年 2 月 25 日，当合作社到期运回苹果树苗并栽植	借：生产性生物资产——苹果树　3 000 　贷：应收款——某林场　3 000
③20×2 年 3 月 18 日，某合作社购入枣树苗 20 000 棵，计价 20 000 元，以银行存款支付	借：生产性生物资产——枣树　20 000 　贷：银行存款　20 000

【例 5 – 23】 20×8 年年初，合作社从红河林场购入梨树苗 500 棵植入果园，价款 10 000 元；购入杨树苗 200 棵种植于道路两旁，作为用材林，价款 5 000 元。以上树苗款全部用银行存款支付。账务处理如表 5 – 23 所示。

表 5 – 23　　合作社购入生产性生物资产的账务处理

经济业务和事项	账务处理
树苗款全部用银行存款支付后，根据相关单据进行账务处理	借：生产性生物资产——梨树　10 000 　　　　　　　　——杨树　5 000 　贷：银行存款　15 000

（2）购入牲畜（禽）类生产性生物资产。

【例 5 – 24】 20×9 年 5 月，某农业企业从市场上一次性购买了 6 头种牛、15 头种猪和 600 头猪苗。种牛、种猪作为产育，猪苗用于销售，单价分别为 4 000 元、1 400 元和 250 元，支付的价款共计 195 000 元。此外，发生的运输费为 4 500 元，保险费为 3 000 元，装卸费为 2 250 元，款项全部以银行存款支付。账务处理如表 5 – 24 所示。

表 5 – 24　合作社购入牲畜（禽）类生产性生物资产的账务处理

经济业务和事项	账务处理
款项全部以银行存款支付后	借：生产性生物资产——种牛　25 200 　　　　　　　　——种猪　22 050 　消耗性生物资产——猪苗　157 500 　贷：银行存款　204 750

有关计算如下：

确定应分摊的运输费、保险费和装卸费：

分摊比例 =（4 500 + 3 000 + 2 250）÷ 195 000 = 5%

因此，6 头种牛应分摊：6 × 4 000 × 5% = 1 200（元）

15 头种猪应分摊：15 × 1 400 × 5% = 1 050（元）

600 头猪苗应分摊：600 × 250 × 5% = 7 500（元）

确定种牛、种猪和猪苗的入账价值：

6 头种牛的入账价值：6 × 4 000 + 1 200 = 25 200（元）

15 头种猪的入账价值：15 ×1 400 +1 050 =22 050（元）

600 头猪苗的入账价值：600 ×250 +7 500 =157 500（元）

7. 购入固定资产的核算

合作社购入的固定资产，有的不需要安装就可以直接投入使用，有的则需要安装后才能投入使用，购入不需要安装的固定资产，按实际支付的买价加采购费、包装费、运杂费、保险费和缴纳的有关税金等，计入“固定资产”科目借方，同时计入“银行存款”“应付款”等科目贷方；购入需要安装的固定资产，按其实际购置和安装成本，计入“在建工程”科目借方，同时计入“银行存款”“应付款”等科目贷方；持安装完毕交付使用时，按安装完工后固定资产的实际成本，计入“固定资产”科目借方，同时计入“在建工程”科目贷方。

（1）购入不需要安装的固定资产。购入不需要安装的固定资产，按照购买价款和采购费、应支付的相关税费、包装费、运输费、装卸费、保险费以及外购过程发生的其他直接费用，借记本科目，贷记“库存现金”“银行存款”“应付款”等科目。

【例 5 –25】 20 ×2 年 11 月 11 日，合作社购买不需安装的机器设备，在异地开设临时账户，并转入资金 120 000 元，机器设备价 100 000 元，余款转回开户行。相关账务处理如表 5 –25 所示。

表 5 –25　　合作社购入不需要安装固定资产的账务处理

经济业务和事项	账务处理
①合作社将款项存入临时账户	借：其他货币资金——外埠存款　120 000 　贷：银行存款　120 000
②合作社支付购买机器设备款 购买固定资产的增值税税率为 13%	借：固定资产　113 000 　贷：其他货币资金——外埠存款　113 000
③合作社将余款转入开户行	借：银行存款　7 000 　贷：其他货币资金——外埠存款　7 000

【例 5 –26】 20 ×2 年 1 月 11 日，农民专业合作社购入 2 辆小货车，取得的发票上注明价款为 170 000 元，支付相关购置税费 22 000 元，款项均通过银行转账支付。账务处理如表 5 –26 所示。

表 5 - 26　　合作社购买小货车的账务处理

经济业务和事项	账务处理
会计人员根据发票、税费支付凭证、转账支票存根进行	借：固定资产——小货车　192 000 　贷：银行存款　192 000

【例 5 - 27】20×2 年 5 月 30 日，合作社委托某采购公司购买饲料粉碎机一台，单价 1 000 元，税金 130 元，包装费 50 元，运费 180 元，搬运工工资 50 元，另支付采购公司采购费 117 元，用银行存款支付。账务处理如表 5 - 27 所示。

表 5 - 27　　合作社购买机器设备的账务处理

经济业务和事项	账务处理
用银行存款支付所有价款和费用	借：固定资产——饲料粉碎机　1 527 　贷：银行存款　1 527

【例 5 - 28】20×2 年 7 月 15 日，某蔬菜生产合作社购买一辆小货车，买价 70 000 元，支付保险费和车辆购置税 7 950 元。账务处理如表 5 - 28 所示。

表 5 - 28　　合作社购置小货车的账务处理

经济业务和事项	账务处理
支付购置款、保险费和车辆购置税	借：固定资产——货车　77 950 　贷：银行存款　77 950

【例 5 - 29】20×2 年 2 月 13 日，富华养鸡合作社购入不需要安装、可直接使用设备一台，用银行存款支付价款 2 000 元，支付运费 300 元。账务处理如表 5 - 29 所示。

表 5 - 29　　合作社购买设备的账务处理

经济业务和事项	账务处理
购入不需要安装、可直接使用设备一台，用银行存款支付价款 2 000 元，支付运费 300 元	借：固定资产　2 300 　贷：银行存款　2 300

（2）购入需要安装的固定资产。若购入的固定资产需要安装后才可使

用，则将安装完毕前所发生的支出，包括需要安装设备的价值，先计入“在建工程”科目的借方，待工程安装完毕交付使用后，再将有关金额从“在建工程”科目的贷方转入“固定资产”科目的借方。

【例 5－30】20×2 年 1 月 16 日，农民专业合作社购入需要安装设备一套，取得的增值税专用发票上注明的合计价款为 585 000 元，支付运输费 1 500 元，款项已通过银行转账支付，投入安装后，支付安装费 3 500 元，安装完毕后交付使用。相关账务处理如表 5－30 所示。

表 5－30　　合作社购入需要安装的设备的账务处理

经济业务和事项	账务处理		
①支付设备价款、税款、运杂费合计 586 500 元	借：在建工程——设备安装 　　贷：银行存款	586 500	 586 500
②支付设备安装费 3 500 元	借：在建工程——设备安装 　　贷：银行存款	3 500	 3 500
③设备安装完毕交付使用，确定固定资产的入账价值 590 000 元	借：固定资产——设备 　　贷：在建工程——设备安装	590 000	 590 000

【例 5－31】20×2 年 5 月 30 日，合作社购入需要安装的饲料加工设备一台，单价 10 000 元，税金 1 700 元，运费 1 000 元，搬运工工资 500 元，安装费用 1 500 元，用银行存款支付。购入后，开始安装。相关账务处理如表 5－31 所示。

表 5－31　　合作社购入需要安装的设备的账务处理

经济业务和事项	账务处理		
①购入需要安装的饲料加工设备	借：在建工程——饲料加工设备 　　贷：银行存款	14 700	 14 700
②20×2 年 5 月 31 日，安装完毕交付使用时，按照其实际成本结转	借：固定资产——饲料加工设备 　　贷：在建工程——饲料加工设备	14 700	 14 700

【例 5－32】20×2 年 8 月 6 日，某商菜生产合作社购买需要安装的大型水泵一台，买价 8 000 元，以银行存款支付。以现金支付运杂费 500 元。账务处理如表 5－32 所示。

表 5－32　　合作社购入需要安装的设备的账务处理

经济业务和事项	账务处理	
以银行存款支付采购款，以现金支付运杂费500元	借：在建工程——水泵	8 500
	贷：银行存款	8 000
	库存现金	500

【例 5－33】 20×2 年 9 月 11 日，合作社购入需要安装的设备一台，用银行存款支付设备价款 60 000 元，用现金支付运输费用 1 000 元、安装费用 4 000 元。相关账务处理如表 5－33 所示。

表 5－33　　合作社需要安装的设备的账务处理

经济业务和事项	账务处理	
①设备交付使用前发生的设备价款和各种费用，需要通过在建工程归集	借：在建工程	65 000
	贷：银行存款	60 000
	库存现金	5 000
②安装完工、验收合格交付使用后，转入固定资产	借：固定资产	65 000
	贷：在建工程	65 000

【例 5－34】 20×2 年 2 月 11 日，大华养猪合作社新建猪栏 10 幢，购入红砖、钢筋、水泥等建筑材料一批，支付价款共计 600 000 元，全部用银行存款支付，建设过程中领用建筑材料 500 000 元，为猪栏建设支付劳务费用 50 000 元，尚未付款，另支付工程水电费 7 000 元，现金支付工程完工验收开交付使用，大华养猪合作社的相关账务处理如表 5－34 所示。

表 5－34　　合作社建造猪栏的账务处理

经济业务和事项	账务处理	
①购入工程用建筑材料	借：库存物资	600 000
	贷：银行存款	600 000
②工程开工，领用建筑材料	借：在建工程——自营工程	500 000
	贷：库存物资	500 000
③应付建设工程劳务费用	借：在建工程——自营工程	50 000
	贷：应付款	50 000
④支付工程水电费	借：在建工程——自营工程	7 000
	贷：现金	7 000
⑤房屋工程完工，验收合格后交付使用	借：固定资产——猪栏	557 000
	贷：在建工程——自营工程	557 00

8. 购入无形资产

无形资产应按照取得时的实际成本计价。合作社按照下列原则确定取得无形资产的实际成本，进行账务处理。购入的无形资产，按照购买价款、相关税费以及相关的其他直接费用，借记本科目，贷记“库存现金”“银行存款”“应付款”等科目；合作社购入无形资产时，按实际支付的价款，计入“无形资产”科目借方，同时计入“银行存款”“库存现金”等科目贷方。如果无形资产是与其他资产一同购入的，则应依据所购入各单项资产公允价值的相对比例，将总成本进行分配，以确定无形资产和其他资产的入账价值。

【例 5 -35】某合作社 20 ×0 年 7 月支付 10 万元有偿取得某商标 10 年期的使用权。假定不考虑其他相关税费。账务处理如表 5 -35 所示。

表 5 -35　　合作社取得商标的账务处理

经济业务和事项	账务处理
办理完商标使用权转移的所有相关手续	借：无形资产——商标权　100 000 　贷：银行存款　100 000

【例 5 -36】20 ×8 年年初，牧业合作社购入一项畜禽饲养技术，用银行存款支付买价 5 000 元，摊销年限为 10 年。账务处理如表 5 -36 所示。

表 5 -36　　合作社取得饲养技术的账务处理

经济业务和事项	账务处理
购入一项畜禽饲养技术，用银行存款支付买价 5 000 元，并办理完成相关手续	借：无形资产　5 000 　贷：银行存款　5 000

【例 5 -37】某农民专业合作社 20 ×2 年 7 月 12 日，向农民购入一项饲料配方技术，支付现金 4 000 元。账务处理如表 5 -37 所示。

表 5 -37　　合作社购入配方技术的账务处理

经济业务和事项	账务处理
向农民购入一项饲料配方技术，并支付完成相关手续	借：无形资产——饲料配方专利权　4 000 　贷：库存现金　4 000

【例 5－38】20×2 年 1 月 11 日，大华合作社自行研制一项果树嫁接栽培技术，研究费用 20 000 元，支付注册费 5 000 元，律师费 1 000 元，均以银行存款支付。账务处理如表 5－38 所示。

表 5－38　　合作社研制技术的账务处理

经济业务和事项	账务处理
①支付注册费 5 000 元，律师费 1 000 元	借：无形资产　　6 000 　贷：银行存款　　6 000
②结转研究费用	借：管理费用　　20 000 　贷：银行存款　　20 000

三、重点和难点

（一）合作社多方式购进农用物资的核算

1. 货款已经支付，同时农用物资已验收入库

合作社采购农用物资，如果付款后随即收到农用物资，或货款支付，或已经开出并承兑商业汇票与农用物资的验收入库基本上同时进行，则在业务发生后，即可根据银行结算凭证、发票、运费单据、收货单等单据确定物资成本，借记"产品物资"科目，按照实际支付的款项，贷记"银行存款"或"应付款"科目。

【例 5－39】某合作社购进甲种农用物资 50 000 元，同时发生运费 200 元，款项通过银行存款支付，农用物资验收入库。编制会计分录如表 5－39 所示。

表 5－39　　合作社购入农用物资的账务处理

经济业务和事项	账务处理
会计人员已经收到供货单位发票、运输单位运费发票、仓库转来的收货单及转账支票存根	借：产品物资——甲农用物资　　50 200 　贷：银行存款　　50 200

2. 货款已经支付，农用物资尚未到达或尚未验收入库

该项业务的产生，多数是合作社从外埠企业采购农用物资，发生结算

凭证通过银行先到而承付货款或开出并承兑商业汇票，但农用物资仍在运输途中。会计人员对此项业务应该作为在途物资处理，即通过“在途物资”科目核算。该科目属于资产类科目，核算合作社已经支付或开出、承兑商业汇票，尚未到达或尚未验收入库的农用物资。支付或开出、承兑商业汇票时借记该科目；农用物资到达验收入库时贷记该科目；期末借方余额反映已经支付或开出、承兑商业汇票，尚未到达或尚未验收入库的农用物资数额。该科目应按照供货单位名称或者农用物资名称设置明细分类科目进行明细核算。

【例 5-40】 20×2 年 2 月，某合作社购进甲农用物资 40 000 元，丙农用物资 60 000 元，两种农用物资的供货单价都是每公斤 1 元；同时发生运费 1 000 元，由于已经接到银行转来的付款结算单据及其所附的供货单位发票、运输企业运费发票，审核无误后款项通过银行存款支付，农用物资尚未运达合作社。运费按照两种农用物资的重量进行分摊。会计人员根据收到的供货单位发票、运输单位运费发票及委托收款付款通知联进行账务处理，账务处理如表 5-40 所示。

表 5-40　　先付款后物资入库的账务处理

经济业务和事项	账务处理	
①会计人员收到供货单位发票、运输单位运费发票及委托收款付款通知联	借：产品物资——在途物资 　贷：银行存款	101 000 　101 000
②数日后，农用物资运达合作社，会计人员根据仓库转来收货单进行账务处理	借：产品物资——甲农用物资 　　　　　——丙农用物资 　贷：产品物资——在途物资	40 400 60 600 　101 000

3. 货到尚未付款，农用物资已经验收入库

合作社在农用物资采购过程中，若发生农用物资已经到达合作社，而结算凭证未到或者合作社暂时无力支付的，农用物资应该办理入库手续，同时分情况作相应的账务处理。若农用物资已经运达合作社并验收入库，同时收到供货单位的发票、运输单位的发票，只是银行结算凭证尚未转来，或者合作社虽然收到银行转来的结算单据，但在允许的账期内合作社可以先不支付相关款项。会计人员根据相关的发票、运费单据、收货单等

单据，借记“产品物资”科目，同时根据产生的流动负债金额，贷记“应付款”科目。

【例5－41】 20×2年4月，某合作社从A公司购进木材1 000立方，价格500 000元，同时发生应该承担的运费3 000元，农用物资已经运达合作社并验收入库。会计人员收到供货单位随同木材一起转来的发票、运费单据及收货单，其相关结算凭证尚未到达。账务处理如表5－41所示。

表5－41　　先收货后付款的账务处理

经济业务和事项	账务处理
会计人员收到供货单位随同木材一起转来的发票、运费单据及收货单，其相关结算凭证尚未到达	借：产品物资——木材　503 000 　贷：应付款——A公司　503 000

4. 货到尚未付款，发票或结算单据月末未收到

若农用物资已经运达合作社并验收入库，但是合作社并未收到供货单位转来的发票，应该继续等待发票及银行结算单据，不编制会计分录；待所有单据到齐后，借记“产品物资”科目，贷记“银行存款”科目。如果到了月末仍未收到相关的发票、运费单据、银行结算凭证，为了保证资产负债表的数据真实可靠（实际上资产和负债已经增加），需要月末按照暂估数值，借记“产品物资”科目，同时贷记“应付款”科目。下月初再作红字的会计分录予以冲回。

【例5－42】 20×2年3月18日，某合作社从B公司购入农用物资一批，已经验收入库，发票、运费单据尚未得到。至月末，根据估价，该批农用物资价值100 000元，账务处理如表5－42所示。

表5－42　　入库未付款也未收到结算单据的账务处理

经济业务和事项	账务处理
①一批农用物资已经验收入库，发票、运费单据尚未得到	借：产品物资——农用物资　100 000 　贷：应付款——暂估应付款　100 000
②次月初，作红字的会计分录冲回原有记录	借：产品物资——农用物资　[100 000] 　贷：应付款——暂估应付款　[100 000]

（二）外购生物资产核算案例

【例 5 – 43】牧山合作社是一家以奶牛和菜牛饲养为主业的农民专业合作社，奶牛作为产畜，菜牛用于育肥出售，发生以下业务：

（1）20×9 年 6 月，牧山合作社从市场上一次性购买了 50 头奶牛、20 头育肥菜牛。单价分别为 5 000 元和 1 000 元，共支付买价 270 000 元，其中奶牛 250 000 元，菜牛 20 000 元。此外还发生运费 4 800 元，保险费 3 100 元，运输途中饲料费及其他费用 2 900 元。以上款项均以银行存款支付。

（2）菜牛与奶牛进入产奶期前的饲养期间从仓库领用饲料 50 000 元，发生人工费用 12 000 元，用银行存款支付其他防疫费等其他费用 8 000 元。

（3）奶牛进入产奶期后发生饲料费 30 000 元，菜牛发生饲料费 8 000 元，人工费用 14 000 元。奶牛预计产奶期为 5 年，产奶期前共发生的成本 310 000 元，预计产奶期后转为育肥畜的价值 70 000 元，该养殖场采用年限平均法计提奶牛的折旧。饲养期间发生的饲养费按奶牛与菜牛的数量比例分摊。账务处理如表 5 – 43 至表 5 – 46 所示。

表 5 – 43　　　合作社分摊相关费用的账务处理

经济业务和事项	账务处理	
将购进的相关费用按奶牛和菜牛的买价比例分摊	借：生产性生物资产——未成熟奶牛	260 000
	消耗性生物资产——菜牛	20 800
	贷：银行存款	280 800

费用分配率 =（4 800 + 3 100 + 2 900）÷ 270 000 = 4%

奶牛应负担费用 = 250 000 × 4% = 10 000（元）

菜牛应负担费用 = 20 000 × 4% = 800（元）

表 5 – 44　　　归集饲养期间的相关费用的账务处理

经济业务和事项	账务处理	
奶牛进入产奶期前与菜牛的饲养期间发生饲养费	借：生产性生物资产——未成熟奶牛	50 000
	消耗性生物资产——菜牛	20 000
	贷：银行存款	8 000
	应付职工薪酬	12 000
	原材料	50 000

费用分配率 =（50 000 + 12 000 + 8 000）÷（50 + 20）= 1 000

奶牛应负担费用 = 50 × 1 000 = 50 000（元）

菜牛应负担费用 = 20 × 1 000 = 20 000（元）

表 5 - 45　　　　进行生物资产转换的账务处理

经济业务和事项	账务处理
奶牛进入产奶期后转为成熟奶牛	借：生产性生物资产——已成熟奶牛　310 000 　贷：生产性生物资产——未成熟奶牛　310 000

奶牛总成本 = 260 000 + 50 000 = 310 000（元）

表 5 - 46　　　　进行相关成本归集的账务处理

经济业务和事项	账务处理
奶牛进入产奶期后与菜牛的饲养期间发生饲养费	借：生产成本——奶产品成本　44 000 　消耗性生物资产——菜牛　12 000 　贷：原材料　38 000 　　应付职工薪酬　14 000 　　累计折旧　4 000

人工费用分配率 = 14 000 ÷（50 + 20）= 200

奶牛应负担人工费用 = 50 × 200 = 10 000（元）

菜牛应负担人工费用 = 20 × 200 = 4 000（元）

奶牛的月折旧额 =（310 000 - 70 000）÷（5 × 12）= 4 000（元）

奶牛本月生产成本 = 30 000 + 10 000 + 4 000 = 44 000（元）

第六章　生产过程的会计核算

第一节　生产过程发生的具体实务

一、生产过程概述

（一）农业生产的概念和特点

农业生产过程是人类利用土地的自然生产力，栽培植物或饲养动物，以获得所需产品的过程。农业部门是利用动植物的生长繁殖来获得产品的物质生产部门。农业的生产对象是动植物。

农业生产的主要特点表现为明显的地域性、季节性与周期性。

1. 地域性

地域性是指农业生产地域在空间分布上具有明显的地域差异。不同的地域，生产的结构品种和数量都不同，这是自然因素与社会经济因素共同作用下的产物。具体来说，是由内外两方面因素造成的。内部因素主要指动植物本身有自己的生长发育规律；外部因素主要指不同的自然条件与社会经济条件，为动植物的生长发育提供不同的外部环境；内外因素共同形成了世界各地农业生产所具有的明显的地域性。针对这个特点，在发展农业生产时，要因地制宜。世界上不同的农业地域类型就是地域性特征的具体体现。

2. 季节性和周期性

季节性和周期性是指农业生产在时间分配上的特殊规律，即生产的一切活动都要按季节顺序进行，并有一定的变化周期。动植物的生长发育有一定的规律，并且受自然因素的影响较大。由于农作物生长发育受热量、水分、光照等自然因素影响，这些自然因素随季节而变化，并有一定的周期，所以农业生产的一切活动都与季节有关，从播种到收割需要按季节顺序安排。同样，捕鱼、造林、畜牧等也有季节性和周期性，有农忙与农闲之分。针对这个特点，发展农业生产时应不违农时，合理安排生产，使农业生产活动有序而高效。

（二）农业生产的分类

1. 按照生产对象分类

按生产对象大致可分为种植业、养殖业（含畜牧业、渔业）、农产品加工业。

种植业即植物栽培业，是指利用植物的生活机能，通过耕作、播种、施肥、灌溉、田间管理、除草、防虫、收获等环节取得粮食、副食品、饲料和工业原料的生产活动，包括各种农作物、林木、果树、药用和观赏等植物的栽培。它不仅是人类赖以生存的食物与生活资料的主要来源，还为轻纺工业、食品工业提供原料，为畜牧业和渔业提供饲料。它是一切以植物产品为食品的物质来源，也是人类生命活动的物质基础。

养殖业可分为畜禽养殖业和水产养殖业。畜禽养殖业是利用畜禽等动物的生理机能，通过人工饲养、繁殖，以取得肉、蛋、奶、毛、皮、药等畜产品的生产活动。水产养殖业是人类利用可供养殖的水域，按照养殖对象的生态习性和对水域环境条件的不同要求，运用水产养殖技术和设施，取得鱼、虾、贝等水产品的生产部门。

农产品加工业是以农业物料、人工种养或野生动植物资源为原料进行工业生产活动的总和。广义的农产品加工业是指以农、林、牧、渔产品及其加工品为原料所进行的工业生产活动。狭义的农产品加工业是指以人工生产的农业物料和野生动植物资源及其加工品为原料所进行的工业生产活动。它是提高农产品的附加值、由生产领域进入消费领域的一个重要环节。主要包括粮食加工、饲料加工、榨油、酿造、制糖、制茶、烤烟、纤维加工以及果品、蔬菜、畜产品、水产品等的加工。

2. 按照产品是否具有生命力和成长性

按是否具有生命力和成长性，将农业生产活动分为产品物资的生产和生物资产的生产两大类。

国际会计准则理事会 2001 年发布的《国际会计准则第 41 号——农业》，将与农业生产活动有关的资产分为生物资产、农产品和收获加工而得的产品三类。农产品是生物资产的收获品，一般列为存货；收获后加工而得的产品，由于不包括在农业活动的定义之内，因而适用于存货和其他相关准则；生物资产则指活的动物或植物，分为消耗性生物资产和生产性生物资产。这样分类揭示了生物资产是有生命的资产的本质特征，改变了行业会计制度将农业资产划分为固定资产和流动资产两大类的传统划分方法。

新制定的《农民专业合作社会计制度》，借鉴了《国际会计准则第 41 号》对农业资产的分类方法，结合我国合作社实际情况，将农业生产概括为产品物资的生产和生物资产的生产两大类。明确规定，将农产品和收获后加工而得产品列为流动资产中的产品物资，将生物资产划分为消耗性生物资产、生产性生物资产和公益性生物资产。

消耗性生物资产是指为出售而持有的，或在将来收获为农产品的生物资产。包括生长中的大田作物、蔬菜、用材林以及存栏待售的牲畜、鱼虾贝类等。

生产性生物资产是指企业为产出农产品、提供劳务或出租等目的而持有的生物资产。包括经济林、薪炭林、产畜和役畜等。

生产性生物资产按照直线法计算折旧并准予扣除，林木类生产性生物资产折旧的年限一般为 10 年；畜类生产性生物资产折旧的年限一般为 3 年。

公益性生物资产，是指以防护、环境保护为主要目的的生物资产。包括防风固沙林、水土保持林和水源涵养林等。

二、生产过程的具体业务

（一）生产成本的归集

合作社生产成本是合作社直接组织生产或对非成员提供劳务等活动所

发生的各项生产费用和劳务成本。

合作社发生各项生产费用和服务成本时，应当按照成本核算对象和成本项目分别归集，借记本科目，贷记“库存现金”“银行存款”“成员往来”“产品物资”“累计折旧”“生产性生物资产累计折旧”“累计摊销”“长期待摊费用”“应付款”“应付工资”“应付劳务费”等科目。该账户属于成本类账户，借方登记按成本核算对象归集的各项生产费用和劳务成本，贷方登记完工入库产品和已实现销售的劳务的实际成本。期末借方余额，反映合作社尚未生产完成的各项在产品和尚未完成的劳务服务成本。该账户应按生产费用和劳务成本的种类设置明细账户，进行明细核算。

1. 农产品成本核算

农产品生产周期较长，收获期相对集中，各项费用和用工发生不均匀，成本通常应按产品生产周期计算。发生各项生产费用时，要归集和分配生产费用。能够分清属于某种产品负担的，就直接归集计入该种产品成本；不能区分的，可采用一定方法分配，如按照产品的种植面积、作业面积、产量等分配，最后将耗用的直接材料、直接人工、其他直接费和间接费用直接或分配计入产品生产成本。

合作社直接组织生产农产品时，按实际发生的支出，计入“生产成本”科目借方，同时计入“产品物资”“应付工资”“成员往来”“应付款”“库存现金”等科目贷方。农产品收获入库时，将按成本核算对象归集的生产费用，转入农产品成本，计入“产品物资”科目贷方，同时计入“生产成本”科目贷方，而且还要进行明细分类核算。

其成本项目主要包括：

（1）直接材料费。指生产中耗用的自产或外购的种子、种苗、肥料、地膜、农药等。

（2）直接人工费。指直接从事种植业生产人员的工资、工资性津贴、奖金、福利费。

（3）其他直接费。指除直接材料、直接人工以外的其他直接支出。包括机械作业费、灌溉费、田间运输费等。

（4）间接费用。指应摊销、分配计入各产品的间接生产费用。包括为组织和管理生产所发生的管理人员工资、折旧费、修理费、水电费、办公费等。

2. 工业产品成本核算

合作社直接组织生产工业产品时，按实际发生的支出，计入“生产成本”科目借方，同时计入“产品物资”“应付工资”“成员往来”“应付款”“库存现金”等科目贷方。产品完工入库时，将按成本核算对象归集的生产费用，转入产品成本，计入“产品物资”科目借方，同时计入“生产成本”科目贷方。

其成本项目主要包括：

（1）外购材料。指合作社为进行生产经营而耗用的一切从外单位购进的原料及主要材料、半成品、包装物、低值易耗品等。

（2）外购燃料。指合作社为进行生产经营而耗用的一切从外单位购进的各种固体、液体和气体燃料。

（3）外购动力。指合作社为进行生产经营而耗用的一切从外单位购进的各种动力。

（4）工资。指合作社应计入工业产品成本的职工工资。

（5）折旧费。指合作社按照规定的固定资产折旧方法提取的折旧。

（6）其他支出。指不属于以上各要素但应计入工业产品成本的支出。

3. 劳务成本核算

合作社对外提供劳务时，实际发生的支出按成本对象归集成本项目，计入“生产成本”科目借方，同时计入“产品物资”“应付工资”“成员往来”“应付款”“库存现金”等科目贷方。对外提供劳务实现销售时，按实际耗费，计入“经营支出”科目借方，同时计入“生产成本”科目贷方。

其成本项目主要包括：

（1）培训费。指合作社组织开展各类技能培训直接发生的各项费用支出。包括师资费、伙食费、场地费等。

（2）工资福利。指合作社应计入劳务成本的工资、工资性津贴、奖金、福利费。

（3）差旅费。指合作社因公出差期间所发生的交通费、住宿费、伙食费和公杂费等。

（4）其他支出。指不属于以上各要素但应计入劳务成本的支出。

（二）生产费用的核算

费用是指合作社进行生产经营活动所发生的各项耗费的总和，包括经营支出、管理费用、财务费用和其他支出等。做好费用的核算和管理，控制和节约各项费用支出，是增加合作社经济效益的关键，也是合作社财务管理的核心任务。

1. 经营支出的核算

经营支出是指合作社进行生产、销售、服务等主要生产经营活动发生的支出，包括合作社为成员提供农业生产资料的购买，农产品的销售、加工、运输、贮藏，与农业生产经营有关的的技术、信息等服务发生的实际支出，以及因销售合作社自己生产的产品，对非成员提供劳务等活动发生的实际成本。

合作社发生经营支出时，借记“经营支出”科目，同时贷记“成员往来”“产品物资”“消耗性生物资产”“应付款”“应付工资”“应付劳务费”“生产成本”等科目。年终结转时，计入“本年盈余”科目借方，同时计入“经营支出”科目贷方。借方登记实际发生的各项费用和支出数额，贷方登记转出的费用和支出数额，年末结转后应无余额。账户应按费用和支出的项目设置明细账户，进行明细核算。

2. 管理费用的核算

管理费用是指合作社为组织和管理生产经营活动发生的各项支出，包括合作社管理人员的工资、办公费、差旅费、管理用固定资产的折旧、业务招待费、无形资产摊销等。

发生管理费用时，借记“管理费用”科目，同时贷记“库存现金”“银行存款”“产品物资”“累计折旧”“累计摊销”“长期待摊费用”“应付工资”等科目。年终结转时，计入“本年盈余”科目借方，同时计入“管理费用”科目贷方。借方登记实际发生的各项费用和支出数额，贷方登记转出的费用和支出数额，年末结转后应无余额。账户应按费用和支出的项目设置明细账户，进行明细核算。

3. 财务费用的核算

财务费用是指合作社为筹集生产经营所需资金发生的支出，包括利息费用（减利息收入）、银行相关手续费等。

合作社发生的利息费用、银行相关手续费等，借记本科目，贷记“应付利息”“库存现金”“银行存款”等科目。发生的应冲减财务费用的利息收入等，借记“库存现金”“银行存款”等科目，贷记本科目。

4. 其他支出

其他支出是指合作社发生的除“经营支出”“税金及附加”“管理费用”“财务费用”以外的其他各项支出，如生物资产死亡毁损支出、损失，固定资产及产品物资的盘亏、损失，防灾抢险支出，安全生产支出，环境保护支出，罚款支出，捐赠支出，无法收回的应收款项损失等。

合作社发生其他支出时，借记“其他支出”科目，贷记“库存现金”“银行存款”“应收款”“累计折旧”“在建工程”“固定资产清理”“累计摊销”“长期待摊费用”“待处理财产损溢”“应付款”等科目。借方登记实际发生的各项费用和支出数额，贷方登记转出的费用和支出数额，年末结转后应无余额。账户应按费用和支出的项目设置明细账户，进行明细核算。

（三）折旧和摊销业务

1. 固定资产折旧

固定资产折旧是指固定资产因使用磨损而减少的价值。合作社为保证经营活动的正常开展，要按一定标准计提固定资产折旧，使损耗的固定资产价值在收益中得到补偿。

（1）固定资产折旧的范围。

合作社应当对所有的固定资产计提折旧。但是，已提足折旧仍继续使用的固定资产除外。合作社当月或当季度增加的固定资产，当月或当季度不提折旧，从下月或下季度起计提折旧；当月或当季度减少的固定资产，当月或当季度照提折旧，从下月或下季度起不提折旧；固定资产提足折旧后，不管能否继续使用，均不再计提折旧；提前报废的固定资产，也不再补提折旧。

（2）固定资产的折旧方法。

合作社固定资产的折旧方法可在“平均年限法”“工作量法”等方法中任选一种，但是一经选定，不得随意变动。

平均年限法是将固定资产应计提的折旧额在固定资产预计使用年限内平均分摊的折旧方法。采用这种方法，每年计提的折旧额相等，并且累计折旧数呈直线上升，所以也称直线法。

工作量法是将固定资产应计提折旧总额在固定资产预计总工作量中平均分摊，每个会计期间根据实际工作量计提折旧的方法。

（3）固定资产折旧的核算。

生产经营用的固定资产计提的折旧，借记“生产成本”等科目，贷记“累计折旧”；管理用的固定资产计提的折旧，借记“管理费用”科目，贷记“累计折旧”；用于公益性用途的固定资产计提的折旧，借记“其他支出”科目，贷记“累计折旧”。

2. 无形资产累计摊销

无形资产摊销是将无形资产的入账价值在其预计可使用年限内逐期转入费用的过程。《农民专业合作社财务会计制度（试行）》规定，无形资产按取得时的实际成本计价，并从使用之日起，按照不超过10年的期限平均摊销。

无形资产应当从使用之日起进行摊销，但以名义金额计价的无形资产除外。合作社应当对无形资产在其使用寿命内采用年限平均法等合理方法进行摊销，并根据无形资产的受益对象计入相关资产成本或者当期损益。无形资产的摊销期自可供使用时起至停止使用或出售时止，并应当符合有关法律法规规定或合同约定的使用年限。无形资产的使用寿命和摊销方法一经确定，不得随意变更。

土地经营权、林权等生产经营类无形资产计提的摊销，借记“生产成本”等科目，贷记“累计摊销”；非生产经营类无形资产计提的摊销，借记“管理费用”等科目，贷记“累计摊销”。因出售、报废、对外投资等原因处置无形资产，还应同时结转该无形资产的累计摊销额。“累计摊销”科目应按照相应无形资产的类别、是否属于扶贫项目资产等设置明细科目，进行明细核算。“累计摊销”科目的期末贷方余额，反映合作社计提的无形资产摊销累计数。

3. 生产性生物资产累计折旧

《农民专业合作社会计制度》规定：合作社应当对所有达到预定生产经营目的的生产性生物资产计提折旧，但以名义金额计价的生产性生物资产除外。对于达到预定生产经营目的的生产性生物资产，合作社应当对生产性生物资产原价（成本）扣除其预计净残值后的部分在生产性生物资产使用寿命内按照年限平均法或工作量法计提折旧，并根据其受益对象计入相关资产成本或者当期损益。

合作社应当根据生产性生物资产的性质和使用情况，合理确定生产性生物资产的使用寿命和预计净残值。生产性生物资产的使用寿命、预计净残值和折旧方法一经确定，不得随意变更。合作社应当按月计提生产性生物资产折旧，当月增加的生产性生物资产，当月不计提折旧，从下月起计提折旧；当月减少的生产性生物资产，当月仍计提折旧，从下月起不再计提折旧。生产性生物资产提足折旧后，不论能否继续使用，均不再计提折旧；提前处置的生产性生物资产，也不再补提折旧。

达到预定生产经营目的的生产性生物资产计提的折旧，借记“生产成本”“经营支出”等科目，贷记“生产性生物资产累计折旧”。因出售、对外投资、死亡毁损等原因处置生产性生物资产，还应同时结转生产性生物资产累计折旧。“生产性生物资产累计折旧”科目应按照生产性生物资产的种类、群别、所属部门、是否属于扶贫项目资产等设置明细科目，进行明细核算。“生产性生物资产累计折旧”科目期末贷方余额，反映合作社达到预定生产经营目的的生产性生物资产的累计折旧额。

4. 长期待摊费用

长期待摊费用是指合作社已经支出，但摊销期限在一年以上（不含一年）的各项费用。包括合作社已提足折旧的固定资产的改建支出和其他长期待摊费用等。

合作社发生长期待摊费用时，借记本科目，贷记“库存现金”“银行存款”“产品物资”等科目；摊销长期待摊费用时，借记“生产成本”“管理费用”“其他支出”等科目，贷记本科目。“长期待摊费用”科目应按照支出项目进行明细核算。“长期待摊费用”科目期末借方余额，反映合作社尚未摊销完毕的长期待摊费用。

（四）生物资产的相互转换

《农民专业合作社会计制度》对处于不同成长阶段的生物资产，作出了不同的会计业务处理规定，这导致了生物资产之间的相互转换。

1. 消耗性生物资产转换为生产性生物资产的核算

幼畜成龄转为产畜或役畜、育肥畜转为产畜或役畜的，按照其账面余额，借记“生产性生物资产”科目，贷记“消耗性生物资产”。转为产役畜以后所发生的饲养费用，不再予以资本化，而是作为当期费用处理，计入当期经营支出。

2. 生产性生物资产转换为消耗性生物资产的核算

产畜或役畜淘汰转为育肥畜的，按照转群时的账面价值，借记“消耗性生物资产”科目，按照已计提的累计折旧，借记“生产性生物资产累计折旧”科目，按照其账面余额，贷记“生产性生物资产”科目。

3. 消耗性生物资产、生产性生物资产转为公益性生物资产的核算

消耗性生物资产、生产性生物资产转为公益性生物资产，应按其账面余额或账面价值，借记“公益性生物资产”科目，按已计提的生产性生物资产累计折旧，借记“生产性生物资产累计折旧”科目，按其账面余额，贷记“消耗性生物资产”“生产性生物资产”等科目。已计提跌价准备或减值准备的，还应同时结转跌价准备或减值准备。

（五）委托和受托类存货的核算

《农民专业合作社会计制度》要求合作社与成员交易和为其成员提供服务单独记录，使用专用会计科目，分别进行核算。适应这一要求，突出

合作社特色，区别于产品物资，合作社将为成员服务取得的委托和受托存货以及委托加工存货分别列为委托加工物资、委托代销商品、受托代购商品和受托代销商品。

1. 委托加工物资的核算

为全面反映合作社委托加工物资发出、加工和收回入库情况，合作社设置“委托加工物资”账户，进行会计核算。该账户属于资产类账户，借方登记委托加工物资的实际成本和加工费用等，贷方登记收回加工物资的实际成本和剩余物资的实际成本，期末余额在借方，反映委托外单位加工但尚未加工完成物资的实际成本。该账户应按加工合同和受托加工单位等设置明细账，进行明细核算。

“委托加工物资”科目核算合作社委托外单位加工的各种物资的实际成本。发给外单位加工的物资，按照委托加工物资的实际成本，借记“委托加工物资”科目，贷记“产品物资”等科目。按照合作社支付该项委托加工的全部费用（加工费、运杂费等），借记“委托加工物资”科目，贷记“库存现金”“银行存款”等科目。加工完成验收入库的物资，按照加工收回物资的实际成本和剩余物资的实际成本，借记“产品物资”等科目，贷记“委托加工物资”科目。

2. 委托代销商品的核算

为全面反映合作社委托代销商品发出、销售和结存情况，合作社设置“委托代销商品”账户，进行会计核算。该账户属于资产类账户，借方登记发出委托代销商品的实际成本，贷方登记销售委托代销商品的实际成本，期末余额在借方，反映委托外单位销售但尚未收到代销商品款的商品的实际成本。本账户应按代销商品或委托单位等设置明细账，进行明细核算。

“委托代销商品”科目核算合作社委托外单位销售的各种商品的实际成本。发给外单位销售的商品，按照委托代销商品的实际成本，借记“委托代销商品”科目，贷记“产品物资”等科目；收到代销单位报来的代销清单时，按照应收金额，借记“应收款”科目，按照应确认的收入，贷记“经营收入”科目；按照应支付的手续费等，借记“经营支出”科目，贷记“应收款”科目；同时，按照代销商品的实际成本（或售价），借记“经营支出”等科目，贷记“委托代销商品”科目。收到代销款时，借记“银行存款”等科目，贷记“应收款”科目。

3. 受托代购商品的核算

为全面反映合作社受托代购商品购买、交付等采购情况，合作社设置“受托代购商品”账户，进行会计核算。该账户属于资产类账户，借方登记受托代购商品的实际成本，贷方登记交付委托代销商品的实际成本，期末余额在借方，反映受托采购尚未交付商品的实际成本。本账户应按受托方设置明细账，进行明细核算。

“受托代购商品”科目核算合作社接受委托代为采购商品的实际成本。合作社收到受托代购商品款时，借记“库存现金”“银行存款”等科目，贷记“成员往来”“应付款”等科目；受托采购商品时，按照采购商品的价款，借记“受托代购商品”科目，贷记“库存现金”“银行存款”“应付款”等科目；将受托代购商品交付给委托方时，按照收到的受托代购商品款，借记“成员往来”“应付款”等科目，按照代购商品的实际成本，贷记“受托代购商品”科目，差额借记或贷记“库存现金”“银行存款”等科目；如果受托代购商品收取手续费，按照应收取的手续费，借记“成员往来”“应收款”等科目，贷记“经营收入”科目；收到手续费时，借记“库存现金”“银行存款”等科目，贷记“成员往来”“应收款”等科目。

4. 受托代销商品的核算

为全面反映合作社受托代销商品收取、发出和结存情况，合作社设置“受托代销商品”账户，进行会计核算。该账户属于资产类账户，借方登记收取受托代销商品的实际成本，贷方登记销售受托代销商品的实际成本，期末余额在借方，反映尚未售出的受托代销商品的实际成本。本账户应按委托代销方设置明细账，进行明细核算。

“受托代销商品”科目核算合作社接受委托代销商品的实际成本。合作社收到受托代销商品时，按合同或协议约定的价格，借记“受托代销商品”科目，贷记“成员往来”等科目；售出受托代销商品时，按照实际收到的价款，借记“库存现金”“银行存款”等科目，按照合同或协议约定的价格，贷记“受托代销商品”科目；如果实际收到的价款大于合同或协议约定的价格，按照其差额，贷记“经营收入”等科目；如果实际收到的价款小于合同或协议约定的价格，按照其差额，借记“经营支出”等科目；支付委托方代销商品款时，借记“成员往来”等科目，贷记“库存现金”“银行存款”等科目。

第二节　生产过程发生具体实务的会计核算

一、涉及的主要会计科目

生产过程在会计分录编制中可能会涉及的会计科目，主要包括：生产成本、累计折旧、累计摊销、长期待摊费用、应付款、应付工资、应付劳务费、应付利息、专项应付款、经营支出、管理费用、财务费用、其他支出、委托加工物资、委托代销商品、委托代购商品、受托代销商品、库存现金、银行存款等。我们用T型账户对本章涉及的主要会计科目核算内容予以说明。

（一）生产成本

1. 核算内容

核算合作社直接组织生产或提供服务等活动所发生的各项生产费用和服务成本。

2. 核算方法

借方　　　　生产成本（401）	贷方
合作社发生各项生产费用和服务成本时，应当按照成本核算对象和成本项目分别归集	（1）会计期间终了，合作社已经生产完成并已验收入库的产成品，按照实际成本计入 （2）提供服务实现销售
期末余额： 尚未生产完成的各项在产品和尚未完成的服务成本	

3. 注意事项

该科目应按照生产费用和服务成本种类设置明细科目，进行明细核算。

（二）累计折旧

1. 核算内容

合作社固定资产计提的累计折旧。

2. 核算方法

借方　　累计折旧（152）	贷方
（1）对固定资产进行改建时，按照已计提的累计折旧计量 （2）固定资产出售、报废和毁损等时，按照已计提的累计折旧计量 （3）盘亏的固定资产，按照已计提的累计折旧计量 （4）以固定资产对外投资时，按照已计提的累计折旧计量	生产经营用、管理用、用于公益性用途的固定资产计提的折旧
	期末余额： 反映合作社固定资产的累计折旧额

3. 注意事项

该科目应按照相应固定资产的类别和项目、是否属于扶贫项目资产等设置明细科目，进行明细核算。

（三）累计摊销

1. 核算内容

合作社对无形资产计提的累计摊销。

2. 核算方法

借方	累计摊销（162） 贷方
(1) 因出售、报废等原因处置无形资产，按照已计提的累计摊销计量 (2) 以无形资产对外投资时，按照已计提的累计摊销计量	(1) 土地经营权、林权等生产经营类无形资产计提的摊销 (2) 非生产经营类无形资产计提的摊销 (3) 结转出租无形资产的成本时
	期末余额： 反映合作社计提的无形资产摊销累计数

3. 注意事项

该科目应按照相应无形资产的类别、是否属于扶贫项目资产等设置明细科目，进行明细核算。

（四）长期待摊费用

1. 核算内容

合作社已提足折旧的固定资产的改建支出和其他长期待摊费用等。

2. 核算方法

借方	长期待摊费用（171） 贷方
合作社发生长期待摊费用	摊销长期待摊费用
期末余额： 反映合作社尚未摊销完毕的长期待摊费用	

3. 注意事项

该科目应按照支出项目进行明细核算。

（五）管理费用

1. 核算内容

核算合作社为组织和管理生产经营活动而发生的各项支出，包括管理人员的工资、办公费、差旅费，业务招待费，管理用固定资产的折旧，无形资产摊销等。

2. 核算方法

借方	管理费用（523）	贷方
合作社发生管理费用		期末，应将本科目的余额转入“本年盈余”科目的借方

3. 注意事项

该科目应按管理费用的项目设置明细科目，进行明细核算。

（六）其他支出

1. 核算内容

核算合作社发生的除“经营支出”“税金及附加”“管理费用”“财务费用”以外的其他各项支出，如生物资产死亡毁损支出、损失，固定资产及产品物资的盘亏、损失，防灾抢险支出，安全生产支出，环境保护支出，罚款支出，捐赠支出，无法收回的应收款项损失等。

2. 核算方法

借方	其他支出（529）	贷方
合作社发生其他支出		期末，应将本科目的余额转入“本年盈余”科目的借方

3. 注意事项

该科目应按其他支出的项目设置明细科目，进行明细核算。

（七）委托加工物资

1. 核算内容

合作社委托外单位加工的各种物资的实际成本。

2. 核算方法

借方	委托加工物资（124） 贷方
（1）发给外单位加工的物资 （2）按照合作社支付该项委托加工的全部费用（加工费、运杂费等）	加工完成验收入库的物资，按照加工收回物资的实际成本和剩余物资的实际成本计量
期末余额： 反映合作社委托外单位加工但尚未加工完成物资的实际成本	

3. 注意事项

该科目应按照加工合同和受托加工单位等设置明细账，进行明细核算。

（八）委托代销商品

1. 核算内容

合作社委托外单位销售的各种商品的实际成本。

2. 核算方法

借方	委托代销商品（125） 贷方
发给外单位销售的商品	收到代销单位报来的代销清单时，按照代销商品的实际成本
期末余额： 反映合作社委托外单位销售但尚未收到代销商品款的商品的实际成本	

3. 注意事项

该科目应按照代销商品或委托单位等设置明细账，进行明细核算。

（九）受托代购商品

1. 核算内容

合作社接受委托代为采购商品的实际成本。

2. 核算方法

借方 受托代购商品（127） 贷方	
受托采购商品时，按照采购商品的价款计量	将受托代购商品交付给委托方时，按照代购商品的实际成本计量
期末余额： 反映合作社受托采购尚未交付商品的实际成本	

3. 注意事项

该科目应按照受托方设置明细账，进行明细核算。

（十）受托代销商品

1. 核算内容

合作社接受委托代销商品的实际成本。

2. 核算方法

借方 受托代销商品（127） 贷方	
收到受托代销商品时，按合同或协议约定的价格计量	售出受托代销商品时，按照合同或协议约定的价格计量
期末余额： 反映合作社尚未售出的受托代销商品的实际成本	

3. 注意事项

该科目应按照委托代销方设置明细账，进行明细核算。

二、会计分录的编制

（一）生产成本的归集

1. 农产品成本核算举例

【例 6－1】某粮食合作社统一经营耕种 200 亩玉米和 300 亩大豆，生产过程中购买种子分别为 22 000 元和 30 000 元，施用化肥分别为 24 000

元和 15 000 元，支付临时生产人员工资分别为 38 000 元和 28 000 元，支付农机作业费 26 000 元给农机作业队，其中玉米 14 000 元、大豆 12 000 元，两种作物应承担管理人员工资 25 000 元，应付土地流转费 200 元/亩。当年收获玉米 120 000 千克、大豆 62 500 千克。账务处理如表 6 - 1 所示。

表 6 - 1　　农产品成本核算的账务处理

经济业务和事项	账务处理
①投入种子	借：生产成本——玉米　22 000 　　　　　——大豆　30 000 　贷：产品物资种子——玉米　22 000 　　　　　　　　——大豆　30 000
②施用化肥	借：生产成本——玉米　24 000 　　　　　——大豆　15 000 　贷：产品物资——化肥　39 000
③支付临时生产人员工资	借：生产成本——玉米　38 000 　　　　　——大豆　28 000 　贷：库存现金　66 000
④支付农机作业费	借：生产成本——玉米　14 000 　　　　　——大豆　12 000 　贷：库存现金　26 000
⑤计算分摊管理人员工资 管理人员工资按产品种植面积分配（25 000 ÷ 500 = 50 元/亩）	借：生产成本——玉米　10 000 　　　　　——大豆　15 000 　贷：应付工资　25 000
⑥计算应付土地流转费	借：生产成本——玉米　（200 × 200）40 000 　　　　　——大豆　（300 × 200）60 000 　贷：应付款　100 000
⑦农产品入库	借：产品物资——玉米　148 000 　　　　　——大豆　160 000 　贷：生产成本——玉米　148 000 　　　　　　——大豆　160 000

2. 工业产品成本核算举例

【例 6 - 2】 某工艺品制作合作社生产一批工艺品，共计发生下列支出：领用库存编织材料 45 000 元，生产过程中支付生产工人工资 8 000 元，支付运输等杂支 2 000 元，生产期间编织设备应提折旧 500 元，应承担管理人员工资 2 000 元。该批工艺品已验收入库。账务处理如表 6－2 所示。

表 6－2　　　　工业产品成本核算的账务处理

经济业务和事项	账务处理		
①领用编织材料	借：生产成本——工艺品 　　贷：产品物资——编织材料	45 000	 45 000
②支付生产工人工资	借：生产成本——工艺品 　　贷：库存现金	8 000	 8 000
③支付运输等杂支	借：生产成本——工艺品 　　贷：库存现金	2 000	 2 000
④提取编织设备折旧	借：生产成本——工艺品 　　贷：累计折旧	500	 500
⑤计算分摊管理人员工资	借：生产成本——工艺品 　　贷：应付工资	2 000	 2 000
⑥工艺品验收入库	借：产品物资——工艺品 　　贷：生产成本——工艺品	57 500	 57 500

3. 劳务成本核算举例

【例 6－3】某渔业合作社承包了一个水库成鱼捕捞项目，水库提供捕捞设备，捕捞报酬按捕捞数量计算，每千克鱼 0.7 元，合作社严格履行了合同，共捕捞成鱼 9 500 千克，取得捕捞报酬 6 650 元，已存银行。捕捞期间共支付食宿费 1 000 元、交通费 250 元、渔民保险费 300 元，暂欠雇佣渔业队渔民捕捞作业报酬 2 500 元。账务处理如表 6－3 所示。

表 6－3　　　　劳务成本核算的账务处理

经济业务和事项	账务处理		
①归集捕捞期间发生的费用	借：生产成本——成鱼捕捞 　　贷：库存现金 　　　　应付劳务费	4 050	 1 550 2 500
②收到捕捞报酬	借：银行存款 　　贷：经营收入	6 650	 6 650
③结转捕捞成本	借：经营支出 　　贷：生产成本——成鱼捕捞	4 050	 4 050

（二）生产费用的核算

1. 经营支出的核算举例

【例 6 –4】 某生猪养殖合作社出栏一批生猪，该批生猪养殖成本 300 000 元，以银行转账支付检疫费 1 200 元，以现金支付运输费 1 000 元，销售收入 420 000 元。账务处理如表 6 –4 所示。

表 6 –4　　经营支出核算的账务处理

经济业务和事项	账务处理		
①支付检疫费	借：经营支出	1 200	
	贷：银行存款		1 200
②支付运输费	借：经营支出	1 000	
	贷：库存现金		1 000
③取得销售收入	借：银行存款	420 000	
	贷：经营收入		420 000
④结转成本	借：经营支出	300 000	
	贷：消耗性生物资产		300 000

2. 管理费用的核算举例

【例 6 –5】 20 ×2 年 8 月，某蔬菜合作社购买办公用品一批，现金支付价款 1 800 元；以现金支付理事长考察学习差旅费 4 300 元；提取办公楼折旧费 2 300 元；提取本月管理人员工资 5 000 元。账务处理如表 6 –5 所示。

表 6 –5　　管理费用核算的账务处理

经济业务和事项	账务处理		
①20 ×2 年 8 月购买办公用品：	借：管理费用——办公费	1 800	
	贷：库存现金		1 800
②支付考察学习差旅费	借：管理费用——差旅费	4 300	
	贷：库存现金		4 300
③提取办公楼折旧费	借：管理费用——折旧费	2 300	
	贷：累计折旧		2 300
④提取并支付管理人员工资	借：管理费用——工资	5 000	
	贷：应付工资		5 000
⑤年末结账	借：本年盈余	13 400	
	贷：管理费用		13 400

3. 财务费用核算的举例

【例 6－6】20×2 年 9 月，某苹果合作社计提银行贷款利息 17 800 元，以银行存款支付。账务处理如表 6－6 所示。

表 6－6　　财务费用核算的账务处理

经济业务和事项	账务处理		
①计提 9 月贷款利息	借：财务费用 　　贷：应付利息	17 800	 17 800
②支付贷款利息	借：应付利息 　　贷：银行存款	17 800	 17 800
③年末结账	借：本年盈余 　　贷：财务费用	17 800	 17 800

4. 其他支出核算的举例

【例 6－7】20×2 年 11 月，某蔬菜合作社用银行存款捐赠村小学 15 800 元；用银行存款支付环境污染罚款 1 300 元；合作社盘亏水果箱 50 个，价值 250 元；非成员债务人所欠 1 000 元债务无法追回，经批准核销；在组织抗震救灾过程中，共发生支出 3 500 元，其中耗费草席 1 000 元，库存现金支出 2 500 元。账务处理如表 6－7 所示。

表 6－7　　其他支出核算的账务处理

经济业务和事项	账务处理		
①支付捐赠款	借：其他支出——捐赠支出 　　贷：银行存款	15 800	 15 800
②支付罚款	借：其他支出——罚款支出 　　贷：银行存款	1 300	 1 300
③盘亏水果箱	借：其他支出——产品物资盘亏 　　贷：产品物资	250	 250
④核销债务	借：其他支出——坏账损失 　　贷：应收款	1 000	 1 000
⑤抗震救灾	借：其他支出——防汛抢险支出 　　贷：产品物资 　　　　库存现金	3 500	 1 000 2 500
⑥年末结账	借：本年盈余 　　贷：其他支出	21 850	 21 850

（三）折旧和摊销业务

1. 固定资产累计折旧的核算举例

【例 6 -8】合作社计提固定资产折旧 24 600 元。其中，生产经营用固定资产计提折旧 21 600 元，管理用固定资产计提折旧 3 000 元。账务处理如表 6 - 8 所示。

表 6 -8　　固定资产折旧的账务处理

经济业务和事项	账务处理		
计提固定资产折旧	借：生产成本	21 600	
	管理费用	3 000	
	贷：累计折旧		24 600

2. 无形资产累计摊销的核算举例

【例 6 -9】20 ×2 年年末，合作社计算应摊销购买的畜禽饲养专利技术成本 500 元；摊销流转的土地经营权 50 000 元。账务处理如表 6 - 9 所示。

表 6 -9　　无形资产摊销的账务处理

经济业务和事项	账务处理		
①摊销畜禽饲养技术成本	借：管理费用	500	
	贷：累计摊销		500
②摊销土地经营权	借：生产成本	50 000	
	贷：累计摊销		50 000

3. 生产性生物资产累计折旧的核算举例

【例 6 -10】20 ×2 年，某果业合作社营造的 125 亩苹果树、200 亩梨树开始挂果，苹果树的成本（树苗 + 培植费用）560 000 元，梨树的成本（树苗 + 培植费用）1 260 000 元，预计可以正常生产水果 5 年，成本按直线法摊销，预计净产值率为成本的 5%。账务处理如表 6 - 10 所示。

表 6 - 10　　生产性生物资产累计折旧的账务处理

经济业务和事项	账务处理
①摊销苹果树的成本	借：经营支出　[560 000 × (1 - 5%) ÷ 5] 106 400 　贷：生物性生物资产累计折旧 　　[560 000 × (1 - 5%) ÷ 5] 106 400
②摊销梨树的成本	借：经营支出　[1 260 000 × (1 - 5%) ÷ 5] 239 400 　贷：生物性生物资产累计折旧 　　[1 260 000 × (1 - 5%) ÷ 5] 239 400

4. 长期待摊费用的核算举例

【例 6 - 11】 某粮食合作社对已提足折旧的大型收割机器进行改造维修，维修后可延长使用寿命至少 3 年，费用 3 000 元，以银行存款支付。账务处理如表 6 - 11 所示。

表 6 - 11　　长期待摊费用核算的账务处理

经济业务和事项	账务处理
①改造维修完成，支付费用	借：长期待摊费用　3 000 　贷：银行存款　3 000
②按 3 年摊销每年摊销时	借：管理费用　1 000 　贷：长期待摊费用　1 000

（四）生物资产的相互转换

1. 消耗性生物资产与生产性生物资产相互转换的核算举例

【例 6 - 12】 某养殖合作社 10 头仔猪已成龄，转为产畜，仔猪购买价 5 000 元，饲养费用 20 000 元；5 头幼牛已成龄，转为役畜，幼牛购买价 12 000 元，饲养费用 12 500 元。同时，将猪舍中已过最佳繁殖期的 15 头产畜淘汰转为育肥畜，该批产畜已提累计折旧 18 000 元，账面价值 37 500 元。账务处理如表 6 - 12 所示。

表 6 - 12　　消耗性与生产性生物资产相互转换的账务处理

经济业务和事项	账务处理
①仔猪成龄，转为产畜	借：生产性生物资产——产畜　25 000 　贷：消耗性生物资产——仔猪　25 000

续表

经济业务和事项	账务处理
②幼牛成龄，转为役畜	借：生产性生物资产——役畜 24 500 贷：消耗性生物资产——幼牛 24 500
③产畜淘汰转为育肥畜	借：消耗性生物资产——育肥畜 37 500 生产性生物资产累计折旧 18 000 贷：生产性生物资产——产畜 55 500

2. 消耗性生物资产、生产性生物资产转换为公益性生物资产的核算举例

【例 6 – 13】某苹果种植合作社为了增加营收，发展观光休闲产业，将 10 亩用材林和已过丰产期应该更换的 50 亩苹果树保留用于环境美化、休闲游览。10 亩用材林的账面价值（树苗价、培植费、管护费）100 000 元；50 亩苹果树已挂果 3 年，已按规定提取折旧 300 000 元，账面价值 700 000 元。账务处理如表 6 – 13 所示。

表 6 – 13 消耗性、生产性生物资产转换为公益性生物资产的账务处理

经济业务和事项	账务处理
①10 亩用材林转为公益性生物资产	借：公益性生物资产 100 000 贷：消耗性生物资产 100 000
②50 亩苹果树转为公益性生物资产	借：公益性生物资产 400 000 生产性生物资产累计折旧 300 000 贷：生产性生物资产 700 000

【例 6 – 14】20 ×2 年 6 月，由于区域生态环境的需要，甲林业有限责任公司的造纸原料林（杨树）被划为防风固沙林，仍由公司负责管理，该林账面余额 80 000 元。账务处理如表 6 – 14 所示。

表 6 – 14 消耗性生物资产转为公益性生物资产的账务处理

经济业务和事项	账务处理
转换	借：公益性生物资产——防风固沙林（杨树） 80 000 贷：消耗性生物资产——造纸原料林（杨树） 80 000

【例 6 – 15】20 ×2 年 9 月，某合作社根据所属区域的林业发展规划和

相关政策调整，将以马尾松为主的800公顷防风固沙林，全部转为以采脂为目的的商品林，该马尾松的账面价值为2 000 000元。其中，已具备采脂条件的为600公顷，账面价值1 600 000元，其余的尚不具备采脂条件。账务处理如表6－15所示。

表6－15　　公益性生物资产转为消耗性生物资产的账务处理

经济业务和事项	账务处理
20×2年9月	借：生产性生物资产——成熟马尾松　1 600 000 ——未成熟马尾松　400 000 贷：公益性生物资产——防风固沙林　2 000 000

（五）委托和受托类存货的核算

1. 委托加工物资的核算举例

【例6－16】 某土布织染合作社接到一批服装订单，委托某服装厂进行加工，发出家织布30 000元，支付加工费用50 000元，运输费用1 000元，服装验收入库，用银行存款支付加工费。账务处理如表6－16所示。

表6－16　　委托加工物资的账务处理

经济业务和事项	账务处理
①发出委托加工家织布	借：委托加工物资　30 000 贷：产品物资　30 000
②支付加工费用	借：委托加工物资　50 000 贷：银行存款　50 000
③支付运输费用	借：委托加工物资　1 000 贷；银行存款　1 000
④服装验收入库	借：产品物资　81 000 贷：委托加工物资　81 000

2. 委托代销商品的核算举例

【例6－17】 某蔬果专业合作社委托超市销售500箱净菜，每箱净菜成本20元，零售价每箱50元。协议按销售收入的5%作为手续费。账务处理如表6－17所示。

表 6－17　　委托代销商品的账务处理

经济业务和事项	账务处理
①发出 500 箱净菜	借：委托代销商品　(500×20) 10 000 　贷：产品物资　(500×20) 10 000
②收到超市销售清单	借：应收款　(500×50) 25 000 　贷：经营收入　(500×50) 25 000
③结转成本	借：经营支出　10 000 　贷：委托代销商品　10 000
④提取手续费用	借：经营支出　(25 000×5%) 1 250 　贷：应收款　(25 000×5%) 1 250
⑤实际收到销售款	借：银行存款　23 750 　贷：应收款　23 750

3. 受托代购商品的核算举例

【例 6－18】 某生猪合作社接受成员单位委托购买饲料 10 000 千克，合作社收到委托成员购买饲料款 15 000 元，款存银行。合作社当月用银行存款购买饲料 10 000 千克，成本每千克 1.4 元，并将饲料交付委托成员。账务处理如表 6－18 所示。

表 6－18　　受托代销商品的账务处理

经济业务和事项	账务处理
①收到成员代购饲料款	借：银行存款　15 000 　贷：成员往来　15 000
②购买饲料	借：受托代购商品　(10 000×1.4) 14 000 　贷：银行存款　(10 000×1.4) 14 000
③交付代购饲料并结清款项	借：成员往来　15 000 　贷：受托代购商品　14 000 　　经营收入　1 000

4. 受托代销商品的核算举例

【例 6－19】 某苹果合作社接受成员张某委托代销苹果 2 000 千克，协议价每千克 2.4 元，约定全部售出后结算款项。合作社当月全部对外销售，每千克售价 2.6 元，款项已收存银行，并用现金结清往来款。账务处理如

表 6－19 所示。

表 6－19　　受托代销商品的账务处理

经济业务和事项	账务处理	
①收到代销苹果	借：受托代销商品	（2 000×2.4）4 800
	贷：成员往来——张某	（2 000×2.4）4 800
②售出代销苹果	借：银行存款	（2 000×2.6）5 200
	贷：受托代销商品	4 800
	经营收入	400
③结清受托代销商品款	借：成员往来——张某	4 800
	贷：库存现金	4 800

5. 库存盘盈盘亏的核算举例

【例 6－20】 某粮食生产合作社年终进行库存存货的盘点清查，盘盈小麦 400 千克，每千克市价 1.4 元。同时，发现库存的面粉变质 1 000 千克，入库时实际成本为每千克 4 元，并已全部投保。保险公司承担 3 000 元，合作社保管员负有过失责任，经研究决定，盘盈小麦按市价入账，盘亏损失由保管员承担 500 元的赔偿责任，合作社承担 500 元。账务处理如表 6－20 所示。

表 6－20　　库存盘盈盘亏的账务处理

经济业务和事项	账务处理	
①小麦盘盈	借：产品物资——小麦	（400×1.4）560
	贷：待处理财产损溢	（400×1.4）560
②面粉盘亏	借：待处理财产损溢	（1 000×4）4 000
	贷：产品物资——面粉	（1 000×4）4 000
③盘盈经批准处理	借：待处理财产损溢	560
	贷：其他收入	560
④盘亏经批准处理	借：应收款——保险公司	3 000
	——保管员	500
	其他支出	500
	贷：待处理财产损溢	4 000

三、重点和难点

（一）生物资产的计价原则

《农民专业合作社会计制度》规定生物资产按照下列原则计价：

（1）购入的生物资产应当按照购买价款、应支付的相关税费、运输费以及外购过程发生的其他直接费用计价。

（2）自行栽培、营造、繁殖或养殖的消耗性生物资产，应当按照下列规定确定其成本：

自行栽培的农田作物和蔬菜的成本，包括在收获前耗用的种子、肥料、农药等材料费、人工费和应分摊的间接费用等必要支出；

自行营造的林木类消耗性生物资产的成本，包括郁闭前发生的造林费、抚育费、营林设施费、良种试验费、调查设计费和应分摊的间接费用等必要支出；

自行繁殖的育肥畜的成本，包括出售前发生的饲料费、人工费和应分摊的间接费用等必要支出；

水产养殖的动物和植物的成本，包括在出售或入库前耗用的苗种、饲料、肥料等材料费、人工费和应分摊的间接费用等必要支出。

（3）自行营造或繁殖的生产性生物资产，应当按照下列规定确定其成本：

自行营造的林木类生产性生物资产的成本，包括达到预定生产经营目的前发生的造林费、抚育费、营林设施费、良种试验费、调查设计费和应分摊的间接费用等必要支出；

自行繁殖的产畜和役畜的成本，包括达到预定生产经营目的（成龄）前发生的饲料费、人工费和应分摊的间接费用等必要支出；

达到预定生产经营目的，是指生产性生物资产进入正常生产期，可以多年连续稳定产出农产品、提供劳务或出租。

（4）自行营造的公益性生物资产，应当按照郁闭前发生的造林费、抚育费、森林保护费、营林设施费、良种试验费、调查设计费和应分摊的间接费用等必要支出计价。

（5）成员出资投入的生物资产，应当根据有关规定和合作社章程规定，按照有关凭据注明的金额加上相关税费、运输费等计价；没有相关凭据的，经过全体成员评估作价或由第三方机构评估作价，成员（代表）大会表决通过后，按照全体成员确认的价值计价。

（6）收到国家财政直接补助的生物资产（包括以前年度收到或形成但尚未入账的）或者他人捐赠的生物资产，应当按照有关凭据注明的金额加上相关税费、运输费等计价；没有相关凭据的，按照资产评估价值或者比照同类或类似生物资产的市场价格，加上相关税费、运输费等计价。如无法采用上述方法计价的，应当按照名义金额（人民币 1 元，下同）计价，相关税费、运输费等计入其他支出，同时在备查簿中登记说明。

（二）折旧和摊销的计算

《农民专业合作社会计制度》涉及的折旧和摊销包括：固定资产的累计折旧、生产性生物资产累计折旧、无形资产累计摊销、长期待摊费用等内容。

1. 影响资产折旧和摊销的因素

（1）原值。它是计算折旧和摊销的基础。在计提折旧和摊销时，应以账面原值为依据。

（2）预计使用年限或预计完成工作量。资产使用年限长短直接影响各期应计提的折旧额和摊销额。在确定资产使用年限时，一般要根据资产本身的结构、性能、负荷量、工作条件以及无形损耗等因素进行正确预计。预计完成工作量是指资产在其使用期内，能够完成的行驶里程、工作时间、产品产量、加工工作量等。

（3）预计净残值。指资产的预计残值收入减去预计清理费用后的余额。残值收入是指资产不能使用而报废时，经过清理剩余余料和零件等的残余价值。清理费用指资产报废时，在清理过程中发生的拆卸、搬运、看护等费用。由于清理费用是使用资产的追加费用，因此需要预先估计，连同资产原值一起分摊到各受益期内。

2. 折旧和摊销的计算方法

《农民专业合作社会计制度》规定，合作社固定资产和生产性生物资产的折旧方法可在“平均年限法”“工作量法”等方法中任选一种；无形资产在其使用寿命内采用年限平均法等合理方法进行摊销，根据其受益对象计入相关资产成本或者当期损益。

（1）平均年限法的计算。平均年限法计算公式如下：

年折旧（摊销）额 =（资产原值 - 预计净残值）÷ 预计使用年限

月折旧（摊销）额 = 年折旧和摊销额 ÷ 12

在实际工作中，通常利用折旧（摊销）率来计算资产折旧（摊销）额。折旧（摊销）率是指资产折旧（摊销）额与原始价值的比率。用折旧（摊销）率与其原值相乘，便可求出某一时间的折旧（摊销）额。资产折旧（摊销）率按照计算时间的长短不同分为年折旧（摊销）率和月折旧（摊销）率，按照计算对象包括的范围不同分为个别折旧（摊销）率、分类折旧（摊销）率和综合折旧（摊销）率三种。

资产年折旧(摊销)率 = 资产年折旧(摊销)额 ÷ 固定资产原值 × 100%

当掌握资产净残值率资料时，折旧(摊销)率可按下列公式计算：

年折旧(摊销)率 =（1 - 预计净残值率）÷ 折旧(摊销)年限

月折旧(摊销)率 = 年折旧(摊销)率 ÷ 12

个别折旧（摊销）率又称单项折旧（摊销）率，是以每项资产为单位计算的折旧（摊销）率，分类折旧（摊销）率是按资产类别分类计算的平均折旧（摊销）率。综合折旧（摊销）率是按全部资产平均计算的折旧（摊销）率。三类折旧（摊销）率的计算公式如下：

某项资产年(月)折旧(摊销)率 = 该项资产年(月)折旧(摊销)额 ÷ 该项资产原值 × 100%

某类资产年(月)折旧(摊销)率 = 该类资产年(月)折旧(摊销)额 ÷ 该类应计提折旧(摊销)的资产原值之和 × 100%

综合年(月)折旧率 = 全部资产年(月)折旧(摊销)额 ÷ 全部资产原值之和 × 100%

例如，合作社一座仓库原值为 20 000 元，预计残值 3 000 元，清理费用 1 000 元，预计可使用 30 年。

该固定资产年折旧额和年折旧率的计算如下：

年折旧额 = [20 000 -（3 000 - 1 000）] ÷ 30 = 600（元）

年折旧率 = 600 ÷ 20 000 × 100% = 3%

(2) 工作量法的计算。工作量法计算公式如下：

单位工作量折旧(摊销)额 = (资产原值 - 预计净残值) ÷ 预计完成总工作量

年(月)折旧(摊销)额 = 某年(月)实际完成工作量 × 单位工作量折旧(摊销)额

例如，合作社有一台设备，原价 78 000 元，预计可以使用 75 000 小时，预计残值收入 5 000 元，清理费用为 2 000 元，本年实际使用该设备 9 000 小时。

该固定资产月折旧额计算如下：

每小时折旧额 = [78 000 - (5 000 - 2 000) ÷ 75 000] = 1 (元)

月折旧额 = (9 000 ÷ 12) × 1 = 750 (元)

第七章　销售过程的会计核算

农民专业合作社开展经营活动，必须围绕成员的特定需求开展经营活动，即满足成员从事农业生产经营活动中的有关需求。具体来讲，不同的专业合作社，应当只提供本专业方面的服务，如以茶叶种植为主要成员的合作社，就应当围绕茶叶种植过程中的茶苗、肥料、茶机具、茶产品加工等开展经营活动，而不应当开展与茶叶种植无关的经营活动。

第一节　销售过程发生的具体实务

根据2017年新修订的《农民专业合作社法》规定，农民专业合作社的业务范围以农村家庭承包经营和种植业、饲养业、养殖业等第一产业为基础，以农民专业合作社成员为主要服务对象，提供农业生产资料购买、使用，农产品的生产、销售、加工、运输、贮藏，农村民间工艺及制品、休闲农业和乡村旅游资源的开发经营等以及与农业生产经营有关的技术、信息、设施建设运营等服务。

作为一种经济组织，农民专业合作社自然要开展经营活动。但农民专业合作社又是一种互助性的经济组织，不同于公司等其他企业，所以必须以成员为主要服务对象。农民专业合作社开展经营活动，主要围绕合作社成员的需求进行，交易对象主要限于本合作社成员。如以养鸭为主要成员的合作社，就应当以加入本合作社的养鸭农户为主要交易对象。

一、农民专业合作社销售过程概述

销售流程指目标客户产生销售机会，销售人员针对销售机会进行销售活动并产生结果的过程。销售业务流程详细划分为九个步骤，具体包括：客户开发、接待、咨询、产品介绍、试用、协商、成交、交货、后续跟踪服务。销售流程是整个企业流程的一个部分，企业从内到外的主旋律是研究开发、生产制造、物流运输、市场和销售、技术支持和服务等流程。在这个主流程外，还有人力资源、财务管理等支持性的流程。农民专业合作社产品销售的渠道，主要包括以下四种。

（一）订单销售

这是农民专业合作社常见且风险较小的产品销售方式。即合作社采取与有关连锁超市、批发市场、公司签订订单合同的方式，按照合同规定的产品、数量、质量、价格和交货时间销售产品。

（二）选择代理商

农民专业合作社经过市场调研、洽谈，选择合适的代理商，将自己的产品委托它们进行销售。这种方式的好处是销售流通成本较低，也比较省心；缺点是容易受代理商的控制，代理商往往分享销售环节较多的利润，却承担较少的风险，合作社相对处于被动地位。

（三）建立销售机构

农民专业合作社采取直销方式，选择产品有市场的主要销售地开设销售机构，如专营店、专柜或直销店。直销的优点是可以直接控制产品的价格，减少中间环节利润的流失，增加合作社销售收入；缺点是对合作社的要求较高，一般应具备一定的经济实力、较强的销售能力和数量较大的产品规模。

（四）直接进入批发和零售环节

很多规模较小的农民专业合作社都采用这种形式。不足之处是产品在批发市场卖给批发商，其销售价格一般都低于直销价格。

总之，合作社应当从实际出发，根据生产经营的产品种类、规模、质量，与大中城市距离的远近，自身的经济实力以及市场开拓能力等方面的因素，来决定采取哪种销售渠道和方式。农民专业合作社在开展市场销售业务上，除了树立以市场为导向的现代销售观念、明确产品的目标市场、合理确定产品价格、实施适当有效的促销策略外，还要发挥资源优势，发展特色农业，把提高产品质量作为创品牌的核心工作。

二、农民专业合作社销售过程的具体业务

农民专业合作社做好市场销售业务至关重要。一方面要按照产加销、贸工农、种养加一体化经营的思路，延长产业链，逐步构建起完整的产业体系；另一方面还应当做好市场销售业务。

（一）出售存货

农民专业合作社出售的存货包括材料、农产品、工业产成品、低值易耗品、包装物等产品物资。合作社应当采用先进先出法、加权平均法或者个别计价法确定出售的出库存货成本。计价方法一经确定，不得随意变更。

（二）出售受托代销商品

农民专业合作社受托代销商品应当按照合同或协议约定的价格计价。出售受托代销商时，实际收到的价款大于合同或协议约定价格的差额计入经营收入；实际收到的价款小于合同或协议约定价格的差额计入经营支出。委托代销商品应当按照委托代销商品的实际成本计价。

（三）出售消耗性生物资产

农民专业合作社自行栽培、营造、繁殖或养殖的消耗性生物资产，应当按照下列规定确定其成本：自行栽培的大田作物和蔬菜的成本，包括在收获前耗用的种子、肥料、农药等材料费、人工费和应分摊的间接费用等必要支出；自行营造的林木类消耗性生物资产的成本，包括郁闭前发生的

造林费、抚育费、营林设施费、良种试验费、调查设计费和应分摊的间接费用等必要支出；自行繁殖的育肥畜的成本，包括出售前发生的饲料费、人工费和应分摊的间接费用等必要支出；水产养殖的动物和植物的成本，包括在出售或入库前耗用的苗种、饲料、肥料等材料费、人工费和应分摊的间接费用等必要支出。

（四）出售生产性生物资产

自行营造或繁殖的生产性生物资产，应当按照下列规定确定其成本：自行营造的林木类生产性生物资产的成本，包括达到预定生产经营目的前发生的造林费、抚育费、营林设施费、良种试验费、调查设计费和应分摊的间接费用等必要支出；自行繁殖的产畜和役畜的成本，包括达到预定生产经营目的（成龄）前发生的饲料费、人工费和应分摊的间接费用等必要支出。达到预定生产经营目的，是指生产性生物资产进入正常生产期，可以多年连续稳定产出农产品、提供劳务或出租。自行营造的公益性生物资产，应当按照郁闭前发生的造林费、抚育费、森林保护费、营林设施费、良种试验费、调查设计费和应分摊的间接费用等必要支出计价。

（五）出售固定资产、无形资产

合作社在生产经营过程中，对不适用或不需要的固定资产、无形资产，通过对外出售的方式进行处置。对由于使用而不断磨损直到最终报废，或由于技术进步等原因发生提前报废，或由于遭受自然灾害等非正常损失发生毁损的固定资产及时进行清理。另外，合作社以固定资产对外投资、发生固定资产盘亏等也会造成固定资产的减少。合作社对各种情况下的固定资产减少都要及时进行核算，加强管理。合作社处置固定资产时，处置收入扣除其账面价值、相关税费和清理费用后的净额，应当计入其他收入或其他支出。销售固定资产实现的收益应当计入其他收入。

合作社的无形资产包括专利权、商标权、著作权、非专利技术、土地经营权、林权、草原使用权等。合作社处置无形资产时，处置收入扣除其账面价值、相关税费等后的净额，应当计入其他收入或其他支出。

第二节　销售过程发生具体实务的会计核算

一、农民专业合作社销售过程涉及的会计科目

农民专业合作社销售过程可能涉及的会计科目，主要包括：库存现金、银行存款、应收款、成员往来、产品物资、委托加工物资、委托代销商品、受托代销商品、消耗性生物资产、生产性生物资产、生产性生物资产累计折旧、公益性生物资产、固定资产、固定资产清理、无形资产、累计摊销、在建工程、应付款、应交税费、应付工资、应付劳务费、经营收入、经营支出、其他收入、其他支出等。我们用T型账户对本章涉及的主要会计科目核算内容予以说明。

（一）应收款

1. 核算内容

合作社与非成员之间发生的各种应收及暂付款项，包括因销售产品物资、提供服务应收取的款项以及应收的各种赔款、罚款、利息等。

2. 核算方法

借方　　　　应收款（113）	贷方
合作社与非成员之间发生各种应收及暂付款项	（1）收回应收款 （2）取得用暂付款购得的产品物资、服务 （3）对确实无法收回的应收及暂付款项，按规定程序批准核销
期末余额： 反映合作社尚未收回的应收及暂付款项	

3. 注意事项

该科目应按照发生应收及暂付款项的非成员单位和个人设置明细账，进行明细核算。

（二）消耗性生物资产

1. 核算内容

合作社持有的消耗性生物资产的实际成本。

2. 核算方法

借方 消耗性生物资产（141）	贷方
（1）购入的消耗性生物资产 （2）自行栽培的大田作物和蔬菜等，按照收获前发生的必要支出计量 （3）自行营造的林木类消耗性生物资产（如非经济林木），按照郁闭前发生的必要支出计量 （4）自行繁殖的育肥畜、水产养殖的鱼虾贝类等，按照出售或入库前发生的必要支出计量 （5）取得成员出资投入的消耗性生物资产，按照确定的成本计量 （6）取得成员出资投入的消耗性生物资产，按照确定的成本计量 （7）收到国家财政直接补助的消耗性生物资产（包括以前年度收到或形成但尚未入账的）或者他人捐赠的消耗性生物资产，按照有关凭据注明的金额加上相关税费、运输费等计量；没有相关凭据的，按照资产评估价值或者比照同类或类似消耗性生物资产的市场价格，加上相关税费、运输费等计量；如无法采用上述方法计价的，应当按照名义金额计量 （8）产畜或役畜淘汰转为育肥畜的，按照转群时的账面价值计量 （9）盘盈的消耗性生物资产，按照同类或类似消耗性生物资产的市场价格或评估价值计量 （10）择伐、间伐或抚育更新性质采伐而补植林木类消耗性生物资产发生的后续支出 （11）生产经营过程中发生的应归属于消耗性生物资产的费用，按照应分配的金额计量	（1）出售消耗性生物资产时，按照其账面余额计量； （2）产畜或役畜的，按照其账面余额计量
期末余额： 反映合作社持有的消耗性生物资产的实际成本	

3. 注意事项

该科目应按照消耗性生物资产的种类、群别，是否属于扶贫项目资产等设置明细科目，进行明细核算。

（三）生产性生物资产

1. 核算内容

合作社持有的生产性生物资产的原价（成本）。

2. 核算方法

借方　　生产性生物资产（142）	贷方
（1）购入的生产性生物资产 （2）自行营造的林木类生产性生物资产、自行繁殖的产畜和役畜等，按照达到预定生产经营目的前发生的必要支出计量 （3）取得成员出资投入的生产性生物资产，按照确定的成本计量 （4）收到国家财政直接补助的生产性生物资产（包括以前年度收到或形成但尚未入账的）或者他人捐赠的生产性生物资产，按照有关凭据注明的金额加上相关税费、运输费等计量；没有相关凭据的，按照资产评估价值或者比照同类或类似生产性生物资产的市场价格，加上相关税费、运输费等计量；如无法采用上述方法计价的，应当按照名义金额计量 （5）幼畜成龄转为产畜或役畜、育肥畜转为产畜或役畜的，按照其账面余额计量 （6）盘盈的生产性生物资产，按照同类或类似生产性生物资产的市场价格或评估价值扣除按照该项生产性生物资产状况估计的折旧后的余额计量；择伐、间伐或抚育更新等生产性采伐而补植林木类生产性生物资产发生的后续支出	（1）出售生产性生物资产时，按照生产性生物资产原价（成本）计量 （2）以生产性生物资产对外投资时，按照生产性生物资产原价（成本）计量 （3）生产性生物资产死亡毁损、盘亏时，按照生产性生物资产原价（成本）计量 （4）产畜或役畜淘汰转为育肥畜的，按照转群时的账面价值计量
期末余额： 反映合作社持有的生产性生物资产的原价（成本）	

3. 注意事项

该科目应按照生产性生物资产的种类、群别，是否属于扶贫项目资产等设置明细科目，进行明细核算。

（四）应付款

1. 核算内容

合作社与非成员之间发生的各种应付及暂收款项，包括因购买产品物资和接受服务等应付的款项以及应付的赔款等。

2. 核算方法

借方　　　　应付款（211）	贷方
（1）偿还应付及暂收款项 （2）因债权人特殊原因等确实无法支付的应付款或获得债权人的债务豁免时，按规定程序批准核销	合作社与非成员之间发生各种应付及暂收款项
	期末余额： 反映合作社应付但尚未付给非成员的应付及暂收款项

3. 注意事项

该科目应按照发生应付及暂收款项的非成员单位和个人设置明细账，进行明细核算。

（五）应付工资

1. 核算内容

合作社应支付给管理人员、固定员工等职工的工资总额。

2. 核算方法

借方　　　　应付工资（212）	贷方
实际支付工资	提取工资时，根据人员岗位进行工资分配
	期末余额： 反映合作社已提取但尚未支付的工资额

3. 注意事项

（1）工资总额包括在工资总额内的各种工资、奖金、津贴、补助、社会保险费等，不论是否在当月支付，都应通过本科目核算。

（2）合作社应当按照劳动工资制度规定，编制“工资表”，计算各种工资，再将“工资表”进行汇总，编制“工资汇总表”。

（3）该科目应按照管理人员、固定员工等职工的姓名、类别以及应付工资的组成内容等，进行明细核算。

（4）合作社应当设置“应付工资明细账”，期末一般应无余额。

（六）应付劳务费

1. 核算内容

合作社应支付给季节性用工等临时性工作人员的劳务费总额。

2. 核算方法

借方	应付劳务费（213） 贷方
实际支付劳务费	提取劳务费时，根据人员岗位进行劳务费分配
	期末余额： 反映合作社已提取但尚未支付的劳务费金额

3. 注意事项

（1）劳务费总额包括各种劳务费、奖金、津贴、补助等，不论是否在当月支付，都应通过本科目核算。

（2）合作社应当设置“应付劳务费明细账”，按照临时性工作人员的姓名、类别以及应付劳务费的组成内容等，进行明细核算，期末一般应无余额。

（七）应交税费

1. 核算内容

合作社按照税法等规定计算应缴纳的各种税费，包括增值税、企业所得税、消费税、城市维护建设税、资源税、房产税、土地使用税、车船税、印花税、教育费附加及地方教育附加等。合作社代扣代缴的个人所得税，也通过本科目核算。

2. 核算方法

借方	应交税费（214） 贷方
（1）缴纳的增值税、消费税、城市维护建设税、资源税、房产税、土地使用税、车船税、印花税、教育费附加及地方教育附加等 （2）缴纳的企业所得税 （3）缴纳的个人所得税	（1）按照税法等规定应缴纳的消费税、城市维护建设税、资源税、房产税、土地使用税、车船税、印花税、教育费附加及地方教育附加等 （2）按照税法等规定应缴纳的企业所得税 （3）按照税法等规定应代扣代缴的个人所得税
期末余额： 反映合作社多缴纳或尚未抵扣的税费	期末余额： 反映合作社尚未缴纳的税费

3. 注意事项

（1）该科目是双重性质的科目，期末余额有可能在借方，也有可能在贷方。

（2）该科目应按照应缴纳的税费项目等进行明细核算。

（八）经营收入

1. 核算内容

核算合作社提供农业生产资料的购买、使用，农产品的生产、销售、加工、运输、贮藏以及与农业生产经营有关的技术、信息、设施建设运营等服务，开发经营农村民间工艺及制品、休闲农业和乡村旅游资源等，以及销售本社产品取得的收入。

2. 核算方法

借方	经营收入（501） 贷方
将本科目的余额转入"本年盈余"科目的贷方	合作社实现经营收入时，按照实际收到或应收的价款计入

3. 注意事项

该科目应按照经营项目设置明细科目，进行明细核算。

（九）其他收入

1. 核算内容

核算合作社的固定资产及产品物资等的盘盈、无法支付的应付款项等除经营收入以外的收入。

2. 核算方法

借方 其他收入（502）	贷方
将本科目的余额转入“本年盈余”科目的贷方	合作社发生其他收入

3. 注意事项

该科目应按照其他收入的来源设置明细科目，进行明细核算。

（十）经营支出

1. 核算内容

核算合作社提供农业生产资料的购买、使用，农产品的生产、销售、加工、运输、贮藏以及与农业生产经营有关的技术、信息、设施建设运营等服务，开发经营农村民间工艺及制品、休闲农业和乡村旅游资源等，以及销售本社产品发生的实际支出。

2. 核算方法

借方 经营支出（521）	贷方
合作社发生经营支出	期末，应将本科目的余额转入“本年盈余”科目的借方

3. 注意事项

该科目应按照经营项目设置明细科目，进行明细核算。

（十一）税金及附加

1. 核算内容

核算合作社从事生产经营活动，按照税法的有关规定应负担的消费税、城市维护建设税、资源税、房产税、土地使用税、车船税、印花税、教育费附加及地方教育附加等相关税费。

2. 核算方法

借方	税金及附加（522） 贷方
合作社按照规定计算确定的相关税费	期末，应将本科目的余额转入“本年盈余”科目的借方

3. 注意事项

该科目应按税费种类设置明细科目，进行明细核算。

（十二）其他支出

1. 核算内容

核算合作社发生的除“经营支出”“税金及附加”“管理费用”“财务费用”以外的其他各项支出，如生物资产死亡毁损支出、损失，固定资产及产品物资的盘亏、损失，防灾抢险支出，安全生产支出，环境保护支出，罚款支出，捐赠支出，无法收回的应收款项损失等。

2. 核算方法

借方	其他支出（529） 贷方
合作社发生其他支出	期末，应将本科目的余额转入“本年盈余”科目的借方

3. 注意事项

该科目应按其他支出的项目设置明细科目，进行明细核算。

二、会计分录的编制

（一）农民专业合作社销售自己的存货

农民专业合作社的存货包括材料、农产品、工业产成品、低值易耗品、包装物等产品物资，在产品，受托代销商品、受托代购商品、委托代销商品和委托加工物资等。

1. 直接出售材料的核算

合作社出售材料，按已收或应收价格，借记“银行存款”“应收款”，按实现销售收入，贷记“经营收入”科目。期末，按材料实际成本借记“经营支出”，贷记“产品物资”科目。

【例7－1】合作社出售饲料一批，价格10 000元，已入银行，成本9 000元。账务处理如表7－1所示。

表7－1　　合作社直接出售材料的账务处理

经济业务和事项	账务处理
①出售饲料，按照税法规定，销售饲料增值税税率为9%	借：银行存款　10 900 　贷：经营收入　10 000 　　应交税费——销项税额　900
②期末结转成本	借：经营支出　9 000 　贷：产品物资　9 000

2. 包装物随同销售的核算

包装物随同合作社商品进行销售时，可与商品合并计价，按包装物的售价，记入“银行存款”“应收款”等账户借方，同时记入“经营收入”等账户贷方，并结转已售包装物成本。

【例7－2】接例7－1，家禽合作社销售鸡蛋100箱，每箱售价100元，鸡蛋每箱成本80元，每个包装箱成本5元，货款已收存银行。账务处理如表7－2所示。

表 7-2　　包装物随同销售的账务处理

经济业务和事项	账务处理		
①销售鸡蛋	借：银行存款	10 000	
	贷：经营收入		10 000
②期末结转成本	借：经营支出	8 500	
	贷：产品物资——鸡蛋		8 000
	——包装物		500

（二）出售消耗性生物资产

出售消耗性生物资产时，按照实现的销售收入，借记“库存现金”“银行存款”“应收款”等科目，贷记“经营收入”等科目。按照其账面余额，借记“经营支出”等科目，贷记本科目。

1. 农产品销售的核算

农产品是指生物资产的收获品，可直接对外出售，也可再加工。农产品的成本，如果为一年生农作物，则包括整个生产期间的各项实际支出，如种子、肥料、人工及相关费用，如果为多年生农作物，如葡萄，在投产期之前，各项实际支出则计入农业资产价值，投产之后，如明确收获农产品，相关费用则计入该期农产品的成本，否则，计入经营支出。销售农产品时，按已收或应收款，借记“银行存款”“应收款”，贷记“经营收入”科目；同时，按实际成本，借记“经营支出”，贷记“库存物资”科目。

【例 7-3】某合作社将库存 21 000 元苹果出售，收银行存款 55 000 元，账务处理如表 7-3 所示。

表 7-3　　农产品销售的账务处理

经济业务和事项	账务处理		
①销售苹果	借：银行存款	55 000	
	贷：经营收入		55 000
②同时结转成本	借：经营支出	21 000	
	贷：库存物资——苹果		21 000

【例 7 – 4】合作社销售自产生姜 5 000 千克，每千克 3.2 元，生姜成本为 12 000 元。货款已收存银行。账务处理如表 7 – 4 所示。

表 7 – 4　　农产品销售的账务处理

经济业务和事项	账务处理
①销售生姜	借：银行存款　16 000 　贷：经营收入　16 000
②同时结转成本	借：经营支出　12 000 　贷：产品物资　12 000

【例 7 – 5】20×8 年 5 月 10 日，合作社将西瓜 2 500 千克销售给 B 电商，协议价 6 元/千克，B 电商未支付货款。20×8 年 6 月 30 日，合作社收到 B 电商银行转账货款 15 000 元。账务处理如表 7 – 5 所示。

表 7 – 5　　农产品销售的账务处理

经济业务和事项	账务处理
①20×8 年 5 月 10 日销售	借：应收款——B 电商　15 000 　贷：经营收入　15 000
②20×8 年 6 月 30 日收到货款	借：银行存款　15 000 　贷：应收款——B 电商　15 000

【例 7 – 6】20×2 年 5 月 5 日，某农民专业合作社销售苹果一批给甲公司，价款 20 000 元，款项尚未收到。账务处理如表 7 – 6 所示。

表 7 – 6　　农产品已销、价款未付的账务处理

经济业务和事项	账务处理
20×2 年 5 月 5 日，销售苹果给甲公司，价款 20 000 元，款项尚未收到	借：应收款——甲公司　20 000 　贷：经营收入　20 000

【例 7 – 7】某花卉种植合作社销售给北京某零售商场盆景 300 盆，单位售价 200 元，商品价款 60 000 元。合同约定，商品自提，转账支票结算货款。合作社开具发票和商品提货单，零售商场鲜花部交来转账支票，商品提出运回。账务处理如表 7 – 7 所示。

表 7－7　　转账支票结算货款的账务处理

经济业务和事项	账务处理
会计人员根据转账支票的进账单、出库单、发票	借：银行存款　60 000 　贷：经营收入　60 000

【例 7－8】 合作社将自产鸡蛋销售给某超市，价款 23 000 元尚未收到。该批鸡蛋成本 20 000 元。账务处理如表 7－8 所示。

表 7－8　　货物已销、价款未付的账务处理

经济业务和事项	账务处理
①销售鸡蛋	借：应收款——某超市　23 000 　贷：经营收入　23 000
②同时结转成本	借：经营支出　20 000 　贷：产品物资　20 000

【例 7－9】 接例 7－8，该超市因经营不善破产倒闭，清算小组按法律程序处置超市剩余财产，合作社分到 5 000 元，冲抵拖欠的鸡蛋款，其余欠款经批准核销。账务处理如表 7－9 所示。

表 7－9　　应收账款的账务处理

经济业务和事项	账务处理
合作社收到 5 000 元，冲抵拖欠的鸡蛋款，其余欠款经批准核销	借：银行存款　5 000 　其他支出　18 000 　贷：应收款　23 000

【例 7－10】 合作社与某果品公司签订荔枝销售合同，约定到荔枝成熟时，按每千克 2 元的价格销售给该公司 5 000 千克荔枝，如有违约，按合同价款的 10% 支付对方违约金，签订合同时，合作社收取了 1 000 元定金。但到了荔枝成熟期时，荔枝的市场价格远远高于合同价格，合作社经研究决定，不履行与果品公司签订的荔枝销售合同，甘愿按合同约定赔款，双倍返还定金，并与果品公司达成了一致。账务处理如表 7－10 所示。

表 7－10　　收到定金及违约金的账务处理

经济业务和事项	账务处理
①收取定金	借：库存现金　1 000 　贷：应付款——果品公司　1 000
②违约时，确认应付违约金和应多返的定金	借：其他支出　2 000 　贷：应付款——果品公司　2 000
③支付违约金、双倍返还定金	借：应付款——果品公司　3 000 　贷：库存现金　3 000

【例 7－11】 某水稻种植合作社在种植水稻过程中，共支付种子、肥料、农药、人工、收割、运输等费用共计 30 000 元，共收获水稻 50 000 千克，验收入库。合作社将所收获的水稻全部对外销售，每千克售价 2 元，货款已收存银行。账务处理如表 7－11 所示。

表 7－11　　种植农作物的账务处理

经济业务和事项	账务处理
①购买种子、肥料、农药，支付人工、收割、运输等费用	借：产品物资——产成品　30 000 　贷：生产成本　30 000 借：银行存款　100 000 　贷：经营收入　100 000
②同时，结转成本	借：经营支出　30 000 　贷：产品物资——产成品　30 000

2. 牲畜（禽）产品销售的核算

农民专业合作社出售牲畜（禽）产品与农产品销售的会计核算基本相同。按实现的销售收入，计入“库存现金”“银行存款”等科目借方，同时计入“经营收入”科目贷方；按已售牲畜（禽）资产的实际成本，计入“经营支出”科目借方，同时计入“牲畜（禽）资产”科目的贷方。

【例 7－12】 3 月，某肉鸡养殖专业合作社以 8 000 元/吨的价格收购成员的肉鸡 50 吨，用现金支付购鸡款 40 万元、支付运费及装卸费等费用 0.2 万元。合作社以 1 万元/吨的价格对外出售，并将销售款 50 万元存入银行。账务处理如表 7－12 所示。

表 7 - 12　　　　合作社收购成员农产品的账务处理

经济业务和事项	账务处理
①收购肉鸡	借：产品物资——肉鸡　400 000 贷：库存现金　400 000
②支付运费、装卸费等费用	借：产品物资——肉鸡　2 000 贷：库存现金　2 000
③对外出售	借：银行存款　500 000 贷：经营收入　500 000
④同时，结转成本	借：经营支出　402 000 贷：产品物资——肉鸡　402 000

【例 7 - 13】 养鸡合作社到社员张山家收购鸭子一批，价格 2 000 元，价款尚未支付。同月，这批鸭子实现对外销售，共计 2 200 元，款存入银行，账务处理如表 7 - 13 所示。

表 7 - 13　　　　合作社从社员处收购牲畜的账务处理

经济业务和事项	账务处理
①收购鸭子一批，价格 2 000 元，价款尚未支付	借：库存物资——鸭子　2 000 贷：成员往来——张山　2 000
②收到销售款 2 200 元，存入银行	借：银行存款　2 200 贷：经营收入　2 200
③结转发出商品成本	借：经营支出　2 000 贷：库存物资——鸭子　2 000

【例 7 - 14】 20×8 年 1 月，合作社将育成的 50 头仔猪出售给古城肉品厂，每头售价 500 元，货款暂欠。该批仔猪购买成本 10 000 元，饲养费用 12 000 元。账务处理如表 7 - 14 所示。

表 7 - 14　　　　出售牲畜的账务处理

经济业务和事项	账务处理
①仔猪出库并运到古城肉品厂	借：应收款——古城肉品厂　25 000 贷：经营收入　25 000
②同时结转成本	借：经营支出　（10 000 + 12 000）22 000 贷：消耗性生物资产——猪 （10 000 + 12 000）22 000

3. 出售林木资产的核算

合作社林木资产的处置主要有出售、对外投资和死亡毁损等形式，应分不同情况进行会计核算。《农民专业合作社会计制度》规定，经批准，林木采伐出售时，属于消耗性生物资产，按实现的销售收入，计入“库存现金”“银行存款”“应收款”等科目的借方，同时计入“经营收入”科目的贷方；按销售时林木的实际成本，计入“经营支出”科目的借方，同时计入“消耗性生物资产——林木资产”科目的贷方。

【例 7-15】某合作社将所属某个苹果园出售给成员李某，双方协议价 55 000 元，李某以银行存款支付 48 000 元，余 7 000 元暂欠，出售果园的摊余成本为 53 000 元。账务处理如表 7-15 所示。

表 7-15　　出售林木资产的账务处理

经济业务和事项	账务处理
①出售苹果园	借：银行存款　48 000 　　成员往来——李某　7 000 　　贷：经营收入　55 000
②结转成本	借：经营支出　53 000 　　贷：消耗性生物资产——经济林木　53 000

【例 7-16】20×9 年 3 月，合作社将投产的葡萄树出售，价款 25 000 元已收存银行；经批准，将用于道路防护的 200 棵杨树全部采伐出售，价款 8 800 元，已收存银行。合作社购置杨树苗费用 5 000 元，培植杨树用现金支付了水费 400 元，应付临时工的护林费 1 200 元；培植葡萄树投入种子 5 000 元，应付合作社工人工资 8 000 元，施用 4 000 元肥料。账务处理如表 7-16 所示。

表 7-16　　合作社出售自产林木的账务处理

经济业务和事项	账务处理
①出售葡萄树	借：银行存款　25 000 　　贷：经营收入　25 000
②同时，结转葡萄树成本	借：经营支出　（5 000 + 8 000 + 4 000）17 000 　　贷：消耗性生物资产——葡萄树 　　　　（5 000 + 8 000 + 4 000）17 000

续表

经济业务和事项	账务处理
③出售杨树	借：银行存款　8 800 　贷：经营收入　8 800
④同时，结转杨树成本	借：经营支出　（5 000 + 400 + 1 200）6 600 　贷：消耗性生物资产——杨树 　（5 000 + 400 + 1 200）6 600

（三）出售生产性生物资产

出售生产性生物资产时，按照取得的价款，借记“库存现金”“银行存款”等科目，按照已计提的累计折旧，借记“生产性生物资产累计折旧”科目，按照生产性生物资产原价（成本），贷记本科目，按照其差额，借记“其他支出”科目或贷记“其他收入”科目。

【例 7 - 17】 佳农合作社自 20 ×5 年年初自行营造 100 亩苹果树，连续发生了如下业务：

（1）当年发生种苗费 180 000 元，采用自有机械在耕种期间发生平整土地所需机械作业费 20 000 元，当年肥料 90 000 元、农药 10 000 元、人工费 80 000 元未支付，用银行存款支付管理维护费 50 000 元。账务处理如表 7 - 17 所示。

表 7 - 17　年末归集费用的账务处理

经济业务和事项	账务处理
年末，当年发生费用资本化归集	借：生产性生物资产——生长期生物资产　430 000 　贷：原材料——种苗　180 000 　　——化肥　90 000 　　——农药　10 000 　　应付职工薪酬　80 000 　　累计折旧　20 000 　　银行存款　50 000

（2）苹果树 3 年后挂果。从 20 ×8 年起，年抚育化肥费用 70 000 元，农药 10 000 元，人工费 15 000 元，管理维护费 20 000 元。20 ×6 年及 20 ×7 年账务处理如表 7 - 18 所示。

表 7－18　费用归集的账务处理

经济业务和事项	账务处理
年末，当年发生费用资本化归集	借：生产性生物资产——生长期生物资产　115 000 　贷：原材料——化肥　70 000 　　　　　——农药　10 000 　　应付职工薪酬　15 000 　　银行存款　20 000

（3）该苹果树成长期 2 年。即开始挂果至稳产成熟期需要 2 年时间。成长期年抚育发生化肥费 47 000 元，农药 10 000 元，人工费 10 000 元，管理维护费 10 000 元。该苹果树从挂果时起，预期经济收费经济寿命 12 年。（假定该苹果树采用成本模式计量，采用年限平均法计提折旧，假定该苹果树期满无残值）。20×8 年账务处理如表 7－19 所示。

表 7－19　成长期的账务处理

经济业务和事项	账务处理
①20×8 年该苹果树开始挂果，即达到预期经营目的，其成本为 430 000＋115 000＋115 000＝66 000 元	借：生产性生物资产——成长期生物资产　660 000 　贷：生产性生物资产——生长期生物资产　660 000
②20×8 年年折旧额＝660 000/12＝55 000（元）	借：生产成本　55 000 　贷：生产性生物资产累计折旧　55 000
③20×8 年有关支出予以资本化，作为生产性生物资产增值成本处理	借：生产性生物资产——成长期生物资产　77 000 　贷：原材料——化肥　47 000 　　　　　——农药　10 000 　　应付职工薪酬　10 000 　　银行存款　10 000

20×9 年账务处理如表 7－20 所示。

表 7－20　成长期的账务处理

经济业务和事项	账务处理
①年初成长期生物资产成本＝660 000＋77 000＝737 000（元） 20×9 年年折旧额＝(737 000－55 000)/(12－1)＝62 000（元）	借：生产成本　62 000 　贷：生产性生物资产累计折旧　62 000

续表

经济业务和事项	账务处理	
②20×9 年有关支出予以资本化，作为生产性生物资产增值成本处理，会计分录同 20×8 年	借：生产性生物资产——成长期生物资产	77 000
	贷：原材料——化肥	47 000
	——农药	10 000
	应付职工薪酬	10 000
	银行存款	10 000

（4）进入成熟期后，年化肥 20 000 元，农药 10 000 元，人工费 3 000 元，其他管理维护费 2 000 元。该苹果树 201×年进入成熟期。其账面成本为 814 000（660 000 + 77 000 + 77 000）元。201×—202×年（共 10 年）账务处理如表 7-21 所示。

表 7-21　　成熟期的账务处理

经济业务和事项	账务处理	
①201×—202×年各年折旧额 =（814 000 - 55 000 - 62 000）/10 = 69 700（元）	借：农业生产成本	69 700
	贷：生产性生物资产累计折旧	69 700
②进入成熟期后各年后续支出不符合资本化条件，予以费用化处理	借：农业生产成本	35 000
	贷：原材料——化肥	20 000
	——农药	10 000
	应付职工薪酬	3 000
	银行存款	2 000

【**例 7-18**】20×7 年 5 月，合作社 5 头奶牛成熟，开始产奶，奶牛账面余额为 36 000 元，20×9 年 10 月，将这 5 头牛作价 25 000 元出售。甲企业按照 3 年对奶牛计提折旧。账务处理如表 7-22 所示。

表 7-22　　自养性畜成熟后出售的账务处理

经济业务和事项	账务处理	
①20×7 年 5 月	借：生产性生物资产——成熟生物资产	36 000
	贷：生产性生物资产——未成熟生物资产	36 000
②20×7 年 6 月—20×9 年 10 月	借：管理费用	1 000
	贷：生产性生物资产累计折旧	1 000
③20×9 年 10 月	借：银行存款	25 000
	生产性生物资产累计折旧	29 000
	贷：生产性生物资产	36 000
	营业外收入	18 000

（四）委托代销商品的核算

农民专业合作社委托代销商品，一般于收到代销单位报来的代销清单时确认收入的实现。发给外单位销售的商品时，按委托代销商品的实际成本，借记本科目，贷记“产品物资”等科目。收到代销单位报来的代销清单时，按应收金额，借记“应收款”科目，按应确认的收入，贷记“经营收入”科目；按应支付的手续费等，借记“经营支出”科目，贷记“应收款”科目；同时，按代销商品的实际成本（或售价），借记“经营支出”等科目，贷记本科目；收到代销款时，借记“银行存款”等科目，贷记“应收款”科目。本科目应按代销商品或委托单位等设置明细账，进行明细核算。本科目期末借方余额，反映合作社委托外单位销售但尚未收到代销商品款的商品的实际成本。

【例 7－19】合作社委托超市销售 500 箱鸡蛋。每箱鸡蛋成本为 40 元，零售价每箱 50 元。协议按销售收入的 5% 作为手续费。账务处理如表 7－23 所示。

表 7－23　　委托代销商品的账务处理

经济业务和事项	账务处理		
①发出 500 箱鸡蛋	借：委托代销商品——鸡蛋 　　贷：产品物资——鸡蛋	20 000	 20 000
②收到已销售 500 箱鸡蛋的清单	借：应收款——超市 　　贷：经营收入——鸡蛋	25 000	 25 000
③结转成本	借：经营支出 　　贷：委托代销商品——鸡蛋	20 000	 20 000
④提取手续费	借：经营支出 　　贷：应收款——超市	1 250	 1 250
⑤实际收到销售款	借：银行存款 　　贷：应收款——超市	23 750	 23 750

【例 7－20】某合作社委托佳佳福农贸市场代销乐乐牌富士苹果 1 000 箱，每箱成本价 20 元，若双方约定按照商场接收价 25 元结算，无手续费；若双方约定商场对外销售价格为 27 元，按照销售收入的 10% 提取手续费。

账务处理如表 7－24 所示。

表 7－24　　委托代销商品的账务处理

经济业务和事项	账务处理
①发出代销商品	借：委托代销商品——佳佳福农贸市场　20 000 　贷：产品物资——富士苹果　20 000
②收到佳佳福农贸市场代销商品清单，代销产品全部售出，开具发票	借：应收款——佳佳福农贸市场　25 000 　贷：经营收入　25 000 同时： 借：经营支出　20 000 　贷：委托代销商品——佳佳福农贸市场　20 000
③收到代销款项存入银行	借：银行存款　25 000 　贷：应收款——佳佳福农贸市场　25 000
④若合作社要求受托方按照规定的价格 27 元进行销售，并按照销售收入的 10% 提取手续费，则在收到对方佳佳福农贸市场代销商品清单时，开具发票	借：应收款——佳佳福农贸市场　27 000 　贷：经营收入　27 000 同时： 借：经营支出　2 700 　贷：应收款——佳佳福农贸市场　2 700 借：经营支出　20 000 　贷：委托代销商品——佳佳福农贸市场　20 000
⑤待收到代销款项并存入银行结算账户	借：银行存款　24 300 　贷：应收款——佳佳福农贸市场　24 300

【例 7－21】 农民专业合作社与某商店签订委托代销海产品合同，约定售价 20 元/千克，代销商店按售价的 10% 收取手续费。某日，合作社发给该商店 1 000 千克海产品，成本为 10 元/千克。次日，收到该商店的代销清单，记录已出售 300 千克。账务处理如表 7－25 所示。

表 7－25　　委托代销商品的账务处理

经济业务和事项	账务处理
①合作社发给该商店 1 000 千克海产品，成本为 10 元/千克	借：委托代销商品——海产品　10 000 　贷：库存物资——海产品　10 000
②次日，收到该商店的代销清单，记录已出售 300 千克	借：应收款——某商店　6 000 　贷：经营收入——委托代销商品收入　6 000
③代销商店按售价的 10% 收取手续费	借：经营支出——委托代销商品手续费支出　600 　贷：应收款——某商店　600

续表

经济业务和事项	账务处理
④结转成本	借：经营支出——委托代销商品支出　3 000 　贷：委托代销商品——海产品　3 000
⑤实际收到销售款	借：银行存款　5 400 　贷：应收款——某商店　5 400

（五）受托代销商品的核算

农民专业合作社受托代购商品，一般将代购商品交付委托方时，确认收入的实现。代销商品款科目核算合作社接受代销商品的代销商品款金额。合作社收到所属单位或社员委托代销商品时，按定单价格或约定收购价，借记“受托代销商品”科目，贷记“代销商品款”科目（××单位或个人）

1. 受托代销采用视同买断方式

如果受托代销采用视同买断方式的，售出代销商品后，按售价借记“银行存款”“应收款”等科归，贷记“经营收入”科目；按定单价格或约定收购价，借记“经营支出”科目，贷记“受托代销商品”科目；按应付委托单位和个人款项，借记“代销商品款单位或个人”科目，贷记“成员往来”科目。

【例 7－22】合作社接受成员 A 委托代销玉米 5 000 千克，合同约定价格每千克 1.2 元，合作社以每千克 1.3 元售出。账务处理如表 7－26 所示。

表 7－26　　受托代销商品的账务处理

经济业务和事项	账务处理
①收到受托代销商品	借：受托代销商品——成员 A　6 000 　贷：成员往来——成员 A　6 000
②销售代销商品，并确认收入	借：银行存款　6 500 　贷：受托代销商品——成员 A　6 000 　　经营收入　500
③给付成员代销商品款	借：成员往来——成员 A　6 000 　贷：库存现金　6 000

【例 7－23】6 月，肉鸡养殖专业合作社，收到成员委托代销肉鸡 10 000 千克，双方协议约定价格为 8 元/千克；合作社以 8.5 元/千克的价格售出，

取得现金 85 000 元，期间发生运输费、装卸费等费用 1 000 元，合作社支付成员代销肉鸡款 80 000 元。账务处理如表 7－27 所示。

表 7－27　　受托代销商品的账务处理

经济业务和事项	账务处理		
①收到成员交来的委托代销肉鸡	借：受托代销产品——肉鸡	80 000	
	贷：成员往来——各成员		80 000
②售出肉鸡	借：库存现金	85 000	
	贷：受托代销产品——肉鸡		80 000
	经营收入		5 000
③支付成员代销肉鸡款	借：成员往来——各成员	80 000	
	贷：库存现金		80 000
④支付运输费、装卸费等费用	借：经营支出	1 000	
	贷：库存现金		1 000

【例 7－24】 生姜合作社接受成员李义委托代销生姜 2 000 千克，协议价每千克 2.4 元，约定货物全部售出后结算款项，合作社当月全部对外销售。

1. 若每千克售价 2.6 元，款项已收存银行，并用银行存款结清往来；

2. 若每千克售价 2.3 元，款项已收存银行，并用银行存款结清往来；

3. 若每千克售价 2.4 元，款项已收存银行，并用银行存款结清往来。

账务处理如表 7－28 所示。

表 7－28　　受托代销商品的账务处理

经济业务和事项	账务处理		
①收到代销的生姜	借：受托代销商品	4 800	
	贷：成员往来——李义		4 800
②售出代销的生姜	若以每千克 2.6 元售出时：		
	借：银行存款	5 200	
	贷：受托代销商品		4 800
	经营收入		400
	若以每千克 2.3 元售出时：		
	借：银行存款	4 600	
	经营支出	200	
	贷：受托代销商品		4 800
	若以每千克 2.4 元售出时：		
	借：银行存款	4 800	
	贷：受托代销商品		4 800
③结清受托代销商品款	借：成员往来——李义	4 800	
	贷：库存现金		4 800

【例 7 – 25】 20×8 年 5 月 20 日，合作社接受本社社员王某委托代销西瓜 2 000 千克，协议每千克 1.80 元，货物售出后结清。合作社当月实现对外销售，每千克 2.40 元，货款已收存入银行，并用现金结清往来。账务处理如表 7 – 29 所示。

表 7 – 29　　受托代销商品的账务处理

经济业务和事项	账务处理		
①收到委托代销产品	借：受托代销商品——西瓜 　　贷：成员往来——王某	3 600	 3 600
②售出商品	借：银行存款 　　贷：经营收入（与开出发票相符）	4 800	 4 800
③结转成本	借：经营支出 　　贷：受托代销商品——西瓜	3 600	 3 600
④与王某结算	借：成员往来——王某 　　贷：库存现金	3 600	 3 600

【例 7 – 26】 合作社接受成员委托代销玉米 5 000 千克，合同约定价格每千克 1.2 元，合作社以每千克 1.3 元售出，以现金方式支付。账务处理如表 7 – 30 所示。

表 7 – 30　　受托代销商品的账务处理

经济业务和事项	账务处理		
①收到受托代销商品	借：受托代销商品 　　贷：成员往来	6 000	 6 000
②销售代销商品，并确认收入	借：银行存款 　　贷：受托代销商品 　　　　经营收入	6 500	 6 000 500
③给付成员代销商品款	借：成员往来 　　贷：库存现金	6 000	 6 000

【例 7 – 27】 合作社接受成员王大富委托代销 1 000 筐大鸭梨，接收价 30 000 元，销售价 40 000 元。账务处理如表 7 – 31 所示。

表 7-31　　　　受托代销商品的账务处理

经济业务和事项	账务处理		
①接收代销商品	借：受托代销商品——大鸭梨	30 000	
	贷：成员往来——王大富		30 000
②商品售出，根据银行进账单回单	借：银行存款	40 000	
	贷：受托代销商品——大鸭梨		30 000
	经营收入		10 000
③签发转账支票，将代销款转入王大富个人存款账户	借：成员往来——王大富	30 000	
	贷：银行存款		30 000

【例 7-28】 农民专业合作社接受成员委托代销大米 10 000 千克，合同或协议约定的价格为 2 元/千克。合作社以 2.2 元/千克售出，货款尚未收到。账务处理如表 7-32 所示。

表 7-32　　　　受托代销商品的账务处理

经济业务和事项	账务处理		
①接收代销商品	借：受托代销商品——大米	20 000	
	贷：成员往来（明细）		20 000
②商品售出	借：应收款（明细）	22 000	
	贷：受托代销商品——大米		20 000
	经营收入——受托代销商品收入		2 000

2. 受托代销采用收取手续费方式

如果受托代销采用收取手续费方式的，售出代销商品后，按售价借记“银行存款”“应收款”等科目，按定单价格或约定收购价，贷记“受托代销商品”科目，按收取的手续费，贷记“经营收入”科目；支付委托方代销商品款时，借记“成员往来”等科目，贷记“库存现金”、“银行存款”等科目。

【例 7-29】 农民专业合作社接受成员 A 委托代销水稻种子 1 000 千克，约定以 3.5 元/千克的价格销售种子，并按 0.5 元/kg 收取手续费，合作社按时交付成员代销款，手续费尚未收到。账务处理如表 7-33 所示。

表 7－33　收取手续费的受托代销账务处理（手续费直接扣除）

经济业务和事项	账务处理		
①预收代购款	借：受托代销商品——水稻种子	3 500	
	贷：成员往来——成员 A		3 500
②合作社以 3.5 元/千克销售种子	借：银行存款	3 500	
	贷：受托代销商品——水稻种子		3 500
③交付成员	借：成员往来——成员 A	3 500	
	贷：银行存款		3 000
	经营收入——受托代销商品收入		500

【例 7－30】合作社接受成员甲委托，为其代销一批生产资料，约定代销商品销售价格为 5 000 元，并按代销商品价款的 1% 收取手续费。账务处理如表 7－34 所示。

表 7－34　收取手续费的受托代销账务处理（手续费另外收取）

经济业务和事项	账务处理		
①收取代购商品款时：	借：受托代销商品	5 000	
	贷：成员往来——成员甲		5 000
②销售代销商品时：	借：银行存款	5 000	
	贷：受托代销商品		5 000
③交付受托代购商品时：	借：成员往来	5 000	
	贷：银行存款		5 000
④收取手续费时：	借：库存现金	50	
	贷：经营收入——受托代销商品收入		50

（六）合作社将初级产品进行深加工后对外销售

合作社将成员生产的初级产品进行深加工后对外销售，合作社收购成员生产的初级产品时，按其收购价和相关费用，借记“产品物资”科目，贷记“库存现金”“银行存款”“成员往来”等科目；合作社对初级产品进行加工发生各种生产费用时，借记“生产成本”科目，贷记“库存现金”“银行存款”“产品物资”“应付工资”“成员往来”“应付款”等科目；合作社将深加工完成的产品入库时，借记“产品物资”科目，贷记“生产成本”科目；合作社将深加工产品对外销售时，借记“库存现金”

"银行存款""应收款"等科目，贷记"经营收入"科目，同时，借记"经营支出"科目，贷记"产品物资"科目。

【例 7－31】 7 月，某肉鸡养殖专业合作社以 8 000 元/吨的价格收购成员肉鸡 10 吨，用现金支付购鸡款 8 万元、支付运费及装卸费等费用 0.1 万元，合作社对肉鸡进行深加工，生产出鸡肉 5 吨、鸡架 2 吨入冷库储存，期间计提加工人员工资 0.8 万元，计提加工车间及设备等折旧费 0.1 万元，用现金支付水电等费用 0.2 万元，月底，鸡肉及鸡架全部售完，销售款 12 万元存入银行，账务处理如表 7－35 所示。

表 7－35　　初级产品深加工对外销售的账务处理

经济业务和事项	账务处理		
①收购肉鸡	借：产品物资——肉鸡	81 000	
	贷：库存现金		81 000
②对肉鸡进行深加工	借：生产成本	92 000	
	贷：产品物资——肉鸡		81 000
	应付工资		8 000
	累计折旧		1 000
	库存现金		2 000
③鸡肉、鸡架验收入冷库	借：产品物资——鸡肉、鸡架	92 000	
	贷：生产成本		92 000
④对外出售	借：银行存款	120 000	
	贷：经营收入		120 000
⑤同时，结转成本	借：经营支出	92 000	
	贷：产品物资——鸡肉、鸡架		92 000

（七）固定资产的出售的核算

固定资产的出售、报废和毁损统称为固定资产的清理（处置）。为了反映农民专业合作社固定资产清理的情况，应设置"固定资产清理"账户进行核算。该账户属于资产类，其借方记录出售、报废和毁损的固定资产的净值、清理费用和结转的清理净收益，贷方记录合作社转入固定资产的清理收入和结转的清理净损失。期末余额在借方，表示合作社尚未清理完毕的清理损失，期末余额在贷方，表示合作社尚未清理完毕的清理收益。

“固定资产清理”账户应按照固定资产的名称设置明细账，进行明细核算。

【例 7－32】 农民专业合作社出售仓库一座，原价 400 000 元，已提折旧 200 000 元；发生清理费用 5 000 元用存款支付，取得价款 250 000 元。账务处理如表 7－36 所示。

表 7－36　　固定资产出售的账务处理

经济业务和事项	账务处理		
①将仓库转入清理	借：固定资产清理——仓库	200 000	
	累计折旧	200 000	
	贷：固定资产——仓库		400 000
②支付清理费用	借：固定资产清理——仓库	5 000	
	贷：银行存款		5 000
③收到转让价款	借：银行存款	250 000	
	贷：固定资产清理——仓库		250 000
④结转固定资产清理净损益 固定资产清理净盈余＝250 000－200 000－5 000＝45 000（元）	借：固定资产清理——仓库	45 000	
	贷：其他收入——外置固定资产角为全		45 000

【例 7－33】 合作社出售一台载货汽车，账面原值为 60 000 元，现金支付维修费 500 元，收回全部价款 40 000 元存入银行。出售时该汽车已提折旧 24 000 元。账务处理如表 7－37 所示。

表 7－37　　固定资产出售的账务处理

经济业务和事项	账务处理		
①固定资产转入清理，注销原值及累计折旧	借：固定资产清理	36 000	
	累计折旧	24 000	
	贷：固定资产		60 000
②发生维修费用	借：固定资产清理	500	
	贷：库存现金		500
③取得出售收入	借：银行存款	40 000	
	贷：固定资产清理		40 000
④结转该机器清理净收益	借：固定资产清理	3 500	
	贷：其他收入		3 500

【例 7－34】 合作社出售农用车一台，账面价值 3 000 元，已提折旧

2 000 元，出售时，用现金支付清理费 100 元，双方协议价值 1 000 元，价款已收。账务处理如表 7－38 所示。

表 7－38　　固定资产出售的账务处理

经济业务和事项	账务处理
①转入清理	借：固定资产清理　1 000 　　累计折旧　2 000 　　贷：固定资产　3 000
②支付清理费用	借：固定资产清理　400 　　贷：现金　400
③收到固定资产价款	借：现金　1 000 　　贷：固定资产清理　1 000
④结转净损失	借：其他支出　400 　　贷：固定资产清理　400

【例 7－35】 20×2 年 8 月 21 日，某蔬菜生产合作社将不再使用的发电机以 3 000 元出售，账面原值 5 000 元，已提折旧 3 000 元。账务处理如表 7－39 所示。

表 7－39　　固定资产出售的账务处理

经济业务和事项	账务处理
①结转处置固定资产的净值	借：固定资产清理——发电机　（5 000－3 000）2 000 　　累计折旧　3 000 　　贷：固定资产——发电机　5 000
②取得出售收入	借：银行存款　3 000 　　贷：固定资产清理——发电机　3 000
③结转清理净收益。清理完毕“固定资产清理”账户，借方发生额是 2 000 元，贷方发生额是 3 000，所以是清理净收益	借：固定资产清理——发电机　1 000 　　贷：其他收入　1 000

【例 7－36】 某合作社将一台不再用的载货汽车对外出售。其账面原值为 60 000 元。累计已提折旧 24 000 元，协议价值 40 000 元，收到价款转存银行，另以现金支付设备运杂费用 500 元。账务处理如表 7－40 所示。

表 7－40　　固定资产出售的账务处理

经济业务和事项	账务处理
①固定资产转入清理，注销原价及累计折旧	借：固定资产清理　36 000 　　累计折旧　24 000 　　贷：固定资产　60 000
②发生清理费用	借：固定资产清理　500 　　贷：现金　500
③收到固定资产价款	借：银行存款　40 000 　　贷：固定资产清理　40 000
④结转该机器清理净收益	借：固定资产清理　3 500 　　贷：其他收入　3500

【例 7－37】12 月，合作社将一台不再用的农业机械对外出售，其账面原值为 6 000 元，累计已提折旧 600 元，协议价值 5 800 元，收取现金，支付农业机械运费及装卸费等清理费用 200 元。账务处理如表 7－41 所示。

表 7－41　　固定资产出售的账务处理

经济业务和事项	账务处理
①固定资产转入清理，注销原价及累计折旧	借：固定资产清理　5 400 　　累计折旧　600 　　贷：固定资产——农业机械　6 000
②收到农业机械销售款	借：库存现金　5 800 　　贷：固定资产清理　5 800
③支付清理费用	借：固定资产清理　200 　　贷：库存现金　200
④结转清理净收益	借：固定资产清理　200 　　贷：其他收入　200

（八）无形资产出售的核算

无形资产出售，按实际取得的转让价款，计入“银行存款”“应收款”等科目借方，按无形资产的账面余额，计入“无形资产”科目贷方，按支付的相关税费计入“库存现金”等科目贷方，按三者差额，计入“其他收入”科目贷方或“其他支出”科目借方。

【例 7－38】 某合作社拥有的一项无形资产，其账面余额 500 000 元，出售所得价款 400 000 元，为此应交增值税为 20 000 元。出售无形资产净额 12 万元确认为当期损失，计入“其他支出”科目。账务处理如表 7－42 所示。

表 7－42　　无形资产出售的账务处理

经济业务和事项	账务处理	
出售无形资产净额 12 万元（50＋2－40）确认为当期损失	借：银行存款	400 000
	其他支出——出售无形资产损失	120 000
	贷：无形资产——××	500 000
	银行存款	20 000

【例 7－39】 20×9 年，牧业合作社将上年购入的畜禽饲养技术出售，价款 4 900 元已收存银行，现金支付相关税费 200 元。无形资产（畜禽饲养技术）账面价值 4 500（元），账务处理如表 7－43 所示。

表 7－43　　无形资产出售的账务处理

经济业务和事项	账务处理	
牧业合作社办理完成畜禽饲养技术出售相关手续	借：银行存款	4 900
	贷：无形资产	4 500
	库存现金	200
	其他收入	200

三、重点和难点

（一）异地农产品销售的核算

异地商品销售的特点是农产品的交接工作和货款的结算工作一般不能同时完成，所以就会出现先发运农产品后收款或收款在先农产品交接在后的情况。

【例 7－40】 某竹藤种植合作社 3 月 10 日销售给外埠某度假村竹藤桌子 1 000 张，单价 400 元，计价 40 000 元。合同约定采用托收承付结算方式收款，运输部门向仓库提货办理发运手续，取得运单，在发运商品时签发支票代垫运杂费 800 元。账务处理如表 7－44 所示。

表 7－44　　异地农产品销售的账务处理

经济业务和事项	账务处理		
①代垫运杂费	借：应收款——某度假村	800	
	贷：银行存款		800
②办妥托收手续	借：应收款——某度假村	40 800	
	贷：经营收入		40 000
	应收款——某度假村		800
③接到银行通知，上项托收的货款及代垫运费已如数收回	借：银行存款	40 800	
	贷：应收款——某度假村		40 800

（二）预收货款农产品销售的核算

对于一些供不应求的紧俏农产品，合作社应用销售策略，向购货单位预先收取货款，即以预收货款的形式销售农产品。合作社预收的款项通过"应付款"科目核算，预收货款时贷记"应付款"科目，发出农产品实现销售时，借记"应付款"科目。购货单位补付或向其退回多付货款时，分别贷记或借记"应付款"该科目。该科目的余额在贷方，表示已预收货款但尚未向对方发货的数额；该科目的余额在借方，表示已发货数额大于预收货款的数额，即尚未向对方结算的款项。以预收货款形式销售农产品，在预收货款时，由于还没有转移商品的所有权，所以不应确认经营收入，只有在发出农产品的时候，才能确认经营收入。

【例 7－41】某合作社的竹席非常畅销。根据合同约定，采用预收货款的方式向同城某超市销售竹席 500 张。4 月 18 日，收到银行转来的信汇凭证，该超市预购农产品货款 50 000 元。4 月 25 日，向该超市开出提货单，500 张竹席自提，每张实际售价为 110 元，该超市收货后立即汇来余款 5 000 元，根据有关发票及结算凭证的账务处理如表 7－45 所示。

表 7－45　　预收账款销售的账务处理

经济业务和事项	账务处理		
①4 月 18 日，收到银行转来的信汇凭证	借：银行存款	50 000	
	贷：应付款——某超市		50 000
②4 月 25 日，向该超市开出提货单	借：应付款——某超市	55 000	
	贷：经营收入		55 000

续表

经济业务和事项	账务处理
③根据有关发票及结算凭证	借：银行存款 5 000 贷：应付款——某超市 5 000

（三）销售折扣与销售折让的会计核算

（1）销售折扣的会计核算。

销售折扣是指合作社为了推销农产品和及早收回销货款，而给予购货方一定的价格折扣。销售折扣包括商业折扣和现金折扣两种形式。其中，商业折扣是指合作社为促进农产品销售而在农产品的标价方面给予的价格扣除。销售农产品涉及的商业折扣，应当按照扣除商业折扣的金额确定经营收入的金额。

【例7-42】某合作社销售甲农产品的标价是每箱300元，如果购买数量1 000箱以上，折扣率2%，即每箱294元。销售给本市某食品批发公司1 500箱，农产品价款441 000元。合同约定，货到验收后采用转账支票结算。账务处理如表7-46所示。

表7-46　　销售折扣的账务处理

经济业务和事项	账务处理
货到验收后采用转账支票结算会计人员根据发票、进账单进行账务处理	借：银行存款 441 000 贷：经营收入 441 000

（2）现金折扣的会计核算。

现金折扣是指债权人为鼓励债务人在规定的期限内付款而向债务人提供的债务折扣。销售商品涉及的现金折扣，应按照扣除现金折扣前的金额确定销售产品收入的金额。现金折扣在实际发生时计入“其他支出”科目。现金折扣常用表示形式“2/20、1/30、N/40”，其意义表示是购货方在20天内付款，销货方将按售价的2%给予折扣；购货方超过20天，未超过30天的期限内付款，销货方将按售价的1%给予折扣；购货方超过30天，未超过40天的期限内付款，购货方将付全部款项。

【例 7－43】某合作社向荣华公司销售丙农产品 100 箱，每箱 400 元，发票金额为 40 000 元，付款条件为“2/10、N/20”。账务处理如表 7－47 所示。

表 7－47　　现金折扣的账务处理

经济业务和事项	账务处理
①发出商品确认收入	借：应收款——荣华公司　40 000 　贷：经营收入　40 000
②若购货方收货后在 10 天内支付货款	借：银行存款　39 200 　其他支出　800 　贷：应收款——荣华公司　40 000
③若购货方在超过 10 天承付了货款，则不能取得折扣	借：银行存款　40 000 　贷：应收款——荣华公司　40 000

（3）销售折让的会计核算。

销售折让是指合作社因销售农产品质量不合格等原因而在售价上给予的减让。实质上就是降低所售农产品的销售价格。合作社已经确认销售农产品收入的售出农产品发生折让的，应在发生时冲减当期销售农产品的收入。

【例 7－44】某合作社向某果品公司销售蓝莓 300 箱，每箱 200 元，金额为 60 000 元，合同约定采用转账支票结算，商品自提。账务处理如表 7－48 所示。

表 7－48　　销售折让的账务处理

经济业务和事项	账务处理
①收到转账支票存入银行	借：银行存款　60 000 　贷：经营收入　60 000
②购货方在验收农产品时，发现农产品存在质量问题，经协商按原售价的 4% 折让销售，会计人员开具红字或负数发票进行账务处理	借：经营收入　2 400 　贷：银行存款　2 400

第八章　盈余及盈余分配的会计核算

第一节　盈余及盈余分配发生的具体实务

一、盈余及盈余分配概述

（一）合作社盈余的概念及特点

盈余是指合作社在一定会计期间（月、季、年）内进行生产经营、服务和管理活动所取得的净收入，即为收入和支出的差额。它反映合作社一定期间的财务成果，是反映和考核合作社生产经营和服务活动质量的一项综合性财务指标。

合作社盈余具有以下特点。

1. 来源具有专业性和多样性

合作社是一种经济组织，以其成员为主要服务对象，提供农业生产资料购买，农产品销售、加工、运输、贮藏以及与农业生产经营有关的技术、信息等服务。其盈余来源主要是为其成员提供服务取得的。同时，其盈余来源又呈现出多样性，既有直接组织生产经营活动取得的盈余，也有对外投资获得的盈余；既有为其成员提供劳务服务取得的盈余，也有为其非成员提供劳务服务获得的盈余；既有国家项目支持形成的盈余，也有中央和地方财政资金支持形成的盈余等。

2. 收入与支出的配比并不严格

合作社的盈余来源于多种收入。有的收入与它所抵减的支出存在严格的配比关系，如加工农产品的销售收入与农产品购入成本、加工、销售费用支出，就存在着严格的配比关系；有的收入没有与之配比的支出项目，只有收入项目，不存在收入与支出的配比关系，如银行存款利息收入、违约金收入、罚款收入等；有的收入与多项支出配比，如经济林木投产后的产品销售收入，不仅与该产品的采摘、挑选、贮藏、保管、包装、运输、销售等费用支出配比，而且还与该经济林木的营造、培植、管护所产生的费用支出配比；有的费用与多项收入配比，如合作社免费为成员代购代销发生的费用支出，没有与之相对应的收入项目，结转盈余时直接从收入中抵减，应与全部收入配比。

（二）合作社的盈余分配

盈余分配是合作社财务管理和会计核算的重要环节，关系到合作社及其成员的切身利益，具有很强的政策性。因此，合作社必须严格遵守法律、法规和章程等有关规定，开展盈余分配工作。

合作社在进行年终盈余分配工作以前，要准确地核算全年收入和支出，清理财产和债权、债务，搞好代购代销和劳务服务合同的结算兑现，结清有关账目，真实完整地登记成员个人账户，在此基础上，按照《农民专业合作社法》《农民专业合作社会计制度》、合作社章程以及成员大会决议等，编制当年的盈余分配方案，经合作社成员大会批准后，方可执行。

1. 准确计算全年的收入和支出

凡是属于本年的收入和支出，都要按照权责发生制的原则，计入本年的收入和支出项目。年终，应根据有关收入和支出账户的发生额或余额，计算出应计入本年的收入和支出数额，并及时进行账务结转。

（1）核实直接经营的农产品产量和当年的收入与支出，正确计算在产品费用，为计算各项直接经营收益提供准确的数据。

（2）认真搞好合同的结算兑现工作，对未完成合同规定的代购代销业务和提供的劳务服务，应及时进行账务处理。

（3）核实并收回对外投资应得的收益。

2. 清理财产和债权债务

年终，合作社应对所有的财产及债权债务进行一次全面清理。对各项资产、存货出现的盘盈、盘亏、毁损、报废等，要查明原因，及时处理。对各种应收款项应采取必要的措施积极催收。凡是属于本年度应该收回的，都应该收回；当年确实不能收回的，应按《农民专业合作社财务会计制度（试行）》规定，妥善入账处理，任何人不得擅自决定应收款项的减免。对各项债务应积极偿还，按规定支付利息，并结出各项年终余额。

3. 盈余分配的顺序

（1）弥补亏损。合作社用本年度的盈余直接弥补以前年度的亏损。

（2）提取盈余公积。合作社按规定从当年盈余中提取盈余公积。盈余公积主要用于弥补亏损、扩大再生产或者转为成员出资。

（3）盈余返还。合作社弥补亏损和提取盈余公积后的可分配盈余，按成员与本社交易量（额）比例返还，返还总额不得低于可分配盈余的60%。

（4）剩余盈余分配。合作社按前款规定返还后的剩余可分配盈余，以成员账户中记载的出资额和公积金份额，以及本社接受国家财政直接补助和他人捐赠形成的财产平均量化到成员的份额，按比例分配给本社成员。

二、盈余及盈余分配的具体业务

（一）专项基金的核算

专项基金是指合作社通过国家财政直接补助和接受捐赠形成的固定资产、生物资产和无形资产价值。专项基金应当按照章程规定或成员大会关于财务分配的决议，平均量化到参与分配的成员账户上，作为盈余分配的依据之一。但合作社解散、破产清算时，不得作为可分配剩余资产分配给成员。

为了反映国家财政直接补助奖金形成财产和接受捐赠财产的情况，合作社应设置“专项基金”账户，进行会计核算。该账户属于所有者权益类账户，贷方登记合作社固定资产、生物资产和无形资产中使用国家财政直接补助资金数额，以及接受捐赠财产的数额，借方登记按规定程序减少的数额。期末贷方余额，反映合作社实有的专项基金数额。该账户应按合作社专项基金来源设置明细账户，进行明细核算。

核算合作社接受国家财政直接补助和他人捐赠形成的专项基金。

1. 使用国家财政直接补助资金形成专项基金的核算

合作社使用已收到的国家财政直接补助资金取得生物资产、固定资产、无形资产等非货币性资产，或用于兴建农业农村基础设施时，按照实际使用国家财政直接补助资金的数额，借记“消耗性生物资产”“生产性生物资产”“固定资产”“无形资产”“在建工程”等科目，贷记“库存现金”“银行存款”等科目；同时，借记“专项应付款”科目，贷记本科目。

取得生物资产、固定资产、无形资产等非货币性资产之后收到对应用途的国家财政直接补助资金的，按照收到的金额，借记“库存现金”“银行存款”等科目，贷记“专项应付款”科目；同时，按照实际使用国家财政直接补助资金的数额，借记“专项应付款”科目，贷记本科目。

收到国家财政直接补助的生物资产、固定资产、无形资产等非货币性资产（包括以前年度收到或形成但尚未入账的），按照有关凭据注明的金额加上相关税费等，借记“消耗性生物资产”“生产性生物资产”“固定资产”“无形资产”等科目，贷记本科目等；没有相关凭据的，按照资产评估价值或者比照同类或类似资产的市场价格，加上相关税费等，借记“消耗性生物资产”“生产性生物资产”“固定资产”“无形资产”等科目，贷记本科目等；如无法采用上述方法计价的，应当按照名义金额，借记“消耗性生物资产”“生产性生物资产”“固定资产”“无形资产”等科目，贷记本科目，并设置备查簿进行登记和后续管理；按照应支付的相关税费等，借记“其他支出”科目，贷记“库存现金”“银行存款”“应付款”“应交税费”等科目。

2. 接受捐赠形成专项基金的核算

实际收到他人捐赠的货币资金时，借记“库存现金”“银行存款”科目，贷记本科目。

收到他人捐赠的非货币性资产时，按照有关凭据注明的金额加上相关税费等，借记“消耗性生物资产”“生产性生物资产”“固定资产”“无形资产”等科目，贷记本科目等；没有相关凭据的，按照资产评估价值或者比照同类或类似资产的市场价格，加上相关税费等，借记“消耗性生物资产”“生产性生物资产”“固定资产”“无形资产”等科目，贷记本科目等；如无法采用上述方法计价的，应当按照名义金额，借记“消耗性生物资产”“生产性生物资产”“固定资产”“无形资产”等科目，贷记本科目，并设置备查簿进行登记和后续管理；按照应支付的相关税费等，借记“其他支出”科目，贷记“库存现金”“银行存款”“应付款”“应交税费”等科目。

（二）资本公积的形成及核算

资本公积是指合作社股本溢价及资产重估增值形成的专用基金。

为了反映合作社资本公积增加、减少和结余情况，合作社应设置“资本公积”账户，进行会计核算。该账户属于所有者权益类账户，贷方登记合作社股本溢价、对外投资增值等数额，借方登记转增股本、股本折价等数额。期末贷方余额，反映合作社实有的资本公积数额。该账户应按合作社资本公积来源设置明细账户，进行明细核算。

该账户核算合作社形成的资本公积。

1. 股本溢价的核算

合作社收到成员投资入股的货币资金，按照实际收到的金额，借记“库存现金”“银行存款”科目，按照成员应享有合作社成员出资总额的份额计算的金额，贷记“股金”科目，按照两者之间的差额，贷记本科目。

合作社收到成员投资入股的非货币性资产，按照确定的成本，借记“产品物资”“消耗性生物资产”“生产性生物资产”“固定资产”“无形资产”等科目，按照成员应享有合作社成员出资总额的份额计算的金额，贷记“股金”科目，按照两者之间的差额，贷记或借记本科目。

2. 对外投资资产增值的核算

合作社以实物资产、无形资产等非货币性资产方式对外投资时，按照评估确认或者合同、协议约定的价值和相关税费，借记“对外投资”科目，按照已计提的累计折旧或摊销，借记“生产性生物资产累计折旧”“累计折旧”“累计摊销”科目，按照投出资产的原价（成本），贷记“消耗性生物资产”“生产性生物资产”“固定资产”“无形资产”等科目，按照应支付的相关税费，贷记“应交税费”等科目，按照其差额，借记或贷记本科目。

3. 转增股本的核算

合作社用资本公积转增股金时，借记本科目，贷记“股金”科目。

（三）盈余公积的形成及核算

盈余公积是指合作社从当年盈余中按一定比例提取的，主要用于弥补亏损、扩大生产经营或转为成员出资的专用基金。每年提取的盈余公积要按章程规定量化到每个成员。

为了反映合作社盈余公积提取、使用和结余情况，合作社应设置“盈余公积”账户，进行会计核算。该账户属于所有者权益类账户，贷方登记合作社提取的盈余公积数额，借方登记转增股本、弥补亏损等使用的数额。期末贷方余额，反映合作社实有的盈余公积数额。该账户应按合作社盈余公积用途设置明细账户，进行明细核算。

该科目核算合作社从当年盈余中提取的盈余公积。

1. 提取盈余公积的核算

合作社提取盈余公积时，计入“盈余分配——各项分配”科目借方，同时计入“盈余公积”科目贷方。

2. 盈余公积转增股金的核算

合作社用盈余公积转增股金时，计入“盈余公积”科目借方，同时计入“股金”科目贷方。

3. 盈余公积弥补亏损的核算

合作社用盈余公积弥补亏损时，计入“盈余分配——未分配盈余”科目借方，同时计入“盈余公积”科目贷方。

（四）本年盈余的形成及核算

本年盈余是指合作社在一个会计年度内取得的净收益，是合作社当期实现的盈余。

合作社的本年盈余按照下列公式计算：

本年盈余＝经营收益＋其他收入－其他支出－所得税费用

其中：

经营收益＝经营收入＋投资收益－经营支出－税金及附加－管理费用－财务费用

投资收益是指投资所取得的收益扣除发生的投资损失后的数额。投资所取得的收益包括对外投资分得的利润、盈余返还和盈余分配、现金股利和债券利息，以及对外投资到期收回或中途转让取得款项高于账面余额的差额等。投资损失包括对外投资到期收回或中途转让取得款项低于账面余额的差额等。

为了反映和监督盈余形成以及结转的过程，合作社应设置“本年盈余”账户，进行会计核算。该账户属于所有者权益类账户，贷方登记各项收入和收益转入的金额，以及转入盈余分配的金额。借方登记各项费用和支出转入的金额，以及转入盈余分配的金额，结转后，本账户应无余额。

该账户主要用于核算合作社在年度内实现的盈余（或亏损）总额。

会计期末结转盈余时，应将“经营收入”“其他收入”科目的余额转入本科目的贷方，借记“经营收入”“其他收入”科目，贷记本科目；同时将“经营支出”“税金及附加”“管理费用”“财务费用”“其他支出”“所得税费用”科目的余额转入本科目的借方，借记本科目，贷记“经营支出”“税金及附加”“管理费用”“财务费用”“其他支出”“所得税费用”科目。应将“投资收益”科目的贷方余额转入本科目的贷方，借记“投资收益”科目，贷记本科目；如为投资净损失，应将“投资收益”科目的借方余额转入本科目的借方，借记本科目，贷记“投资收益”科目。

年度终了，应将本年收入和支出相抵后结出本年实现的净盈余，转入“盈余分配”科目，借记本科目，贷记“盈余分配——未分配盈余”科目；如为净亏损，作相反会计分录。结转后本科目应无余额。

（五）盈余分配的核算

盈余分配是指把合作社当年已经确定的盈余总额连同以前年度的未分配盈余按照一定的标准进行合理分配。

为了反映和监督盈余的分配情况，合作社应设置“盈余分配”账户，进行会计核算。该账户属于所有者权益类账户，贷方登记合作社当年和历年未分配盈余结存额，借方登记合作社当年分配的盈余以及历年结存的未弥补亏损。期末借方余额，反映尚未弥补的亏损，期末贷方余额，反映尚未分配的盈余。本账户应设置“各项分配”和“未分配盈余”两个二级明细账户，进行明细核算。

合作社用盈余公积弥补亏损时，借记“盈余公积”科目，贷记本科目（未分配盈余）；按照规定提取盈余公积时，借记本科目（各项分配），贷记“盈余公积”科目；根据章程规定或者经成员（代表）大会决议确定的盈余分配方案，提取返还盈余时，借记本科目（各项分配），贷记“应付盈余返还”科目；根据章程规定或者经成员（代表）大会决议确定的盈余分配方案，分配剩余盈余时，借记本科目（各项分配），贷记“应付剩余盈余”科目；根据成员（代表）大会表决同意，将可分配盈余转为成员对合作社出资的，借记“应付盈余返还”“应付剩余盈余”或本科目（各项分配），贷记“股金”等科目。

年度终了，合作社应将全年实现的盈余总额，自“本年盈余”科目转入本科目，借记“本年盈余”科目，贷记本科目（未分配盈余）；如为净亏损，作相反会计分录。同时，将本科目下的“各项分配”明细科目的余额转入本科目“未分配盈余”明细科目，借记本科目（未分配盈余），贷记本科目（各项分配）。年度终了，本科目的“各项分配”明细科目应无余额，“未分配盈余”明细科目的贷方余额表示未分配的盈余，借方余额表示未弥补的亏损。本科目应按照盈余的用途设置明细科目，进行明细核算。本科目余额为合作社历年积存的未分配盈余（或未弥补亏损）。

第二节　盈余及盈余分配发生具体实务的会计核算

一、涉及的主要会计科目

盈余及盈余分配在会计分录编制中可能会涉及的会计科目，主要包括：股金、专项基金、资本公积、盈余公积、本年盈余、盈余分配、所得税费用、应付盈余返还、应付剩余盈余等。我们用T型账户对本章涉及的主要会计科目核算内容予以说明。

（一）资本公积

1. 核算内容

核算合作社形成的资本公积。

2. 核算方法

借方	资本公积（321）贷方
用资本公积转增股金	（1）合作社收到成员投资入股的货币资金，按照实际收到的金额，借记“库存现金”“银行存款”科目，按照成员应享有合作社成员出资总额的份额计算的金额，贷记“股金”科目，按照两者之间的差额计入资本公积 （2）收到成员投资入股的非货币性资产，按照确定的成本，借记“产品物资”“消耗性生物资产”“生产性生物资产”“固定资产”“无形资产”等科目，按照成员应享有合作社成员出资总额的份额计算的金额，贷记“股金”科目，按照两者之间的差额计入资本公积 （3）以实物资产、无形资产等非货币性资产方式对外投资时，按照评估确认或者合同、协议约定的价值和相关税费，借记“对外投资”科目，按照已计提的累计折旧或摊销，借记“生产性生物资产累计折旧”“累计折旧”“累计摊销”科目，按照投出资产的原价（成本），贷记“消耗性生物资产”“生产性生物资产”“固定资产”“无形资产”等科目，按照应支付的相关税费，贷记“应交税费”等科目，按照其差额，借记或贷记本科目
	期末余额： 反映合作社实有的资本公积数额

3. 注意事项

该科目应按照资本公积的来源设置明细科目，进行明细核算。

(二) 盈余公积

1. 核算内容

合作社从当年盈余中提取的盈余公积。

2. 核算方法

借方	盈余公积(322) 贷方
用盈余公积转增股金或弥补亏损等	合作社提取盈余公积
	期末余额: 反映合作社实有的盈余公积数额

3. 注意事项

该科目应按照用途设置明细科目,进行明细核算。

(三) 本年盈余

1. 核算内容

合作社当期实现的盈余。

2. 核算方法

借方	本年盈余(331) 贷方
(1) 会计期末结转盈余时,将“经营支出”“税金及附加”“管理费用”“财务费用”“其他支出”“所得税费用”科目的余额转入;如为投资净损失,应将“投资收益”科目的借方余额转入 (2) 年度终了,应将本年收入和支出相抵后结出的本年实现的净盈余,转入“盈余分配”科目	(1) 会计期末结转盈余时,将“经营收入”“其他收入”科目的余额转入;将“投资收益”科目的贷方余额转入 (2) 年度终了,应将本年收入和支出相抵后结出的本年净亏损,转入“盈余分配”科目

3. 注意事项

该科目结转后期末应无余额。

（四）盈余分配

1. 核算内容

合作社当年盈余的分配（或亏损的弥补）和历年分配后的结存余额。

2. 核算方法

借方　　　　盈余分配（332）	贷方
（1）按照规定提取盈余公积 （2）根据章程规定或者经成员（代表）大会决议确定的盈余分配方案，提取返还盈余 （3）根据章程规定或者经成员（代表）大会决议确定的盈余分配方案，分配剩余盈余 （4）年度终了，合作社应将全年实现的亏损总额，自“本年盈余”科目转入本科目 （5）将本科目下的“各项分配”明细科目的余额转入本科目“未分配盈余”明细科目	（1）用盈余公积弥补亏损 （2）根据成员（代表）大会表决同意，将可分配盈余转为成员对合作社出资的 （3）年度终了，合作社应将全年实现的盈余总额，自“本年盈余”科目转入本科目
期末余额： 反映合作社未弥补的亏损	期末余额： 反映合作社未分配的盈余

3. 注意事项

（1）该科目应按照盈余的用途设置明细科目，进行明细核算。

（2）本科目设置“各项分配”和“未分配盈余”两个二级科目。

（3）年度终了，本科目的“各项分配”明细科目应无余额，“未分配盈余”明细科目的贷方余额表示未分配的盈余，借方余额表示未弥补的亏损。

（4）本科目余额为合作社历年积存的未分配盈余（或未弥补亏损）。

（五）所得税费用

1. 核算内容

核算合作社根据企业所得税法规定应从盈余总额中扣除的所得税费用。

2. 核算方法

借方	所得税费用（531）	贷方
期末，核算合作社按照企业所得税法规定计算确定的当期应交所得税税额		期末，应将本科目的余额转入“本年盈余”科目的借方

3. 注意事项

该科目结转后期末应无余额。

（六）应付盈余返还

1. 核算内容

合作社根据有关法律法规和合作社章程规定，返还给成员的盈余。

2. 核算方法

借方	应付盈余返还（221）	贷方
（1）实际支付盈余返还 （2）根据成员（代表）大会表决同意，将应支付的盈余返还转为成员对合作社出资		合作社根据章程规定或者经成员（代表）大会决议确定的盈余分配方案，按照成员与本社的交易量（额）比例等提取返还盈余
		期末余额： 反映合作社尚未支付给成员的盈余返还

3. 注意事项

该科目应按照成员设置明细账，进行明细核算。

（七）应付剩余盈余

1. 核算内容

合作社根据有关法律法规和合作社章程规定，分配给成员的剩余可分配盈余。

2. 核算方法

借方	应付剩余盈余（222） 贷方
根据成员（代表）大会表决同意，将应支付的剩余盈余转为成员对合作社出资	合作社提取返还盈余后，根据章程规定或者经成员（代表）大会决议确定的盈余分配方案，分配剩余盈余
	期末余额： 反映合作社尚未支付给成员的剩余盈余

3. 注意事项

该科目应按照成员设置明细账，进行明细核算。

二、会计分录的编制

（一）专项基金的核算

1. 使用国家财政直接补助资金形成专项基金的核算的举例

【例 8－1】 某果业合作社投资 500 000 元购置一套冷藏设备，使用财政专项补助资金 200 000 元，使用自有资金 300 000 元。账务处理如表 8－1 所示。

表 8－1　　专项基金的账务处理

经济业务和事项	账务处理		
①收到财政专项补助资金	借：银行存款	200 000	
	贷：专项应付款		200 000
②购置冷藏设备	借：固定资产	500 000	
	贷：银行存款		500 000
	同时，将专项应付款转为专项基金		
	借：专项应付款	200 000	
	贷：专项基金——财政专项补助		200 000

【例 8－2】 某小麦合作社购置小麦烘干机一台，价值 580 000 元，随后申请并取得收到对应用途财政直接补助资金 250 000 元。账务处理如表 8－2 所示。

表 8-2　　专项基金的账务处理

经济业务和事项	账务处理
①购置小麦烘干机	借：固定资产　580 000 　贷：银行存款　580 000
②取得财政直接补助资金	借：银行存款　250 000 　贷：专项应付款　250 000 同时： 借：专项应付款　250 000 　贷：专项基金——财政专项补助　250 000

2. 接受捐赠形成专项基金的核算举例

【例 8-3】某合作社收到社会捐赠现金 5 000 元；收到社会捐赠全新水果分离机一台，附发票价 22 000 元；收到社会捐赠旧台式电脑一台，没有附发票，经批准的评估价为 3 000 元。账务处理如表 8-3 所示。

表 8-3　　接受捐赠形成专项基金的账务处理

经济业务和事项	账务处理
①接受社会捐赠现金	借：库存现金　5 000 　贷：专项基金——捐赠资金　5 000
②接受捐赠水果分离机	借：固定资产　22 000 　贷：专项基金——捐赠资金　22 000
③接受捐赠旧台式电脑	借：固定资产　3 000 　贷：专项基金——捐赠资金　3 000

（二）资本公积的核算

1. 股本溢价的核算举例

【例 8-4】某合作社收到新成员梁某入社现金 50 000 元，协议约定享有合作社股金份额 34 000 元；收到新成员李某入社投入小麦加工机械一套，双方确认价值 60 000 元，协议约定享有合作社股金份额 48 000 元。账务处理如表 8-4 所示。

表 8－4　　股本溢价的账务处理

经济业务和事项	账务处理	
①收到新成员入社现金	借：库存现金	50 000
	贷：股金	34 000
	资本公积	16 000
②收到新成员入社机械	借：固定资产	60 000
	贷：股金	48 000
	资本公积	12 000

【例 8－5】 某合作社接受张某以两项生产技术专利投资入股，双方协议价值 40 000 元，享有合作社注册资本份额计算的股金金额为 35 000 元。合作社按 10 年摊销其成本。账务处理如表 8－5 所示。

表 8－5　　股本溢价的账务处理

经济业务和事项	账务处理	
①接受张某生产技术专利投资入股	借：无形资产	40 000
	贷：股金	35 000
	资本公积	5 000
②摊销无形资产成本	借：管理费用	（40 000 ÷ 10）4 000
	贷：无形资产	（40 000 ÷ 10）4 000

2. 对外投资资产增值的核算举例

【例 8－6】 某合作社以一幢厂房对外联营投资，该厂房原账面价值 200 000 元，已提折旧 50 000 元，双方协议作价 220 000 元。账务处理如表 8－6 所示。

表 8－6　　对外投资增值的账务处理

经济业务和事项	账务处理	
以厂房对外联营投资	借：对外投资	220 000
	累计折旧	50 000
	贷：固定资产	200 000
	资本公积	70 000

3. 转增股本的核算举例

【例 8－7】 经成员大会批准，合作社将资本公积 180 000 元转增股金。

账务处理如表 8 – 7 所示。

表 8 – 7　　转增股本的账务处理

经济业务和事项	账务处理	
资本公积转增股金	借：资本公积 　　贷：股金	180 000 　　180 000

（三）盈余公积的核算

1. 提取盈余公积及盈余公积转增股本的核算举例

【例 8 – 8】 年终，某合作社经成员大会批准，从当年盈余中提取盈余公积 55 000 元；盈余公积 30 000 元转增股金。账务处理如表 8 – 8 所示。

表 8 – 8　　盈余公积的账务处理

经济业务和事项	账务处理	
①提取盈余公积	借：盈余分配——各项分配 　　贷：盈余公积	55 000 　　55 000
②用盈余公积转增股金	借：盈余公积 　　贷：股金	30 000 　　30 000

2. 本年盈余的核算举例

【例 8 – 9】 某合作社各项损益类账户余额如表 8 – 9 所示。

表 8 – 9　　某合作社各项损益类账户余额

账户名称	借方金额	贷方金额
经营收入		1 520 000
其他收入		87 500
经营支出	786 000	
管理费用	143 000	
其他支出	76 000	
合　计	1 005 000	1 607 500

据此，进行年末结账。账务处理如表 8 – 10 所示。

表 8－10　　　　年末结账账务处理

经济业务和事项	账务处理	
①结转各项收入	借：经营收入	152 000
	其他收入	87 500
	贷：本年盈余	1 607 500
②结转各项支出	借：本年盈余	1 005 000
	贷：经营支出	786 000
	管理费用	143 000
	其他支出	76 000
③结转盈余分配	借：本年盈余	602 500
	贷：盈余分配——未分配盈余	602 500

3. 盈余公积弥补亏损的核算举例

【例 8－10】 接例 8－9，合作社用本年盈余弥补上年 80 000 元亏损。账务处理如表 8－11 所示。

表 8－11　　　　盈余公积弥补亏损的账务处理

经济业务和事项	账务处理	
用盈余公积弥补上年亏损	借：盈余公积	80 000
	贷：盈余分配——未分配盈余	80 000

4. 盈余分配的核算举例

【例 8－11】 接例 8－10，合作社用本年盈余弥补上年 80 000 元亏损后的 522 500 元，经成员大会批准，按以下方案进行分配：按 20% 提取盈余公积，剩余部分的 70% 按交易额返还给成员、20% 按成员账户记录的股金和公积金份额分配给成员，其余留存下年。账务处理如表 8－12 所示。

表 8－12　　　　盈余分配的账务处理

经济业务和事项	账务处理	
①提取盈余公积	借：盈余分配——各项分配（522 500 × 20%）	104 500
	贷：盈余公积　　　（522 500 × 20%）	104 500
②按交易额计算应向成员返还盈余：	借：盈余分配——各项分配——盈余返还	
	［（522 500 － 522 500 × 20%）× 70%］	292 600
	贷：应付盈余返还	
	［（522 500 － 522 500 × 20%）× 70%］	292 600

续表

经济业务和事项	账务处理
①向成员返还盈余	借：应付盈余返还 292 600 贷：成员往来——成员名称 292 600
②按份额计算应向成员分配剩余盈余：	借：盈余分配——各项分配——剩余盈余分配 [(522 500 - 522 500 × 20%) × 20%]83 600 贷：应付剩余盈余 [(522 500 - 522 500 × 20%) × 20%]83 600
③向成员分配剩余盈余	借：应付剩余盈余 83 600 贷：成员往来——成员名称 83 600

三、重点和难点

（一）年终结账小结（流程）

1. 将“经营收入”“其他收入”科目的余额转入“本年盈余”科目的贷方，借记“经营收入”“其他收入”科目，贷记“本年盈余”科目。

2. 将“经营支出”“管理费用”“其他支出”科目的余额转入“本年盈余”科目的借方，借记“本年盈余”科目，贷记“经营支出”“管理费用”“其他支出”科目。

3. 将“投资收益”科目的净收益转入“本年盈余”科目的贷方，借记“投资收益”科目，贷记“本年盈余”科目；如为投资净损失，转入“本年盈余”科目的借方，借记“本年盈余”科目，贷记“投资收益”科目。

4. 按照企业所得税法规定计算确定的当期应交所得税额，借记“所得税费用”科目，贷记“应交税费——应交企业所得税”科目。

5. 将本年收入和支出相抵后结出的本年实现的净盈余，转入“盈余分配”科目，借记“本年盈余”科目，贷记“盈余分配——未分配盈余”科目；如为净亏损，作相反会计分录，结转后“本年盈余”科目应无余额。

6. 按规定提取盈余公积时，借记“盈余分配”科目（各项分配），贷记“盈余公积”等科目。

7. 按交易量（额）向成员返还盈余时，借记“盈余分配”科目（各项分配），贷记“应付盈余返还”科目。

8. 以合作社成员账户中记载的出资额和公积金份额，以及本社接受国家财政直接补助和他人捐赠形成的财产平均量化到成员的份额，按比例分配剩余盈余时，借记“盈余分配”科目（各项分配），贷记“应付剩余盈余”科目。

9. 将“盈余分配”科目下的“各项分配”明细科目的余额转入“未分配盈余”明细科目，借记“盈余分配”科目（未分配盈余），贷记“盈余分配”科目（各项分配）。年度终了，“盈余分配”科目的“各项分配”明细科目应无余额，“未分配盈余”明细科目的贷方余额表示未分配的盈余，借方余额表示未弥补的亏损。

（二）农民专业合作社税收优惠

《农民专业合作社法》规定：“农民专业合作社享受国家规定的对农业生产、加工、流通、服务和其他涉农经济活动相应的税收优惠。支持农民专业合作社发展的其他税收优惠政策，由国务院规定。”鉴于我国涉农税收优惠政策分散在不同的法规和政策文件之中，为方便农民专业合作社全面掌握相关内容，现按照税种对相关优惠政策综述如下。

1. 增值税

增值税是对销售货物或者提供加工、修理修配劳务以及进口货物的单位和个人，就其实现的增值额征收的一个税种，也是我国最大的税种。根据《中华人民共和国增值税暂行条例》（以下简称《增值税暂行条例》）规定，一般纳税人的增值税税率为13%、9%和6%，小规模纳税人的税率为3%。

农民专业合作社作为从事销售货物（包括农产品、农资等）的单位，应当依法缴纳增值税，但可享受税收优惠。根据《增值税暂行条例》《财政部 国家税务总局关于农民专业合作社有关税收政策的通知》（财税〔2008〕81号）、《国家税务总局关于粕类产品免征增值税问题的通知》（国税函〔2010〕75号）、《财政部 国家税务总局关于免征蔬菜流通环节增值税有关

问题的通知》(财税〔2011〕137号),农民专业合作社可以享受以下增值税优惠政策:

(1)销售本社成员生产的农业产品,视同农业生产者销售自产农业产品,免征增值税(财税〔2008〕81号)。

(2)向本社社员销售的农膜、种子、种苗、化肥、农药、农机,免收增值税(财税〔2008〕81号)。

(3)销售饲料,可以享受9%的增值税优惠税率。除豆粕以外的其他粕类饲料产品,均免征增值税。

(4)对以批发、零售方式销售的蔬菜免征增值税。蔬菜品种参照《蔬菜主要品种目录》。经挑选、清洗、切分、晾晒、包装、脱水、冷藏、冷冻等工序加工的蔬菜,属于免税蔬菜范围(财税〔2011〕137号)。

此外,增值税一般纳税人从农民专业合作社购进的免税农业产品,可按9%的扣除率计算抵扣增值税进项税额;购进用于生产或委托加工13%税率货物的农产品可按10%的扣除率计算抵扣增值税进项税额。

2. 企业所得税

企业所得税是对我国境内的企业和其他取得收入的组织(个人独资企业、合伙企业除外)征收的一个税种。根据《中华人民共和国企业所得税法》规定,企业所得税税率为25%,符合条件的小型微利企业税率为20%,国家重点支持的高新技术企业税率为15%。

根据《财政部对全国人大代表有关建议的答复》(财农便〔2009〕201号)规定,农民专业合作社参照企业所得税法关于一般企业的规定,享受企业所得税减免政策。据此,根据《企业所得税法实施条例》规定,农民专业合作社可享受的企业所得税优惠政策包括:

(1)从事蔬菜、谷物、薯类、油料、豆类、棉花、麻类、糖料、水果、坚果的种植,农作物新品种的选育,中药材的种植,林木的培育和种植,牲畜、家禽的饲养,林产品的采集,灌溉、农产品的初加工、兽医、农技推广、农机作业和维修等农、林、牧、渔服务业项目,可以免征企业所得税(《企业所得税法实施条例》第八十六条)。

(2)从事花卉、茶叶以及其他饮料作物和香料作物的种植,海水养殖、内陆养殖，减半征收企业所得税（《企业所得税法实施条例》第八十六条）。

另外：

（1）农民专业合作社取得的涉农财政性资金，暂不计入收入总额计算应纳税所得额。

（2）农民专业合作社取得的捐赠收入，暂不计入收入总额计算应纳税所得额。

（3）农民专业合作社对农村交通等公共设施建设的支出，列入农民专业合作社的固定资产，分期折旧，在税前予以扣除。

（4）经营采摘、观光农业的农民专业合作社，从事农、林、牧、渔业项目的所得，按《中华人民共和国企业所得税法》第二十七条规定减免企业所得税。

3. 契税

契税是以所有权发生转移变动的不动产为征税对象，向产权承受人征收的一个税种。根据《中华人民共和国契税暂行条例》规定，契税税率为3%到5%，具体适用税率由省级人民政府在法定幅度内，按照本地区的实际情况决定。

根据《中华人民共和国契税暂行条例细则》（财法字〔1997〕52号）第十五条规定，承包荒山、荒沟、荒丘、荒滩土地使用权，用于农、林、牧、渔业生产的，免征契税。

4. 印花税

印花税是以经济活动中订立的各种合同、产权转移书据、营业账簿、权利许可证照等应税凭证文件为对象的一个税种。根据《印花税暂行条例》规定，印花税税率依照《印花税税目税率表》确定，比例税率为0.05‰到1‰，定额税率按件收取每件5元。

根据《财政部 国家税务总局关于农民专业合作社有关税收政策的通知》（财税〔2008〕81号）、《国家税务总局关于对保险公司征收印花税有关问题的通知》（国税地字〔1988〕37号）规定，农民专业合作社可享受的印花税优惠主要包括：

（1）与本社成员签订的农业产品和农业生产资料购销合同，免征印花税（财税〔2008〕81 号）。

（2）农林作物、牧业畜类保险合同，免征印花税（国税地字〔1988〕37 号）。

（3）国家指定的收购部门与村民委员会、农民个人书立的农副产品收购合同，免征印花税（财税字〔1988〕第 225 号）。

5. 耕地占用税

耕地占用税是对占用耕地建房或者从事其他非农建设为征收对象的一个税种，属于一次性税收。根据《中华人民共和国耕地占用税暂行条例》规定，耕地占用税以纳税人占用耕地的面积为计税依据，按照规定的适用税额一次性征收。税额按照人均耕地面积和经济发展情况确定，每平方米 5 元至 50 元。

根据《中华人民共和国耕地占用税暂行条例》《财政部 国家税务总局关于耕地占用税平均税额和纳税义务发生时间问题的通知》（财税〔2007〕176 号），农民专业合作社可享受以下税收优惠：

（1）建设直接为农业生产服务的生产设施占用的农用地（林地、牧草地、农田水利设施用地、养殖水面以及渔业水域滩涂等），不征收耕地占用税（《中华人民共和国耕地占用税暂行条例》第十四条）。

（2）占用林地、牧草地、农田水利用地、养殖水面以及渔业水域滩涂等其他农用地的适用税额，可适当低于占用耕地的适用税额（财税〔2007〕176 号）。

6. 城镇土地使用税

城镇土地使用税是以开征范围的土地为征税对象，对拥有土地使用权的单位和个人征收的一个税种。根据《中华人民共和国城镇土地使用税暂行条例》规定，城镇土地使用税税额为每平方米 0.9 元到 30 元，具体税额由地方政府根据市政建设情况、经济繁荣程度等条件确定。

根据《中华人民共和国城镇土地使用税暂行条例》第六条规定，直接用于农、林、牧、渔业的生产用地免征城镇土地使用税，财政部另行规定的免税水利设施等用地，免征城镇土地使用税。

7. 房产税

房产税是以房屋为征税对象，向产权所有人征收的一个税种。根据《中华人民共和国房产税暂行条例》规定，房产税依照房产余值计算缴纳的，税率为 1.2%；依照房产租金收入计算缴纳的，税率为 12%。

根据《国家税务总局关于调整房产税和土地使用税具体征税范围解释规定的通知》（国税发〔1999〕44 号）规定，农林牧渔业用地和农民居住用房屋及土地，不征收房产税。

8. 车船税

车船税是对在我国境内的车辆、船舶，按照规定的计税依据和年税额标准计算征收的一个税种。根据《中华人民共和国车船税法》规定，车船的税额依照《车船税税目税额表》执行。车辆具体税额由省级人民政府依照法定幅度和国务院规定确定。船舶具体税额由国务院在法定税额幅度内确定。

根据《中华人民共和国车船税法》第三条规定，捕捞、养殖渔船免征车船税；农村居民拥有并主要在农村地区使用的摩托车、三轮汽车和低速载货汽车，定期减征或者免征车船税。

9. 车辆购置税

车辆购置税是对在我国境内购置应税车辆的单位和个人征收的一个税种。根据《中华人民共和国车辆购置税暂行条例》规定，车辆购置税税率为 10%。

根据《财政部 国家税务总局关于农用三轮车免征车辆购置税的通知》（财税〔2004〕66 号）规定，农用三轮车免征车辆购置税。

10. 个人所得税

《财政部 国家税务总局关于农村税费改革试点地区有关个人所得税问题的通知》（财税〔2004〕30 号）规定：农村税费改革试点期间，取消农业特产税、减征或免征农业税后，对个人或个体户从事种植业、养殖业、饲养业、捕捞业，且经营项目属于农业税（包括农业特产税）、牧业税征税范围的，其取得的“四业”所得暂不征收个人所得税。

农民从农民专业合作社取得的盈余返还，为农民销售自产农产品所得，免征个人所得税。

11. 关税

《财政部 国家税务总局关于农业部2010年度种子（苗）种畜（禽）鱼种（苗）和种用野生动植物种源免税进口计划的通知》（财关税〔2010〕11号）规定，进口用于在农业、林业、牧业、渔业生产的科学研究的种子、种畜、鱼苗，改良种用的马、驴、牛、猪、羊、家畜、鱼苗、大麦、燕麦、高粱等农产品可以享受零关税。

第三篇　财务报表及案例篇

第九章　财务报表

第一节　财务报表概述

一、财务报表的概念

财务报表是合作社根据日常会计核算资料进行归集、整理后生成或编制的，总括地反映合作社某一特定日期财务状况和某一会计期间经营成果等会计信息文件，是对合作社财务状况、经营成果等信息的结构性表述。

财务报表是合作社会计核算工作的总结，全面体现了会计核算的要求和质量，成为考核合作社生产经营财务计划、委托合同、受托合同、社内管理服务执行情况和评价经营服务业绩的基础资料，是合作社进行科学合理的经济预测和决策、改善经营管理的参考条件，是落实合作社财务会计制度，保障全体成员财务知情权、参与权、决策权、监督权的重要途径，更是各级政府和有关部门了解合作社实际情况、扶持引导合作社规范发展的重要依据。

二、财务报表的构成及分类

（一）财务报表的构成

合作社的财务报表包括会计报表及其附注。一套完整的财务报表包括资产负债表、盈余及盈余分配表、科目余额表、收支明细表、成员权益变动表等会计报表和财务状况说明书。

1. 资产负债表

资产负债表是指反映合作社在某一特定日期财务状况的报表。资产负债表根据资产、负债和所有者权益之间的相互关系，按照一定的分类标准和一定的顺序，把合作社年末的资产、负债和所有者权益各项目予以适当排列，并对日常工作中形成的大量数据进行汇总整理后编制而成。

2. 盈余及盈余分配表

盈余及盈余分配表是指反映合作社在一定会计期间内盈余实现及其分配情况的报表，将本年的收入与相关费用进行配比，计算出本年的净盈余或净亏损，再对本年实现的净盈余以及以前年度未分配盈余进行分配或者对亏损进行弥补。盈余及盈余分配表一方面反映合作社年度内经营成果及本年实现净盈余，另一方面则对以前年度未分配盈余的分配或亏损弥补进行反映。

3. 成员权益变动表

成员权益变动表是指反映合作社成员权益增减变动和在某一特定日期权益情况的报表。成员权益变动表根据所有者权益类账的明细账户本年发生额分析填列编制。通过与上年成员所有者权益及其各项目对比，从动态角度揭示成员权益及各项目的历年变化的详细情况。

4. 附注

附注是指对在资产负债表、盈余及盈余分配表、成员权益变动表等会计报表中列示项目的文字描述或明细资料，以及对未能在这些会计报表中列示项目的说明等。附注应当按照下列顺序披露：遵循农民专业合作社会计制度的声明；合作社的基本情况；成员权益结构；会计报表重要项目的进一步说明；已发生损失但尚未批准核销的相关资产名称、金额等情况及说明；以名义金额计量的资产名称、数量等情况，以及以名义金额计量理由的说明；其他重要事项；对已在资产负债表、盈余及盈余分配表中列示项目与企业所得税法规定存在差异的纳税调整过程；根据国家有关法律法规等规定，需要在附注中说明的其他事项。

除此之外，合作社应当为每个成员设立成员账户。成员账户是全面反映合作社成员对合作社的出资额、量化到该成员的公积金份额、本社接受国家财政直接补助形成的财产量化到该成员的份额、本社接受他人捐赠形成的财产量化到该成员的份额、该成员与本社的交易量（额）以及本社对该成员的盈余返还和剩余盈余分配的账户。

（二）财务报表的分类

合作社财务报表一般可以按照其所反映的经济内容、编报时间和报送对象进行分类。

1. 财务报表按照反映的经济内容分类

按照反映的经济内容分类，合作社的财务报表包括资产负债表、盈余及盈余分配表、成员权益变动表、科目余额表、收支明细表等。资产负债表反映合作社在某一特定日期的财务状况；盈余及盈余分配表反映合作社在一定会计期间内盈余实现及其分配情况；成员权益变动表反映合作社成员权益增减变动情况和在某一特定日期的权益情况；科目余额表反映合作社账簿中会计科目在各个月末或年末余额情况，是填列资产负债表的重要依据；收支明细表是反映合作社在会计期间收入、支出以及盈余情况。

2. 财务报表按照编报时间分类

按照编报的时间分类，合作社财务报表可分为月份或季度报表和年度报表。月份或季度报表是按月份或季度编报，以简明扼要的形式反映某一月份或季度合作社财务状况和经营成果的会计报表。如科目余额表和收支明细表就是每月或每季都要编报的会计报表。年度报表是按会计年度编制和报送、以全面反映合作社全年的财务状况、经营成果和成员权益变化情况的报表。如资产负债表、盈余及盈余分配表、成员权益变动表，就是每年编报的会计报表。合作社应按登记机关规定的时限和要求，及时报送资产负债表、盈余及盈余分配表和成员权益变动表。

3. 财务报表按照报送对象分类

按服务对象分类，合作社财务报表可分为内部财务报表和外部财务报表。内部财务报表是指为本社及内部成员服务的报表，如科目余额表收支明细表成员账户；外部财务报表是指为登记机关以及合作社的指导、扶持、服务等部门提供的报表，如资产负债表、盈余及盈余分配表、成员权益变动表。

三、财务报表的编制准备和报送

编制和报送会计报表的最终目的，是达到合作社各项资源的合理配置。财务报表所提供的信息应当真实、公允地反映合作社的财务状况和经营服务成果。

（一）财务报表编制前的准备工作

合作社在编制财务报表前，必须做好下列准备工作。

1. 严格审核会计账簿的记录和有关资料

会计期末，合作社应及时进行账务处理，登记各类账簿，并检查各会计账户登记是否完整。由于编制财务报表的直接依据是会计账簿，所有报表的数据都来自会计账簿，因此为保证财务报表数据的正确性，编制报表之前必须做好对账和结账工作，做到账证相符、账账相符、账实相符，以保证报表数据的真实准确。

2. 检查会计核算工作的合规性

检查相关的会计核算是否符合《农民专业合作社会计制度》的规定，通过会计凭证的审核和检查，保证基础会计数据的准确记录和会计资料的真实完整。同时，对往来款项进行清理，杜绝账实不符的现象。

3. 进行全面的财产清查

要对所有的财产和资金进行全面盘点与核对。清查对象主要包括：各种机器设备、房屋、建筑物等所有固定资产；材料、在售产品、半成品、产成品等流动资产；现金、银行存款等各种货币资金；各种应收、应付、预收、预付的债权债务等结算资金；委托其他单位加工、保管与代销的材料、商品物资，出租、出借的固定资产等。通过对所有财产进行全面清查、盘点和核对，核实债权、债务，明确经济责任，摸清家底，发现问题及时查处。

4. 核对账户之间的勾稽关系

按规定的结账日进行结账，结出每个会计账户的发生额和余额，并核对各种会计账簿之间的相互依存和勾稽关系，复核会计报表项目之间勾稽关系。填报完财务报表后，通过进一步核对会计报表有勾稽关系的项目，检查各项目填报是否正确。当本年度没有盈余公积转增股金或弥补亏损等情况时，资产负债表中盈余公积年末数减年初数的差额，应与盈余及盈余分配表中提取盈余公积金额一致。

（二）财务报表的编制和报送要求

会计报表应当根据已登记完整、核对无误的账簿记录和其他有关资料编制，确保会计报表的真实可靠、相关可比、全面完整和便于理解，并及时报送有关部门，这样既符合会计信息质量要求，又满足及时提供给使用者会计信息的需要。合作社在编制和报送会计报表时，必须遵守的基本要求有以下四个方面。

1. 数字真实

财务报告中的各项数据必须真实可靠，如实地反映合作社的财务状况、经营成果和盈余及盈余分配情况，这是对会计信息质量的基本要求。合作社及相关会计人员必须依据客观的账簿核算记录填写，不得任意估计数字，严禁弄虚作假、歪曲和篡改有关指标内容。

2. 内容完整

财务报表应当反映合作社经济活动的全貌，全面反映合作社的财务状况和经营成果，才能满足使用者对会计信息的需要。《农民专业合作社会计制度》规定，应填报的各种报表、附表及相关说明，各合作社必须全部编制并报送，不得漏编和漏报；要求披露的信息都必须披露，确实全面完整地反映合作社财务活动的过程和结果，以满足各方对合作社会计信息的需要。

3. 计算准确

合作社会计报表上反映的各项指标都是通过数字表示的，日常的会计核算以及编制的财务报表，涉及大量的数字计算，只有准确的计算，才能保证数字的真实可靠。这就要求编制财务报表必须以核对无误后的账簿记录和其他有关资料为依据，不能使用估计或推算的数据，更不能以任何方式弄虚作假、玩数字游戏或隐瞒谎报。财务报表中的每一个数字必须核对清楚、计算无误后再填列，并确保各会计报表在数字上的衔接，达到会计报表的质量和要求。

4. 报送及时

及时性是信息的重要特征，财务报表信息只有及时地传递给信息使用者，才能为使用者的决策提供依据。否则，即使是真实可靠和内容完整的财务报告，由于编制和报送不及时，对报告使用者来说，便大大降低了会计信息的使用价值。合作社应按照规定准确、及时、完整地编制会计报表，向登记机关、农村经营管理部门和有关单位报送，也要为成员查阅提供必要条件。合作社应按登记机关规定的时限和要求，及时报送资产负债表、盈余及盈余分配表和成员权益变动表。各级农村经营管理部门，应对所辖地区报送的合作社资产负债表、盈余及盈余分配表和成员权益变动表进行审查，然后逐级汇总上报。

5. 手续完备

合作社对外提供的财务报表应加具封面、装订成册、加盖公章。财务报表封面上应当注明：合作社名称、合作社统一代码、组织形式、地址、报表所属年度或者月份、报出日期，并由合作社负责人和主管会计工作的负责人（会计主管人员）签名并盖章。

第二节　资产负债表的编制

资产负债表是反映合作社年末全部资产、负债和所有者权益状况的报表是根据“资产 = 负债 + 所有者权益”这一会计等式编制的，是一个静态平衡报表。

一、资产负债表的格式和内容

（一）资产负债表的格式

合作社资产负债表采用账户式结构编制。资产类列在报表的左边，反映资产各项目；负债与所有者权益类列在报表的右边，反映负债和所有者权益各项目。表中各项目均按一定的顺序排列：资产类各项目按其流动性排列，容易变现的项目排在前面，不易变现的项目排在后面；负债类各项目也是按其流动性排列，流动负债项目排在前面，长期负债项目排列在后面；所有者权益类按其重要性排列。

资产类各项目合计金额等于负债类和所有者权益类各项目的合计金额，即符合“资产 = 负债 + 所有者权益”这一会计恒等式。《农民专业合作社会计制度》规定的资产负债表的内容格式如表 9 - 1 所示。

表 9 - 1　　　　　**资产负债表**

年　月　日　　　　会农社 01 表

编制单位：　　　　单位：元

资产	行次	期末余额	年初余额	负债和所有者权益	行次	期末余额	年初余额
流动资产：				流动负债：			
货币资金	1			短期借款	23		
应收款项	2			应付款项	24		
存货	3			应付工资	25		
消耗性生物资产	4			应付劳务费	26		
流动资产合计	5			应交税费	27		
非流动资产：				应付利息	28		
对外投资	6			应付盈余返还	29		
生产性生物资产原值	7			应付剩余盈余	30		
减：生产性生物资产累计折旧	8			流动负债合计	31		
生产性生物资产净值	9			非流动负债：			
固定资产原值	10			长期借款	32		
减：累计折旧	11			专项应付款	33		
固定资产净值	12			非流动负债合计	34		
在建工程	13			负债合计	35		
固定资产清理	14						
固定资产小计	15			所有者权益：			
无形资产原值	16			股金	36		
减：累计摊销	17			专项基金	37		
无形资产净值	18			资本公积	38		
公益性生物资产	19			盈余公积	39		
长期待摊费用	20			未分配盈余	40		
非流动资产合计	21			所有者权益合计	41		
资产总计	22			负债和所有者权益总计	42		

资产负债表可以向报表使用者提供以下几个方面的信息：（1）合作社在某一年末所掌握的经济资源及这些资源的分布结构状况；（2）合作社在某一年末的负债总额及其结构情况；（3）合作社在某一年末的所有者权益即净资产情况；（4）通过对资产负债表的分析，可以了解合作社的财务实力、偿债能力和支付能力。

（二）资产负债表内容解读

1. 资产负债表资产项目解读

合作社的资产是指合作社过去的交易或者事项形成的、由合作社拥有或者控制的、预期会给合作社带来经济利益的资源。合作社的资产按照流动性可分为流动资产和非流动资产。合作社的资产应当按照成本计量。《农民专业合作社会计制度》规定的资产项目内容如表9－2所示。

表9－2　　合作社资产项目内容

报表项目	行次	内容解读
流动资产		指预计在1年内（含1年）变现、出售或耗用的资产，包括库存现金、银行存款、应收款项、存货、消耗性生物资产等
货币资金	1	反映合作社库存现金、银行结算账户存款等货币资金的合计数
应收款项	2	包括与成员和非成员之间发生的各项应收及暂付款项
存货	3	包括材料、农产品、工业产成品、低值易耗品、包装物等产品物资，在产品，受托代销商品、受托代购商品、委托代销商品和委托加工物资等；反映合作社期末在库、在途和在加工中的各项存货的价值
消耗性生物资产	4	包括生长中的大田作物、蔬菜、用材林以及存栏待售的牲畜、鱼虾贝类等为出售而持有的，或在将来收获为农产品的生物资产；反映合作社各种消耗性生物资产的账面余额
流动资产合计	5	反映合作社期末流动资产的合计数
非流动资产		指流动资产以外的资产，包括对外投资、生产性生物资产、固定资产、无形资产、公益性生物资产、长期待摊费用等

续表

报表项目	行次	内容解读
对外投资	6	包括依法出资设立或者加入农民专业合作社联合社（以下简称“联合社”），以及采用货币资金、实物资产、无形资产等向其他单位投资等；反映合作社各种对外投资的账面余额
生产性生物资产原值	7	包括经济林、薪炭林、产畜和役畜等为产出农产品、提供劳务或出租等目的而持有的生物资产；反映合作社各种生产性生物资产的原价（成本）
生产性生物资产累计折旧	8	反映合作社各种生产性生物资产的累计折旧
生产性生物资产净值	9	反映合作社各种生产性生物资产的账面价值
固定资产原值	10	固定资产包括房屋、建筑物、机器、设备、工具、器具和农业农村基础设施等；反映合作社各种固定资产的原价（成本）
累计折旧	11	反映合作社各种固定资产的累计折旧
固定资产净值	12	反映合作社各种固定资产的账面价值
在建工程	13	指尚未完工的工程项目
固定资产清理	14	反映合作社因出售、报废、毁损等原因转入清理但尚未清理完毕的固定资产的账面价值，以及固定资产清理过程中所发生的费用等
固定资产小计	15	反映合作社期末固定资产、在建工程、转入清理但尚未清理完毕的固定资产的小计数
无形资产原值	16	包括专利权、商标权、著作权、非专利技术、土地经营权、林权、草原使用权等；反映合作社各种无形资产的成本
累计摊销	17	反映合作社各种无形资产的累计摊销
无形资产净值	18	反映合作社各种无形资产的账面价值
公益性生物资产	19	包括防风固沙林、水土保持林和水源涵养林等以防护、环境保护为主要目的的生物资产；反映合作社各种公益性生物资产的账面余额
长期待摊费用	20	反映合作社尚未摊销完毕的长期待摊费用
非流动资产合计	21	反映合作社期末非流动资产的合计数
资产总计	22	反映合作社期末资产的合计数

2. 资产负债表负债项目解读

合作社的负债是指合作社过去的交易或者事项形成的、预期会导致经济利益流出合作社的现时义务。合作社的负债按照流动性可分为流动负债和非流动负债。合作社的负债按照实际发生额计价。《农民专业合作社会计制度》规定的资产项目内容如表9-3所示。

表9-3　　合作社负债项目内容

报表项目	行次	内容解读
流动负债		指偿还期在1年内（含1年）的债务，包括短期借款、应付款项、应付工资、应付劳务费、应交税费、应付利息、应付盈余返还、应付剩余盈余等
短期借款	23	反映合作社借入的期限在1年以下（含1年）、尚未偿还的借款
应付款项	24	包括与成员和非成员之间发生的各项应付及暂收款项
应付工资	25	指合作社为获得管理人员、固定员工等职工提供的服务而应付给职工的各种形式的报酬以及其他相关支出；反映合作社已提取但尚未支付的管理人员、固定员工等职工的工资
应付劳务费	26	指合作社为获得季节性用工等临时性工作人员提供的服务而应支付的各种形式的报酬以及其他相关支出；反映合作社已提取但尚未支付的季节性用工等临时性工作人员的劳务费
应交税费	27	反映合作社期末未缴纳、多缴纳或未抵扣的各种税费
应付利息	28	反映合作社应支付但尚未支付给成员的盈余返还
应付盈余返还	29	反映合作社应支付但尚未支付给成员的盈余返还
应付剩余盈余	30	反映合作社应支付但尚未支付给成员的剩余盈余
流动负债合计	31	反映合作社期末流动负债的合计数
非流动负债		指偿还期在1年以上的债务，包括长期借款、专项应付款等
长期借款	32	反映合作社借入的期限在1年以上、尚未偿还的借款
专项应付款	33	反映合作社实际收到国家财政直接补助资金而尚未使用和结转的资金数额
非流动负债合计	34	反映合作社期末非流动负债的合计数
负债合计	35	反映合作社期末负债的合计数

3. 资产负债表所有者权益项目解读

合作社的所有者权益是指合作社资产扣除负债后由成员享有的剩余权

益。合作社的所有者权益包括股金、专项基金、资本公积、盈余公积、未分配盈余等。《农民专业合作社会计制度》规定的所有者权益项目内容如表9－4所示。

表9－4　　　　合作社所有者权益项目内容

报表项目	行次	内容解读
所有者权益		指合作社资产扣除负债后由成员享有的剩余权益，包括股金、专项基金、资本公积、盈余公积、未分配盈余等
股金	36	合作社收到成员出资投入的资产，按照该成员应享有合作社成员出资总额的份额计算的金额；反映合作社实际收到成员投入的股金总额
专项基金	37	合作社接受国家财政直接补助形成的生物资产、固定资产、无形资产等，以及接受他人捐赠、用途不受限制或已按约定使用的资产；反映合作社接受国家财政直接补助转入和他人捐赠形成的专项基金总额
资本公积	38	合作社收到成员出资投入的资产，应当按照确定的成本计入相关资产，按照该成员应享有合作社成员出资总额的份额计算的金额计入股金，两者之间的差额计入资本公积；反映合作社资本公积的账面余额
盈余公积	39	合作社可以按照章程规定或者成员大会决议，从本年盈余中提取公积金；反映合作社盈余公积的账面余额
未分配盈余	40	反映合作社尚未分配的历年累计盈余
所有者权益合计	41	反映合作社期末所有者权益的合计数
负债和所有者权益总计	42	反映合作社期末负债和所有者权益的合计数

二、资产负债表报表的编制

（一）资产负债表编制要求及说明

合作社应当根据《农民专业合作社会计制度》有关财务报表的编制基础、编制依据、编制原则和方法的要求，提供真实、完整的财务报表，不得随意改变财务报表的编制基础、编制依据、编制原则和方法，不得随意改变本制度规定的财务报表有关数据的会计口径。资产负债表“年初余额”栏各项目数字，应根据上年末资产负债表“期末余额”栏内所列数字填列。如果本会计期间资产负债表规定的各个项目的名称和内容同上一会计期间不相一致，应对上年末资产负债表各项目的名称和数字按照本会计期间的规定进行调整，填入本表“年初余额”栏内，并加以书面说明。

（二）资产负债表编制方法

资产负债表是在年末编制工作底稿、登记有关总账和明细账的基础上编制的。资产负债表中的项目，有的同总账科目一致，有的稍有差别，因此资产负债表的填列方法可分为直接填列法和间接填列法。直接填列法是根据总账或明细账有关账户的期末余额，直接填列表中有关项目。间接填列法是根据有关总账或明细账整理或计算填列。

1. 资产项目的编制方法

在编制资产项目时，应对合作社上年末项目的名称和数字按照本年度的规定进行调整，填入本表“年初数”栏内，并加以书面说明。资产项目“年末数”的内容按照以下填列方法分析编制。合作社资产项目编制方法如表 9－5 所示。

表 9－5　　合作社资产项目编制方法

报表项目	行次	编制方法
流动资产		
货币资金	1	根据“库存现金”“银行存款”等科目的期末余额合计填列
应收款项	2	根据“应收款”科目期末余额和“成员往来”各明细科目期末借方余额合计数合计填列
存货	3	根据“产品物资”“委托加工物资”“委托代销商品”“受托代购商品”“受托代销商品”“生产成本”等科目的期末余额合计填列
消耗性生物资产	4	根据“消耗性生物资产”科目的期末余额填列
流动资产合计	5	根据本表中“货币资金”“应收款项”“存货”“消耗性生物资产”项目金额的合计数填列
非流动资产		
对外投资	6	根据“对外投资”科目的期末余额填列
生产性生物资产原值	7	根据“生产性生物资产”科目期末余额填列

续表

报表项目	行次	编制方法
生产性生物资产累计折旧	8	根据“生产性生物资产累计折旧”科目的期末余额填列
生产性生物资产净值	9	根据“生产性生物资产”科目和“生产性生物资产累计折旧”科目的期末余额分析填列
固定资产原值	10	应根据“固定资产”科目的期末余额填列
累计折旧	11	应根据“累计折旧”科目的期末余额填列
固定资产净值	12	应根据“固定资产”科目和“累计折旧”科目的期末余额分析填列
在建工程	13	根据“在建工程”科目的期末余额填列
固定资产清理	14	根据“固定资产清理”科目的期末借方余额填列；如为贷方余额，本项目数字以“－”填列
固定资产小计	15	根据本表中“固定资产净值”“在建工程”“固定资产清理”项目金额的合计数填列
无形资产原值	16	根据“无形资产”科目的期末余额填列
累计摊销	17	根据“累计摊销”科目的期末余额填列
无形资产净值	18	根据“无形资产”科目和“累计摊销”科目的期末余额分析填列
公益性生物资产	19	根据“公益性生物资产”科目的期末余额填列
长期待摊费用	20	根据“长期待摊费用”科目的期末余额填列
非流动资产合计	21	根据本表中“对外投资”“生产性生物资产净值”“固定资产小计”“无形资产净值”“公益性生物资产”“长期待摊费用”项目金额的合计数填列
资产总计	22	根据本表中“流动资产合计”和“非流动资产合计”项目金额的合计数填列

（1）根据科目余额直接填列。上述资产项目中，第4－8行、10－11行、16－17行、19－20行的报表项目，直接以该项目对应的会计科目余额填列。

（2）根据科目余额合计数填列。上述资产项目中，第1、2、3、5、15、21行的报表项目，根据相应科目余额合计数填列。

第1行＝“库存现金”科目期末余额＋“银行存款”科目期末余额

第2行＝“应收款”科目期末余额＋“成员往来”明细科目期末借方余额合计数

第 3 行 = “产品物资”科目期末余额 + “委托加工物资”科目期末余额 + “委托代销商品”科目期末余额 + “受托代购商品”科目期末余额 + “受托代销商品”科目期末余额 + “生产成本”科目期末余额

第 5 行 = “货币资金”项目金额 + “应收款项”项目金额 + “存货”项目金额 + “消耗性生物资产”项目金额

第 15 行 = “固定资产净值”项目金额 + “在建工程”项目金额 + “固定资产清理”项目金额

第 21 行 = “对外投资”项目金额 + “生产性生物资产净值”项目金额 + “固定资产小计”项目金额 + “无形资产净值”项目金额 + “公益性生物资产”项目金额 + “长期待摊费用”项目金额

第 22 行 = “流动资产合计”项目金额 + “非流动资产合计”项目金额

（3）根据科目余额分析填列。上述资产项目中，第 9、12、18 行的报表项目，根据科目余额分析填列。

第 9 行 = “生产性生物资产”科目期末余额 - “生产性生物资产累计折旧”科目期末余额

第 12 行 = “固定资产”科目期末余额 - “累计折旧”科目期末余额

第 18 行 = “无形资产”科目期末余额 - “累计摊销”科目期末余额

2. 负债项目的编制方法

在编制负债项目时，应对合作社上年末项目的名称和数字按照本年度的规定进行调整，填入本表“年初数”栏内，并加以书面说明。负债项目“年末数”的内容按照以下填列方法分析编制。合作社负债项目编制方法如表 9 - 6 所示。

表 9 - 6　　合作社负债项目编制方法

报表项目	行次	编制方法
流动负债		
短期借款	23	根据“短期借款”科目的期末余额填列
应付款项	24	根据“应付款”科目期末余额和“成员往来”各明细科目期末贷方余额合计数合计填列

续表

报表项目	行次	编制方法
应付工资	25	根据“应付工资”科目的期末余额填列
应付劳务费	26	根据“应付劳务费”科目的期末余额填列
应交税费	27	根据“应交税费”科目的期末贷方余额填列；如为借方余额，本项目数字以“-”填列
应付利息	28	根据“应付利息”科目的期末余额填列
应付盈余返还	29	根据“应付盈余返还”科目的期末余额填列
应付剩余盈余	30	根据“应付剩余盈余”科目的期末余额填列
流动负债合计	31	根据本表中“短期借款”“应付款项”“应付工资”“应付劳务费”“应交税费”“应付利息”“应付盈余返还”“应付剩余盈余”项目金额的合计数填列
非流动负债		
长期借款	32	根据“长期借款”科目的期末余额填列
专项应付款	33	根据“专项应付款”科目的期末余额填列
非流动负债合计	34	根据本表中“长期借款”和“专项应付款”项目金额的合计数填列
负债合计	35	根据本表中“流动负债合计”和“非流动负债合计”项目金额的合计数填列

（1）根据科目余额直接填列。上述负债项目中，第23、25、26、27、28、29、30、32、33行的报表项目，直接以该项目对应的会计科目余额填列。

（2）根据科目余额合计数填列。上述负债项目中，第24、31、34、35行的报表项目，根据科目余额合计数填列。

第24行=“应付款”科目期末余额+“成员往来”各明细科目期末贷方余额合计数

第31行=“短期借款”项目金额+“应付款项”项目金额+“应付工资”项目金额+“应付劳务费”项目金额+“应交税费”项目金额+“应付利息”项目金额+“应付盈余返还”项目金额+“应付剩余盈余”项目金额

第34行=“长期借款”项目金额+“专项应付款”项目金额

第35行=“流动负债合计”项目金额+“非流动负债合计”项目金额

3. 所有者权益项目的编制方法

在编制所有者权益项目时，应对合作社上年末项目的名称和数字按照本年度的规定进行调整，填入本表“年初数”栏内，并加以书面说明。所有者权益项目“年末数”的内容按照以下填列方法分析编制。合作社所有者权益项目编制方法如表9-7所示。

表9-7　合作社所有者权益项目编制方法

报表项目	行次	编制方法
所有者权益		
股金	36	根据“股金”科目的期末余额填列
专项基金	37	根据“专项基金”科目的期末余额填列
资本公积	38	根据“资本公积”科目的期末余额填列
盈余公积	39	根据“盈余公积”科目的期末余额填列
未分配盈余	40	根据“本年盈余”科目和“盈余分配”科目的期末余额计算填列；如为未弥补的亏损，本项目数字以“-”填列
所有者权益合计	41	应根据本表中“股金”“专项基金”“资本公积”“盈余公积”“未分配盈余”项目金额的合计数填列
负债和所有者权益总计	42	根据本表中“负债合计”和“所有者权益合计”项目金额的合计数填列

（1）根据科目余额直接填列。上述所有者权益项目中，第36、37、38、39行的报表项目，直接以该项目对应的会计科目余额填列。

（2）根据科目余额合计数填列。上述所有者权益项目中，第41、42行的报表项目，根据科目余额合计数填列。

第41行=“股金”项目金额+“专项基金”项目金额+“资本公积”项目金额+“盈余公积”项目金额+“未分配盈余”项目金额

第42行=“负债合计”项目金额+“所有者权益合计”项目金额

（3）根据科目余额计算填列。上述所有者权益项目中，第40行的报表项目，根据科目余额计算填列。

第40行=“本年盈余”科目期末余额-“盈余分配”科目的期末余额

（三）资产负债表各项目间的勾稽关系

资产负债表的报表项目存在一定的内在联系和勾稽关系，为正确的报表编制起到验证的作用。资产负债表的勾稽关系一共12个，以行次分别表示如下：

1. 资产项目之间的勾稽关系

（1）表中行次勾稽关系：5 =1 +2 +3 +4

表中对应的项目勾稽关系：

流动资产合计 = 货币资金 + 应收款项 + 存货 + 消耗性生物资产

（2）表中行次勾稽关系：9 =7 －8

表中对应的项目勾稽关系：

生产性生物资产净值 = 生产性生物资产原值 − 生产性生物资产累计折旧

（3）表中行次勾稽关系：12 =10 －11

表中对应的项目勾稽关系：

固定资产净值 = 固定资产原值 − 固定资产累计折旧

（4）表中行次勾稽关系：15 =12 +13 +14

表中对应的项目勾稽关系：

固定资产小计 = 固定资产净值 + 在建工程 + 固定资产清理

（5）表中行次勾稽关系：18 =16 －17

表中对应的项目勾稽关系：

无形资产净值 = 无形资产原值 − 无形资产累计摊销

（6）表中行次勾稽关系：21 =6 +9 +15 +18 +19 +20

表中对应的项目勾稽关系：

非流动资产合计 = 对外投资 + 生产性生物资产净值 + 固定资产小计 + 无形资产净值 + 公益性生物资产 + 长期待摊费用

（7）表中行次勾稽关系：22 =5 +21

表中对应的项目勾稽关系：

资产总计 = 流动资产合计 + 非流动资产合计

2. 负债、所有者权益项目之间的勾稽关系

（8）表中行次勾稽关系：31 =23 +24 +25 +26 +27 +28 +29 +30

表中对应的项目勾稽关系：

流动负债合计 = 短期借款 + 应付款项 + 应付工资 + 应付劳务费 + 应交税费 + 应付利息 + 应付盈余返还额 + 应付剩余盈余

(9) 表中行次勾稽关系：34 = 32 + 33

表中对应的项目勾稽关系：

非流动负债合计 = 长期借款 + 专项应付款

(10) 表中行次勾稽关系：35 = 31 + 34

表中对应的项目勾稽关系：

负债合计 = 流动负债合计 + 非流动负债合计

(11) 表中行次勾稽关系：41 = 36 + 37 + 38 + 39 + 40

表中对应的项目勾稽关系：

所有者权益合计 = 股金 + 专项基金 + 资本公积 + 盈余公积 + 未分配盈余

(12) 表中行次勾稽关系：42 = 35 + 41

表中对应的项目勾稽关系：

负债和所有者权益总计 = 负债合计 + 所有者权益合计

三、资产负债表编制举例

下面以秦风果业合作社 20×2 年 12 月 31 日的资产负债表为例，说明资产报表的编制和勾稽关系。

1. 20×2 年 12 月 31 日秦风果业合作社会计科目余额情况

秦风果业合作社 20×2 年 12 月 31 日，秦风果业合作社各会计科目的期末余额如表 9-8 所示。

表 9-8　　秦风果业合作社会计科目余额表

20×2 年 12 月 31 日

科目代码	科目名称	科目余额	
		借方	贷方
101	库存现金	12 000	
102	银行存款	153 000	
113	应收款	6 000	
114	成员往来	16 500	3 400
121	产品物资	28 000	
124	委托加工物资	2 000	
125	委托代销商品	6 000	

续表

科目代码	科目名称	科目余额	
		借方	贷方
127	受托代购商品		
128	受托代销商品		
131	对外投资	161 000	
141	消耗性生物资产	12 000	
142	生产性生物资产	123 000	
143	生产性生物资产累计折旧		68 000
144	公益性生物资产		
151	固定资产	1 957 500	
152	累计折旧		507 500
153	在建工程	86 000	
154	固定资产清理	12 400	
161	无形资产	266 000	
162	累计摊销		53 000
171	长期待摊费用		
181	待处理财产损溢		
201	短期借款		120 000
211	应付款		4 600
213	应付劳务费		45 000
214	应交税费		
215	应付利息		22 000
212	应付工资		
221	应付盈余返还		63 900
222	应付剩余盈余		
231	长期借款		129 760
235	专项应付款		25 000
301	股金		1 200 000
311	专项基金		500 000
321	资本公积		28 000
322	盈余公积		41 340
331	本年盈余		413 400
332	盈余分配	383 500	

2. 20×2 年 12 月 31 日秦风果业合作社资产负债表

根据各科目的期末余额表编制资产负债表如表 9－9 所示。

表 9－9　　资产负债表

20×2 年 12 月 31 日　　会农社 01 表

编制单位：秦风果业合作社　　单位：元

资产	行次	期末余额	年初余额	负债和所有者权益	行次	期末余额	年初余额
流动资产：				流动负债：			
货币资金	1	165 000	142 000	短期借款	23	120 000	100 000
应收款项	2	22 500	19 500	应付款项	24	8 000	5 000
存货	3	36 000	21 000	应付工资	25		
消耗性生物资产	4	12 000	10 000	应付劳务费	26	45 000	36 000
流动资产合计	5	235 500	192 500	应交税费	27		
非流动资产：				应付利息	28	22 000	43 000
对外投资	6	161 000	100 000	应付盈余返还	29	63 900	
生产性生物资产原值	7	123 000	168 000	应付剩余盈余	30		
减：生产性生物资产累计折旧	8	68 000	97 500	流动负债合计	31	258 900	184 000
生产性生物资产净值	9	55 000	70 500	非流动负债：			
固定资产原值	10	1 957 500	1 512 000	长期借款	32	129 760	80 000
减：累计折旧	11	507 500	392 000	专项应付款	33	25 000	32 000
固定资产净值	12	1 450 000	1 120 000	非流动负债合计	34	154 760	112 000
在建工程	13	86 000	150 000	负债合计	35	413 660	296 000
固定资产清理	14	12 400	13 590				
固定资产小计	15	1 548 400	1 283 590	所有者权益：			
无形资产原值	16	266 000	287 500	股金	36	1 200 000	1 000 000
减：累计摊销	17	53 000	57 500	专项基金	37	500 000	350 000
无形资产净值	18	213 000	23 000	资本公积	38	28 000	6 000
公益性生物资产	19			盈余公积	39	41 340	
长期待摊费用	20			未分配盈余	40	29 900	17 590
非流动资产合计	21	1 977 400	1 477 090	所有者权益合计	41	1 799 240	1 373 590
资产总计	22	2 212 900	1 669 590	负债和所有者权益总计	42	2 212 900	1 669 590

3. 秦风果业合作社资产负债表编制依据和方法

第 1 行 = “库存现金”科目期末余额 + “银行存款”科目期末余额

库存现金的期末余额：165 00 = 12 000 + 153 000

第 2 行 = “应收款”科目期末余额 + “成员往来”明细科目期末借方余额合计数

应收款项的期末余额：22 500 = 6 000 + 16 500

第 3 行 = “产品物资”科目期末余额 + “委托加工物资”科目期末余额 + “委托代销商品”科目期末余额 + “受托代购商品”科目期末余额 + “受托代销商品”科目期末余额 + “生产成本”科目期末余额

存货的期末余额：36 000 = 28 000 + 2 000 + 6 000 + 0 + 0 + 0

第 4 行的报表项目直接以该项目对应的会计科目余额填列。

第 5 行 = “货币资金”科目期末余额 + “应收款项”科目期末余额 + “存货”科目期末余额 + “消耗性生物资产”科目期末余额

流动资产合计的期末余额 235 500 = 165 000 + 22 500 + 36 000 + 12 000

第 6 行的报表项目直接以该项目对应的会计科目余额填列。

第 7 行的报表项目直接以该项目对应的会计科目余额填列。

第 8 行的报表项目直接以该项目对应的会计科目余额填列。

第 9 行 = “生产性生物资产”科目期末余额 - “生产性生物资产累计折旧”科目期末余额

生产性生物资产净值的期末余额：55 000 = 123 000 - 68 000

第 10 行的报表项目直接以该项目对应的会计科目余额填列。

第 11 行的报表项目直接以该项目对应的会计科目余额填列。

第 12 行 = “固定资产”科目期末余额 - “累计折旧”科目期末余额

固定资产净值的期末余额：1 450 000 = 1 957 500 - 507 500

第 13 行的报表项目直接以该项目对应的会计科目余额填列。

第 14 行的报表项目直接以该项目对应的会计科目余额填列。

第 15 行 = “固定资产净值”项目期末余额 + “在建工程”科目期末余额 + “固定资产清理”科目期末余额

固定资产小计的期末余额：1 548 400 = 1 450 000 + 86 000 + 12 400

第 16 行的报表项目直接以该项目对应的会计科目余额填列。

第 17 行的报表项目直接以该项目对应的会计科目余额填列。

第 18 行 = “无形资产”科目期末余额 - “累计摊销”科目期末余额

无形资产净值的期末余额：213 000 = 266 000 - 53 000

第 19 行的报表项目直接以该项目对应的会计科目余额填列。

第 20 行的报表项目直接以该项目对应的会计科目余额填列。

第 21 行 = “对外投资”科目期末余额 + “生产性生物资产净值”项目期末余额 + “固定资产小计”项目期末余额 + “无形资产净值”项目期末余额 + “公益性生物资产”科目期末余额 + “长期待摊费用”科目期末余额

非流动资产合计的期末余额：1 977 400 = 161 000 + 55 000 + 1 548 400 + 213 000 + 0 + 0

第 22 行 = “流动资产合计”项目期末余额 + “非流动资产合计”项目期末余额

资产总计的期末余额：2 212 900 = 235 500 + 1 977 400

第 23 行的报表项目直接以该项目对应的会计科目余额填列。

第 24 行 = “应付款”科目期末余额 + “成员往来”各明细科目期末贷方余额合计数

应付款项的期末余额：8 000 = 4 600 + 3 400

第 25 行的报表项目直接以该项目对应的会计科目余额填列。

第 26 行的报表项目直接以该项目对应的会计科目余额填列。

第 27 行的报表项目直接以该项目对应的会计科目余额填列。

第 28 行的报表项目直接以该项目对应的会计科目余额填列。

第 29 行的报表项目直接以该项目对应的会计科目余额填列。

第 30 行的报表项目直接以该项目对应的会计科目余额填列。

第 31 行 = “短期借款”科目期末余额 + “应付款项”科目期末余额 + “应付工资”科目期末余额 + “应付劳务费”科目期末余额 + “应交税费”科目期末余额 + “应付利息”科目期末余额 + “应付盈余返还”科目期末余额 + “应付剩余盈余”科目期末余额

流动负债合计的期末余额：

258 900 = 120 000 + 8 000 + 0 + 45 000 + 0 + 22 000 + 63 900 + 0

第 32 行的报表项目直接以该项目对应的会计科目余额填列。

第 33 行的报表项目直接以该项目对应的会计科目余额填列。

第 34 行 = "长期借款"科目期末余额 + "专项应付款"科目期末余额

非流动负债合计的期末余额：154 760 = 129 760 + 25 000

第 35 行 = "流动负债合计"项目期末余额 + "非流动负债合计"项目期末余额

负债合计的期末余额：413 660 = 258 900 + 154 760

第 36 行的报表项目直接以该项目对应的会计科目余额填列。

第 37 行的报表项目直接以该项目对应的会计科目余额填列。

第 38 行的报表项目直接以该项目对应的会计科目余额填列。

第 39 行的报表项目直接以该项目对应的会计科目余额填列。

第 40 行 = "本年盈余"科目期末余额 - "盈余分配"科目的期末余额

未分配盈余的期末余额：29 900 = 413 400 - 383 500

第 41 行 = "股金"科目期末余额 + "专项基金"科目期末余额 + "资本公积"科目期末余额 + "盈余公积"科目期末余额 + "未分配盈余"科目期末余额

所有者权益合计的期末余额：

1 799 240 = 1 200 000 + 500 000 + 28 000 + 41 340 + 29 900

第 42 行 = "负债合计"项目期末余额 + "所有者权益合计"项目期末余额

负债和所有者权益总计的期末余额：2 212 900 = 413 660 + 1 799 240

第三节 盈余及盈余分配表

盈余及盈余分配表，是指反映合作社在一定会计期间内盈余实现及其分配情况的报表。通过盈余及盈余分配表，可以判断合作社的营利能力和经营服务成果，评价业绩，还可以分析和预测合作社未来发展趋势。

一、盈余及盈余分配表的格式和内容

（一）盈余及盈余分配表的格式

合作社盈余及盈余分配表反映合作社一定会计期间内盈余实现及其分配的实际情况，主要包括经营收入、经营收益、盈余总额、本年盈余、可分配盈余、年末未分配盈余六大项。

《农民专业合作社会计制度》规定的盈余及盈余分配表的内容格式如表9－10所示。

表9－10　　盈余及盈余分配表

______年度　　会农社02表

编制单位：　　单位：元

项目	行次	本年金额	上年金额
一、经营收入	1		
加：投资收益	2		
减：经营支出	3		
税金及附加	4		
管理费用	5		
财务费用	6		
二、经营收益	7		
加：其他收入	8		
减：其他支出	9		
三、盈余总额	10		
减：所得税费用	11		
四、本年盈余	12		
加：年初未分配盈余	13		
其他转入	14		
减：提取盈余公积	15		
五、可分配盈余	16		
减：盈余返还	17		

续表

项目	行次	本年金额	上年金额
剩余盈余分配	18		
转为成员出资	19		
六、年末未分配盈余	20		

（二）盈余及盈余分配表内容解读

合作社的盈余是指合作社在一定会计期间的经营成果。合作社的本年盈余按照下列公式计算：

本年盈余 = 经营收益 + 其他收入 - 其他支出 - 所得税费用

经营收益 = 经营收入 + 投资收益 - 经营支出 - 税金及附加 - 管理费用 - 财务费用

《农民专业合作社会计制度》规定的盈余及盈余分配表项目内容如表 9 - 11 所示。

表 9 - 11　　合作社盈余及盈余分配表各项目内容

报表项目	行次	内容解读
经营收入	1	反映合作社进行生产、销售、服务等主要生产经营活动取得的收入总额
投资收益	2	反映合作社以各种方式对外投资所取得的收益
经营支出	3	反映合作社进行生产、销售、服务等主要生产经营活动发生的支出
税金及附加	4	反映合作社从事生产经营活动按照税法的有关规定应负担的消费税、城市维护建设税、资源税、房产税、土地使用税、车船税、印花税、教育费附加及地方教育附加等相关税费
管理费用	5	反映合作社为组织和管理生产经营活动而发生的费用
财务费用	6	反映合作社为筹集生产经营所需资金发生的支出
经营收益	7	反映合作社当期通过生产经营活动实现的收益
其他收入	8	反映合作社除生产经营活动以外取得的收入
其他支出	9	反映合作社除生产经营活动以外发生的支出

续表

报表项目	行次	内容解读
盈余总额	10	反映合作社当期实现的盈余总额
所得税费用	11	反映合作社根据企业所得税法规定应从盈余总额中扣除的所得税费用
本年盈余	12	反映合作社本年实现的净盈余
年初未分配盈余	13	反映合作社上年末累计未分配的盈余
其他转入	14	反映合作社按规定用公积金弥补亏损等转入的数额
提取盈余公积	15	反映合作社按规定提取的盈余公积数额
可分配盈余	16	反映合作社年末可供成员分配的盈余
盈余返还	17	反映合作社按规定返还给成员的盈余
剩余盈余分配	18	反映合作社按规定分配给成员的剩余可分配盈余
转为成员出资	19	反映经成员（代表）大会表决同意，转为成员出资的可分配盈余数额
年末未分配盈余	20	反映合作社本年末累计未分配的盈余

二、盈余及盈余分配表报表编制

（一）盈余及盈余分配表编制要求及说明

合作社应当根据《农民专业合作社会计制度》有关财务报表的编制基础、编制依据、编制原则和方法的要求，提供真实、完整的财务报表，不得随意改变财务报表的编制基础、编制依据、编制原则和方法，不得随意改变本制度规定的财务报表有关数据的会计口径。盈余及盈余分配表“上年金额”栏各项目数字，应根据上年度盈余及盈余分配表“本年金额”栏内各对应项目数字填列。盈余及盈余分配表各项目应按收入、费用类账户的本期发生额填列；或者应按收入、费用类账户的本期发生额编制收支明细表，然后据此编制盈余及盈余分配表。

（二）盈余及盈余分配表编制方法

编制盈余及盈余分配表时，“经营收入”“投资收益”“经营支出”

“管理费用”“其他收入”“其他支出”等项目，根据总账中各账户的本期或者本年累计发生额填列；“提取盈余公积”“应付盈余返还”“应付剩余盈余”等项目，根据合作社章程或成员（代表）大会决议，按照实际提取或返还的金额填列。各项目必须按实际金额填列本月数和累计数。盈余及盈余分配表各项目的内容及填列方法如表9－12所示。

表9－12 合作社盈余及盈余分配表项目编制方法

报表项目	行次	编制方法
经营收入	1	根据“经营收入”科目的发生额分析填列
投资收益	2	根据“投资收益”科目的发生额分析填列。如为投资损失，本项目数字以“－”填列
经营支出	3	根据“经营支出”科目的发生额分析填列
税金及附加	4	根据“税金及附加”科目的发生额分析填列
管理费用	5	根据“管理费用”科目的发生额分析填列
财务费用	6	根据“财务费用”科目的发生额分析填列
经营收益	7	根据本表中“经营收入”“投资收益”项目金额之和减去“经营支出”“税金及附加”“管理费用”“财务费用”项目金额后的余额填列。如为经营亏损，本项目数字以“－”填列
其他收入	8	根据“其他收入”科目的发生额分析填列
其他支出	9	根据“其他支出”科目的发生额分析填列
盈余总额	10	根据本表中“经营收益”“其他收入”项目金额之和减去“其他支出”项目金额后的余额填列。如为亏损总额，本项目数字以“－”填列
所得税费用	11	根据“所得税费用”科目的发生额分析填列
本年盈余	12	根据本表中“盈余总额”项目金额减去“所得税费用”项目金额后的余额填列。如为净亏损，本项目数字以“－”填列
年初未分配盈余	13	根据上年度盈余及盈余分配表中“年末未分配盈余”项目的金额填列
其他转入	14	根据实际转入的公积金数额填列
提取盈余公积	15	根据实际提取的盈余公积数额填列

续表

报表项目	行次	编制方法
可分配盈余	16	根据本表中“本年盈余”“年初未分配盈余”“其他转入”项目金额之和减去“提取盈余公积”项目金额后的余额填列
盈余返还	17	根据“盈余分配”科目和“应付盈余返还”科目的相关发生额分析填列
剩余盈余分配	18	根据“盈余分配”科目和“应付剩余盈余”科目的相关发生额分析填列
转为成员出资	19	根据实际转为成员出资的可分配盈余数额分析填列
年末未分配盈余	20	根据本表中“可分配盈余”项目金额减去“盈余返还”“剩余盈余分配”“转为成员出资”项目金额后的余额填列。如为未弥补的亏损，本项目数字以“－”填列

（三）盈余及盈余分配表各项目间的勾稽关系

盈余及盈余分配表的报表项目存在一定的内在联系和勾稽关系，为正确进行报表编制起到验证的作用。盈余及盈余分配表的勾稽关系一共5个，用行次号进行表示如下。

（1）表中行次勾稽关系：7 = 1 + 2 - 3 - 4 - 5 - 6

表中对应的项目勾稽关系：

经营收益 = 经营收入 + 投资收益 - 经营支出 - 税金及附加 - 管理费用 - 财务费用

（2）表中行次勾稽关系：10 = 7 + 8 - 9

表中对应的项目勾稽关系：

盈余总额 = 经营收益 + 其他收入 - 其他支出

（3）表中行次勾稽关系：12 = 10 - 11

表中对应的项目勾稽关系：

本年盈余 = 盈余总额 - 所得税费用

（4）表中行次勾稽关系：16 = 12 + 13 + 14 - 15

表中对应的项目勾稽关系：

可分配盈余 = 本年盈余 + 年初未分配盈余 + 其他转入 - 提取盈余公积

（5）表中行次勾稽关系：20 = 16 - 17 - 18 - 19

表中对应的项目勾稽关系：

年末未分配盈余 = 可分配盈余 - 盈余返还 - 剩余盈余分配 - 转为成员出资

三、盈余及盈余分配表编制举例

下面以秦风果业合作社 20×2 年的盈余及盈余分配表为例，对报表的勾稽关系进行具体说明。秦风果业合作社发生的各项经济业务进行会计核算后，编制盈余及盈余分配表如下：

1. 20×2 年秦风果业合作社损益类会计科目发生情况

秦风果业合作社 20×2 年损益类会计科目的本期发生额及期末余额如表 9 - 13 所示：

表 9 - 13　秦风果业合作社损益类会计科目的本期发生额及期末余额表

20×2 年度　　单位：元

科目代码	科目名称	科目余额	
		借方	贷方
501	经营收入		2 330 000
502	其他收入		78 000
511	投资收益		680 000
521	经营支出	1 575 000	
522	税金及附加	234 000	
523	管理费用	300 000	
524	财务费用	360 000	
529	其他支出	67 800	
531	所得税费用	137 800	

2. 20×2 年 12 月 31 日秦风果业合作社盈余及盈余分配表

根据秦风果业合作社损益类会计科目的本期发生额及期末余额表，编制盈余及盈余分配表如表 9 - 14 所示。

表 9－14　　　　**盈余及盈余分配表**

20×2 年度　　　　会农社 02 表

编制单位：秦风果业合作社　　　　单位：元

项目	行次	本年金额	上年金额
一、经营收入	1	2 330 000	
加：投资收益	2	680 000	
减：经营支出	3	1 575 000	
税金及附加	4	234 000	
管理费用	5	300 000	
财务费用	6	360 000	
二、经营收益	7	541 000	
加：其他收入	8	78 000	
减：其他支出	9	67 800	
三、盈余总额	10	551 200	
减：所得税费用	11	137 800	
四、本年盈余	12	413 400	
加：年初未分配盈余	13	17 590	
其他转入	14		
减：提取盈余公积	15	41 340	
五、可分配盈余	16	389 650	
减：盈余返还	17	95 850	
剩余盈余分配	18	63 900	
转为成员出资	19	200 000	
六、年末未分配盈余	20	29 900	

（1）经营收益＝经营收入＋投资收益－经营支出－税金及附加－管理费用－财务费用

541 000＝2 330 000＋680 000－1 575 000－234 000－300 000－360 000

（2）盈余总额 = 经营收益 + 其他收入 - 其他支出

551 200 = 541 000 + 78 000 - 67 800

（3）本年盈余 = 盈余总额 - 所得税费用

413 400 = 551 200 - 137 800

（4）可分配盈余 = 本年盈余 + 年初未分配盈余 + 其他转入 - 提取盈余公积

389 650 = 413 400 + 17 590 + 0 - 41 340

（5）年末未分配盈余 = 可分配盈余 - 盈余返还 - 剩余盈余分配 - 转为成员出资

29 900 = 389 650 - 958 550 - 63 900 - 200 000

第四节 成员权益变动表

成员权益变动表是指反映合作社成员权益增减变动和在某一特定日期权益情况的报表，是资产负债表的附表。成员权益变动表全面反映了合作社的成员权益在年度内的变化情况，便于会计信息使用者深入分析合作社成员权益的增减变化情况，并进一步对合作社的资本保值增值情况作出正确判断，从而提供对决策有用的信息。

一、成员权益变动表的格式和内容

（一）成员权益变动表的格式

成员权益变动表包括表首、正表两部分。其中，表首说明报表名称、编制单位、编制年度、报表编号、货币名称、计量单位等；正表是成员权益增减变动表的主体，具体说明成员权益增减变动表的各项内容，包括股金、专项基金、资本公积、盈余公积、未分配盈余等。每个项目中，又分为年初余额、本年增加数、本年减少数、年末余额四小项。每个小项又按具体情况列示其不同内容，其格式如表 9 - 15 所示。

表 9－15　　合作社成员权益变动表报表

____年度　　会农社 03 表

编制单位：　　单位：元

项目	股金		专项基金		资本公积		盈余公积		未分配盈余		合计
年初余额											
本年增加数											
	其中：		其中：		其中：		其中：		其中：		
	资本公积转增		接受国家财政直接补助形成		股金溢价		从盈余中提取		本年盈余		
	盈余公积转增		接受他人捐赠形成		资产评估增值				其他转入		
	成员增加出资										
本年减少数											
	其中：				其中：		其中：		其中：		
	成员减少出资				转为成员出资		转为成员出资		提取盈余公积		
					弥补亏损				盈余返还		
									剩余盈余分配		
									转为成员出资		
年末余额											

（二）成员权益变动表内容解读

成员账户权益变动表的各项目应根据“股金”“专项基金”“资本公积”“盈余公积”“盈余分配”账户的本期发生额分析填列。“未分配盈余”本年增加数是指本年实现的盈余数，亏损以“－”填列。成员权益变动表各项目的内容如表 9－16 所示，为了方便读者理解，我们为报表项目增加行次数字。

表 9－16　　　　**合作社成员权益变动表报表**

编制单位：　　　　　　　　　　____年度　　　　　　　　　　单位：元

项目	股金	专项基金	资本公积	盈余公积	未分配盈余	合计
年初余额	1	7	11	17	21	
本年增加数						
	其中：	其中：	其中：	其中：	其中：	
	资本公积转增 2	接受国家财政直接补助形成 8	股金溢价 12	从盈余中提取 18	本年盈余 22	
	盈余公积转增 3	接受他人捐赠形成 9	资产评估增值 13		其他转入 23	
	成员增加出资 4					
本年减少数						
	其中：		其中：	其中：	其中：	
	成员减少出资 5		转为成员出资 14	转为成员出资 19	提取盈余公积 24	
			弥补亏损 15		盈余返还 25	
					剩余盈余分配 26	
					转为成员出资 27	
年末余额	6	10	16	20	28	

成员权益变动表各项目的内容解读如表 9－17 所示。

表 9－17　　　　**合作社成员权益变动表各项目内容**

报表项目	行次	内容解读
股金	1、6	合作社收到成员出资投入的资产，按照该成员应享有合作社成员出资总额的份额计算的金额；反映合作社实际收到成员投入的股金总额（上年年末数为年初余额，即行次 1，本年年末数为年末余额，即行次 6）

续表

报表项目	行次	内容解读
资本公积转增	2	反映合作社用资金公积转增的股金
盈余公积转增	3	反映合作社用盈余公积转增的股金
成员增加出资	4	反映合作社成员增加的出资股金
成员减少出资	5	反映合作社成员减少的出资股金
专项基金	7、10	合作社接受国家财政直接补助形成的生物资产、固定资产、无形资产等，以及接受他人捐赠、用途不受限制或已按约定使用的资产；反映合作社接受国家财政直接补助转入和他人捐赠形成的专项基金总额。上年年末数为年初余额，即行次7，本年年末数为年末余额，即行次10
接受国家财政直接补助形成	8	合作社接受国家财政直接补助形成的资产
接受他人捐赠形成	9	合作社接受接受他人捐赠形成的资产
资本公积	11、16	合作社收到成员出资投入的资产，应当按照确定的成本计入相关资产，按照该成员应享有合作社成员出资总额的份额计算的金额计入股金，两者之间的差额计入资本公积；反映合作社资本公积的账面余额。上年年末数为年初余额，即行次11，本年年末数为年末余额，即行次16
股金溢价	12	反映资本公积中收到成员出资投入资产发生的股金溢价
资产评估增值	13	反映资本公积中收到成员出资投入资产中发生的资产评估增值
转为成员出资	14	反映资本公积中发生的经成员（代表）大会表决同意，转为成员出资可分配盈余数额
弥补亏损	15	反映资本公积中发生的弥补亏损
盈余公积	17、20	合作社可以按照章程规定或者成员大会决议，从本年盈余中提取公积金；反映合作社盈余公积的账面余额。上年年末数为年初余额，即行次17，本年年末数为年末余额，即行次20
从盈余中提取	18	反映合作社按规定提取的盈余公积数额
转为成员出资	19	反映盈余公积中发生的经成员（代表）大会表决同意，转为成员出资的可分配盈余数额
未分配盈余	21、28	反映合作社本年末累计未分配的盈余。上年年末数为年初余额，即行次21，本年年末数为年末余额，即行次28
本年盈余	22	反映合作社本年实现的净盈余
其他转入	23	反映合作社按规定用公积金弥补亏损等转入的数额
提取盈余公积	24	反映合作社按规定提取的盈余公积数额
盈余返还	25	反映合作社按规定返还给成员的盈余

续表

报表项目	行次	内容解读
剩余盈余分配	26	反映合作社按规定分配给成员的剩余可分配盈余
转为成员出资	27	反映未分配盈余中发生的经成员（代表）大会表决同意，转为成员出资的可分配盈余数额

二、成员权益变动表编制

（一）成员权益变动表编制要求及说明

合作社应当根据《农民专业合作社会计制度》有关财务报表的编制基础、编制依据、编制原则和方法的要求，提供真实、完整的财务报表，不得随意改变财务报表的编制基础、编制依据、编制原则和方法，不得随意改变本制度规定的财务报表有关数据的会计口径。

（二）成员权益变动表编制方法

成员权益变动表反映报告年度成员权益的增减变动和年末情况，表中“年初余额”栏各项目数字，应根据上年度成员权益变动表“年末余额”栏内各对应项目数字填列，“本年增加数”“本年减少数”栏各项目应根据“股金”“专项基金”“资本公积”“盈余公积”“盈余分配”等科目的发生额分析填列。盈余及盈余分配表各项目的内容及填列方法如表9－18所示。

表9－18　　　合作社成员权益变动表项目编制方法

报表项目	行次	编制方法
股金	1、6	根据“股金”科目的期初余额和期末余额填列
资本公积转增	2	根据合作社当年用资金公积转增股金金额填列
盈余公积转增	3	根据合作社当年用盈余公积转增股金金额填列
成员增加出资	4	根据合作社成员当年增加的出资股金金额填列
成员减少出资	5	根据合作社成员当年减少的出资股金金额填列
专项基金	7、10	根据“专项基金”科目的期初余额和期末余额填列
接受国家财政直接补助形成	8	根据“资本公积”科目中“接受国家财政直接补助形成”的明细科目的期末余额填列

续表

报表项目	行次	编制方法
接受他人捐赠形成	9	根据“资本公积”科目中“接受他人捐赠形成”的明细科目的期末余额填列
资本公积	11、16	根据“资本公积”科目的期初余额和期末余额填列
股金溢价	12	根据“资本公积”科目的“股金溢价”明细科目期末余额填列
资产评估增值	13	根据“资本公积”科目的“资产评估增值”明细科目期末余额填列
转为成员出资	14	根据实际转为成员出资的可分配盈余数额分析填列
弥补亏损	15	根据实际弥补亏损的可分配盈余数额分析填列
盈余公积	17、20	根据“盈余公积”科目的期初余额和期末余额填列
从盈余中提取	18	根据“本年盈余”科目和“盈余分配”科目的期末余额计算填列；如为未弥补的亏损，本项目数字以“－”填列
转为成员出资	19	根据实际转为成员出资的可分配盈余数额分析填列
未分配盈余	21、28	根据本年收入和支出相抵后结出的本年实现的净盈余的期初余额和期末余额填列
本年盈余	22	根据本年“盈余总额”项目金额减去“所得税费用”项目金额后的余额填列。如为净亏损，本项目数字以“－”填列
其他转入	23	本项目应根据实际转入的公积金数额填列
提取盈余公积	24	根据实际提取的盈余公积数额填列
盈余返还	25	根据“盈余分配”科目和“应付盈余返还”科目的相关发生额分析填列
剩余盈余分配	26	根据“盈余分配”科目和“应付剩余盈余”科目的相关发生额分析填列
转为成员出资	27	根据实际转为成员出资的可分配盈余数额分析填列

（三）成员权益变动表项目之间的勾稽关系

成员权益变动表的报表项目存在一定的内在联系和勾稽关系，为正确的报表编制提供验证的作用。成员权益变动表的勾稽关系一共5个，用行次号进行表示如下：

（1）表中行次勾稽关系：$6=1+2+3+4-5$

表中对应的项目勾稽关系：

股金年末余额 = 年初余额 + 本年增加数（资金公积转增 + 盈余公积转增 + 成员增加出资）- 本年减少数（成员减少出资）

（2）表中行次勾稽关系：10 = 7 + 8 + 9

表中对应的项目勾稽关系：

专项基金年末余额 = 年初余额 + 本年增加数（接受国家财政直接补助形成 + 接受他人捐赠形成）

（3）表中行次勾稽关系：16 = 11 + 12 + 13 - 14 - 15

表中对应的项目勾稽关系：

资本公积年末余额 = 年初余额 + 本年增加数（股本溢价 + 资产评估增值）- 本年减少数（转为成员出资 + 弥补亏损）

（4）表中行次勾稽关系：20 = 17 + 18 - 19

表中对应的项目勾稽关系：

盈余公积年末余额 = 年初余额 + 本年增加数（从盈余中提取）- 本年减少数（转为成员出资）

（5）表中行次勾稽关系：28 = 21 + 22 + 23 - 24 - 25 - 26 - 27

表中对应的项目勾稽关系：

未分配盈余年末余额 = 年初余额 + 本年增加数（本年盈余 + 其他转入）- 本年减少数（提取盈余公积 + 盈余返还 + 剩余盈余分配 + 转为成员出资）

三、成员权益变动表编制案例

下面以秦风果业合作社 20×2 年成员权益变动表为例，对报表的勾稽关系进行具体说明。秦风果业合作社对 20×2 年发生的各项经济业务进行会计核算后，编制成员权益变动表如表 9-19 所示。

表 9-19　　秦风果业合作社成员权益变动表

20×2 年度　　会农社 03 表

编制单位：秦风果业合作社　　单位：元

项目	股金	专项基金	资本公积	盈余公积	未分配盈余	合计
年初余额	1 000 000	350 000	6 000	0	17 590	
本年增加数	200 000	150 000	22 000	41 340	413 400	

续表

项目	股金		专项基金		资本公积		盈余公积		未分配盈余		合计
	其中：		其中：		其中：		其中：		其中：		
	资本公积转增		接受国家财政直接补助形成	100 000	股金溢价		从盈余中提取	41 340	本年盈余	413 400	
	盈余公积转增	200 000	接受他人捐赠形成	50 000	资产评估增值	22 000			其他转入		
	成员增加出资										
本年减少数	0		0		0		0		401 090		
	其中：				其中：		其中：		其中：		
	成员减少出资				转为成员出资		转为成员出资		提取盈余公积	41 340	
					弥补亏损				盈余返还	95 850	
									剩余盈余分配	63 900	
									转为成员出资	200 000	
年末余额	1 200 000		500 000		28 000		41 340		29 900		

（1）股金年末余额＝年初余额＋本年增加数（资金公积转增＋盈余公积转增＋成员增加出资）－本年减少数（成员减少出资）

1 200 000＝1 000 000＋0＋200 000＋0－0

（2）专项基金年末余额＝年初余额＋本年增加数（接受国家财政直接

补助形成 + 接受他人捐赠形成）

500 000 = 350 000 + 100 000 + 50 000

（3）资本公积年末余额 = 年初余额 + 本年增加数（股本溢价 + 资产评估增值）- 本年减少数（转为成员出资 + 弥补亏损）

28 000 = 6 000 + 0 + 22 000 - 0 - 0

（4）盈余公积年末余额 = 年初余额 + 本年增加数（从盈余中提取）- 本年减少数（转为成员出资）

41 340 = 0 + 41 340 - 0

（5）未分配盈余年末余额 = 年初余额 + 本年增加数（本年盈余 + 其他转入）- 本年减少数（提取盈余公积 + 盈余返还 + 剩余盈余分配 + 转为成员出资）

29 900 = 17 590 + 413 400 + 0 - 41 340 - 95 850 - 63 900 - 200 000

第五节　成员账户

一、成员账户的格式和内容

合作社应当为每个成员设立成员账户。成员账户是全面反映合作社成员对合作社的出资额、量化到该成员的公积金份额、接受国家财政直接补助形成的财产量化到该成员的份额、接受他人捐赠形成的财产量化到该成员的份额、该成员与本社的交易量（额）、本社对该成员的盈余返还和剩余盈余分配的账户。账户格式和具体项目如表 9 - 20 所示。

二、成员账户编制方法

1. 本表根据成员对合作社的出资额（包括来源于到户类扶贫项目资产的出资额、其他来源的出资额）、量化到该成员的公积金份额、接受国家财政直接补助形成的财产量化到该成员的份额、接受他人捐赠形成的财产量化到该成员的份额、该成员与本社的交易量（额）、本社对该成员的盈余返还和剩余盈余分配金额。

表 9 – 20　　　　　　　　　　　　成员账户

____年度

成员姓名（名称）：　　　　　　　　联系地址：　　　　　　　　　　第　页

编号	日期	摘要	成员出资		公积金份额	接受国家财政直接补助形成财产量化份额	接受他人捐赠形成财产量化份额	交易量		交易额		盈余返还金额	剩余盈余分配金额
			来源于到户类扶食项目资产的出资额	其他来源的出资额				产品1	产品2	产品1	产品2		
年初余额													
1													
2													
3													
4													
5													
—													
年末余额/总额													

2. 本表“年初金额”栏各项目数字，应根据上年度成员账户“年末余额/总额”栏内所列数字填列。

3. 本年发生变化时，按本表中各项目的实际发生变化数调整填列。“接受国家财政直接补助形成财产量化份额”“接受他人捐赠形成财产量化份额”在年度终了，或合作社进行剩余盈余分配时，根据实际发生情况或变化情况计算调整填列。

4. 成员与合作社发生经济业务往来时，“交易量（额）”按实际发生数填列。

三、成员账户编制案例

下面以秦风果业合作社 20×2 年成员账户为例，秦风果业合作社 20×2 年发生的账户信息如表 9 – 21 所示。

表 9－21　　　　　　　　秦风果业合作社成员账户

20×2 年度

成员姓名（名称）：张三　　　　联系地址：××××　　　　　　　　　　第　页

编号	日期	摘要	成员出资		公积金份额	接受国家财政直接补助形成财产量化份额	接受他人捐赠形成财产量化份额	交易量		交易额		盈余返还金额	剩余盈余分配金额
			来源于到户类扶食项目资产的出资额	其他来源的出资额				产品1	产品2	产品1	产品2		
年初余额			1 000		800	200							2 456
1	7月15日					300							
2	12月20日				600							800	
3													
4													
5													
—													
年末余额/总额			1 000		1 400	500						800	3 200

第六节　会计报表分析

一、会计报表分析的意义

合作社报表分析是根据会计报表提供的资料，结合合作社发展计划、财务预算及其他有关资料，通过对比、解剖等方法，对合作社的财务管理和经营管理情况进行全面地分析和评价，总结经验，找出差距，查明原因，提出改进措施。

编制会计报表的基本目的是提供合作社一定时期的财务状况和经营成果以及成员权益变化的信息。但在许多情况下，会计报表中的这些数字并不具有比较明确的含义，如果孤立地去看报表上所列的各类项目的金额，可能影响报表使用者的经济决策。对于报表使用者而言，更重要、更有意义的数据是数字与数字之间的关系，以及这些数字所体现的指标的变动趋势。所以，要使会计报表的信息更有利于经济决策，还必须对会计报表所提供的数据作进一步的加工，进行比较、分析、评价和解释。

二、会计报表分析方法

对合作社会计报表进行分析的方法很多，常用的分析方法有比较分析法、因素分析法、结构分析法、比率分析法等几种。根据各地实际工作需要，选择适当的分析方法。下面简单介绍比较分析法和因素分析法。

（一）比较分析法

比较分析法是将两个或两个以上相关指标（可比指标）进行对比，测算出相互间的差异，从中进行分析、比较，找出产生差异的主要原因的一种分析方法。这种方法主要从以下三个方面对每年度的经营收支和年度收益情况进行分析。

1. 本期实际执行与本期计划、预算进行对比。通过对比，找出差距，发现问题。这种方法，一般按下列公式进行。

（1）实际较计划增减数额 = 本期实际完成数 - 本期预算（计划）数

（2）预算(计划)完成的百分比 = 本期实际完成数 ÷ 本期的预算(计划)数 × 100%

2. 本期实际与历史同期进行比较。通过比较，可以了解本期与过去同时期的增减变化情况，研究同比条件下的发展趋势，分析原因，找出改进工作的方向。

3. 本期实际与同类合作社先进水平进行比较。通过比较，发现差距，取长补短，挖掘潜力，搞好本合作社的经营管理工作。

这几种对比方式，可单独使用也可结合使用，但运用对比法时一定要注意指标的可比性。

（二）因素分析法

因素分析法又称连环替代法。它是在几个相互联系的因素中，以数值来测定各个因素的变动对总差异的影响程度的一种方法，是比较分析法的发展和变化。因素分析法一般是将其中的一个因素定为可变量，而将其他因素暂定为不变量，以测定每个因素对该项指标影响的程度，然后根据构成指标诸因素的依存关系，再逐一测定各因素的影响程度。

下面以合作社管理人员工资年度执行数据为例，说明因素分析法的运用。

假如，某合作社管理人员工资有关资料如表 9－22 所示。

表 9－22　　某合作社管理人员工资情况表　　单位：元

项目	上年实际数	今年实际数	增减
工资总额	22 500	20 000	－2 500
管理人员人数	5	4	－1
人均工资额	4 500	5 000	5 00

用因素分析法分析如下：

（1）由于管理人员减少，工资支出减少数为：

$(4-5)\times 4\ 500=-4\ 500$（元）

（2）由于人均工资额提高，工资支出增加额为：

$(5\ 000-4\ 500)\times 4=2\ 000$（元）

分析可见，合作社管理人员工资本年支出比上年减少 2 500 元，是管理人员减少引起工资支出减少 4 500 元和人均工资提高引起工资支出增加 2 000 元这两个因素共同作用的结果。

运用因素分析法测定各因素对总变动的影响程度时，需要注意：第一，在进行因素分析法之前，应按照各个因素的相互依存关系来确定替代顺序；第二，在分析不同时期或不同单位的同一指标时，应采取相同的因素替代顺序。

三、会计报表分析的内容

合作社会计报表分析的内容涉及财务管理及相关经济活动的各个方面，概括起来主要有以下几个方面。

（一）对收入、支出情况的分析

主要是分析各项收入是否符合有关规定，是否执行了章程规定的收取标准，是否完成了预算收入计划，各项收入的增减变动情况及其变动的原因。分析支出是否按规定的用途和标准使用，支出结构是否合理，支出增减变动的原因等，找出支出管理中存在的问题，提出加强管理的措施，提高资金的使用效果。

在进行合作社收支情况分析时，应先根据会计报表及有关资料，编制预算收支情况分析表，然后再逐项进行分析。

假设，根据合作社20×2年收支情况表编制支出情况分析表，如表9－23所示：

表9－23　　某村20×2年支出情况分析表　　单位：元

科目名称	20×0年	20×1年	20×1年	比上年		比预算	
	实际	预算	实际	增减	增减%	增减	增减%
总支出	43 608	42 000	40 200	－3 408	－7.8	－1 800	－4.3
其中							
1. 经营支出	12 411	12 000	10 170	－2 241	－18.1	－1 830	－15.3
其中							
（1）农业费用	6 010	5 500	3 512	－2 498	－41.6	－1 988	－36.1
（2）林业费用	4 200	4 000	5 802	1 602	38.1	1 802	45.1
（3）牧业费用	2 201	2 500	856	－1 345	－61.1	－1 644	－65.8
2. 管理费用	29 112	29 200	28 800	－312	－1.1	－400	－1.4
（1）工资	18 000	18 000	15 000	－3 000	－16.7	－3 000	－16.7
（2）办公费	1 300	1 500	2 500	1 200	92.3	1 000	66.7
（3）邮电费	461	600	610	149	32.3	10	1.7
（4）折旧费	3 000	3 100	3 150	150	5	50	1.6
（5）修理费	1 845	1 000	800	－1 045	－56.6	－200	－20
（6）其他	4 506	5 000	6 740	2 234	49.6	1 740	34.8
3. 其他支出	2 085	800	1 230	－855	－41	430	53.8
（1）利息支出	420	500	510	90	21.4	10	2
（2）防汛支出	1 586		300	－1 286	－81.1	300	
（3）其他	79	300	420	341	431.6	120	40

从表9－23中可以看出，合作社20×1年全年实际支出40 200元，比上年减少了3 408元，节约7.8%；比预算数节约了1 800元，节约4.3%。

总的来看，做到了按预算支出并略有节余。支出减少的主要原因是农业费用、牧业费用及管理人员工资的减少。各项支出的情况分析如下：

（1）经营支出20×1年实际支出数为10 170元，比上年减少18.1%，比预算减少15.3%。主要原因是合作社当年对经营业务进行了调整，大幅减少了农业费用和牧业费用，其中农业费用比上年减少41.6%，比预算减少36.1%；牧业费用比上年减少61.1%，比预算减少65.8%。但该村当年加大了对林业的投入，林业费用分别比上年和预算增加38.1%和45.1%。

（2）管理费用20×1年支出数为28 800元，比上年和预算均略有减少。各项支出增减变动情况是，管理人员工资15 000元，比上年和预算均减少16.7%，原因是当年理事会换届选举，减少了一名管理人员；办公费2 500元，比上年增加92.3%，超过预算66.7%，原因是当年新换了一台保险柜。折旧费、修理费等情况的分析依此类推。

（3）其他费用支出1 230元，比上年减少855元，减少41%，但比预算增加430元，超支53.8%。主要原因是防汛支出比去年减少1 286元，减少81.1%，但由于当年的预算没有列支，而实际支出了300元。其他费用比上年和预算都有增加，分别增加了341元和120元，原因可具体分析。

（二）对资产使用情况和财务状况的分析

1. 对固定资产的增加、减少和结存情况的分析。主要包括固定资产的增加数及其资金来源是否符合规定，固定资产减少是否合理和经过批准，尤其是国家财政直接补助和接受捐赠形成的固定资产是否按规定单独处理。各项固定资产使用是否充分有效，有无长期闲置和保养不善等情况。

2. 对资金流转情况的分析。主要是分析合作社有无保证其正常运转的资金（主要是货币资金）。

3. 对往来款项的余额分析。应分析各种应收应付款的分布及未结算原因，各项借款、国家财政直接补助资金的使用情况，各项盈余返还给成员的情况。对长期不清、挂账、呆账等问题，查明原因，及时处理。

4. 对存货增减情况的分析。要分析各种产品物资的结构情况，有无长期积压和浪费损失的现象。分析各项受托和委托的产品物资是否按要求及时办理。

5. 分析库存现金及银行存款的运用是否符合现金管理和银行结算制度。

（三）对成员权益的分析

1. 对成员权益变动情况的分析。分析成员入社、退社是否按照章程规定或成员大会决定进行，分析合作社因股金溢价等原因增加或减少资本公积、合作社年终计提盈余公积以及国家财政补助资金和接受捐赠形成专项基金时，是否在成员权益上进行反映，是否及时准确记录在成员账户中。

2. 对量化给成员的公积金份额的分析。分析资本公积和盈余公积是否量化到成员，在量化给成员的过程中，量化比例是否按照成员应享有合作社注册资本的份额占总注册资本的比例进行。

3. 对国家财政直接补助和接受捐赠形成财产量化给成员份额的分析。分析国家财政补助资金和接受捐赠形成财产是否计入专项基金并平均量化到每位成员，尤其重点分析该部分财产形成之后，加入合作社的成员是否平均量化到这些财产。

4. 对返还给成员本年盈余的分析。分析合作社是否按照章程规定或成员大会决定的比例计提应付盈余返还和应付剩余盈余，分析合作社是否按成员与合作社的交易量（额）进行盈余返还，剩余盈余的分配是否按成员账户记载的权益份额占合作社权益总份额的比例进行。

（四）对偿债能力进行分析

1. 短期偿债能力分析。短期偿债能力考核成绩的分析指标主要有流动比率、速动比率和现金比率。

（1）流动比率：是指流动资产除以流动负债的比值，其计算公式为：

流动比率 = 流动资产 ÷ 流动负债

流动资产包括库存现金、银行存款、应收款项、存货等。流动负债主要包括短期借款、应付款项、应付工资、应付盈余返还、应付剩余盈余等。

流动比率反映合作社偿还短期债务的能力，合作社能否偿还短期债务，要看有多少短期债务，以及有多少可以变现偿债的流动资产。流动资产越多，短期债务越少，则说明合作社偿还能力就越强。

（2）速动比率：是指流动资产中扣除存货部分以后，再除以流动负债的比值。其计算公式为：

速动比率 =（流动资产 - 存货）÷ 流动负债

流动资产扣除存货后的剩余部分又称为速动资产，速动资产除以流动负债就称之为速动比率。为什么在计算速动比率时要扣除存货呢？主要有以下四个原因，一是流动资产中存货变现速度最慢，二是部分存货可能因某种原因而损失报废尚未处理，三是部分存货可能已经抵押给债权人了，四是存货估价可能与市价相差甚远。所以扣除存货后的速动比率是比流动比率更准确的偿债能力指标，速动比率比流动比率更能反映合作社偿还短期债务的能力。

（3）现金比率：是指流动资产中的货币资金除以流动负债的比值。其计算公式为：

现金比率 =（现金 + 银行存款）÷ 流动负债

或（流动资产 - 存货 - 应收款项）÷ 流动负债

现金比率表明合作社目前有多少货币资金可以立即偿还债务，比速动比率更进一步地反映了合作社偿还短期债务的能力。

2. 长期偿债能力分析。长期偿债能力分析研究的指标主要有资产负债率和产权比率。

（1）资产负债率：是指负债总额除以资产总额的百分比。其计算公式为：

资产负债率 =（负债总额 ÷ 资产总额）× 100%

资产负债率反映合作社总资产中债权人的权益有多少份额，可以衡量合作社对债权人债权的保障程度。

（2）产权比率：是指负债总额与所有者权益总额的百分比。公式为：

产权比率 =（负债总额 ÷ 所有者权益总额）× 100%

产权比率也是衡量长期偿债能力的指标，反映合作社所有者有多少权益可以保障债权人的债权。一般来说，普遍认为所有者权益大于债权的权益为好，这样债权人权益才能够得到所有者的有力保障。产权比率与资产负债率对评价长期偿债能力的作用基本相同，但二者侧重点不同，资产负债率侧重于分析债务偿付安全性的物质保障程度，产权比率侧重于揭示财务结构的稳健程度以及自有资金对偿债风险的承受能力。

（五）对财务管理情况的分析

主要是分析合作社各项财务管理制度是否健全，是否符合国家有关规定和本合作社的实际情况，以及各项管理措施的落实情况。同时，要找出存在的问题，进一步健全和完善各项规章制度和管理措施，提高财务管理水平。

第十章　种植业全过程实务操作案例

第一节　种植业合作社基本情况介绍

一、案例的基本情况介绍

（一）案例背景介绍

本案例源于陕西省关中地区某果业专业合作社，该社多年来主要业务是为成员提供果业生产技术培训与指导、代购代销农资和果品销售等服务。《农民专业合作社法》修订后，合作社的业务范围由之前的服务苹果单一品种拓宽到当地的所有水果品种，产业链由之前的技术和农资服务延长到果品储藏和分选初加工等业务，合作社名称也由之前的×××苹果专业合作社变更为×××果业专业合作社。由于业务范围的拓宽和组织、带动能力的提升，近年来合作社成员数量一直处于平稳增长态势。

（二）案例设计思路

1. 较完整地反映消耗性生物资产生产过程和生产性生物资产投产前、公益性生物资产郁闭前费用、支出的资本化会计处理。

2. 体现合作社在脱贫攻坚期间和乡村振兴阶段扶持本社贫困成员稳收入、防返贫的实际情况。

3. 案例列举的同一类型的业务在首次出现时较详细地介绍核算方法，以后简略介绍或不再介绍。

（三）合作社注册登记变更前后的有关内容

1. ×××果业专业合作社是由9人发起、于20×0年11月10日登记成立的互助性经济组织，其前身是×××苹果专业合作社。合作社成立之初，注册成员286户，成员股金50万元，均为现金股，其中发起人每人入股3万元，成员张三入股1万元，李四入股0.8万元，王五入股0.5万元，其他成员共入股20.7万元；合作社成员共种植优质果品1 831亩。变更登记后，成员增加到1 015户，成员现金股金增加到291.3万元，其中发起人每人股金增加到20万元，成员张三股金增加到了6万元，李四股金增加到了4万元，王五股金增加到了3万元，其余1 003户成员股金增加到98.3万元；成员果树栽植面积8 416亩。

2. 合作社与成员的交易主要体现在生产前的农资和生产后的农产品交易环节。

（四）合作社机构设置及基本职责

1. 合作社根据业务需要设置了三部两室工作机构，分别是技术服务部，配备中级及以上职业农民技术员3名，主要负责合作社成员生产技术培训与指导、农资购销服务和合作社有机示范基地的日常管理等；果品购销部，配备工作人员3名，主要负责果品购销业务；果库管理部，配备冷链设备管理员1名，主要负责果品储藏库的温控、通风、加湿、制冷设备日常维护和库用物资的日常管理等工作；财务办公室，配备工作人员3名，主要负责合作社财务管理与会计核算工作；综合办公室，配备工作人员7名，其中3人负责合作社日常办公，2人负责环境卫生等工作，2人负责安全保卫等工作，环卫和安保人员均为本社贫困成员。

2. 除财务人员外，工作人员全部为本社成员。

（五）需要说明的事项

1. 合作社拥有千吨气调库2座，用于储藏合作社收购（自产）和成员及其他果农或家庭农场主的果品；每年8月合作社开始开库入存、11月30日入停封库，之后进入出库销售阶段，次年6月30日前清库消毒，同时进行设备维修，如此周而复始循环作业；因此从每年的 12 月 1 日开始到次年的 6 月 30 日止为一个完整的果品储存期，期间发生的与果库相关的费用、支出在“产品物资——待摊库存果品费用”科目归集，在 11 月 30 日封库后根据合作社自存和成员或非成员租存库存量先在合作社与成员或非成员之间进行分摊，再根据不同规格的自存果品金额分配待摊库存果品费用，从而核算出合作社自存果品的出库成本。

2. 案例中涉及的收、付款业务均通过银行存款或其他货币资金（微信账户）结算，不涉及现金收、付业务；出库存货采用先进先出法；固定资产折旧和无形资产摊销采用年限平均法；不涉及税务处理；同库保管的多类物资，单类数量或金额不超过总量 10% 的物资，本社认定为次要物资，核算时本着“主要从细、次要从简”的原则进行核算，案例中首次出现的表、单从细，再次出现的从简；本社章程规定盈余公积金计提比例为 30%，可分配盈余的 60% 按成员交易返还；所得税和果库用电享受国家有关优惠政策。

二、20×2 年年末×××果业专业合作社财务状况和经营成果

20×2 年年末×××果业专业合作社科目余额情况、资产负债情况、盈余及盈余分配情况、成员权益变动情况如表 10-1 至表 10-4 所示。为了减少重复，并且尽可能列举在实际经营过程中发生的所有类型经济业务，在所列举的例子中，我们假定每一类经济业务在本年度仅发生一次。

（一）20×2 年年末×××果业专业合作社科目余额表

表 10-1　　科目余额表

20×2 年 12 月 31 日

编制单位：×××果业专业合作社　　单位：元

科目名称	期初余额		本期发生额		期末余额	
	借方	贷方	借方	贷方	借方	贷方
库存现金						
银行存款					411 928.28	
应收款					203 937.86	

续表

科目名称	期初余额		本期发生额		期末余额	
	借方	贷方	借方	贷方	借方	贷方
成员往来						
产品物资					1 933 290.60	
其中：1. 果品					1 933 290.60	
2. 肥料及其他						
委托加工物资						
委托代销商品						
受托代购商品						
受托代销商品						
对外投资						
消耗性生物资产						
生产性生物资产						
生产性生物资产折旧						
公益性生物资产						
固定资产					2 823 300.00	
累计折旧						506 913.12
在建工程						
固定资产清理						
无形资产						
累计摊销						
长期待摊费用					129 240.00	
待处理财产损益						
短期借款						
应付款						189 500.00
应付劳务费						
应交税费						11 717.92
应付利息						6 840.00

续表

科目名称	期初余额		本期发生额		期末余额	
	借方	贷方	借方	贷方	借方	贷方
应付工资						47 800.00
应付盈余返还						191 939.58
应付剩余盈余						127 959.73
长期借款						1 200 000.00
专项应付款						
股金						2 913 000.00
专项基金						64 960.00
资本公积						
盈余公积						
本年盈余						
盈余分配						
生产成本						
经营支出						
税金及附加						
管理费用						
财务费用						
其他支出						
所得税费用						
经营收入						
其他收入						
投资收益						
合计					5 501 696.74	5 501 696.74

（二）20×2年年末×××果业专业合作社资产负债表

表10-2 **资产负债表**

20×2年12月31日 会农社01表

编制单位：×××果业专业合作社 单位：元

资产	行次	期末余额	年初余额	负债和所有者权益	行次	期末余额	年初余额
流动资产：				流动负债：			
货币资金	1	411 928.28		短期借款	23		
应收款项	2	203 937.86		应付款项	24	189 500.00	
存货	3	1 933 290.60		应付工资	25	47 800.00	
其中：80#果品		535 849.60					
75#果品		898 222.20					
70#果品		499 218.80					
消耗性生物资产	4			应付劳务费	26		
流动资产合计	5	2 549 156.74		应交税费	27	11 717.92	
非流动资产：				应付利息	28	6 840.00	
对外投资	6			应付盈余返还	29	191 939.58	
生产性生物资产原值	7			应付剩余盈余	30	127 959.73	
减：生产性生物资产累计折旧	8			流动负债合计	31	575 757.23	
生产性生物资产净值	9			非流动负债：			
固定资产原值	10	2 823 300.00		长期借款	32	1 200 000.00	
减：累计折旧	11	506 913.12		专项应付款	33		
固定资产净值	12	2 316 386.88		非流动负债合计	34	1 200 000.00	
在建工程	13			负债合计	35	1 775 757.23	
固定资产清理	14						
固定资产小计	15	2 316 386.88		所有者权益：			
无形资产原值	16			股金	36	2 913 000.00	
减：累计摊销	17			专项基金	37	64 960.00	
无形资产净值	18			资本公积	38		
公益性生物资产	19			盈余公积	39	241 066.39	
长期待摊费用	20	129 240.00		未分配盈余	40	0	
非流动资产合计	21	2 445 626.88		所有者权益合计	41	3 219 026.39	
资产总计	22	4 994 783.62		负债和所有者权益总计	42	4 994 783.62	

注：该报表已按照《农民专业合作社新旧会计制度有关衔接问题的处理规定》进行了转化。

（三）20×2 年×××果业专业合作社盈余及盈余分配表

表 10－3　　**盈余及盈余分配表**

20×2 年度　　会农社 02 表

编制单位：×××果业专业合作社　　单位：元

项目	行次	本年金额	上年金额
一、经营收入	1	4 524 680.26	
加：投资收益	2		
减：经营支出	3	3 295 761.53	
税金及附加	4		
管理费用	5	586 357.34	
财务费用	6	82 080.00	
二、经营收益	7	560 481.39	
加：其他收入	8	69 512.37	
减：其他支出	9	161 276.83	
三、盈余总额	10	468 716.93	
减：所得税费用	11	11 717.92	
四、本年盈余	12	456 999.01	
加：年初未分配盈余	13		
其他转入	14		
减：提取盈余公积	15	137 099.70	
五、可分配盈余	16	319 899.31	
减：盈余返还	17	191 939.58	
剩余盈余分配	18	127 959.73	
转为成员出资	19		
六、年末未分配盈余	20	0	

（四）20×2 年年末×××果业专业合作社成员权益变动表

表 10－4　　**成员权益变动表**

20×2 年度　　会农社 03 表

编制单位：×××果业专业合作社　　单位：元

项目	股金	专项基金	资本公积	盈余公积	未分配盈余	合计
年初余额						
本年增加数						

续表

项目	股金		专项基金		资本公积		盈余公积		未分配盈余		合计
	其中：		其中：		其中：		其中：		其中：		
	资本公积转增		接受国家财政直接补助形成		股金溢价		从盈余中提取		本年盈余		
	盈余公积转增		接受他人捐赠形成		资产评估增值				其他转入		
	成员增加出资										
本年减少数											
	其中：				其中：		其中：		其中：		
	成员减少出资				转为成员出资		转为成员出资		提取盈余公积		
					弥补亏损				盈余返还		
									剩余盈余分配		
									转为成员出资		
年末余额	2 913 000.00		64 960.00				241 066.39				3 219 026.39

第二节　年度财务报表编制

为详细介绍合作社会计报表编制过程，本书以×××果业专业合作社为案例，对果业专业合作社的经济业务进行综合举例。其中，期初余额以第一节各表中数字为基准。对于种植类专业合作社而言，可根据实际参考选用。20×3年×××果业专业合作社发生了以下主要经济业务。

一、20×3 年×××果业专业合作社发生的主要经济业务

20×3 年，×××果业专业合作社发生了以下主要经济业务，我们依据《农民专业合作社会计制度》《农民专业合作社新旧会计制度有关衔接问题的处理规定》等相关制度的核算要求，分析、计算并编制相关业务分录。

【例 10－1】 1 月 5 日，用银行存款支付上月计提的所得税、贷款利息和员工工资。账务处理如表 10－5 所示。

表 10－5　　缴纳所得税、支付利息和工资的账务处理

经济业务和事项	账务处理
20×3 年 1 月 5 日，缴纳所得税、支付利息、发放工资	借：应付工资　47 800 　　应交税费——所得税　11 717.92 　　应付利息　6 840 　　贷：其他货币资金——微信账户　66 357.92

【例 10－2】 1 月 17 日，技术服务部举办冬季果园管理培训会，支付特邀讲师培训费 1 000 元。账务处理如表 10－6 所示。

表 10－6　　支付培训费的账务处理

经济业务和事项	账务处理
20×3 年 1 月 17 日，果园冬管培训，支付讲师培训费	借：经营支出——培训费　1 000 　　贷：其他货币资金——微信账户　1 000

【例 10－3】 1 月 21 日，理事长参加果业发展形势高层论坛，预借会费 2 000 元。1 月 24 日，报销会议及差旅费 2 150 元。账务处理如表 10－7 所示。

表 10－7　　预借和报销费用的账务处理

经济业务和事项	账务处理
①20×3 年 1 月 21 日，理事长预借会议费	借：成员往来——×××　2 000 　　贷：其他货币资金——微信账户　2 000
②20×3 年 1 月 24 日，理事长报销会议及差旅费	借：管理费用——会议费　2 150 　　贷：成员往来——×××　2 000 　　　　其他货币资金——微信账户　150

【例 10－4】1 月 25 日，报销本月水、电费，水电费分摊表如表 10－8 所示。

表 10－8　　×××果业专业合作社水、电费分摊表

20×3 年 1 月 25 日　　单位：元

项目	总额	果库	办公	备注
电费	16 875.00	16 537.50	337.50	果库与办公按 98：2 分摊
水费	151.00	120.80	30.20	果库与办公按 8：2 分摊
合计	17 026.00	16 658.30	367.70	

账务处理如表 10－9 所示。

表 10－9　　报销及分摊水电费的账务处理

经济业务和事项	账务处理
20×3 年 1 月 25 日，报销及分摊水电费	借：产品物资——待摊库存果品费用　16 658.30 　管理费用——水电费　367.70 　贷：其他货币资金——微信账户　17 026

【例 10－5】1 月 25 日，销售苹果，果品出库汇总单如表 10－10 所示。

表 10－10　　×××果业专业合作社果品出库汇总单

20×3 年 1 月 25 日　　单位：元

品名	规格	数量（吨）	单位出库成本（元/吨）	出库总成本	备注
苹果	80#	59.77	2 860.00	170 942.20	
苹果	75#	86.35	2 140.00	184 789.00	
苹果	70#	53.69	1 780.00	95 568.20	
合计		199.81		451 299.4	
库管员（签名）：×××　20×3 年 1 月 25 日			领料人（签名）：×××　20×3 年 1 月 25 日		

账务处理如表 10－11 所示。

表 10－11　　出售苹果及结转成本的账务处理

经济业务和事项	账务处理
①20×3 年 1 月 25 日，收到苹果销售款	借：银行存款　809 492.40 　贷：经营收入——苹果销售收入　809 492.40

续表

经济业务和事项	账务处理
②20×3 年 1 月 25 日，结转苹果销售成本	借：经营支出——结转苹果销售成本　451 299.40 　贷：产品物资——80#苹果　170 942.20 　　　　　　——75#苹果　184 789 　　　　　　——70#苹果　95 568.20

【例 10－6】1 月 26 日，召开成员大会，公布 20×2 年年度财务状况和经营成果，分配 20×2 年年度盈余。20×2 年×××果业合作社成员交易台账及盈余分配表如表 10－12、表 10－13 所示。

表 10－12　　20×2 年×××果业专业合作社成员交易台账

姓名	农资交易额（元）	果品交易额（元）	交易总额（元）	备注
张三	9 800.00	108 600.00	118 400.00	
李四	7 600.00	85 210.00	92 810.00	
王五	6 000.00	69 330.00	75 330.00	
……	……	……	……	
合计	1 345 860.00	2 152 740.00	3 498 600.00	

表 10－13　　×××果业专业合作社 20×2 年盈余分配表

20×3 年 1 月 26 日　　单位：元

姓名	交易额	交易返还	股金及量化份额	股金及量化份额返还	返还总额	签名
张三	118 400.00	6 495.42	66 944.66	2 661.05	9 156.47	
李四	92 810.00	5 091.56	45 224.76	1 797.68	6 889.24	
王五	75 330.00	4 132.60	34 171.14	1 358.30	5 490.90	
……	……	……	……	……	……	……
合计	3 498 600.00	191 939.58	3 219 026.39	127 959.73	319 899.31	

账务处理如表 10－14 所示。

表 10－14　　分配盈余的账务处理

经济业务和事项	账务处理
20×3 年 1 月 26 日，成员分配 20×2 年度盈余及剩余盈余	借：应付盈余返还　191 939.58 　　应付剩余盈余　127 959.73 　贷：其他货币资金——微信账户　319 899.31

【例 10－7】1 月 27 日，根据费用、支出归集对象编制有关核算单据，计提员工工资、折旧等。

（1）计提生产技术服务部类员工工资、房屋及设备折旧（见表 10－15、表 10－16、表 10－17）。

表 10－15　　×××果业专业合作社工资单

20×3 年 1 月 27 日

部门：技术服务部　　单位：元

姓名	基本工资	出勤津贴	机械作业意外保险费	社会保险费	奖金	总额
×××	2 900. 00	200. 00		100. 00		3 200. 00
×××	2 900. 00	200. 00		100. 00		3 200. 00
……	……	……		……		……
合计	8 700. 00	600. 00		300. 00		9 600. 00

表 10－16　　×××果业专业合作社固定资产折旧核算单

20×3 年 1 月 27 日

部门：技术服务部　　单位：元

品名	构建时间	固定资产原值	固定资产预计残值	折旧额	折旧年限	月折旧额	备注
办公用房		10 800. 00	540. 00	10 260. 00	30	28. 50	
办公桌椅（3 套）		1 800. 00	90. 00	1 710. 00	10	14. 25	
文件柜（1 个）		600. 00	30. 00	570. 00	10	4. 75	
空调（1 台）		2 400. 00	120. 00	2 280. 00	10	19. 00	
电脑（2 台）	20××. 12	9 000. 00	450. 00	8 550. 00	6	118. 75	
打印机（1 台）	20××. 12	3 000. 00	150. 00	2 850. 00	5	47. 50	
合计		27 600. 00	1 380. 00	26 220. 00		232. 75	

表 10－17　　×××果业专业合作社固定资产折旧核算单

20×3 年 1 月 27 日

部门：农资库　　单位：元

品名	构建时间	固定资产原值	固定资产预计残值	折旧额	折旧年限	月折旧额	备注
农资彩钢房		63 000. 00	3 150. 00	59 850. 00	10	498. 75	
合计		63 000. 00	3 150. 00	59 850. 00		498. 75	

账务处理如表 10－18 所示。

表 10－18　　计提工资和折旧的账务处理

经济业务和事项	账务处理	
20×3 年 1 月 27 日，本月计提及归集	借：经营支出——技术部	10 331.50
	贷：应付工资——技术部员工	9 600
	累计折旧——技术部用房及设备	232.75
	——农资库房及设备	498.75

（2）计提果库管理、果品购销部类员工工资、房屋及设备折旧（见表 10－19 至表 10－25）。

表 10－19　　×××果业专业合作社工资单

20×3 年 1 月 27 日

部门：果库管理部　　单位：元

姓名	基本工资	出勤津贴	机械作业意外保险费	社会保险费	奖金	总额
×××	3 000.00	300.00	100.00	200.00		3 600.00
合计	3 000.00	300.00	100.00	200.00		3 600.00

表 10－20　　×××果业专业合作社工资单

20×3 年 1 月 27 日

部门：果品购销部　　单位：元

姓名	基本工资	出勤津贴	机械作业意外保险费	社会保险费	奖金	总额
×××	2 700.00	300.00		200.00		3 200.00
×××	2 700.00	300.00		200.00		3 200.00
……	……	……		……		……
合计	8 100.00	900.00		600.00		9 600.00

表 10－21　　×××果业专业合作社固定资产折旧核算单

20×3 年 1 月 27 日

果库及设备　　单位：元

品名	构建时间	固定资产原值	固定资产预计残值	折旧额	折旧年限	月折旧额	备注
厂房		480 000.00	24 000.00	456 000.00	20	1 900.00	
制冷设备（2 套）		1 656 000.00	82 800.00	1 573 200.00	10	13 110.00	
叉车（2 台）		60 000.00	3 000.00	57 000.00	5	950.00	
钢架托盘		90 000.00	4 500.00	85 500.00	20	356.25	
合计		2 286 000.00	114 300.00	2 171 700.00		16 316.25	

表 10－22　　×××果业专业合作社费用摊销单

20×3 年 1 月 27 日

果库用周转箱　　单位：元

品名	构建时间	长期待摊费用原值	摊销额	摊销年限	月摊销额	备注
木制周转箱		129 240.00	129 240.00	3	3 590.00	
合计		129 240.00	129 240.00		3 590.00	

表 10－23　　×××果业专业合作社固定资产折旧核算单

20×3 年 1 月 27 日

配电房　　单位：元

品名	构建时间	固定资产原值	固定资产预计残值	折旧额	折旧年限	月折旧额	备注
电房		18 000.00	900.00	17 100.00	30	47.50	
配电设备（1 套）		120 000.00	6 000.00	114 000.00	20	475.00	
合计		138 000.00	6 900.00	131 100.00		522.50	

表 10－24　　×××果业专业合作社固定资产折旧核算单

20×3 年 1 月 27 日

地磅设备　　单位：元

品名	构建时间	固定资产原值	固定资产预计残值	折旧额	折旧年限	月折旧额	备注
地磅设备（1 套）		30 000.00	1 500.00	28 500.00	10	237.50	
合计		30 000.00	1 500.00	28 500.00		237.50	

表 10－25　　×××果业专业合作社固定资产折旧核算单

20×3 年 1 月 27 日

部门：果品购销部　　单位：元

品名	构建时间	固定资产原值	固定资产预计残值	折旧额	折旧年限	月折旧额	备注
办公用房		21 600.00	1 080.00	20 520.00	30	57.00	
空调（1 台）		2 400.00	120.00	2 280.00	10	19.00	
文件柜（1 个）		600.00	30.00	570.00	10	4.75	
电脑（4 台）	20×1.12	18 000.00	900.00	17 100.00	6	237.50	
打印机（1 台）	20×1.12	2 100.00	105.00	1 995.00	6	27.71	
桌椅（23 套）	20×1.12	13 800.00	690.00	13 110.00	10	109.25	
合计		58 500.00	2 925.00	55 575.00		455.21	

账务处理如表 10－26 所示。

表 10－26　　　计提及归集费用的账务处理

经济业务和事项	账务处理
20×3 年 1 月 27 日，本月计提及归集	借：产品物资——待摊库存果品费用　34 321.46 贷：应付工资——果库管理员　3 600 ——果品购销员　9 600 累计折——果库及设备　16 316.25 ——配电房及设备　522.50 ——地磅　237.50 ——购销部房屋及设备　455.21 长期待摊费用——摊销库用周转箱　3 590

（3）计提管理类员工工资、房屋及设备折旧（见表 10－27 至表 10－33）。

表 10－27　　　×××果业专业合作社工资单

20×3 年 1 月 27 日

部门：综合办公室　　　　单位：元

姓名	基本工资	出勤津贴	机械作业意外保险费	社会保险费	奖金	总额
×××	2 300.00	300.00		200.00		2 800.00
×××	2 300.00	300.00		200.00		2 800.00
……	……	……		……		……
合计	6 900.00	900.00		600.00		8 400.00

表 10－28　　　×××果业专业合作社工资单

20×3 年 1 月 27 日

部门：财务办公室　　　　单位：元

姓名	基本工资	出勤津贴	机械作业意外保险费	社会保险费	奖金	总额
×××	2 700.00	200.00		100.00		3 000.00
×××	2 700.00	200.00		100.00		3 000.00
……	……	……		……		……
合计	8 100.00	600.00		300.00		9 000.00

表 10－29　　×××果业专业合作社工资单

20×3 年 1 月 27 日

门卫（安保）　　单位：元

姓名	基本工资	出勤津贴	机械作业意外保险费	社会保险费	奖金	总额
×××	1 700.00	300.00		200.00		2 200.00
×××	1 700.00	300.00		200.00		2 200.00
合计	3 400.00	600.00		400.00		4 400.00

表 10－30　　×××果业专业合作社工资单

20×3 年 1 月 27 日

环卫工　　单位：元

姓名	基本工资	出勤津贴	机械作业意外保险费	社会保险费	奖金	总额
×××	1 100.00	300.00		200.00		1 600.00
×××	1 100.00	300.00		200.00		1 600.00
合计	2 200.00	600.00		400.00		3 200.00

表 10－31　　×××果业专业合作社固定资产折旧核算单

20×3 年 1 月 27 日

部门：综合办公室　　单位：元

品名	构建时间	固定资产原值	固定资产预计残值	折旧额	折旧年限	月折旧额	备注
办公用房		21 600.00	1 080.00	20 520.00	30	57.00	
电脑（2 台）	20×1.12	9 000.00	450.00	8 550.00	6	118.75	
打印机（1 台）	20×1.12	2 100.00	105.00	1 995.00	6	27.71	
桌椅（4 套）	20×1.12	2 400.00	120.00	2 280.00	10	19.00	
空调（1 台）		2 400.00	120.00	2 280.00	10	19.00	
合计		37 500.00	1 875.00	35 625.00		241.46	

表 10－32　　×××果业专业合作社固定资产折旧核算单

20×3 年 1 月 27 日

部门：财务办公室　　单位：元

品名	构建时间	固定资产原值	固定资产预计残值	折旧额	折旧年限	月折旧额	备注
办公用房		10 800.00	540.00	10 260.00	30	27.50	
电脑（4 台）	20×1.12	18 000.00	900.00	17 100.00	6	237.50	

续表

品名	构建时间	固定资产原值	固定资产预计残值	折旧额	折旧年限	月折旧额	备注
文件柜（1个）		600.00	30.00	570.00	10	4.75	
打印机（1台）	20×1.12	2 100.00	105.00	1 995.00	6	27.71	
桌椅（4套）	20×1.12	2 400.00	120.00	2 280.00	10	19.00	
合计		33 900.00	1 695.00	32 205.00		316.46	

表 10－33　　×××果业专业合作社固定资产折旧核算单

20×3 年 1 月 27 日

会议（培训）室　　　　单位：元

品名	构建时间	固定资产原值	固定资产预计残值	折旧额	折旧年限	月折旧额	备注
房屋		90 000.00	4 500.00	85 500.00	30	237.50	
空调（2台）		4 800.00	240.00	4 560.00	10	38.00	
投影设备（1套）		6 000.00	300.00	5 700.00	5	95.00	
会议桌椅		48 000.00	2 400.00	45 600.00	10	380.00	
合计		148 800.00	7 440.00	141 360.00		750.50	

账务处理如表 10－34 所示。

表 10－34　　计提折旧和归集费用的账务处理

经济业务和事项	账务处理
20×3 年 1 月 27 日，本月计提及归集	借：管理费用　26 308.42 贷：应付工资——办公人员　8 400 ——财务人员　9 000 ——安保人员　4 400 ——环卫人员　3 200 累计折旧——办公房屋及设备　241.46 ——财务房屋及设备　316.46 ——培训（会议）室及设备　750.50

【例 10－8】1 月 28 日计提本月利息，账务处理如表 10－35 所示。

表 10－35　　计提利息的账务处理

经济业务和事项	账务处理
20×3 年 1 月 28 日，计提当月利息	借：财务费用　6 840 　贷：应付利息　6 840

【例 10－9】 2 月 23 日，合作社采购有机肥料 400 吨，其中成员预定 300 吨，非成员预定 50 吨，合作社自用 50 吨，每吨市场售价 2 300 元，肥料厂以每吨 2 100 元的优惠价与合作社结算；采购常规肥料 200 吨，其中成员预定 130 吨，非成员预定 30 吨，合作社自用 40 吨，每吨市场售价 2 100 元，合作社以 1 900 元结算。

（1）合作社以市场价预收肥料款时，账务处理如表 10－36 所示。

表 10－36　　预收款项的账务处理

经济业务和事项	账务处理
20×3 年 2 月 23 日，收到成员、非成员预交肥料款	借：银行存款　1 141 000 　贷：成员往来（成员预购名单）　963 000 　　应付款（非成员预购名单）　178 000

注①成员往来：根据成员交易台账记载的、以市场价预收的肥料款。成员往来金额为 300 吨×2 300 元/吨＋130 吨×2 100 元/吨。

②应付款（非成员预购）：根据非成员预定清单、以市场价暂收的肥料款。应付款金额为 50 吨×2 300 元/吨＋30 吨×2 100 元/吨。

（2）通过银行支付肥料款，账务处理如表 10－37 所示。

表 10－37　　支付购肥款的账务处理

经济业务和事项	账务处理
20×3 年 2 月 23 日，支付购肥款	借：受托代购商品——有机肥　735 000 　　——常规肥　304 000 　产品物资——有机肥　105 000 　　——常规肥　76 000 　贷：银行存款　1 220 000

注①受托代购商品：根据成员交易台账、非成员预定清单以成本价与肥料厂结算的金额。有机肥 350 吨×2 100 元/吨＝735 000 元，常规肥 160 吨×1 900 元/吨＝304 000 元。

注②产品物资：合作社自用的、以成本价与肥料厂结算的金额。有机肥 50 吨×2 100 元/吨＝105 000 元，常规肥 40 吨×1 900 元/吨＝76 000 元。

（3）支付运输及装卸费。有机和常规肥料运输费为每吨 70 元，有机肥装卸费为每吨25元，常规肥料装卸费为每吨20元。账务处理如表10－38所示。

表10－38　　　　支付运输及装卸费的账务处理

经济业务和事项	账务处理		
20×3年2月23日，支付肥料运输及装卸费	借：受托代购商品——有机肥	33 250	
	——常规肥	14 400	
	产品物资——有机肥	4 750	
	——常规肥	3 600	
	贷：其他货币资金——微信账户		56 000

注①受托代购商品：应由成员与非成员购买的肥料分摊的运输及装卸费。有机肥分摊的运输及装卸费350吨×(70+25)=33 250元，常规肥分摊的运输及装卸费160吨×(70+20)=14 400元。

注②产品物资：应由合作社分摊的肥料运输及装卸费，计算方法同上。

(4) 肥料到货，现场给成员和非成员分发。账务处理如表10－39所示。

表10－39　　　　分发肥料及结转成本的账务处理

经济业务和事项	账务处理		
①20×3年2月23日，分发肥料	借：成员往来（成员预购名单）	963 000	
	应付款（非成员预购名单）	178 000	
	贷：经营收入——代购肥料收入		1 141 000
②20×3年2月23日，结转肥料成本	借：经营支出——结转代购肥料成本	1 086 650	
	贷：受托代购商品——有机肥		768 250
	——常规肥		318 400

注：受托代购商品成本：由肥料购买价和运输及装卸费构成。有机肥成本=735 000+33 250=768 250元，常规肥成本=304 000+14 400=318 400元。

【例10－10】 3月5日，合作社为了建立有机果品示范基地，经成员代表大会同意和评估，成员以300亩连片承包地经营权入股，每亩折股600元。流转期限为12年（根据《农村土地承包法》《农村土地经营权流转办法》有关规定，成员流转承包地的期限以本轮法定承包剩余期限为限）。流转合同已鉴证。账务处理如表10－40所示。

表10－40　　　　成员土地入股的账务处理

经济业务和事项	账务处理		
20×3年3月5日，成员土地入股	借：无形资产——成员土地经营权	180 000	
	贷：股金——土地股		180 000

【例 10－11】 合作社 3 月 10 日合作社设立有机果品生产办公室，配备 3 名具有高级职业农民资质成员负责有机示范基地的日常业务，每人月工资 3 600 元；购置必需的办公设备，其中购置并安装电脑 2 台，单价 4 500 元，打印机 1 台，单价 2 100 元，购置办公桌椅 3 套，单价 800 元。货款通过银行支付。账务处理如表 10－41 所示。

表 10－41　　购置办公设备的账务处理

经济业务和事项	账务处理	
20×3 年 3 月 10 日，支付有机基地办购置办公设备款	借：固定资产——电脑	9 000
	——打印机	2 100
	——桌椅	2 400
	——空调	2 400
	——文件柜	600
	贷：银行存款	16 500

固定资产折旧从下月开始计提，折旧核算如表 10－42 所示。

表 10－42　　×××果业专业合作社固定资产折旧核算单

20×3 年 4 月 27 日

部门：有机生产办公室　　　　单位：元

品名	构建时间	固定资产原值	固定资产预计残值	折旧额	折旧年限	月折旧额	备注
办公用房		10 800.00	540.00	10 260.00	30	27.50	
电脑（2 台）	20×1.12	9 000.00	450.00	8 550.00	6	118.75	
文件柜（1 个）		600.00	30.00	570.00	10	4.75	
打印机（1 台）	20×1.12	2 100.00	105.00	1 995.00	6	27.71	
空调（1 台）		2 400.00	120.00	2 280.00	10	19.00	
桌椅（3 套）	20×1.12	2 400.00	120.00	2 280.00	10	19.00	
合计		27 300.00	1 365.00	25 935.00		216.71	

【例 10－12】 3 月 14 日，采购无毒果树苗木 15 000 株，单价 40 元；风景绿化苗木 1 000 株，单价 8 元。货款通过银行支付。同时支付运输费 48 000 元，装卸费 24 000 元。账务处理如表 10－43 所示。

表 10 -43　　　　支付运输及装卸费的账务处理

经济业务和事项	账务处理
20×3 年 3 月 14 日，支付苗木款及运输、装卸费	借：产品物资——无毒苹果苗木　672 000 　　　　　　——绿化苗木　8 000 　贷：银行存款　680 000

【例 10 -13】外包无毒苗木和绿化苗木栽植工程，绿化苗木栽植在有机基地周边。约定栽植费用为 4 元/株，3 月 25 日栽植完毕。栽植过程中无毒苗木耗用 32 吨有机肥和 20 吨常规肥，绿化苗木耗用 2 吨有机肥和 3 吨常规肥。栽植费用通过银行支付。账务处理如表 10 -44 所示。

表 10 -44　　　　支付栽植费的账务处理

经济业务和事项	账务处理
20×3 年 3 月 25 日，栽植苗木，支付栽植费	借：生产性生物资产——未成熟苹果苗木　842 040 　　公益性生物资产——绿化苗木　22 360 　贷：产品物资——无毒苹果苗木　672 000 　　　　　　——绿化苗木　8 000 　　　　　　——有机肥　74 630 　　　　　　——常规肥　45 770 　　银行存款　64 000

【例 10 -14】3 月 28 日，计提无形资产摊销，摊销单如表 10 -45 所示。

表 10 -45　　　　×××果业专业合作社无形资产摊销单

20×3 年 3 月 28 日　　　　单位：元

品名	原值	残值	摊销额	摊销年限	月摊销额	备注
土地经营权	180 000		180 000	12	1 250	20×8.3 -20×0.2
合计	180 000		180 000		1 250	

账务处理如表 10 -46 所示。

表 10 -46　　　　土地经营权摊销的账务处理

经济业务和事项	账务处理
20×3 年 3 月 28 日，土地经营权摊销	借：生产性生物资产——未成熟苹果苗木　1 250 　贷：累计摊销——土地经营权　1 250

【例 10－15】3 月 26 日开始，由 4 名贫困成员负责灌溉苗木，约定每灌溉一亩每人付酬 10 元。4 月 23 日灌溉结束，支付人工费 12 000 元和水费 18 000 元。账务处理如表 10－47 所示。

表 10－47　　计提及支付劳务费的账务处理

经济业务和事项	账务处理
①20×3 年 3 月 26 日，支付有机基地灌溉水费，计提灌溉工劳务费	借：生产性生物资产——未成熟苹果苗木　30 000 贷：应付劳务费——有机基地灌溉工劳务费　12 000 其他货币资金——微信账户　18 000
②20×3 年 4 月 23 日，支付有机基地灌溉工劳务费	借：应付劳务费——有机基地灌溉工劳务费　12 000 贷：其他货币资金——微信账户　12 000

【例 10－16】4 月 16 日，购买玉米籽种 500 千克，22 元/千克，6 月在有机基地套种。支付运费及装卸费 300 元。账务处理如表 10－48 所示。

表 10－48　　支付运费及装卸费的账务处理

经济业务和事项	账务处理
20×3 年 4 月 16 日，购买玉米种并支付运输和装卸费	借：产品物资——玉米籽种　11 300 贷：其他货币资金——微信账户　11 300

【例 10－17】5 月 26 日，汇总核算 2—5 月果品销售收入及出库成本（见表 10－49）。

表 10－49　　×××果业专业合作社果品出库汇总单

20×3 年 5 月 26 日　　单位：元

品名	规格	数量（吨）	单位成本	总成本	备注
苹果	80#	120.77	2 860.00	345 402.20	
苹果	75#	322.57	2 140.00	690 299.80	
苹果	70#	213.28	1 780.00	379 638.40	
合计		656.62		1 415 340.40	
库管员（签名）：×××　20×3 年 5 月 26 日			领料人（签名）：×××　20×3 年 5 月 26 日		

账务处理如表 10－50 所示。

表 10－50　　销售苹果及结转成本的账务处理

经济业务和事项	账务处理
①20×3 年 5 月 26 日，销售苹果	借：银行存款　2 064 394.75 贷：经营收入——苹果销售收入　2 064 394.75
②20×3 年 5 月 26 日，结转苹果销售成本	借：经营支出——结转苹果销售成本　1 415 340.40 贷：产品物资——80#苹果　345 402.20 ——75#苹果　690 299.80 ——70#苹果　379 638.40

【例 10－18】6 月 3 日，以外包形式在有机示范基地硬茬播种玉米（间作套种），约定每播种一亩支付费用 30 元，播施常规肥 15 吨。6 月 18 日播种完成。套种玉米 200 余亩。账务处理如表 10－51 所示。

表 10－51　　支付播种费的账务处理

经济业务和事项	账务处理
20×3 年 6 月，套种玉米，支付播种费	借：消耗性生物资产——玉米　57 100 贷：产品物资——玉米籽种　11 300 ——常规（有机）肥　39 800 银行存款　6 000

【例 10－19】6 月 13 日开始清理果库，剩余果品以 25 000 元处理给小商贩。账务处理如表 10－52 所示。

表 10－52　　清理果库的账务处理

经济业务和事项	账务处理
20×3 年 6 月 13 日，清理果库	借：待处理财产损溢——待处理流动资产损溢——果品 66 650.80 贷：产品物资——80#苹果　19 505.20 ——75#苹果　23 133.40 ——70#苹果　24 012.20

【例 10－20】收到小商贩转来果品款。账务处理如表 10－53 所示。

表 10－53　　收到残果款的账务处理

经济业务和事项	账务处理
20×3 年 6 月 13 日，收到残果款	借：其他货币资金——微信账户　25 000 贷：待处理财产损溢——待处理流动资产损溢——果品 25 000

【例 10－21】结转果品损溢。账务处理如表 10－54 所示。

表 10－54　　结转果品损溢的账务处理

经济业务和事项	账务处理
20×3 年 6 月 13 日，结转果品损溢	借：其他支出——果品损失　41 650.80 　贷：待处理财产损溢——待处理流动资产损溢——果品　41 650.80

【例 10－22】7 月 8 日开始，由 2 名贫困成员负责灌溉玉米，约定每灌溉一亩每人付酬 10 元。7 月 20 日灌溉结束。支付水费 6 860 元。账务处理如表 10－55 所示。

表 10－55　　支付劳务费的账务处理

经济业务和事项	账务处理
①20×3 年 7 月 20 日，支付灌溉玉米水费，计提灌溉工劳务费	借：消耗性生物资产——玉米　10 860 　贷：应付劳务费——灌溉工劳务费　4 000 　　银行存款　6 860
②20×3 年 7 月 25 日，支付灌溉工劳务费	借：应付劳务费——灌溉工劳务费　4 000 　贷：其他货币资金——微信账户　4 000

【例 10－23】8 月 6 日，以外包方式（药、水、人、机全包）委托植保合作社给玉米防虫，约定每亩支付费用 25 元。8 月 10 日防治完成。账务处理如表 10－56 所示。

表 10－56　　支付防虫费用的账务处理

经济业务和事项	账务处理
20×3 年 8 月 10 日，付玉米防虫费用	借：消耗性生物资产——玉米　5 000 　贷：其他货币资金——微信账户　5 000

【例 10－24】8 月 16 日，合作社申报的乡村振兴扶持资金 25 万元到位，其中 22 万元用于合作社储藏设备补助，3 万元用于成员有机生产技术培训。账务处理如表 10－57 所示。

表 10－57　　收到扶持资金的账务处理

经济业务和事项	账务处理
20×3 年 8 月 16 日，收到乡村振兴财政扶持资金	借：银行存款　250 000 　贷：专项应付款——乡村振兴项目　250 000

【例 10－25】 由于合作社储藏库已建成在用，此财政项目补助形式类似于“先建后拨”，收到财政补助资金后用于资本性支出的直接结转“专项基金”科目。账务处理如表 10－58 所示。

表 10－58　　结转补助项目资金的账务处理

经济业务和事项	账务处理
①20×3 年 8 月 16 日，结转储藏补助项目资金	借：专项应付款——乡村振兴项目　220 000 　贷：专项基金——乡村振兴补助　220 000
②20×3 年 8 月 25 日，乡村振兴培训项目	借：专项应付款——乡村振兴项目　30 000 　贷：银行存款　30 000

【例 10－26】 9 月 16 日，合作社委托农机合作社开始收获有机基地套种玉米、秸秆还田，约定每亩支付费用 65 元。9 月 27 日收获完成。账务处理如表 10－59 所示。

表 10－59　　支付玉米收获费的账务处理

经济业务和事项	账务处理
20×3 年 9 月 27 日，支付玉米收获费	借：消耗性生物资产——玉米　13 000 　贷：其他货币资金——微信账户　13 000

【例 10－27】 收获完成后，根据消耗性生物资产（玉米）的实际生产成本进行结转。账务处理如表 10－60 所示。

表 10－60　　结转消耗性生物资产的账务处理

经济业务和事项	账务处理
20×3 年 9 月 27 日，结转消耗性生物资产	借：产品物资——玉米　85 960 　贷：消耗性生物资产——玉米　85 960

【例 10－28】 9 月 28 日，收获的 84 713 千克玉米全部售给养鸡合作社，每千克售价 1.82 元，货款已收。账务处理如表 10－61 所示。

表 10－61　　销售玉米及结转成本的账务处理

经济业务和事项	账务处理
20×3 年 9 月 28 日，收到玉米销售款	借：银行存款　154 177.66 　贷：经营收入——玉米销售收入　154 177.66

续表

经济业务和事项	账务处理
20×3年9月28日，结转玉米销售成本	借：经营支出——结转玉米销售成本　85 960 　贷：产品物资——玉米　85 960

【例10-29】 10—11月，合作社开库入存果品。临时雇用成员若干进行果品入库前的分拣工作，约定每天工作10小时，每小时支付劳务费11元。11月30日，合作社入库完毕并封库。其中合作社共入库果品938.56吨，共支付分拣劳务费28 050元，入库汇总表如表10-62所示。

表10-62　×××果业专业合作社果品入库汇总表

20×3年11月28日　　单位：元

项目	规格	购买价	运输费	装卸费	入库金额	数量（吨）	入库单价
苹果	80#	593 731.97	40 270.00	8 040.00	642 041.97	268.47	2 391.48
苹果	75#	686 283.51	65 530.00	13 110.00	764 923.51	436.91	1 750.76
苹果	70#	238 398.78	34 950.00	6 990.00	280 338.78	233.18	1 202.24
合计		1 518 414.26	140 750.00	28 140.00	1 687 304.26	938.56	1 797.76

账务处理如表10-63所示。

表10-63　计提及支付费用的账务处理

经济业务和事项	账务处理
①20×3年11月28日，支付果品收购、运输及装卸费用	借：产品物资——果品　1 687 304.26 　贷：其他货币资金——微信账户　1 687 304.26
②20×3年11月28日，计提分拣工劳务费	借：产品物资——果品　28 050 　贷：应付劳务费——分拣工劳务费　28 050
③20×3年11月28日，发放分拣工劳务费	借：应付劳务费——分拣工劳务费　28 050 　贷：其他货币资金——微信账户　28 050

【例10-30】 12月5日合作社暂借30万元周转，期限3个月。账务处理如表10-64所示。

表10-64　短期借款的账务处理

经济业务和事项	账务处理
20×3年12月5日，暂借周转金	借：银行存款　300 000 　贷：短期借款——×××信用社　300 000

【例 10－31】 12 月 25 日，处理 2—12 月人员工资、折旧、摊销、利息等。账务处理如表 10－65 所示。

表 10－65　　结转各类成本、费用的账务处理

经济业务和事项	账务处理
20×3 年 12 月 25 日，处理 2—12 月成本、费用等	借：产品物资——贷摊库存果品费用　560 777.36 　　经营支出　113 646.50 　　管理费用　293 437.32 　　生产性生物资产——未成熟苹果苗木　221 600.78 　　财务费用　75240.00 　　贷：累计折旧　219 185.96 　　　　累计摊销　12 500 　　　　长期待摊费用　39 490 　　　　其他货币资金——微信账户　993 526

【例 10－32】 12 月 25 日，按库存数量分摊合作社库存果品与成员库存果品的待摊库存果品费用并核算合作社库存果品出库成本（见表 10－66、表 10－67）。

表 10－66　　×××果业专业合作社果库费用分摊表

20×3 年 12 月 25 日　　单位：元

项目	总额	库存总量（吨）	单位费用	合作社分摊	成员分摊	备注
待分配果品费用	611 757.12	1 698.37	360.2025	338 071.66	273 685.46	
合计	611 757.12	1 698.37	360.2025	338 071.66	273 685.46	

表 10－67　×××果业专业合作社 20×3 年库存果品出库成本核算表

20×3 年 12 月 25 日　　单位：元

项目	规格	入库金额	分摊库存果品费用	库存金额	数量（吨）	出库单价
苹果	80#	642 041.97	128 408.39	770 450.36	268.47	2 869.78
苹果	75#	764 923.51	152 984.70	917 908.21	436.91	2 100.91
苹果	70#	280 338.78	56 678.57	337 017.35	233.18	1 445.31
合计		1 687 304.26	338 071.66	2 025 375.92	938.56	2 157.96

账务处理如表 10－68 所示。

表 10－68　　分摊库存果品费用的账务处理

经济业务和事项	账务处理		
20×3 年 12 月 25 日，分摊库存果品费用	借：产品物资——果品	338 071.66	
	经营支出	273 685.46	
	贷：产品物资——待摊库存果品费用		611 757.12

【例 10－33】约定成员库存期（11 月 30 日封库到次年 6 月 30 日清库）每吨应交 440 元库存费，封库后交 50%，清库后交剩余 50%，本库存年度成员入库果品 759.81 吨。账务处理如表 10－69 所示。

表 10－69　　核算库存费的账务处理

经济业务和事项	账务处理		
20×3 年 12 月 25 日，核算并清收成员库存费	借：其他货币资金——微信账户	167 158.20	
	成员往来	167 158.20	
	贷：经营收入		334 316.40

【例 10－34】12 月 28 日，年终结转。账务处理如表 10－70 所示。

表 10－70　　年终结转的账务处理

经济业务和事项	账务处理		
①20×3 年 12 月 28 日，年终结转各项收入	借：经营收入	4 503 381.21	
	贷：本年盈余		4 503 381.21
②20×3 年 12 月 28 日，年终结转各项费用、支出	借：本年盈余	3 883 907.50	
	贷：经营支出		3 437 913.26
	管理费用		322 263.44
	财务费用		82 080
	其他支出		41 650.80
③20×3 年 12 月 28 日，计算本年度所得税费用	借：所得税费用	15 486.84	
	贷：应交税费——应交企业所得税		15 486.84
④20×3 年 12 月 28 日，结转所得税费用	借：本年盈余	15 486.84	
	贷：所得税费用		15 486.84
⑤20×3 年 12 月 28 日，结转本年盈余	借：本年盈余	603 986.87	
	贷：盈余分配——未分配盈余		603 986.87

注：合作社所得税按照国家税务总局对小型微利企业年应纳税所得额不超过 100 万元的部分，减按 12.5% 计入应纳税所得额，按 20% 的税率缴纳企业所得税的优惠政策执行。

【例 10－35】年终计提各项分配。账务处理如表 10－71 所示。

表 10－71　　年终计提各项分配的账务处理

经济业务和事项	账务处理
①20×3 年 12 月 28 日，结转未分配盈余	借：盈余分配——未分配盈余　603 986.87 贷：盈余分配——各项分配　603 986.87
②20×3 年 12 月 28 日，计提各项分配	借：盈余分配——各项分配　603 986.87 贷：盈余公积　181 196.06 应付盈余返还　253 674.49 应付剩余盈余　169 116.32

用“丁字账”登记账本（略）。

二、20×3 年×××果业专业合作社财务报表编制

我们按照上述发生的经济业务，依据《农民专业合作社会计制度》的相关规定编制有关报表。包括科目余额表、资产负债表、盈余及盈余分配表、成员权益变动表和成员账户。

（一）科目余额表编制举例

根据以上经济业务和会计分录，在年末生成×××果业专业合作社会计科目余额表如表 10－72 所示。

表 10－72　　科目余额表

20×3 年 12 月 31 日

编制单位：×××果业专业合作社　　单位：元

科目名称	期初余额		本期发生额		期末余额	
	借方	贷方	借方	贷方	借方	贷方
库存现金						
银行存款	411 928.28		4 911 223.01	5 257 973.49	65 177.80	
应收款	203 937.86				203 937.86	
成员往来			1 132 158.20	965 000.00	167 158.20	
产品物资	1 933 290.60		2 854 533.04	2 705 247.72	2 082 575.92	
其中：1. 果品	1 933 290.60		2 053 425.92	1 933 290.60	2 053 425.92	
2. 肥料及其他			189 350.00	160 200.00	29 150.00	

续表

科目名称	期初余额		本期发生额		期末余额	
	借方	贷方	借方	贷方	借方	贷方
3. 待摊库存果品费用			611 757. 12	611 757. 12		
委托加工物资						
委托代销商品						
受托代购商品			1 086 650. 00	1 086 650. 00		
受托代销商品						
对外投资						
消耗性生物资产			85 960. 00	85 960. 00		
生产性生物资产			1 093 640. 78		1 093 640. 78	
其中：未成熟苹果苗木			1 093 640. 78		1 093 640. 78	
生产性生物资产折旧						
公益性生物资产			22 360. 00		22 360. 00	
其中：风景绿化苗木			22 360. 00		22 360. 00	
固定资产	2 823 300. 00		16 500. 00		2 839 800. 00	
累计折旧		506 913. 12		238 757. 34		745 670. 46
在建工程						
固定资产清理						
无形资产			180 000. 00		180 000. 00	
累计摊销				12 500. 00		12 500. 00
长期待摊费用	129 240. 00			43 080. 00	86 160. 00	
待处理财产损溢			66 650. 80	66 650. 80		
短期借款				300 000. 00		300 000. 00
应付款		189 500. 00	178 000. 00	178 000. 00		189 500. 00
应付劳务费			44 050. 00	44 050. 00		

续表

科目名称	期初余额		本期发生额		期末余额	
	借方	贷方	借方	贷方	借方	贷方
应交税费		11 717.92	11 717.92	15 486.84		15 486.84
应付利息		6 840.00	6 840.00	6 840.00		6 840.00
应付工资		47 800.00	47 800.00	47 800.00		47 800.00
应付盈余返还		191 939.58	191 939.58	253 674.49		253 674.49
应付剩余盈余		127 959.73	127 959.73	169 116.32		169 116.32
长期借款		1 200 000.00				1 200 000.00
专项应付款			250 000.00	250 000.00		
股金		2 913 000.00		180 000.00		3 093 000.00
专项基金		64 960.00		220 000.00		284 960.00
资本公积						
盈余公积		241 066.39		181 196.06		422 262.45
本年盈余			4 503 381.21	4 503 381.21		
盈余分配			603 986.87	603 986.87		
生产成本						
经营支出			3 437 913.26	3 437 913.26		
税金及附加						
管理费用			322 263.44	322 263.44		
财务费用			82 080.00	82 080.00		
其他支出			41 650.80	41 650.80		
所得税费用			15 486.84	15 486.84		
经营收入			4 503 381.21	4 503 381.21		
其他收入						
投资收益						
合计	5 501 696.74	5 501 696.74	25 818 126.69	25 818 126.69	6 740 810.56	6 740 810.56

（二）资产负债表编制举例

根据以上经济业务和会计分录，以及截至 20×3 年 12 月 31 日生成的×××果业专业合作社会计科目余额表，分析编制 20×3 年 12 月 31 日

×××果业专业合作社资产负债表，如表 10－73 所示。

表 10－73 **资产负债表**

20×3 年 12 月 31 日 会农社 01 表

编制单位：×××果业专业合作社 单位：元

资产	行次	期末余额	年初余额	负债和所有者权益	行次	期末余额	年初余额
流动资产：				流动负债：			
货币资金	1	65 177.80	411 928.28	短期借款	23	300 000.00	
应收款项	2	371 096.06	203 937.86	应付款项	24	189 500.00	189 500.00
存货	3	2 082 575.92	1 933 290.60	应付工资	25	47 800.00	47 800.00
消耗性生物资产	4			应付劳务费	26		
流动资产合计	5	2 518 849.78	2 549 156.74	应交税费	27	15 486.84	11 717.92
非流动资产：				应付利息	28	6 840.00	6 840.00
对外投资	6			应付盈余返还	29	253 674.49	191 939.58
生产性生物资产原值	7	1 093 640.78		应付剩余盈余	30	169 116.32	127 959.73
减：生产性生物资产累计折旧	8			流动负债合计	31	982 417.65	575 757.23
生产性生物资产净值	9	1 093 640.78		非流动负债：			
固定资产原值	10	2 839 800.00	2 823 300.00	长期借款	32	1 200 000.00	1 200 000.00
减：累计折旧	11	745 670.46	506 913.12	专项应付款	33		
固定资产净值	12	2 094 129.54	2 316 386.88	非流动负债合计	34	1 200 000.00	1 200 000.00
在建工程	13			负债合计	35	2 182 417.65	1 775 757.23
固定资产清理	14						
固定资产小计	15	2 094 129.54	2 316 386.88	所有者权益：			
无形资产原值	16	180 000.00		股金	36	3 093 000.00	2 913 000.00
减：累计摊销	17	12 500.00		专项基金	37	284 960.00	64 960.00
无形资产净值	18	167 500.00		资本公积	38		
公益性生物资产	19	22 360.00		盈余公积	39	422 262.45	241 066.39
长期待摊费用	20	86 160.00	129 240.00	未分配盈余	40	0	0
非流动资产合计	21	3 463 790.32	2 445 626.88	所有者权益合计	41	3 800 222.45	3 219 026.39
资产总计	22	5 982 640.10	4 994 783.62	负债和所有者权益总计	42	5 982 640.10	4 994 783.62

第 1 行“货币资金”期末余额根据“库存现金”“银行存款”和“其他货币资金”科目期末余额合计数填列。

第 2 行“应收款项”期末余额根据“应收款”科目期末余额和“成员往来”明细科目期末借方余额合计数填列。

应收款项期末余额：371 096.06 = 203 937.86 + 167 158.20

第 3 行“存货”期末余额根据“产品物资”科目期末余额、“委托加工物资”科目期末余额、“委托代销商品”科目期末余额、“受托代购商品”科目期末余额、“受托代销商品”科目期末余额 和“生产成本”科目期末余额合计数填列。

“产品物资”期末余额根据“果品”“肥料及其他”和“待摊库存果品费用”明细科目余额合计数填列。

产品物资期末余额：2 082 575.92 =2 053 425.92 +29 150.00 +0

存货的期末余额：2 082 575.92 =2 082 575.92 +0 +0 +0 +0 +0

第 5 行“流动资产合计”根据“货币资金”项目期末余额、“应收款项”项目期末余额、“存货”项目期末余额和“消耗性生物资产”项目期末余额合计数填列。

流动资产合计的期末余额：2 518 849.78 =65 177.80 +371 096.06 +2 082 575.92 +0

第 7 行“生产性生物资产”期末余额直接以该项目对应的会计科目期末余额填列。

第 9 行“生产性生物资产净值”期末余额根据“生产性生物资产”科目期末余额 -“生产性生物资产累计折旧”科目期末余额填列。

生产性生物资产净值的期末余额：1 093 640.78 =1 093 640.78 -0

第 10 行“固定资产原值”期末余额根据“固定资产”科目期末余额填列。

第 11 行“累计折旧”期末余额直接以该项目对应的会计科目期末余额填列。

第 12 行“固定资产净值”期末余额根据“固定资产”科目期末余额 -“累计折旧”科目期末余额填列。

固定资产净值的期末余额：2 094 129.54 =2 839 800.00 -745 670.46

第 15 行“固定资产小计”根据“固定资产净值”项目期末余额 + “在建工程”项目期末余额 + “固定资产清理”项目期末余额填列。

固定资产小计的期末余额：2 094 129.54 = 2 094 129.54 + 0 + 0

第 16 行“无形资产原值”期末余额直接以该项目对应的会计科目期末余额填列。

第 17 行“累计摊销”期末余额直接以该项目对应的会计科目期末余额填列。

第 18 行“无形资产净值”期末余额根据“无形资产”科目期末余额 − “累计摊销”科目期末余额填列。

无形资产净值的期末余额：167 500.00 = 180 000.00 − 12 500.00

第 19 行“公益性生物资产”期末余额直接以该项目对应的会计科目期末余额填列。

第 20 行“长期待摊费用”期末余额直接以该项目对应的会计科目期末余额填列。

第 21 行“非流动资产合计”期末余额根据“对外投资”项目期末余额 + “生产性生物资产净值”项目期末余额 + “固定资产小计”项目期末余额 + “无形资产净值”项目期末余额 + “公益性生物资产”项目期末余额 + “长期待摊费用”项目期末余额填列。

非流动资产合计的期末余额：3 463 790.32 = 0 + 1 093 640.78 + 2 094 129.54 + 167 500.00 + 22 360.00 + 86 160.00

第 22 行“资产总计”期末余额根据“流动资产合计”项目期末余额 + “非流动资产合计”项目期末余额填列。

资产总计的期末余额：5 982 640.10 = 2 518 849.78 + 3 463 790.32

第 23 行“短期借款”期末余额直接以该项目对应的会计科目期末余额填列。

第 24 行“应付款项”期末余额根据“应付款”科目期末余额 + “成员往来”各明细科目期末贷方余额合计数填列。

应付款项的期末余额：189 500.00 = 189 500.00 + 0

第 25 行“应付工资”期末余额直接以该项目对应的会计科目期末余额填列。

第 27 行“应交税费”期末余额直接以该项目对应的会计科目期末余额填列。

第 28 行“应付利息”期末余额直接以该项目对应的会计科目期末余额填列。

第 29 行“应付盈余返还”期末余额直接以该项目对应的会计科目期末余额填列。

第 30 行“应付剩余盈余”期末余额直接以该项目对应的会计科目期末余额填列。

第 31 行“流动负债合计”期末余额根据“短期借款”项目期末余额 +“应付款项”项目期末余额 +“应付工资”项目期末余额 +“应付劳务费”项目期末余额 +“应交税费”项目期末余额 +“应付利息”项目期末余额 +“应付盈余返还”项目期末余额 +“应付剩余盈余”项目期末余额填列。

流动负债合计的期末余额：

982 417.65 = 300 000.00 + 189 000.00 + 47 800.00 + 0 + 15 486.84 + 6 840.00 + 253 674.49 + 169 116.32

第 32 行“长期借款”期末余额直接以该项目对应的会计科目期末余额填列。

第 34 行“非流动负债合计”期末余额根据“长期借款”项目期末余额 +“专项应付款”项目期末余额填列。

非流动负债合计的期末余额：1 200 000.00 = 1 200 000.00 + 0

第 35 行“负债合计”期末余额根据“流动负债合计”项目期末余额 +“非流动负债合计”项目期末余额填列。

负债合计的期末余额：2 182 417.65 = 982 417.65 + 1 200 000.00

第 36 行“股金”期末余额直接以该项目对应的会计科目期末余额填列。

第 37 行“专项基金”期末余额直接以该项目对应的会计科目期末余额填列。

第 39 行“盈余公积”期末余额直接以该项目对应的会计科目期末余额填列。

第40行“未分配余额”根据“本年盈余”科目期末余额－“盈余分配”科目的期末余额填列。

未分配盈余的期末余额：0 = 603 986. 87 − 603 986. 87

第41行“所有者权益合计”期末余额根据“股金”项目期末余额＋“专项基金”项目期末余额＋“资本公积”项目期末余额＋“盈余公积”项目期末余额＋“未分配盈余”项目期末余额填列。

所有者权益合计的期末余额：

3 800 222. 45 = 3 093 000. 00 + 284 960. 00 + 0 + 422 262. 45 + 0

第42行“负债和所有者权益总计”期末余额根据“负债合计”项目期末余额＋“所有者权益合计”项目期末余额填列。

负债和所有者权益总计的期末余额：5 982 640. 10 = 2 182 417. 65 + 3 800 222. 45

（三）盈余及盈余分配表编制举例

根据以上经济业务和会计分录，以及20×3年12月31日生成的×××果业专业合作社会计科目余额表，分析编制20×3年度×××果业专业合作社盈余及盈余分配表（见表10－74）。

表10－74　　盈余及盈余分配表

20×3年度

会农社02表

编制单位：×××果业专业合作社　　单位：元

项目	行次	本年金额	上年金额
一、经营收入	1	4 503 381. 21	4 524 680. 26
加：投资收益	2		
减：经营支出	3	3 437 913. 26	3 295 761. 53
税金及附加	4		
管理费用	5	322 263. 44	586 357. 34
财务费用	6	82 080. 00	82 080. 00
二、经营收益	7	661 124. 51	560 481. 39
加：其他收入	8		69 512. 37

续表

项目	行次	本年金额	上年金额
减：其他支出	9	41 650.80	161 276.83
三、盈余总额	10	619 473.71	468 716.93
减：所得税费用	11	15 486.84	11 717.92
四、本年盈余	12	603 986.87	456 999.01
加：年初未分配盈余	13		
其他转入	14		
减：提取盈余公积	15	181 196.06	137 099.70
五、可分配盈余	16	422 790.81	319 899.31
减：盈余返还	17	253 674.49	191 939.58
剩余盈余分配	18	169 116.32	127 959.73
转为成员出资	19		
六、年末未分配盈余	20	0	0

（1）经营收益 = 经营收入 + 投资收益 - 经营支出 - 税金及附加 - 管理费用 - 财务费用

661 124.51 = 4 503 381.21 + 0 - 3 437 913.26 - 0 - 322 263.44 - 82 080.00

（2）盈余总额 = 经营收益 + 其他收入 - 其他支出

619 473.71 = 661 124.51 + 0 - 41 650.80

（3）本年盈余 = 盈余总额 - 所得税费用

603 986.87 = 619 473.71 - 15 486.84

（4）可分配盈余 = 本年盈余 + 年初未分配盈余 + 其他转入 - 提取盈余公积

422 790.81 = 603 986.87 + 0 + 0 - 181 196.06

（5）年末未分配盈余 = 可分配盈余 - 盈余返还 - 剩余盈余分配 - 转为成员出资

0 = 422 790.81 - 253 674.49 - 169 116.32 - 0

（四）成员权益变动表编制举例

根据以上经济业务和会计分录，以及 20×3 年 12 月 31 日生成的×××果业专业合作社会计科目余额表，分析编制 20×3 年度×××果业专业合作社成员权益变动表（见表 10－75）。

表 10－75　　成员权益变动表

20×3 年度

会农社 03 表

编制单位：×××果业专业合作社　　单位：元

项目	股金		专项基金		资本公积		盈余公积		未分配盈余		合计
年初余额	2 913 000.00		64 960.00				241 066.39		0		3 219 026.39
本年增加数	180 000.00		220 000.00				181 196.06		603 986.87		1 185 182.93
	其中：		其中：		其中：		其中：		其中：		
	资本公积转增		接受国家财政直接补助形成	220 000.00	股金溢价		从盈余中提取	181 196.06	本年盈余	603 986.87	1 005 182.93
	盈余公积转增		接受他人捐赠形成		资产评估增值				其他转入		
	成员增加出资	180 000.00									180 000.00
本年减少数										603 986.87	603 986.87
	其中：				其中：		其中：		其中：		
	成员减少出资				转为成员出资		转为成员出资		提取盈余公积	181 196.06	181 196.06

续表

项目	股金		专项基金		资本公积		盈余公积		未分配盈余		合计
					弥补亏损				盈余返还	253 674.49	253 674.49
									剩余盈余分配	169 116.32	169 116.32
									转为成员出资		
年末余额	3 093 000.00		284 960.00				422 262.45				3 800 222.45

（1）股金年末余额 = 年初余额 + 本年增加数（资本公积转增 + 盈余公积转增 + 成员增加出资）- 本年减少数（成员减少出资）

3 093 000.00 = 2 913 000.00 + (0 + 0 + 180 000.00) - 0

（2）专项基金年末余额 = 年初余额 + 本年增加数（接受国家财政直接补助形成 + 接受他人捐赠形成）

284 960.00 = 64 960.00 + (220 000.00 + 0)

（3）盈余公积年末余额 = 年初余额 + 本年增加数（从盈余中提取）- 本年减少数（转为成员出资）

422 262.45 = 241 066.39 + 181 196.06 - 0

（4）未分配盈余年末余额 = 年初余额 + 本年增加数（本年盈余 + 其他转入）- 本年减少数（提取盈余公积 + 盈余返还 + 剩余盈余分配 + 转为成员出资）

0 = 0 + (603 986.87 + 0) - (181 196.06 + 253 674.49 + 169 116.32 + 0)

（五）成员账户编制举例

根据20×3年×××果业专业合作社各成员账户中出资及交易变动情况，分析编制20×3年度×××果业专业合作社成员账户（见表10-76至表10-78）。

表 10－76

成员账户一

20×3 年度

成员姓名（名称）：张三　　　　联系地址：　　　　第　页

编号	日期	摘要	成员出资		公积金份额	接受国家财政直接补助形成财产量化份额	接受他人捐赠形成财产量化份额	交易量		交易额		盈余返还金额	剩余盈余分配金额
			来源于到户类扶贫项目资产的出资额	其他来源的出资额				产品1	产品2	产品1	产品2		
年初余额				60 000.00/ 2 913 000.00	6 880.66/ 241 066.39	64.00/ 64 960.00				9 800.00/ 1 345 860.00	108 600.00/ 2 152 740.00	6 495.42/ 191 939.58	2 661.05/ 127 959.73
1		入股			6 694.73	216.75							
2													
3													
年末余额/总额				60 000.00/ 3 093 000.00	13 575.39/ 422 262.45	280.75/ 284 960					118 400.00/ 2 481 414.26	12 104.01/ 253 674.49	3 286.72/ 169 116.32

注：成员账户中公积金份额计算过程见成员账户备注表1，专项基金份额计算过程见成员账户备注表2，盈余返还和剩余盈余分配金额计算过程见成员账户备注表3。

表 10 -77

成员账户二

20×3 年度

成员姓名（名称）：李四　　联系地址：　　第　页

编号	日期	摘要	成员出资		公积金份额	接受国家财政直接补助形成财产量化份额	接受他人捐赠形成财产量化份额	交易量		交易额		盈余返还金额	剩余盈余分配金额
			来源于到户类扶贫项目资产的出资额	其他来源的出资额				产品1	产品2	产品1	产品2		
年初余额				40 000.00/2 913 000.00	5 160.76/241 066.39	64.00/64 960.00				7 600.00/1 345 860.00	85 210.00/2 152 740.00	5 091.56/191 939.58	1 797.68/127 959.73
1		入股			5 084.52	216.75							
2													
3													
年末余额/总额				40 000.00/3 093 000.00	10 245.28/422 262.45	280.75/284 960.00					92 810.00/2 481 414.26	9 487.95/253 674.49	2 248.49/169 116.32

表 10－78

成员账户三

20×3 年度

成员姓名（名称）：王五　　　　联系地址：　　　　第　页

编号	日期	摘要	成员出资		公积金份额	接受国家财政直接补助形成财产量化份额	接受他人捐赠形成财产量化份额	交易量		交易额		盈余返还金额	剩余盈余分配金额
			来源于到户类扶贫项目资产的出资额	其他来源的出资额				产品1	产品2	产品1	产品2		
年初余额				30 000.00/2 913 000.00	4 107.14/241 066.39	64.00/64 960.00				6 000.00/1 345 860.00	69 330.00/2 152 740.00	4 132.60/191 939.58	1 358.30/127 959.73
1		入股			4 069.80	216.75							
2													
3													
年末余额/总额				30 000.00/3 093 000.00	8 176.94/422 262.45	280.75/284 960.00					75 330.00/2 481 414.26	7 700.97/253 674.49	1 711.43/169 116.32

成员账户备注表 1

×××果业专业合作社盈余公积金量化表

20×3 年 12 月　　　　单位：元

姓名	年初股金余额	年初专项基金量化份额	年初盈余公积量化份额	当年交易额	按股金和交易额 4∶6 量化			
					股金及份额量化部分	交易额（量）化部分	分摊年初亏损	小计
张三	60 000.00	64.00	6 880.66	118 400.00	1 507.30	5 187.43		6 694.73
李四	40 000.00	64.00	5 160.76	92 810.00	1 018.26	4 066.26		5 084.52
王五	30 000.00	64.00	4 107.14	75 330.00	769.38	3 300.42		4 069.80
……	……			……		……		……
合计	2 913 000.00	64 960.00	241 066.39	2 481 414.26	72 478.42	108 717.64		181 196.06

成员账户备注表 2

×××果业专业合作社专项基金量化表

20×3 年 12 月　　　　单位：元

户名	财政补助形成财产的份额	备注
张三	216.75	平均量化（220 000.00/1 015 户）
李四	216.75	
王五	216.75	
……	……	
合计	220 000.00	

成员账户备注表 3

×××果业专业合作社 20×3 年度盈余分配核算表

20×3 年 12 月 30 日　　　　单位：元

姓名	当年交易额	盈余返还金额	年末股金及量化份额	剩余盈余返还金额	返还总额	签名
张三	118 400.00	12 104.01	73 856.14	3 286.72	15 390.73	
李四	92 810.00	9 487.95	50 526.03	2 248.49	11 736.44	
王五	75 330.00	7 700.97	38 457.69	1 711.43	9 412.40	
……	……	……	……	……	……	……
合计	2 481 414.26	253 674.49	3 800 222.45	169 116.32	422 790.81	

第三节 财务状况案例分析

结合×××果业专业合作社20×3年发生的各类经济事项及会计业务，以及20×3年年度资产负债情况、收支盈余情况以及成员权益变动情况等，可以对其财务状况做以下分析。

一、×××果业专业合作社20×3年度财务基本情况分析

（一）资产负债增减变动分析

依据×××果业专业合作社20×2年和20×3年年度资产负债情况，我们可以编制出×××果业专业合作社资产负债增减变动情况表（见表10－79），对其资产、负债、所有者权益等情况进行分析。

表10－79　×××果业专业合作社资产负债增减变动情况表

项目	20×2期末余额	20×3期末余额	增减额	增减比例
资产总额	4 994 783.62	5 982 640.10	987 856.48	19.78%
负债总额	1 775 757.23	2 182 417.65	406 660.42	22.90%
所有者权益总额	3 219 026.39	3 800 222.45	581 196.06	18.06%

从表10－79看到，×××果业专业合作社的资产、负债、所有者权益规模都是呈上升趋势的，负债增长幅度最大，达到22.90%，资产增长幅度为19.78%，所有者权益增长幅度为18.06%。

1. 资产的变化分析

合作社20×3年资产总计比20×2年增加了98.79万元，增长19.78%；增长的原因主要是20×3年非流动资产大幅增加，其中新栽植15 000株无毒果树增加生产性生物资产109.36万元，成员以300亩连片承包地入股增加无形资产18万元，公益性生物资产（绿化苗木）较上年增加了2.24万元，固定资产较上年增加1.65万元；流动资产较上年减少了3万元，其中存货增加了14.93万元，应收款项增加了16.7万元，主要是成员果库租赁

费的增加；货币资产较上年减少 34.67 万元，货币资金的减少和存货的增加是因为当年第四季度果品销售价格下滑、销售不畅导致合作社货币资金回流较慢、库存积压和必要的短期举债。

2. 负债的变化分析

20×3 年比 20×2 年增加了 40.67 万元，增长 22.90%，主要是该合作社采用积极的财务政策，12 月暂借周转资金，增加短期借款 30 万元。可分配盈余较上年增加，增加应付盈余返还 6.17 万元和应付剩余盈余 4.12 万元。

3. 股东权益的变化分析

20×3 年比 20×2 年增加了 58.12 万元，增长 18.06%，主要是成员新增入股增加股金 18 万元，乡村振兴申报项目财政补助资金到位增加专项基金 22 万元，增加盈余公积 18.12 万元。

（二）费用支出情况分析

依据×××果业专业合作社 20×3 年度费用支出情况，我们可以编制出×××果业专业合作社费用支出增减变动情况表（见表 10－80），对其经营支出、管理费用、其他支出等情况进行分析。

表 10－80　×××果业专业合作社经费支出增减变动情况表

项目	20×2 期末余额	20×3 期末余额	增减额	增减比例
经营支出	3 295 761.53	3 437 913.26	142 151.73	4.31%
管理费用	586 357.34	322 263.44	－264 093.90	－45.04%
其他支出	161 276.83	41 650.80	－119 626.03	－74.17%
合计	4 043 395.70	3 801 827.50	－241 568.20	－5.97%

从表 10－80 中可以看出，合作社 20×3 年全年实际支出 380.18 万元，比上年减少了 24.16 万元，下降 5.97%。支出减少的主要原因是管理费用、其他支出减少。各项支出的情况分析如下：

（1）经营支出 20×3 年实际支出 343.79 万元，比上年增加 14.22 万元，增长 4.31%。主要原因是合作社当年苹果销量提高，相应结转成本增加。

（2）管理费用 20×3 年实际支出 32.22 万元，比上年减少 26.41 万元，下降 45.04%。主要原因是 20×3 年合作社在人员及办公用房、设备精细化、对象化分类基础上提高了会计核算的规范化程度，从而较大幅度减少了非生产、经营性支出。

（3）其他费用 20×3 年实际支出 4.17 万元，比上年减少 11.96 万元，下降 5.97%。主要原因是本年合作社加强了果品采收、分级、包装、入库、储存、运输各环节管理，减少坏果损失，其他费用减少。

二、×××果业专业合作社偿债能力分析

×××果业专业合作社 20×2 年和 20×3 年资产负债情况，我们可以编制出×××果业专业合作社流动资产增减变动情况表（见表 10－81），对其流动资产、流动负债等情况进行分析。

表 10－81　　×××果业专业合作社流动资产增减变动情况表

项目	20×2 期末余额	20×3 期末余额	增减额	增减比例
货币资金	411 928.28	65 177.80	－346 750.48	－84.18%
应收款项	203 937.86	371 096.06	167 158.20	81.97%
存货	1 933 290.60	2 082 575.92	149 285.32	7.72%
流动资产合计	2 549 156.74	2 518 849.78	－30 306.96	－1.19%
流动负债合计	575 757.23	982 417.65	406 660.42	70.63%

（一）短期偿债能力分析

1. 流动比率

该合作社 20×3 年的流动比率为 2.56，20×2 年为 4.43，20×3 年比 20×2 年有所降低，但 1 元的负债约有 2.56 元的资产作保障，反映合作社偿债能力较强。

2. 速动比率

该合作社 20×3 年的速动比率为 0.44，20×2 年为 1.07，20×3 年比 20×2 年大幅下降，主要是原因是货币资产较上年减少 34.67 万元，流动负债较上年增加 40.67 万元，反映合作社短期偿债能力较弱。

3. 现金比率

该合作社 20×3 年的现金比率为 0.07，20×2 年为 0.72，20×3 年比 20×2 年大幅下降，主要是原因是货币资产较上年减少 34.67 万元，流动负债较上年增加 40.67 万元，反映合作社短期偿债能力较弱。

（二）长期偿债能力分析

1. 资产负债率

该合作社的资产负债率 20×3 年为 36.48%，20×2 年为 35.55%，该合作社上下两年资产负债率趋于平稳，且保持在较低水平，说明企业的长期偿债能力较强。

2. 产权比率

该合作社的产权比率 20×3 年为 57.43%，20×2 年为 55.16%，该合作社上下两年资产负债率趋于平稳，且保持在较低水平，说明企业的长期偿债能力较强。

（三）成员权益分析

1. 对成员权益变动情况的分析。当年成员以土地经营权作价入社，经过成员大会同意和评估，与合作社签定了流转合同，符合合作社章程规定。当年年终计提盈余公积以及国家财政补助资金形成专项基金时，均在成员权益上进行反映，并记录在成员账户中。

2. 盈余公积按照交易额和出资及量化份额比例量化到每位成员，国家财政补助资金计入专项基金并平均量化到每位成员，并计入成员账户。

三、×××果业专业合作社生产经营过程中存在的主要问题及财务建议

通过以上分析，我们可以看出，×××果业专业合作社整体生产经营情况、财务运营状况较为良好，但是在资产的有效利用等方面，还存在一些问题，我们对此也提出了一些改进的建议。

（一）合作社生产、经营过程中存在的主要问题

1. 长期负债和季节性临时负债较多，债务压力较大。由于会计年度和

农产品生产年度不一致，在生产性生物资产栽培期和农产品生产季占用资金较多且没有资金回流，导致合作社长期借款和季节性短期借款增加；在农产品销售季，资金回流较多，从而体现出种植业在生产季资金占用多、在销售季资金回流多的行业特点。但长期负债的成本每年高达 8.2 万元，债务负担较重。

2. 部分资产利用效率不高。主要表现为果品冷库在果品出库后较长时间闲置。

（二）对合作社生产、经营的财务建议

1. 突出主业、多业并举，拓展业务外延，提升资产利用效率。合作社在满足自身生产、经营的前提下，尽量拓展服务内容、尽量拓展库存业务，不断提升资产利用效率，避免冷库资产“用半年、闲半年”，可以考虑在果品未入库期间存储蔬菜或其他农产品，从而增加合作社经营收益，化解债务。

2. 加强信息工作，降低市场风险。通过强化信息工作可以有效降低销售风险，提高经营效益。

第十一章　养殖业全过程实务操作案例

第一节　养殖业合作社案例基本情况介绍

一、案例的基本情况介绍

（一）案例背景介绍

×××养殖专业合作社成立于20××年3月11日。合作社注册成员101户，成员股金总额1 135 500元（张三入股现金30 000元，李四入股现金20 000元，王五入股现金10 000元，其余98户成员入股现金1 075 500元）。

合作社成立之初设立了三部一室：生产技术部，配备工作人员3名，主要职责是负责合作社蛋鸡养殖过程中雏鸡防疫、饲料投喂、鸡舍温控与消毒和成员养殖技术培训与防疫指导等工作；市场营销部，配备工作人员2名，主要职责是负责合作社蛋鸡鸡苗、饲料、疫苗、鸡蛋的购销、合作社库存物资收发与保管和成员所需鸡苗、饲料、疫苗、鸡蛋的代购代销服务等工作；财务部，配备工作人员3名；办公室，配备工作人员6名。除财务人员外，工作人员全部为本社成员。

合作社建有鸡舍3栋，每栋存栏30 000只；成员常年蛋鸡存栏110万只。合作社的主要业务是为成员提供鸡苗、饲料、疫苗和鸡蛋的代购代销服务以及养殖技术培训与指导，鸡苗、淘汰鸡和鸡粪由成员自行选购和处理。

（二）案例设计思路

1. 较完整地反映生产性生物资产由未成熟到成熟投产各阶段的成本归集、分摊与转换的核算。

2. 较完整地反映生产性生物资产成熟投产后农产品（鸡蛋）的成本归集、分摊核算。

3. 简要介绍生产性生物资产转化为消耗性生物资产的核算。

（三）需要说明的事项

1. 合作社与成员外购蛋鸡鸡苗入笼后，需要120天左右的生长期，然后进入产蛋期，产蛋期一般为360天左右，之后处理淘汰蛋鸡、对鸡舍进行消毒后进入下一个养殖生产环节。

2. 蛋鸡的防疫主要在产蛋前进行，进入产蛋期后，除非遇到禽流感等流行性病菌，一般很少注射疫苗。

3. 在养殖过程中，每天都有饲料的领用投喂，但饲料出库成本只能在月末待归集完成并分摊后才能确定本月饲料的实际出库成本，因此合作社饲料的入库、出库均按计划成本法进行核算，月末再在出库和结余饲料中分摊饲料成本差异，进而把饲料的出库与结存的计划成本调整为实际成本，入库的计划成本包括采购价、税金、运输及装卸费，饲料的成本差异通过“产品物资——××饲料成本差异”科目进行核算；同理，合作社蛋鸡产蛋后，鸡蛋的实际成本只有在月末根据归集和分摊进行确定，但每天都会有鸡蛋的出售，因此，合作社日常的鸡蛋入库、出售结转和结存成本核算采用计划成本法，月末再根据本月产蛋量、出售量和结存量进行调整。

4. 合作社蛋鸡在产蛋前的成本与费用的归集在“生产性生物资产——未成熟生产性生物资产——蛋鸡”科目进行核算，产蛋后转入“生产性生物资产——成熟生产性生物资产——蛋鸡”科目进行核算。

5. 合作社章程规定本社盈余公积按本年盈余的40%计提，可分配盈余的60%按成员与合作社的交易量（额）返还。

二、20×2年末×××养殖专业合作社财务状况和经营成果

20×2年末×××养殖专业合作社科目余额情况、资产负债情况、盈余及盈余分配情况、成员权益变动情况如表11－1至表11－4所示。为了减少重复，并且尽可能列举在实际经营过程中发生的所有类型经济业务，在所列举的例子中，我们假定每一类经济业务在本年度仅发生一次。

（一）20×2年年末×××养殖专业合作社科目余额表

表11－1　科目余额表

20×2年12月31日

编制单位：×××养殖专业合作社　　单位：元

科目名称	期初余额		本期发生额		期末余额	
	借方	贷方	借方	贷方	借方	贷方
库存现金						
银行存款					381 100.00	
应收款						
成员往来						
产品物资					201 562.50	
其中：1. 蛋鸡饲料					201 450.00	
2. 雏鸡饲料						
3. 鸡蛋						
4. 兽药					112.50	
5. 雏鸡料成本差异						
6. 蛋鸡料成本差异						
委托加工物资						
委托代销商品						
受托代购商品						

续表

科目名称	期初余额		本期发生额		期末余额	
	借方	贷方	借方	贷方	借方	贷方
受托代销商品						
对外投资						
消耗性生物资产						
生产性生物资产					391 500	
其中：1. 期初存栏蛋鸡					391 500	
2. 本期购入未成熟蛋鸡						
3. 成熟蛋鸡						
生产性生物资产折旧						340 931.25
其中：1. 期初存栏蛋鸡折旧						340 931.25
2. 成熟蛋鸡折旧						
公益性生物资产					500 000	
固定资产					438 600.00	
累计折旧						46 791.14
在建工程						
固定资产清理						
无形资产						
累计摊销						
长期待摊费用					129 240.00	
待处理财产损益						
短期借款						
应付款						500 000
应付劳务费						
应交税费						

续表

科目名称	期初余额		本期发生额		期末余额	
	借方	贷方	借方	贷方	借方	贷方
应付利息						
应付工资						42 900.00
应付盈余返还						
应付剩余盈余						
长期借款						
专项应付款						
股金						1 135 500.00
专项基金						
资本公积						
盈余公积						
本年盈余						-24 119.89
盈余分配						
生产成本						
其中：待摊鸡蛋成本						
经营支出						
税金及附加						
管理费用						
财务费用						
其他支出						
所得税费用						
经营收入						
其他收入						
投资收益						
合计					2 042 002.5	2 042 002.5

（二）20×2年年末×××养殖专业合作社资产负债表

表11－2　　资产负债表

20×2年12月31日　　会农社01表

编制单位：×××养殖专业合作社　　单位：元

资产	行次	期末余额	年初余额	负债和所有者权益	行次	期末余额	年初余额
流动资产：				流动负债：			
货币资金	1	381 100.00		短期借款	23		
应收款项	2			应付款项	24	500 000	
存货	3	201 562.50		应付工资	25	42 900.00	
其中：蛋鸡料		201 450.00					
兽药		112.50					
消耗性生物资产	4			应付劳务费	26		
流动资产合计	5	582 662.50		应交税费	27		
非流动资产：				应付利息	28		
对外投资	6			应付盈余返还	29		
生产性生物资产原值	7	391 500.00		应付剩余盈余	30		
减：生产性生物资产累计折旧	8	340 931.25		流动负债合计	31	542 900.00	
生产性生物资产净值	9	50 568.75		非流动负债：			
固定资产原值	10	438 600.00		长期借款	32		
减：累计折旧	11	46 791.14		专项应付款	33		
固定资产净值	12	391 808.86		非流动负债合计	34		
在建工程	13			负债合计	35	542 900	
固定资产清理	14						
固定资产小计	15	391 808.86		所有者权益：			
无形资产原值	16			股金	36	1 135 500.00	
减：累计摊销	17			专项基金	37		
无形资产净值	18			资本公积	38		
公益性生物资产	19	500 000		盈余公积	39		
长期待摊费用	20	129 240.00		未分配盈余	40	－24 119.89	
非流动资产合计	21	1 071 617.61		所有者权益合计	41	1 111 380.11	
资产总计	22	1 654 280.11		负债和所有者权益总计	42	1 654 280.11	

注：该报表已按照《农民专业合作社新旧会计制度有关衔接问题的处理规定》进行了转化。

（三）20×2年×××养殖专业合作社盈余及盈余分配表

表11-3 **盈余及盈余分配表**

20×2年度 会农社02表

编制单位：×××养殖专业合作社 单位：元

项目	行次	本年金额	上年金额
一、经营收入	1	2 701 106.79	
加：投资收益	2		
减：经营支出	3	2 312 951.84	
税金及附加	4		
管理费用	5	376 758.64	
财务费用	6		
二、经营收益	7	11 396.31	
加：其他收入	8	5 630.00	
减：其他支出	9	41 146.20	
三、盈余总额	10	-24 119.89	
减：所得税费用	11		
四、本年盈余	12	-24 119.89	
加：年初未分配盈余	13		
其他转入	14		
减：提取盈余公积	15		
五、可分配盈余	16	-24 119.89	
减：盈余返还	17		
剩余盈余分配	18		
转为成员出资	19		
六、年末未分配盈余	20	-24 119.89	

（四）20×2年年末×××养殖专业合作社成员权益变动表

表11-4 **成员权益变动表**

20×2年度

会农社03表

编制单位：×××养殖专业合作社 单位：元

项目	股金	专项基金	资本公积	盈余公积	未分配盈余	合计
年初余额						
本年增加数						
	其中：	其中：	其中：	其中：	其中：	
	资本公积转增	接受国家财政直接补助形成	股金溢价	从盈余中提取	本年盈余 —	—
	盈余公积转增	接受他人捐赠形成	资产评估增值		其他转入	
	成员增加出资					
本年减少数						
	其中：		其中：	其中：	其中：	
	成员减少出资		转为成员出资	转为成员出资	提取盈余公积	
			弥补亏损		盈余返还	
					剩余盈余分配	
					转为成员出资	
年末余额	1 135 500.00				-24 119.89	1 111 380.11

第二节　年度财务报表编制

为详细介绍合作社会计报表编制过程，本书以×××养殖专业合作社为案例，对养殖专业合作社的经济业务进行综合举例。其中，期初余额以第一节各表中数字为基准。对于养殖类专业合作社而言，可根据实际参考选用。20×3 年×××养殖专业合作社发生了以下主要经济业务。

一、20×3 年×××养殖专业合作社发生的主要经济业务

20×3 年，×××养殖专业合作社发生了以下主要经济业务，我们依据《农民专业合作社会计制度》《农民专业合作社新旧会计制度有关衔接问题的处理规定》等相关制度的核算要求，分析、计算并编制相关业务分录。

【例 11－1】 1 月 3 日，发放上月人员工资。账务处理如表 11－5 所示。

表 11－5　　发放工资的账务处理

经济业务和事项	账务处理		
20×3 年 1 月 3 日，发放员工工资	借：应付工资	42 900	
	贷：其他货币资金——微信账户		42 900

【例 11－2】 1 月 7 日，合作社蛋鸡淘汰蛋鸡，其中 28 700 只转群留作育肥鸡，在春节前出售，其余处理给屠宰场，货款 68 835 元通过银行收取。账务处理如表 11－6 所示。

表 11－6　　蛋鸡转群及淘汰的账务处理

经济业务和事项	账务处理		
①20×3 年 1 月 7 日，蛋鸡转群为育肥鸡	借：消耗性生物资产——育肥鸡	16 856.25	
	生产性生物资产累计折旧	113 643.75	
	贷：生产性生物资产——蛋鸡		130 500
②20×3 年 1 月 7 日，处理剩余蛋鸡	借：银行存款	68 835	
	生产性生物资产累计折旧	227 287.50	
	贷：生产性生物资产——蛋鸡		261 000
	其他收入——淘汰蛋鸡销售收入		35 122.50

【例 11－3】1 月 7 日开始，每天领料 3.3 吨投喂育肥鸡，直至春节前出售，出库单如表 11－7 所示。

表 11－7　　×××养殖专业合作社饲料出库单

20×3 年 1 月 7 日　　单位：元

品名	数量（吨）	单位出库成本（元/吨）	出库总成本	备注
饲料	3.3	3 000.00	9 900.00	
合计	3.3	3 000.00	9 900.00	
库管员（签名）：×××　20×3 年 1 月 7 日		领料人（签名）：×××　20×3 年 1 月 7 日		

账务处理如表 11－8 所示。

表 11－8　　领料投喂的账务处理

经济业务和事项	账务处理
20×3 年 1 月 7 日，领料投喂育肥鸡	借：消耗性生物资产——育肥鸡　9 900 　贷：产品物资——蛋鸡饲料　9 900

【例 11－4】1 月 8 日，鸡舍消毒，共花费 2 680 元。账务处理如表 11－9 所示。

表 11－9　　支付消毒费的账务处理

经济业务和事项	账务处理
20×3 年 1 月 8 日，支付鸡舍消毒费	借：生产成本——待摊蛋鸡费用　2 680 　贷：其他货币资金——微信账户　2 680

【例 11－5】1 月 8 日，购雏鸡料 2 876 吨，市场价每吨 3 100 元，合作社与饲料厂合同约定每吨以 3 000 元给本社成员结算。合作社每吨收取手续费 30 元。合作社自用 100 吨，饲料的计划成本为每吨 3 050 元（含价、税、费），饲料入库单如表 11－10 所示。

表 11－10　　×××养殖专业合作社饲料入库单

20×3 年 1 月 8 日　　单位：元

品名	数量（吨）	单位计划成本（元/吨）	入库总成本	备注
雏鸡饲料	100	3 050.00	305 000.00	
合计	100	3 050.00	305 000.00	
库管员（签名）：×××　20×3 年 1 月 8 日				

账务处理如表 11－11 所示。

表 11－11　　收取手续费、支付运输及装卸费的账务处理

经济业务和事项	账务处理
①20×3 年 1 月 8 日，根据购料成员名单计算应收手续费	借：成员往来——购料手续费　83 280 　　贷：经营收入——饲料手续费收入　83 280
②20×3 年 1 月 8 日，合作社购料 100 吨，货款通过银行支付，运输及装卸费各 2 000 元	借：产品物资——雏鸡料　305 000 　　贷：银行存款　300 000 　　　　其他货币资金——微信账户　4 000 　　　　产品物资——雏鸡料成本差异　1 000
③20×3 年 1 月 9 日，收到成员手续费	借：其他货币资金——微信账户　83 280 　　贷：成员往来——购料手续费　83 280

注：入库雏鸡料以计划成本每吨 3 050 元核算，材料成本差异的贷方表示节约差异，就是实际成本小于计划成本的差异；材料成本差异的借方表示超支差异，就是实际成本大于计划成本的差异。

【例 11－6】 1 月 8 日合作社购买蛋鸡疫苗。账务处理如表 11－12 所示。

表 11－12　　购买疫苗的账务处理

经济业务和事项	账务处理
20×3 年 1 月 8 日，购买疫苗	借：产品物资——疫苗　45 000 　　贷：其他货币资金——微信账户　45 000

【例 11－7】 1 月 9 日，购蛋鸡苗，每只市场价 3.30 元，合作社与孵化场约定每只以 3.10 元与成员结算。合作社每只收取手续费 0.10 元。共购买 91 万只，其中成员购买 82 万只，合作社购买 9 万只。账务处理如表 11－13 所示。

表 11－13　　收取手续费、支付各项费用的账务处理

经济业务和事项	账务处理
①20×3 年 1 月 9 日，根据成员名单计算应收手续费	借：成员往来——购鸡苗手续费　82 000 　　贷：经营收入——鸡苗手续费收入　82 000
②20×3 年 1 月 9 日，合作社购买蛋鸡苗 9 万只，货款通过银行支付	借：生产性生物资产——未成熟生产性生物资产——蛋鸡　279 000 　　贷：银行存款　100 000 　　　　应付款——×××蛋鸡孵化场　179 000

续表

经济业务和事项	账务处理
③20×3年1月9日，支付运输及装卸费16 000元	借：生产性生物资产——未成熟生产性生物资产——蛋鸡 16 000 贷：其他货币资金——微信账户 16 000
④20×3年1月10日，收到成员手续费	借：其他货币资金——微信账户 82 000 贷：成员往来——购鸡苗手续费 82 000

【例11－8】1月9日至21日，饲养员每天领料投喂（出库雏鸡料以计划成本每吨3 050元核算），共领用雏鸡料95.76吨。饲料出库单如表11－14所示，账务处理如表11－15所示。

表11－14　×××养殖专业合作社饲料出库汇总单

20×3年1月21日　　单位：元

品名	数量（吨）	单位出库计划成本（元/吨）	出库总成本	备注
雏鸡饲料	95.76	3 050.00	292 068.00	
合计	95.76	3 050.00	292 068.00	
库管员（签名）：××× 20×3年1月21日		领料人（签名）：××× 20×3年1月21日		

表11－15　领料投喂的账务处理

经济业务和事项	账务处理
20×3年1月9—21日，领料投喂	借：生产性生物资产——未成熟生产性生物资产——蛋鸡 292 068 贷：产品物资——雏鸡料 292 068

【例11－9】1月21日，合作社购入雏鸡料100吨，每吨2 950元；运输费、装卸费各2 000元。账务处理如表11－16所示。

表11－16　购买雏鸡料的账务处理

经济业务和事项	账务处理
20×3年1月21日，购入雏鸡料100吨	借：产品物资——雏鸡料 305 000 贷：应付款——××饲料厂 295 000 其他货币资金——微信账户 4 000 产品物资——雏鸡料成本差异 6 000

【例 11－10】1 月 26 日出售育肥鸡，每只售价 15.50 元，饲料出库汇总单如表 11－17 所示。

表 11－17　　×××养殖专业合作社饲料出库汇总单

20×3 年 1 月 26 日　　单位：元

品名	数量（吨）	单位出库成本（元/吨）	出库总成本	备注
蛋鸡饲料	63.85	3 000.00	191 550.00	
合计	63.85	3 000.00	191 550.00	
库管员（签名）：××× 20×3 年 1 月 26 日		领料人（签名）：××× 20×3 年 1 月 26 日		

账务处理如表 11－18 所示。

表 11－18　　出售育肥鸡及结转成本的账务处理

经济业务和事项	账务处理
①20×3 年 1 月 8—26 日，领料投喂育肥鸡	借：消耗性生物资产——育肥鸡　191 550 　贷：产品物资——蛋鸡饲料　191 550
②20×3 年 1 月 26 日，出售育肥鸡，货款通过银行收取	借：银行存款　444 850 　贷：经营收入——出售育肥鸡　444 850
③20×3 年 1 月 26 日，结转育肥鸡出售成本	借：经营支出——结转育肥鸡出售成本　218 306.25 　贷：消耗性生物资产——育肥鸡　218 306.25

【例 11－11】1 月 27 日，清偿鸡苗与雏鸡料欠款。账务处理如表 11－19 所示。

表 11－19　　清偿欠款的账务处理

经济业务和事项	账务处理
20×3 年 1 月 27 日，清偿鸡苗和饲料款	借：应付款——×××蛋鸡孵化场　179 000 　　　　——××饲料厂　295 000 　贷：银行存款　474 000

【例 11－12】1 月 28 日，出售鸡粪 7 648 元。账务处理如表 11－20 所示。

表 11－20　　出售鸡粪的账务处理

经济业务和事项	账务处理
20×3 年 1 月 28 日，出售鸡粪	借：其他货币资金——微信账户　7 648 　贷：其他收入——出售鸡粪收入　7 648

【例 11 - 13】1 月 22—30 日，饲养员领料投喂（出库雏鸡料以计划成本每吨 3 050 元核算）。账务处理如表 11 - 21 所示。

表 11 - 21　　领料投喂的账务处理

经济业务和事项	账务处理
20×3 年 1 月 22—30 日，领料投喂	借：生产性生物资产——未成熟生产性生物资产——蛋鸡 203 404.50 贷：产品物资——雏鸡料 203 404.50

【例 11 - 14】1 月 30 日报销本月水、电费。水电费分摊表如表 11 - 22 所示，账务处理如表 11 - 23 所示。

表 11 - 22　　×××养殖专业合作社水、电费分摊表

20×3 年 1 月 30 日　　单位：元

项目	总额	鸡舍	办公	备注
电费	2 436.00	2 314.20	121.80	鸡舍与办公按 95∶5 分摊
水费	301.00	285.95	15.05	鸡舍与办公按 95∶5 分摊
合计	2 737.00	2 600.15	136.85	

表 11 - 23　　报销及分摊水电费的账务处理

经济业务和事项	账务处理
20×3 年 1 月 30 日，报销及分摊水电费	借：生产性生物资产——未成熟生产性生物资产——蛋鸡 2 600.15 管理费用——水电费 136.85 贷：其他货币资金——微信账户 2 737

【例 11 - 15】月末计提员工工资、固定资产折旧。

1. 计提生产技术部员工工资、鸡舍及设备折旧（见表 11 - 24、表 11 - 25）

表 11 - 24　　×××养殖专业合作社工资单

20×3 年 1 月 30 日

部门：生产技术部　　单位：元

姓名	基本工资	出勤津贴	社会保险费	奖金	总额
×××	3 100.00	300.00	200.00		3 600.00
×××	3 100.00	300.00	200.00		3 600.00
……	……	……	……		……
合计	9 300.00	900.00	600.00		10 800.00

表 11－25　　×××养殖专业合作社固定资产折旧核算单

20×3 年 1 月 30 日

鸡舍（3 栋）　　单位：元

品名	构建时间	固定资产原值	固定资产预计残值	折旧额	折旧年限	月折旧额	备注
鸡舍		126 000.00	6 300.00	119 700.00	20	498.75	
供水设施		14 400.00	720.00	13 680.00	10	114.00	
供电设施		27 000.00	1 350.00	25 650.00	5	427.50	
通风设施		18 000.00	900.00	17 100.00	10	142.50	
小推车（8 个）		1 200.00	60.00	1 140.00	10	9.50	
合计		186 600.00	9 330.00	177 270.00		1 192.25	

账务处理如表 11－26 所示。

表 11－26　　计提工资和折旧的账务处理

经济业务和事项	账务处理
20×3 年 1 月 30 日，计提生产技术部员工工资及折旧	借：生产性生物资产——未成熟生产性生物资产——蛋鸡　11 992.25 　贷：应付工资——生产技术部　10 800 　　累计折旧——鸡舍及设备折旧　1 192.25

2. 计提市场营销部员工工资及折旧（见表 11－27、表 11－29、表 11－30）

表 11－27　　×××养殖专业合作社工资单

20×3 年 1 月 30 日

部门：市场营销部　　单位：元

姓名	基本工资	出勤津贴	社会保险费	奖金	总额
×××	3 000.00	300.00	200.00		3 500.00
×××	3 000.00	300.00	200.00		3 500.00
……	……	……	……		……
合计	9 000.00	900.00	600.00		10 500.00

注：市场营销部员工同时负责饲料和鲜蛋的库存管理工作，根据饲料与鲜蛋的重量结构，合作社规定市场营销部员工工资的 70% 摊入饲料成本，30% 摊入鲜蛋成本。

账务处理如表 11－28 所示。

表 11 - 28　　　　计提并分摊工资的账务处理

经济业务和事项	账务处理
20×3 年 1 月 30 日，计提并分摊市场营销部员工工资	借：产品物资——雏鸡料成本差异　7 350 　　生产成本——待摊鸡蛋成本　3 150 　　贷：应付工资——市场营销部　10 500

表 11 - 29　　　　×××养殖专业合作社固定资产折旧核算单

20×3 年 1 月 30 日

饲料库　　　　单位：元

品名	构建时间	固定资产原值	固定资产预计残值	折旧额	折旧年限	月折旧额	备注
彩钢房		33 000.00	1 650.00	31 350.00	10	261.25	
小推车（4 个）		600.00	30.00	570.00	10	4.75	
合计		33 600.00	1 680.00	31 920.00		266.00	

表 11 - 30　　　　×××养殖专业合作社固定资产折旧核算单

20×3 年 1 月 30 日

鲜蛋库　　　　单位：元

品名	构建时间	固定资产原值	固定资产预计残值	折旧额	折旧年限	月折旧额	备注
农资彩钢房		33 000.00	1 650.00	31 350.00	10	261.25	
小推车（4 个）		600.00	30.00	570.00	10	4.75	
合计		33 600.00	1 680.00	31 920.00		266.00	

账务处理如表 11 - 31 所示。

表 11 - 31　　　　计提折旧的账务处理

经济业务和事项	账务处理
20×3 年 1 月 30 日，计提饲料、鲜蛋库折旧	借：产品物资——雏鸡料成本差异　266 　　生产成本——待摊鸡蛋成本　266 　　贷：累计折旧——饲料库及设备折旧　266 　　　　　　　　——鲜蛋库及设备折旧　266

3. 计提办公室、财务部员工工资、房屋及设备折旧（见表 11－32 至表 11－38）

表 11－32　　×××养殖专业合作社工资单

20×3 年 1 月 30 日

部门：财务部　　单位：元

姓名	基本工资	出勤津贴	社会保险费	奖金	总额
×××	2 600.00	300.00	100.00		3 000.00
×××	2 600.00	300.00	100.00		3 000.00
×××	2 600.00	300.00	100.00		3 000.00
合计	7 800.00	900.00	300.00		9 000.00

表 11－33　　×××养殖专业合作社工资单

20×3 年 1 月 30 日

部门：办公室　　单位：元

姓名	基本工资	出勤津贴	社会保险费	奖金	总额
×××	2 100.00	300.00	100.00		2 500.00
×××	2 100.00	300.00	100.00		2 500.00
合计	4 200.00	600.00	200.00		5 000.00

表 11－34　　×××养殖专业合作社工资单

20×3 年 1 月 30 日

门卫（安保）　　单位：元

姓名	基本工资	出勤津贴	机械作业意外保险费	社会保险费	奖金	总额
×××	1 700.00	300.00		200.00		2 200.00
×××	1 700.00	300.00		200.00		2 200.00
合计	3 400.00	600.00		400.00		4 400.00

表 11－35　　×××养殖专业合作社工资单

20×3 年 1 月 30 日

环卫工　　单位：元

姓名	基本工资	出勤津贴	机械作业意外保险费	社会保险费	奖金	总额
×××	1 100.00	300.00		200.00		1 600.00
×××	1 100.00	300.00		200.00		1 600.00
合计	2 200.00	600.00		400.00		3 200.00

表 11-36　　×××养殖专业合作社固定资产折旧核算单

20×3 年 1 月 30 日

部门：办公室　　单位：元

品名	构建时间	固定资产原值	固定资产预计残值	折旧额	折旧年限	月折旧额	备注
办公用房		21 600.00	1 080.00	20 520.00	30	57.00	
电脑（2 台）	20×1.12	9 000.00	450.00	8 550.00	6	118.75	
打印机（1 台）	20×1.12	2 100.00	105.00	1 995.00	6	27.71	
桌椅（4 套）	20×1.12	2 400.00	120.00	2 280.00	10	19.00	
空调（1 台）		2 400.00	120.00	2 280.00	10	19.00	
文件柜（1 个）		600.00	30.00	570.00	10	4.75	
合计		38 100.00	1 905.00	36 195.00		246.21	

表 11-37　　×××养殖专业合作社固定资产折旧核算单

20×3 年 1 月 30 日

部门：财务部　　单位：元

品名	构建时间	固定资产原值	固定资产预计残值	折旧额	折旧年限	月折旧额	备注
办公用房		10 800.00	540.00	10 260.00	30	27.50	
电脑（4 台）	20×1.12	18 000.00	900.00	17 100.00	6	237.50	
文件柜（1 个）		600.00	30.00	570.00	10	4.75	
打印机（1 台）	20×1.12	2 100.00	105.00	1 995.00	6	27.71	
桌椅（4 套）	20×1.12	2 400.00	120.00	2 280.00	10	19.00	
合计		33 900.00	1 695.00	32 205.00		316.46	

表 11-38　　×××养殖专业合作社固定资产折旧核算单

20×3 年 1 月 30 日

会议（培训）室　　单位：元

品名	构建时间	固定资产原值	固定资产预计残值	折旧额	折旧年限	月折旧额	备注
房屋		90 000.00	4 500.00	85 500.00	30	237.50	
空调（2 台）		4 800.00	240.00	4 560.00	10	38.00	
投影设备（1 套）		6 000.00	300.00	5 700.00	5	95.00	
会议桌椅		12 000.00	600.00	11 400.00	10	95.00	
合计		112 800.00	5 640.00	107 160.00		465.50	

账务处理如表 11－39 所示。

表 11－39　　计提工资及折旧的账务处理

经济业务和事项	账务处理
20×3 年 1 月 30 日，计提办公室、财务部员工工资及折旧	借：管理费用　22 628.17 贷：应付工资——办公室员工　5 000 ——财务部员工　9 000 ——门卫　4 400 ——环卫工　3 200 累计折旧——办公室及设备折旧　246.21 ——财务部及设备折旧　316.46 ——会议（培训）室及设备折旧　465.50

【例 11－16】 1 月 31 日计算并分摊本月领用及结存雏鸡料的成本差异，实际成本核算单如表 11－40 所示，计划成本核算单如表 11－41 所示。

表 11－40　　×××养殖专业合作社饲料实际成本核算单

20×3 年 1 月 31 日　　单位：元

项目内容	购买价	运输及装卸费	摊入员工工资	摊入折旧	总实际成本	数量（吨）	单位实际成本
1 月 8 日购入	300 000.00	4 000.00	7 350.00	266.00	610 616.00	200	3 053.08
1 月 21 日购入	295 000.00	4 000.00					
合计	595 000.00	8 000.00	7 350.00	266.00	610 616.00	200	3 053.08

表 11－41　　×××养殖专业合作社饲料计划成本核算单

20×3 年 1 月 31 日　　单位：元

项目内容	购买数量（吨）	单位计划成本	总计划成本
1 月 8 日购入	100	3 050.00	305 000.00
1 月 21 日购入	100	3 050.00	305 000.00
合计	200	3 050.00	610 000.00

计算本月雏鸡料成本差异率为：

成本差异率＝(期初结存材料的成本差异＋本期验收入库材料的成本差异)÷(期初结存材料的计划成本＋本期验收入库材料的计划成本)×100%

$$=(-7\ 000+7\ 616)\div(305\ 000+305\ 000)$$
$$=616\div610\ 000$$
$$=0.10098361\%$$

计算并分摊本月领用、结存雏鸡料成本差异为：

$$\text{本月领用雏鸡料成本差异}=\text{本月领用雏鸡料计划成本}\times\text{雏鸡料成本差异率}$$
$$=(3\ 050\times88.56+3\ 050\times66.69)\times0.0010098361$$
$$=(270\ 108+203\ 404.50)\times0.0010098361$$
$$=473\ 512.50\times0.0010098361$$
$$=478.17$$

$$\text{本月结存雏鸡料成本差异}=\text{本月结存雏鸡料计划成本}\times\text{雏鸡料成本差异率}$$
$$=(200-88.56-66.69)\times3\ 050\times0.0010098361$$
$$=44.75\times3\ 050\times0.0010098361$$
$$=136\ 487.50\times0.0010098361$$
$$=137.83$$

账务处理如表 11－42 所示。

表 11－42　　　　分摊成本差异的账务处理

经济业务和事项	账务处理
①20×3 年 1 月 31 日，计算并分摊本月领用雏鸡料成本差异	借：生产性生物资产——未成熟生产性生物资产——蛋鸡 478.17 贷：产品物资——雏鸡料成本差异 478.17
②20×3 年 1 月 31 日，计算并分摊本月结存雏鸡料成本差异	借：产品物资——雏鸡料 137.83 贷：产品物资——雏鸡料成本差异 137.83

2—4 月的业务略。

【例 11－17】 5 月 2 日，合作社购买蛋鸡料 3 565 吨，市场价每吨 3 200 元，合作社与饲料厂合同约定每吨以 3 100 元给本社成员结算。合作社每吨收取手续费 30 元。合作社自用 150 吨（蛋鸡料计划成本为 3 150 元/吨）。账务处理如表 11－43 所示。

表 11－43　　收取手续费、支付运输及装卸费的账务处理

经济业务和事项	账务处理
①20×3 年 5 月 2 日，根据购料成员名单计算应收手续费	借：成员往来——购料手续费　102 450 　贷：经营收入——饲料手续费收入　102 450
②20×3 年 5 月 2 日，合作社购料 150 吨，货款通过银行支付，运输及装卸费各 2 400 元	借：产品物资——蛋鸡料　472 500 　贷：应付款——××饲料厂　465 000 　　其他货币资金——微信账户　4 800 　　产品物资——蛋鸡料成本差异　2 700
③20×3 年 5 月 2 日，收到成员手续费	借：其他货币资金——微信账户　102 450 　贷：成员往来——购料手续费　102 450

【例 11－18】5 月 9 日，70%以上的蛋鸡开始产蛋，蛋鸡进入产蛋期，进行转群核算。账务处理如表 11－44 所示。

表 11－44　　鸡群转换的账务处理

经济业务和事项	账务处理
20×3 年 5 月 9 日，蛋鸡开始产蛋，鸡群转换	借：生产性生物资产——成熟生产性生物资产——蛋鸡　805 543.07 　贷：生产性生物资产——未成熟生产性生物资产——蛋鸡　805 543.07

【例 11－19】5 月 9 日开始，每天领用蛋鸡料约 10.8 吨进行投喂。账务处理如表 11－45 所示。

表 11－45　　领料投喂的账务处理

经济业务和事项	账务处理
20×3 年 5 月 9 日，领料投喂产蛋鸡	借：生产成本——待摊鸡蛋成本　34 020 　贷：产品物资——蛋鸡料　34 020

【例 11－20】5 月 9 日，当天共捡拾鸡蛋 82 153 枚，10 532 千克（鸡蛋每千克计划成本为 3.50 元）。鸡蛋入库单如表 11－46 所示。

表 11－46　　×××养殖专业合作社鸡蛋入库单

20×3 年 5 月 9 日　　单位：元

品名	数量（千克）	单位计划成本（元/吨）	入库计划总成本	备注
鸡蛋	10 532	3.50	36 862.00	
合计	10 532		36 862.00	
库管员（签名）：×××　20×3 年 5 月 9 日				

账务处理如表 11 - 47 所示。

表 11 - 47　　　　鸡蛋入库的账务处理

经济业务和事项	账务处理
20×3 年 5 月 9 日，鸡蛋入库	借：产品物资——鸡蛋　36 862 　贷：生产成本——待摊鸡蛋成本　36 862

【例 11 - 21】 5 月 10 日，销售鸡蛋 9 756 千克，每千克售价 4.2 元。鸡蛋出库单如表 11 - 48 所示。

表 11 - 48　　　　×××养殖专业合作社鸡蛋出库单

20×3 年 5 月 10 日　　　　单位：元

品名	数量（千克）	单位计划成本（元/吨）	出库计划总成本	备注
鸡蛋	9 756	3.50	34 146.00	
合计	9 756		34 146.00	
库管员（签名）：×××				

账务处理如表 11 - 49 所示。

表 11 - 49　　　　销售鸡蛋并结转成本的账务处理

经济业务和事项	账务处理
①20×3 年 5 月 9 日，销售鸡蛋	借：银行存款　40 975.20 　贷：经营收入——鲜蛋销售收入　40 975.20
②20×3 年 5 月 9 日，结转鸡蛋销售成本	借：经营支出——结转鸡蛋销售成本　34 146 　贷：产品物资——鸡蛋　34 146

【例 11 - 22】 5 月 20 日合作社购入蛋鸡料 200 吨，每吨 3 150 元，运输及装卸费各 2 500 元（蛋鸡料计划成本为 3 150 元）。账务处理如表 11 - 50 所示。

表 11 - 50　　　　支付运输及装卸费的账务处理

经济业务和事项	账务处理
20×3 年 5 月 20 日，合作社购料 200 吨，货款未付，运输及装卸费各 2 500 元	借：产品物资——蛋鸡料　630 000 　产品物资——蛋鸡料成本差异　5 000 　贷：应付款——××饲料厂　630 000 　　其他货币资金——微信账户　5 000

【例 11－23】5 月 31 日汇总核算 5 月 10—30 日投喂饲料。账务处理如表 11－51 所示。

表 11－51 领料投喂的账务处理

经济业务和事项	账务处理
20×3 年 5 月 10—30 日，领料投喂	借：生产成本——待摊鸡蛋成本 724 342.50 贷：产品物资——蛋鸡料 724 342.50

【例 11－24】5 月 31 日汇总核算 5 月 10—30 日入库鸡蛋成本。账务处理如表 11－52 所示。

表 11－52 鸡蛋入库的账务处理

经济业务和事项	账务处理
20×3 年 5 月 10—30 日，鸡蛋入库	借：产品物资——鸡蛋 844 079.11 贷：生产成本——待摊鸡蛋成本 844 079.11

【例 11－25】5 月 31 日汇总核算 5 月 10—30 日鸡蛋销售收入。账务处理如表 11－53 所示。

表 11－53 销售鸡蛋和结转成本的账务处理

经济业务和事项	账务处理
①20×3 年 5 月 10—30 日，销售鸡蛋	借：银行存款 959 115.01 贷：经营收入——鲜蛋销售收入 959 115.01
②20×3 年 5 月 10—30 日，结转鸡蛋销售成本	借：经营支出——结转鸡蛋销售成本 818 756.71 贷：产品物资——鸡蛋 818 756.71

【例 11－26】5 月 31 日清偿蛋料款。账务处理如表 11－54 所示。

表 11－54 清偿蛋料款的账务处理

经济业务和事项	账务处理
20×3 年 5 月 31 日，清偿××饲料厂蛋料款	借：应付款——××饲料厂 630 000 贷：银行存款 630 000

【例 11－27】5 月 31 日报销本月水、电费，水电费分摊表如表 11－55 所示。

表 11－55　　×××养殖专业合作社水、电费分摊表

20×3 年 5 月 31 日　　单位：元

项目	总额	鸡舍	办公	备注
电费	2 653.00	2 520.35	132.65	鸡舍与办公按 95 : 5 分摊
水费	381.00	361.95	19.05	鸡舍与办公按 95 : 5 分摊
合计	3 034.00	2 882.30	151.70	

账务处理如表 11－56 所示。

表 11－56　　分摊水电费的账务处理

经济业务和事项	账务处理
20×3 年 5 月 31 日，报销及分摊水电费	借：生产成本——待摊鸡蛋成本　2 882.30 　管理费用——水电费　151.70 　贷：其他货币资金——微信账户　3 034

【例 11－28】月末计提员工工资、固定资产折旧。

1. 计提生产技术部员工工资、鸡舍及设备折旧。账务处理如表 11－57 所示。

表 11－57　　计提工资及折旧的账务处理

经济业务和事项	账务处理
20×3 年 5 月 31 日，计提生产技术部员工工资及折旧	借：生产成本——待摊鸡蛋成本　11 992.25 　贷：应付工资——生产技术部　10 800 　　累计折旧——鸡舍及设备折旧　1 192.25

2. 计提市场营销部员工工资及折旧。账务处理如表 11－58 所示。

表 11－58　　计提工资及折旧的账务处理

经济业务和事项	账务处理
①20×3 年 5 月 31 日，计提并分摊市场营销部员工工资	借：产品物资——蛋鸡料成本差异　7 350 　生产成本——待摊鸡蛋成本　3 150 　贷：应付工资——市场营销部　10 500
②20×3 年 5 月 31 日，计提饲料、鸡蛋库折旧	借：产品物资——蛋鸡料成本差异　266 　生产成本——待摊鸡蛋成本　266 　贷：累计折旧——饲料库及设备折旧　266 　　——鸡蛋库及设备折旧　266

3. 计提办公室、财务部员工工资、房屋及设备折旧。账务处理如表 11－59 所示。

表 11－59　　计提工资及折旧的账务处理

经济业务和事项	账务处理
20×3 年 5 月 31 日，计提办公室、财务部员工工资及折旧	借：管理费用　22 628.17 贷：应付工资——办公室员工　5 000 ——财务部员工　9 000 ——门卫　4 400 ——环卫工　3 200 累计折旧——办公室及设备折旧　246.21 ——财务部及设备折旧　316.46 ——会议室及设备折旧　465.50

【例 11－29】 5 月 31 日，计算并分摊本月耗用及结存蛋鸡料的成本差异（方法参照例 11－16）。账务处理如表 11－60 所示。

表 11－60　　分摊成本差异的账务处理

经济业务和事项	账务处理
20×3 年 5 月 31 日，计算并分摊本月耗用蛋鸡料成本差异	借：生产成本——待摊鸡蛋成本　6 820.79 贷：产品物资——蛋鸡料成本差异　6 820.79
20×3 年 5 月 31 日，计算并分摊本月结存蛋鸡料成本差异	借：产品物资——蛋鸡料　3 095.21 贷：产品物资——蛋鸡料成本差异　3 095.21

【例 11－30】 5 月 31 日，计算并分摊本月销售及结存鸡蛋的成本差异（见表 11－61）。

表 11－61　　×××养殖专业合作社鸡蛋实际成本核算单

20×3 年 5 月 31 日　　单位：元

项目内容	投喂计划成本	本月饲料成本差异调整	摊入员工工资	摊入折旧	摊入水、电费	总实际成本	数量（千克）	单位实际成本
5 月 9 日投喂	34 020.00	6 820.79	17 100.00	1 724.25	2 882.30			
10—30 日投喂	724 342.50							
合计	758 362.50	6 820.79	17 100.00	1 724.25	2 882.30	786 889.84	251 697.46	3.12633

计算本月鸡蛋的成本差异率，其公式如下：

$$\text{成本差异率}=\left(\text{实际成本}-\text{计划成本}\right)\div\left(\text{期初结存材料的计划成本}+\text{本期验收入库材料的计划成本}\right)\times 100\%$$

$$=(786\ 889.84-880\ 941.11)\div 880\ 941.11$$

$$=-94\ 051.27\div 880\ 941.11$$

$$=-10.6762\%$$

计算并分摊本月销售、结存鸡蛋成本差异，

本月销售鸡蛋成本差异＝本月销售鸡蛋计划成本×鸡蛋成本差异率

＝852 902.71×(－10.6762%)

＝－91 057.60

本月结存鸡蛋成本差异＝本月结存鸡蛋计划成本×鸡蛋成本差异率

＝28 038.40×(－10.6762%)

＝－2 993.43

账务处理如表11－62所示。

表11－62　　分摊成本差异的账务处理

经济业务和事项	账务处理
①20×3年5月31日，计算并分摊本月销售鸡蛋成本差异	借：生产成本——待摊鸡蛋成本　91 057.60 　贷：经营支出——鸡蛋成本差异调整　91 057.60
②20×3年5月31日，计算并分摊本月结存鸡蛋成本差异	借：生产成本——待摊鸡蛋成本　2 993.43 　贷：产品物资——鸡蛋　2 993.43

【例11－31】6月30日，计提蛋鸡折旧，折旧核算单如表11－63所示。

表11－63　　×××养殖专业合作社生产性生物资产折旧核算单

20×3年6月30日　　单位：只

品名	构建时间	资产原值	预计残值	折旧额	折旧期限（月）	月折旧额	存栏数量（元）	备注
蛋鸡	20×6.5.9	805 543.07	40 277.15	765 265.92	12	63 772.16	90 000	
合计		805 543.07	40 277.15	765 265.92		63 772.16	90 000	

账务处理如表11－64所示。

表 11－64　　计提蛋鸡折旧的账务处理

经济业务和事项	账务处理
20×3 年 6 月 30 日，计提蛋鸡折旧	借：生产成本——待摊鸡蛋成本　63 772.16 　贷：生产性生物资产累计折旧　63 772.16

【例 11－32】7 月 13 日，×××制冷设备公司响应当地政府号召，捐赠给合作社鸡蛋库扶贫制冷设备两套，价值 40 000 元。账务处理如表 11－65 所示。

表 11－65　　接受捐赠的账务处理

经济业务和事项	账务处理
20×3 年 7 月 13 日，×××制冷设备公司捐赠扶贫设备两套	借：固定资产——鸡蛋库制冷设备　40 000 　贷：专项基金——×××制冷设备公司捐赠扶贫设备　40 000

【例 11－33】7 月 30 日，处理死亡蛋鸡 1 633 只，损毁成本及折旧核算单如表 11－66 所示。

表 11－66　　×××养殖专业合作社生产性生物资产损毁成本及折旧核算单

20×3 年 7 月 30 日　　单位：元

品名	构建时间	资产原值	存栏数量（只）	单位成本	月折旧额	单位月折旧额	备注
蛋鸡	20×6.5.9	805 543.07	90 000	8.95	63 772.16	0.71	
合计		805 543.07	90 000		63 772.16		

账务处理如表 11－67 所示。

表 11－67　　处理死亡鸡蛋的账务处理

经济业务和事项	账务处理
①20×3 年 7 月 30 日，处理死亡蛋鸡	借：待处理财产损溢——待处理非流动资产损溢——蛋鸡　12 296.49 　生产性生物资产累计折旧　2 318.86 　贷：生产性生物资产——蛋鸡　14 615.35
②20×3 年 7 月 30 日，处理死亡蛋鸡	借：其他支出——蛋鸡死亡损毁　12 296.49 　贷：待处理财产损溢——待处理非流动资产损溢——蛋鸡　12 296.49

其余业务略。

【例 11 -34】年终结转。账务处理如表 11 -68 所示。

表 11 -68　　年终结转的账务处理

经济业务和事项	账务处理	
①20×3 年 12 月 30 日，年终结转	借：经营收入 　　其他收入 　　贷：本年盈余	1 712 670.21 42 770.50 1 755 440.71
②20×3 年 12 月 30 日，年终结转	借：本年盈余 　　贷：经营支出 　　　　管理费用 　　　　其他支出	1 037 992.74 980 151.36 45 544.89 12 296.49
③20×3 年 12 月 30 日，计算本年所得税费用	借：所得税费用 　　贷：应交税费——应交企业所得税	17 936.20 17 936.20
④20×3 年 12 月 30 日，结转所得税费用	借：本年盈余 　　贷：所得税费用	17 936.20 17 936.20
⑤20×3 年 12 月 30 日，结转本年盈余	借：本年盈余 　　贷：盈余分配——未分配盈余	699 511.77 699 511.77

注：合作社按照国家税务总局对小型微利企业年应纳税所得额不超过 100 万元的部分，减按 12.5% 计入应纳税所得额，按 20% 的税率缴纳企业所得税的优惠政策计算所得税费用。

【例 11 -35】年终计提各项分配。账务处理如表 11 -69 所示。

表 11 -69　　计提各项分配的账务处理

经济业务和事项	账务处理	
①20×3 年 12 月 30 日，弥补上年度亏损	借：盈余公积——弥补上年亏损 　　贷：盈余分配——未分配盈余	24 119.89 24 119.89
②20×3 年 12 月 30 日，结转本年未分配盈余	借：盈余分配——未分配盈余 　　贷：盈余分配——各项分配	699 511.77 699 511.77
③20×3 年 12 月 30 日，计提各项分配	借：盈余分配——各项分配 　　贷：盈余公积 　　　　应付盈余返还 　　　　应付剩余盈余	699 511.77 279 804.71 251 824.24 167 882.82

二、20×3 年×××养殖专业合作社财务报表编制

我们按照上述发生的经济业务，依据《农民专业合作社会计制度》的

相关规定编制有关报表。包括科目余额表、资产负债表、盈余及盈余分配表、成员权益变动表和成员账户表。

(一) 科目余额表编制举例

根据以上经济业务和会计分录，在年末生成×××养殖专业合作社会计科目余额表（见表11－70）。

表11－70　　**科目余额表**

20×3年12月31日

编制单位：×××养殖专业合作社　　单位：元

科目名称	期初余额		本期发生额		期末余额	
	借方	贷方	借方	贷方	借方	贷方
库存现金						
银行存款	381 100.00		1 789 153.21	2 134 151	36 102.21	
应收款						
成员往来			267 730.00	267 730.00		
产品物资	201 562.50		2 661 906.15	2 331 413.14	532 055.51	
其中：1. 蛋鸡饲料	201 450.00		1 105 595.21	959 812.50	347 232.71	
2. 雏鸡饲料			610 137.83	495 472.50	114 665.33	
3. 鸡蛋			880 941.11	855 896.14	25 044.97	
4. 兽药	112.50		45 000.00		45 112.50	
5. 雏鸡料成本差异			7 616.00	7 616.00		
6. 蛋鸡料成本差异			12 616.00	12 616.00		
委托加工物资						
委托代销商品						
受托代购商品						
受托代销商品						
对外投资						
消耗性生物资产			218 306.25	218 306.25		

续表

科目名称	期初余额		本期发生额		期末余额	
	借方	贷方	借方	贷方	借方	贷方
生产性生物资产	391 500		1 611 086.14	1 211 658.42	790 927.72	
其中：1. 期初存栏蛋鸡	391 500			391 500.00		
2. 本期购入未成熟蛋鸡			805 543.07	805 543.07		
3. 成熟蛋鸡			805 543.07	14 615.35	790 927.72	
生产性生物资产折旧		340 931.25	343 250.11	63 772.16		61 453.30
其中：1. 期初存栏蛋鸡折旧		340 931.25	340 931.25			
2. 成熟蛋鸡折旧			2 318.86	63 772.16		61 453.30
公益性生物资产	500 000				500 000	
固定资产	438 600.00		40 000.00		478 600.00	
累计折旧		46 791.14		5 504.84		52 295.98
在建工程						
固定资产清理						
无形资产						
累计摊销						
长期待摊费用	129 240.00				129 240.00	
待处理财产损益						
短期借款						
应付款		500 000	1 604 000	1 569 000.00		465 000.00
应付劳务费						
应交税费				17 936.20		17 936.20
应付利息						
应付工资		42 900.00	42 900.00	85 800.00		85 800.00
应付盈余返还				251 824.24		251 824.24
应付剩余盈余				167 882.82		167 882.82

续表

科目名称	期初余额		本期发生额		期末余额	
	借方	贷方	借方	贷方	借方	贷方
长期借款						
专项应付款						
股金		1 135 500.00				1 135 500.00
专项基金				40 000.00		40 000.00
资本公积						
盈余公积			24 119.89	279 804.71		255 684.82
本年盈余		-24 119.89	1 755 440.71	1 779 560.60		
盈余分配			699 511.77	699 511.77		
生产成本			947 393.03	880 941.11	66 451.92	
其中：待摊鸡蛋成本			947 393.03	880 941.11	66 451.92	
经营支出			980 151.36	980 151.36		
税金及附加						
管理费用			45 544.89	45 544.89		
财务费用						
其他支出			12 296.49	12 296.49		
所得税费用			17 936.20	17 936.20		
经营收入			1 712 670.21	1 712 670.21		
其他收入			42 770.50	42 770.50		
投资收益						
合计	2 042 002.5	2 042 002.5	14 816 166.91	14 816 166.91	2 533 377.36	2 533 377.36

（二）资产负债表编制举例

根据以上经济业务和会计分录，以及截至20×3年12月31日生成的×××养殖专业合作社会计科目余额表，分析编制20×3年12月31日×××养殖专业合作社资产负债表（见表11-71）。

表 11－71　　　　资产负债表

20×3 年 12 月 31 日　　　　会农社 01 表

编制单位：×××养殖专业合作社　　　　单位：元

资产	行次	期末余额	年初余额	负债和所有者权益	行次	期末余额	年初余额
流动资产：				流动负债：			
货币资金	1	36 102.21	381 100.00	短期借款	23		
应收款项	2			应付款项	24	465 000.00	500 000
存货	3	598 507.43	201 562.50	应付工资	25	85 800.00	42 900.00
消耗性生物资产	4			应付劳务费	26		
流动资产合计	5	634 609.64	582 662.50	应交税费	27	17 936.20	
非流动资产：				应付利息	28		
对外投资	6			应付盈余返还	29	251 824.24	
生产性生物资产原值	7	790 927.72	391 500	应付剩余盈余	30	167 882.82	
减：生产性生物资产累计折旧	8	61 453.30	340 931.25	流动负债合计	31	988 443.26	542 900.00
生产性生物资产净值	9	729 474.42	50 568.75	非流动负债：			
固定资产原值	10	478 600.00	438 600.00	长期借款	32		
减：累计折旧	11	52 295.98	46 791.14	专项应付款	33		
固定资产净值	12	426 304.02	391 808.86	非流动负债合计	34		
在建工程	13			负债合计	35	988 443.26	542 900.00
固定资产清理	14						
固定资产小计	15	426 304.02	391 808.86	所有者权益：			
无形资产原值	16			股金	36	1 135 500.00	1 135 500.00
减：累计摊销	17			专项基金	37	40 000.00	
无形资产净值	18			资本公积	38		
公益性生物资产	19	500 000	500 000	盈余公积	39	255 684.82	
长期待摊费用	20	129 240.00	129 240.00	未分配盈余	40	0	－24 119.89
非流动资产合计	21	1 785 018.44	1 071 617.61	所有者权益合计	41	1 431 184.82	1 111 380.11
资产总计	22	2 419 628.08	1 654 280.11	负债和所有者权益总计	42	2 419 628.08	1 654 280.11

第 1 行“货币资金”期末余额根据“库存现金”“银行存款”和“其他货币资金”科目期末余额合计数填列。

第 3 行“存货”期末余额根据“产品物资”科目期末余额、“委托加工物资”科目期末余额、“委托代销商品”科目期末余额、“受托代购商品”科目期末余额、“受托代销商品”科目期末余额 和“生产成本”科目期末余额合计数填列。

“产品物资”期末余额根据“蛋鸡饲料”“雏鸡饲料”“鸡蛋”“兽药”“雏鸡料成本差异”和“蛋鸡料成本差异”等明细科目余额合计数填列。

产品物资期末余额：532 055. 51 = 347 232. 71 + 114 665. 33 + 25 044. 97 + 45 112. 50 + 0 + 0

存货的期末余额：598 507. 43 = 532 055. 51 + 0 + 0 + 0 + 0 + 66 451. 92

第 5 行流动资产合计根据“货币资金”项目期末余额、“应收款项”项目期末余额、“存货”项目期末余额和“消耗性生物资产”项目期末余额合计数填列。

流动资产合计的期末余额：634 609. 64 = 36 102. 21 + 0 + 598 507. 43 + 0

第 7 行“生产性生物资产”期末余额直接以该项目对应的会计科目期末余额填列。

第 8 行“生产性生物资产累计折旧”期末余额直接以该项目对应的会计科目期末余额填列。

第 9 行“生产性生物资产净值”期末余额根据“生产性生物资产”科目期末余额 - “生产性生物资产累计折旧”科目期末余额填列。

生产性生物资产净值的期末余额：729 474. 42 = 790 927. 72 - 61 453. 30

第 10 行“固定资产原值”期末余额根据“固定资产”会计科目期末余额填列。

第 11 行“累计折旧”期末余额直接以该项目对应的会计科目期末余额填列。

第 12 行“固定资产净值”期末余额根据“固定资产”科目期末余额 - “累计折旧”科目期末余额填列。

固定资产净值的期末余额：426 304. 02 = 478 600. 00 - 52 295. 98

第 15 行“固定资产小计”根据“固定资产净值”项目期末余额 +

"在建工程"项目期末余额+"固定资产清理"项目期末余额填列。

固定资产小计的期末余额：426 304.02 =426 304.02 +0 +0

第19行"公益性生物资产"期末余额直接以该项目对应的会计科目期末余额填列。

第20行"长期待摊费用"期末余额直接以该项目对应的会计科目期末余额填列。

第21行"非流动资产合计"期末余额根据"对外投资"项目期末余额+"生产性生物资产净值"项目期末余额+"固定资产小计"项目期末余额+"无形资产净值"项目期末余额+"公益性生物资产"项目期末余额+"长期待摊费用"项目期末余额填列。

非流动资产合计的期末余额：1 785 018.44 =0 +729 474.42 +426 304.02 +0 +500 000 +129 240.00

第22行"资产总计"期末余额根据"流动资产合计"项目期末余额+"非流动资产合计"项目期末余额填列。

资产总计的期末余额：2 419 628.08 =1 134 609.64 +1 285 018.44

第24行"应付款项"期末余额根据"应付款"科目期末余额+"成员往来"各明细科目期末贷方余额合计数填列。

应付款项的期末余额：465 000.00 =465 000.00 +0

第25行"应付工资"期末余额直接以该项目对应的会计科目期末余额填列。

第27行"应交税费"期末余额直接以该项目对应的会计科目期末余额填列。

第29行"应付盈余返还"期末余额直接以该项目对应的会计科目期末余额填列。

第30行"应付剩余盈余"期末余额直接以该项目对应的会计科目期末余额填列。

第31行"流动负债合计"期末余额根据"短期借款"项目期末余额+"应付款项"项目期末余额+"应付工资"项目期末余额+"应付劳务费"项目期末余额+"应交税费"项目期末余额+"应付利息"项目期末余额+"应付盈余返还"项目期末余额+"应付剩余盈余"项目

期末余额填列。

流动负债合计的期末余额：

988 443. 26 =0 +465 000. 00 +85 800. 00 +0 +17 936. 20 +0 +251 824. 24 +167 882. 82

第 35 行“负债合计”期末余额根据“流动负债合计”项目期末余额 +“非流动负债合计”项目期末余额填列。

负债合计的期末余额：988 443. 26 =988 443. 26 +0

第 36 行“股金”期末余额直接以该项目对应的会计科目期末余额填列。

第 37 行“专项基金”期末余额直接以该项目对应的会计科目期末余额填列。

第 39 行“盈余公积”期末余额直接以该项目对应的会计科目期末余额填列。

第 40 行“未分配余额”根据“本年盈余”科目期末余额 - “盈余分配”科目的期末余额填列。

未分配盈余的期末余额：0 =603 986. 87 –603 986. 87

第 41 行“所有者权益合计”期末余额根据“股金”项目期末余额 +“专项基金”项目期末余额 + “资本公积”项目期末余额 + “盈余公积”项目期末余额 + “未分配盈余”项目期末余额填列。

所有者权益合计的期末余额：

1 431 184. 82 =1 135 500. 00 +40 000. 00 +0 +255 684. 82 +0

第 42 行“负债和所有者权益总计”期末余额根据“负债合计”项目期末余额 + “所有者权益合计”项目期末余额填列。

负债和所有者权益总计的期末余额：2 419 628. 08 =988 443. 26 +1 431 184. 82

（三）盈余及盈余分配表编制举例

根据以上经济业务和会计分录，以及 20 ×3 年 12 月 31 日生成的 × × × 养殖专业合作社会计科目余额表，分析编制 20 ×3 年度 × × × 养殖专业合作社盈余及盈余分配表（见表 11 –72）。

表 11 -72　　　　盈余及盈余分配表

20×3 年度　　　　会农社 02 表

编制单位：×××养殖专业合作社　　　　单位：元

项目	行次	本年金额	上年金额
一、经营收入	1	1 712 670.21	2 701 106.79
加：投资收益	2		
减：经营支出	3	980 151.36	2 312 951.84
税金及附加	4		
管理费用	5	45 544.89	376 758.64
财务费用	6		
二、经营收益	7	686 973.96	11 396.31
加：其他收入	8	42 770.50	5 630.00
减：其他支出	9	12 296.49	41 146.20
三、盈余总额	10	717 447.97	-24 119.89
减：所得税费用	11	17 936.20	
四、本年盈余	12	699 511.77	-24 119.89
加：年初未分配盈余	13	-24 119.89	
其他转入	14	24 119.89	
减：提取盈余公积	15	279 804.71	
五、可分配盈余	16	419 707.06	-24 119.89
减：盈余返还	17	251 824.24	
剩余盈余分配	18	167 882.82	
转为成员出资	19		
六、年末未分配盈余	20	0	-24 119.89

（1）经营收益 = 经营收入 + 投资收益 - 经营支出 - 税金及附加 - 管理费用 - 财务费用

686 973.96 = 1 712 670.21 + 0 - 980 151.36 - 0 - 45 544.89 - 0

（2）盈余总额 = 经营收益 + 其他收入 - 其他支出

717 447.97 = 686 973.96 + 42 770.50 - 12 296.49

（3）本年盈余 = 盈余总额 - 所得税费用

699 511.77 = 717 447.97 - 17 936.20

（4）可分配盈余 = 本年盈余 + 年初未分配盈余 + 其他转入 - 提取盈余

公积

419 707.06 = 699 511.77 + (− 24 119.89) + 24 119.89 − 279 804.71

(5) 年末未分配盈余 = 可分配盈余 − 盈余返还 − 剩余盈余分配 − 转为成员出资

0 = 419 707.06 − 251 824.24 − 167 882.82 − 0

(四) 成员权益变动表编制举例

根据以上经济业务和会计分录，以及 20×3 年 12 月 31 日生成的×××养殖专业合作社会计科目余额表，分析编制 20×3 年度×××养殖专业合作社成员权益变动表（见表 11－73）。

表 11－73　　成员权益变动表

20×3 年度　　会农社 03 表

编制单位：×××养殖专业合作社　　单位：元

项目	股金		专项基金		资本公积		盈余公积		未分配盈余		合计
年初余额	1 135 500.00								−24 119.89		1 111 380.11
本年增加数			40 000.00				279 804.71		723 631.66		1 043 436.37
	其中：		其中：		其中：		其中：		其中：		
	资本公积转增		接受国家财政直接补助形成		股金溢价		从盈余中提取	279 804.71	本年盈余	699 511.77	
	盈余公积转增		接受他人捐赠形成	40 000.00	资产评估增值				其他转入	24 119.89	
	成员增加出资										
本年减少数							24 119.89			699 511.77	723 631.66
	其中：				其中：		其中：		其中：		
	成员减少出资				转为成员出资		转为成员出资		提取盈余公积	279 804.71	

续表

项目	股金		专项基金		资本公积		盈余公积		未分配盈余		合计
					弥补亏损				盈余返还	251 824.24	
									剩余盈余分配	167 882.82	
									转为成员出资		
年末余额	1 135 500.00		40 000.00				255 684.82				1 431 184.82

（1）股金年末余额 = 年初余额 + 本年增加数（资本公积转增 + 盈余公积转增 + 成员增加出资）－ 本年减少数（成员减少出资）

1 135 500.00 = 1 135 500.00 + (0 + 0 + 0) － 0

（2）专项基金年末余额 = 年初余额 + 本年增加数（接受国家财政直接补助形成 + 接受他人捐赠形成）

40 000.00 = 0 + (0 + 40 000.00)

（3）盈余公积年末余额 = 年初余额 + 本年增加数（从盈余中提取）－本年减少数（转为成员出资）

255 684.82 = 0 + 279 804.71 － 24 119.89

（4）未分配盈余年末余额 = 年初余额 + 本年增加数（本年盈余 + 其他转入）－本年减少数（提取盈余公积 + 盈余返还 + 剩余盈余分配 + 转为成员出资）

0 = －24 119.89 + (699 511.77 + 24 119.89) － (279 804.71 + 251 824.24 + 167 882.82 + 0)

（五）成员账户编制举例

根据 20×3 年×××养殖专业合作社各成员账户中出资及交易变动情况，分析编制 20×3 年×××养殖专业合作社成员账户（见表 11－74 至表 11－76），以及成员账户备注表（见表 11－77）。

表 11－74　　　　　　　　　　**成员账户一**

20×3 年度

成员姓名（名称）：张三　　　　　　联系地址：　　　　　　　　　　　第　页

编号	日期	摘要	成员出资		公积金份额	接受国家财政直接补助形成财产量化份额	接受他人捐赠形成财产量化份额	交易量		交易额		盈余返还金额	剩余盈余分配金额
			来源于到户类扶贫项目资产的出资额	其他来源的出资额				产品1	产品2	产品1	产品2		
年初余额				30 000.00									
1		入股			7 587.05		396.04			5 000.00	3 400.00	7 900.96	4 455.54
2													
3													
4													
5													
.													
年末余额/总额				30 000.00/ 1 135 500.00	7 587.05/ 255 684.82		396.04/ 40 000.00			5 000.00/ 185 730.00	3 400.00/ 82 000.00	7 900.96/ 251 824.24	4 455.54/ 167 882.82

注：成员账户中公积金份额计算过程见成员账户备注表1，专项基金份额计算过程见成员账户备注表2，盈余返还和剩余盈余分配金额计算过程见成员账户备注表3。

表 11－75　　　　　　　　　　**成员账户二**

20×3 年度

成员姓名（名称）：李四　　　　　　联系地址：　　　　　　　　　　　第　页

编号	日期	摘要	成员出资		公积金份额	接受国家财政直接补助形成财产量化份额	接受他人捐赠形成财产量化份额	交易量		交易额		盈余返还金额	剩余盈余分配金额
			来源于到户类扶贫项目资产的出资额	其他来源的出资额				产品1	产品2	产品1	产品2		
年初余额				20 000.00									
1		入股			5 816.77		396.04			3 810.00	3 000.00	6 405.42	3 074.85

续表

编号	日期	摘要	成员出资		公积金份额	接受国家财政直接补助形成财产量化份额	接受他人捐赠形成财产量化份额	交易量		交易额		盈余返还金额	剩余盈余分配金额
			来源于到户类扶贫项目资产的出资额	其他来源的出资额				产品1	产品2	产品1	产品2		
2													
3													
4													
5													
·													
年末余额/总额				20 000.00/ 1 135 500.00	5 816.77/ 255 684.82		396.04/ 40 000.00			3 810.00/ 185 730.00	3 000.00/ 82 000.00	6 405.42/ 251 824.24	3 074.85/ 167 882.82

表 11 -76　　　　成员账户三

20×3 年度

成员姓名（名称）：王五　　　　联系地址：　　　　第　页

编号	日期	摘要	成员出资		公积金份额	接受国家财政直接补助形成财产量化份额	接受他人捐赠形成财产量化份额	交易量		交易额		盈余返还金额	剩余盈余分配金额
			来源于到户类扶贫项目资产的出资额	其他来源的出资额				产品1	产品2	产品1	产品2		
年初余额				10 000.00									
1		入股			4 115.47		396.04			3 330.00	2 000.00	5 013.35	1 702.25
2													
3													
4													
5													
·													
年末余额/总额				10 000.00/ 1 135 500.00	4 115.47/ 255 684.82		396.04/ 40 000.00			3 330.00/ 185 730.00	2 000.00/ 82 000.00	5 013.35/ 251 824.24	1 702.25/ 167 882.82

表 11－77　　成员账户备注表

成员账户备注表 1

×××养殖专业合作社专项基金量化表

20×3 年 12 月　　单位：元

户名	他人捐赠形成财产的份额	备注
张三	396.04	平均量化（40 000.00/101 户）
李四	396.04	
王五	396.04	
……	……	
合计	40 000.00	

成员账户备注表 2

×××养殖专业合作社盈余公积金量化表

20×3 年 12 月　　单位：元

姓名	年初股金余额	年初专项基金量化份额	年初盈余公积量化份额	当年交易额	按股金和交易额 4∶6 量化			
					股金及份额量化部分	交易额量化部分	分摊年初亏损	小计
张三	30 000.00			8 400.00	2 956.99	5 267.31	637.25	7 587.05
李四	20 000.00			6 810.00	1 971.32	4 270.28	424.83	5 816.77
王五	10 000.00			5 330.00	985.66	3 342.23	212.42	4 115.47
……	……			……		……	……	……
合计	1 135 500.00			267 730.00	111 921.88	167 882.83	24 119.89	255 684.82

注：各成员从盈余公积金量化份额中分摊合作社年初亏损，因上年成员与合作社交易量（额）不详，故亏损以各成员股金余额为依据进行分摊。分摊系数 = 24 119.89/1 135 500.00 = 0.0212416，根据分摊系数计算各成员应分摊的亏损金额。

成员账户备注表 3

×××养殖专业合作社 20×3 年度盈余分配核算表

20×3 年 12 月 31 日　　单位：元

姓名	当年交易额	盈余返还金额	年末股金及量化份额	剩余盈余返还金额	返还总额	签名
张三	8 400.00	7 900.96	37 983.09	4 455.54	12 356.50	
李四	6 810.00	6 405.42	26 212.81	3 074.85	9 480.27	

续表

姓名	当年交易额	盈余返还金额	年末股金及量化份额	剩余盈余返还金额	返还总额	签名
王五	5 330.00	5 013.35	14 511.51	1 702.25	6 715.60	
……	……	……	……	……	……	……
合计	267 730.00	251 824.24	1 431 184.82	167 882.82	419 707.06	

第三节　财务状况案例分析

结合×××养殖专业合作社20×3年年度发生的各类经济事项及会计业务，以及20×3年年度资产负债情况、收支盈余情况以及成员权益变动情况等，可以对其财务状况作以下分析。

一、×××养殖专业合作社20×3年年度财务基本情况分析

（一）资产负债增减变动分析

依据×××养殖专业合作社20×2年和20×3年年度资产负债情况，我们可以编制出×××养殖专业合作社资产负债增减变动情况表（见表11－78），对其资产、负债、所有者权益等情况进行分析。

表11－78　×××养殖专业合作社资产负债增减变动情况表　单位：元

项目	20×3年期末余额	20×2年期末余额	增减额	增减比例
资产总额	2 419 628.08	1 654 280.11	765 347.97	46.26%
负债总额	988 443.26	542 900.00	445 543.26	82.07%
所有者权益总额	1 431 184.82	1 111 380.11	319 804.71	28.78%

从表11－78看到，×××养殖专业合作社的资产、负债、所有者权益规模都是呈上升趋势的，资产总额增长46.26%，负债总额增长82.07%，所有者权益增长幅度为28.78%。

1. 资产的变化分析

20×3年比20×2年增加了76.53万元，增长46.26%，增长原因主要是雏鸡料增加39.69万元，蛋鸡增加17.89万元，货币资金增加15.50万元。

2. 负债的变化分析

20×3年比20×2年增加了44.55万元，增长82.07%，主要是应付款项增加46.50万元，可分配盈余上年为零，今年增加41.97万元，其中增加应付盈余返还25.18万元，增加应付剩余盈余16.79万元。

3. 股东权益的变化分析

20×3年比20×2年增加了31.98万元，增长28.78%，主要是收到捐赠制冷设备增加专项基金4万元，增加盈余公积25.57万元。

（二）费用支出情况分析

依据×××养殖专业合作社20×3年费用支出情况，我们可以编制出×××养殖专业合作社费用支出增减变动情况表（见表11－79），对其经营支出、管理费用、其他支出等情况进行分析。

表11－79　×××养殖专业合作社费用支出增减变动情况表　单位：元

项目	20×3年期末余额	20×2年期末余额	增减额	增减比例
经营支出	980 151.36	2 312 951.84	－1 332 800.48	－57.62%
管理费用	45 544.89	376 758.64	－331 213.75	－87.91%
其他支出	12 296.49	41 146.20	－28 849.71	－70.12%
合计	1 037 992.74	2 730 856.68	－1 692 863.94	－61.99%

从表11－78可以看出，合作社20×3年全年实际支出103.80万元，比上年减少了169.29万元，减少61.99%。各项支出的情况分析如下：

（1）经营支出20×3年实际支出133.28万元，比上年减少133.28万元，下降57.62%。

（2）管理费用20×3年实际支出4.55万元，比上年减少33.12万元，下降87.91%。

（3）其他费用20×3年实际支出1.23万元，比上年减少2.88万元，下降70.12%。

二、×××养殖专业合作社偿债能力分析

×××养殖专业合作社20×2年和20×3年资产负债情况，我们可以编制出×××养殖专业合作社流动资产增减变动情况表（见表11-80），对其流动资产、流动负债等情况进行分析。

表11-80　×××养殖专业合作社流动资产增减变动情况表

项目	20×3年期末余额	20×2年期末余额	增减额	增减比例
货币资金	36 102.21	381 100.00	-344 997.79	-90.53%
应收款项				
存货	598 507.43	201 562.50	396 944.93	196.93%
流动资产合计	634 609.64	582 662.50	51 947.14	8.91%
流动负债合计	988 443.26	542 900.00	445 543.26	82.07%

（一）短期偿债能力分析

1. 流动比率

该合作社20×3年的流动比率为0.64，20×2年为1.07，20×3年比20×2年有较大幅度下降，反映合作社的短期偿债能力下降。

2. 速动比率

该合作社20×3年的速动比率为0.04，20×2年为0.70，20×3年比20×2年有较大幅度下降，其中货币资金较上年减少34.5万元，下降90.53%；存货较上年增加39.69万元，增长196.93%；流动负债较上年增加44.55万元，增长82.07%，反映合作社短期偿债能力有所下降。

（二）长期偿债能力分析

1. 资产负债率

该合作社的资产负债率20×3年为40.85%，20×2年为32.82%，该

合作社 20×3 年资产负债率较 20×2 年提升 8 个百分点，但总体较低，说明企业资源充足，企业的长期偿债能力较强。

2. 产权比率

该合作社的产权比率 20×3 年为 69.06%，20×2 年为 48.85%，该合作社 20×3 年资产负债率较 20×2 年提升 20 个百分点，但总体较低，说明企业资源充足，企业的长期偿债能力较强，债权人投入的资金受到股东权益保障的程度高。

（三）成员权益分析

1. 对成员权益变动情况的分析。当年年终计提盈余公积以及接受捐赠形成专项基金时，均在成员权益上进行反映，并记录在成员账户中。

2. 资本公积、盈余公积按照出资比例量化到每位成员，接受捐赠形成专项基金时并平均量化到每位成员，并计入成员账户。

三、×××养殖专业合作社生产经营过程中存在的主要问题及财务建议

通过以上分析，我们也可以看出，×××养殖专业合作社整体生产经营情况、财务运营状况较为良好，但是在存货的管理、长期待摊费用的处理、资产的有效利用等方面，还存在一些问题，我们对此也提出了一些改进的建议。

（一）合作社生产、经营过程中存在的主要问题

通过合作社财务报表分析，可以看出合作社在生产、经营过程中存在的一些主要问题：

（1）存货经营不够精细。表现在，期末存货中雏鸡饲料 11.47 万元，兽药 4.51 万元，二者合计 15.98 万元，占期末存货的 30%。其中雏鸡饲料在雏鸡成熟产蛋后不再投喂，产蛋后也很少注射兽药，而蛋鸡的生产期在 12—15 个月，这样就造成了 15.98 万元的雏鸡饲料和兽药长达 1 年闲置，不但占用资金而且效用会随着时间的推移而减退甚至失效，最终形成浪费。

（2）长期待摊费用没有摊销。合作社长期待摊费用 12.9 万元，系鸡蛋周转箱。正常情况下鸡蛋周转箱使用期限为 36 个月，而合作社在 20×3 年没有按照相关财务规定进行摊销，导致合作社期间资产不实，成本、费用人为减少，盈余虚增。

（3）部分资产利用效率不高。主要表现为鸡蛋库在雏鸡育肥期间长达 4 个月闲置，产蛋后也不能满库或基本满库经营。

（二）对合作社生产、经营的财务建议

1. 建立健全人员责任制，加强存货的精细化管理。尽量压缩闲置库存物资比例，避免造成资金浪费。

2. 规范财务管理与会计核算。该计提的按期计提，该摊销的按期摊销，确保合作社资产完整，成本、费用和盈余真实。

3. 拓展业务外延，提升资产利用效率。合作社在满足自身生产、经营的前提下，尽量拓展为成员的服务内容，不断提升资产利用效率，避免有的资产“用半年、闲半年”，从而增加合作社经营收益。

4. 加强信息工作，降低市场和养殖风险。合作社 20×2 年经营亏损的主要原因是因疫情影响导致鸡蛋销售价格低迷，而同期因饲料成本上涨导致合作社生产成本加大。通过强化信息工作可以有效降低养殖和销售风险。

主要参考文献

［1］财政部．农民专业合作社财务会计制度（试行）（财会〔2007〕15号），2007－12－20.

［2］全国人大常委会．农民专业合作社法（主席令第83号），2017－12－27.

［3］财政部．农民专业合作社会计制度（财会〔2021〕38号），2021－12－30.

［4］财政部．农民专业合作社新旧会计制度有关衔接问题的处理规定（财会〔2021〕37号），2021－12－30.

［5］财政部 农村农业部．农民专业合作社解散、破产清算时接受国家财政直接补助形成的财产处置暂行办法（财资〔2019〕25号），2019－6－19.

［6］财政部．会计基础工作规范．中华人民共和国财政部令第98号，2019－3－14.

［7］财政部 国家档案局．会计档案管理办法．中华人民共和国财政部 国家档案局第79号，2015－12－11.

［8］郭玉朴．农民专业合作社财务会计制度（试行）讲解［M］．北京：社会科学文献出版社，2008.

［9］农民专业合作社财务会计制度（试行）辅导读本［M］．北京：中国农业出版社，2009.

［10］罗青平．当代农村集体经济组织会计实务教程［M］．北京：中国农业科学技术出版社，2012.

［11］百兆秀．农民专业合作社会计实务［M］．北京：中国农业大学

出版社，2013.

[12] 左晓斌．农民专业合作社财务管理与会计［M］．北京：科学普及出版社，2013.

[13] 彭小琳．村集体经济组织会计［M］．北京：中国财政经济出版社，2014.

[14] 王玉华，贾晓娟．农民专业合作社会计实务［M］．北京：中国农业出版社，2017.

[15] 上海市农业广播电视学校．农民专业合作社财务核算实操［M］．北京：中国农业出版社，2019.

[16] 魏萍，刘建华．财务管理实务［M］．南京：江苏教育出版社，2017.

[17] 许倩，叶青，王国生．解析农民专业合作社会计制度征求意见稿［N］．中国会计报，2021-04-23（5）.

[18] 高歌．财务报表将全方位反映合作社财务状况和经营成果——《农民专业合作社会计制度》系列解读（一）［N］．中国会计报，2022-02-25（1）.

[19] 陈奕冰．细化充实会计制度助力合作社规范化发展——《农民专业合作社会计制度》系列解读（二）［N］．中国会计报，2022-03-18（1）.

[20] 李视友．农民专业合作社财务会计制度解读［J］．财会月刊，2009（2）.

[21] 刘宏波，刘任．关于我国农民专业合作社财务管理问题的思考［J］．2011（11）.

[22] 贺军伟，师高康，黎阳．农民合作社财务管理问题研究［J］．中国农业会计，2013（4）.

[23] 王娅琪．农民专业合作社财务会计核算的现状及对策研究［D］．河北农业大学，2014.

[24] 杨正良．规范财务管理是促进农民专业合作社健康发展的重要保障［J］．云南农业，2014（1）.

[25] 詹竟妮．农民专业合作社财务会计规范影响因素研究：基于福

建省282家农民专业合作社的调查［D］. 福州：福建农林大学，2014.

［26］陈浩. 农民专业合作社财务会计制度实施问题研究［D］. 浙江农林大学，2015.

［27］王玉华. 当前农民合作社财务管理存在的问题及改进措施［J］. 农业经济，2015（02）.

［28］薛连萍. 合作社政府补助项目的资金管理和会计核算［J］. 中国农业会计，2017（11）.

［29］李春杰，张玥，于战平，曾玉珍. 天津市农民合作社发展现状、问题及对策建议［J］. 天津农学院学报，2018（04）.

［30］杨娟娟. 我国农村合作经济组织内部财务控制存在的问题与对策——以江苏省为例［J］. 农业经济，2019（06）.

［31］赵黎明，刘素美，黄宁. 新形势下农民专业合作社财务风险分析［J］. 河南农业，2019（18）.

［32］夏薇. 当前农村财务管理存在的问题及对策研究［J］. 现代营销（经营版），2019（07）.

［33］任兆丽. 对姚安县农民专业合作社发展的思考［J］. 云南农业，2019（06）：27－29.

［34］姜雅勤，罗华伟. 农村集体产权制度改革中会计核算的作用与方法探讨［J］. 安徽农业科学，2019（06）.

［35］李秉远. 农村经济管理中存在的问题及其对策分析［J］. 南方农业，2019（05）.

［36］朱海明，袁迎春. 新形势下我国农民专业合作社发展问题研究［J］. 山东农业工程学院学报，2019（01）.

［37］曹金梅. 新修订《中华人民共和国农民专业合作社法》的亮点解读及认识［J］. 农业科技与信息，2019（22）.

［38］安军玲. 农民专业合作社固定资产账务处理［J］. 农村财务会计，2020（12）.

［39］王广云. 新形势下农民专业合作经济组织财务管理问题浅析［J］. 中国集体经济，2020（25）.

［40］杨海燕. 新型农业经营主体会计工作质量及会计监督体系构建

研究［J］. 农业经济，2020（08）.

［41］周忠丽，邵科. 农民专业合作社会计制度修订建议调研报告［J］. 中国农民合作社，2020（05）.

［42］赵建群，张岐. 农民专业合作社财务会计工作存在的问题及对策探讨［J］. 南方农村，2020（04）.

［43］张中莲. 规范财务管理，推进质量提升——基于驻马店市农民合作社的调研［J］. 中国农民合作社，2020（12）.

［44］耿建新，黄炎兴，梁程智. 我国村级会计的现状及未来发展研究——基于基层单位案例的探讨［J］. 会计研究，2021（07）.

［45］井立义，于娟，李文. 也谈合作社会计制度修订重点［J］. 农村财务会计，2021（05）.

［46］刘敏. 农民合作社涉税业务核算探讨［J］. 农村财务会计 2021（05）.

［47］唐建纲. 完善合作社会计制度的一些建议［J］. 农村财务会计，2021（04）.

［48］沈志锋，陈群辉，姚滢溪，张红，李佳胤，罗胜. 我国农民专业合作社发展机制研究与分析［J］. 农村. 农业. 农民（B 版），2021（06）.

［49］蔡树响. 关于完善农民专业合作社会计制度的思考［J］. 营销界，2021（37）.

［50］蒋成忠. 农民专业合作社筹资现状的调查与思考［J］. 中国农业会计，2021（09）.

［51］晏云凤，刘用铨. 乡村振兴战略下农民专业合作社发展及其会计改革——兼谈完善《农民专业合作社会计制度（征求意见稿）》建议［J］. 商业会计，2021（08）.

［52］王桢，侯雨. 甘肃省农民合作社内部会计控制调查研究当代农村财经，2021（07）.

［53］周卫红，王轩. 乡村振兴背景下新农民专业合作社会计制度变化简析［J］. 国际商务财会，2022（04）.

［54］赵金英，何伟威. 当前农民合作社财务管理现状及规范提升建议［J］. 中国农民合作社，2022（02）.

附录一：农民专业合作社法

2006 年 10 月 31 日，第十届全国人民代表大会常务委员会第二十四次会议通过《中华人民共和国农民专业合作社法》。2017 年 12 月 27 日，第十二届全国人民代表大会常务委员会第三十一次会议修订。

颁布单位：全国人大常委会

实施时间：2018 - 07 - 01

文号：主席令第 83 号

农民专业合作社法全文包括总则、设立和登记、成员、组织机构、财务管理、合并、分立、解散和清算、农民专业合作社联合社、扶持政策、法律责任、附则，共十章七十四条。

新版《中华人民共和国农民专业合作社法》于 2017 年 12 月 27 日修订通过并予以公布。修订后的新合作社法自 2018 年 7 月 1 日起施行。那么重点修改了哪些内容？

这次修改的内容主要体现在以下几点。

1. 合作社主体地位

首先，修改后的条例规定“国家保障农民专业合作社享有与其他市场主体平等的法律地位”。

这一点极大地保护了农民专业合作社及成员权利，做到有法可依。例如，修改内容中所言：“农民专业合作社可以依法向公司等企业投资，”正是市场中一般企业重要的市场特征的体现，是保障农民专业合作社享有与其他市场主体平等的重要体现。

2. 出资形式

第二，关于出资形式，修改中又做了放宽：“农民专业合作社成员可以用土地经营权、林权等可以用货币估价并可以依法转让的非货币财产出资。”

也就是说，只要符合章程规定、全体成员认可、符合法律和行政法规规定就都可以。这点明确了成员可以用土地经营权等财产作价出资，体现了出资的多样性，进一步强化了对农民专业合作社及其成员的权益保护措施，增加了对农民专业合作社的扶持措施，有利于提高农户投资的积极性。

3. 盈余分配

第三，新法对成员新入社和除名、盈余分配，以及法律责任等内容的有关条款做了修改完善，还对成员除名情形程序予以完善，规定了：“农民专业合作社成员不遵守农民专业合作社的章程、成员大会或者成员代表大会的决议，或者严重危害成员及农民专业合作社利益的，可以予以除名。”

4. 联合社

第四，增加了一章“农民专业合作社联合社”。农民专业合作社按照自愿、平等、互利的原则设立联合社，是世界各国合作社发展的普遍做法。目前我们国家已经有农民专业合作社联合社 7 200 多家，涵盖农民专业合作社 9.4 万多个，带动了农户超过 560 万户。

修改中增加了联合社理事长、理事应当由成员选派的人员担任的内容；明确农民专业合作社联合社的成员大会选举和表决，实行一社一票。

这一点有利于规范农民专业合作社的组织和行为。为完善农民专业合作社的法律制度，进一步鼓励、支持、引导农民专业合作社的发展提供了条件。

5. 扩大经营范围

第五，取消同类限制，扩大法律调整的范围。为适应各种类型的农民专业合作社并行发展，专业化基础上向综合化方向发展的趋势，以及农民对各类合作社提供服务的需求日益多元，不局限于同类农产品或者同类农业生产经营服务的范围，新的农民专业合作社法取消了有关“同类”农产品或者“同类”农业生产经营服务中的“同类”的限制，扩大了法律的调整范围，同时以列举的方式明确农民专业合作社经营和服务的业务范围。

6. 进一步规范

第六，进一步规范农民专业合作社的组织和行为。这次法律修改在规范农民专业合作社的组织和行为方面做了一些补充和完善，如明确规定农民专业合作社连续两年未从事经营活动的，吊销其营业执照，专业合作社应当按照国家有关规定向登记机关报送年度报告，并向社会公示。另外，对法律责任等有关内容也做了补充和完善。

这些修改极大地保护了农民专业合作社及其成员的权利。

《中华人民共和国农民专业合作社法》

目　录

第一章　总　则

第一条　为了规范农民专业合作社的组织和行为，鼓励、支持、引导农民专业合作社的发展，保护农民专业合作社及其成员的合法权益，推进农业农村现代化，制定本法。

第二条　本法所称农民专业合作社，是指在农村家庭承包经营基础上，农产品的生产经营者或者农业生产经营服务的提供者、利用者，自愿联合、民主管理的互助性经济组织。

第三条　农民专业合作社以其成员为主要服务对象，开展以下一种或者多种业务。

（一）农业生产资料的购买、使用；

（二）农产品的生产、销售、加工、运输、贮藏及其他相关服务；

（三）农村民间工艺及制品、休闲农业和乡村旅游资源的开发经营等；

（四）与农业生产经营有关的技术、信息、设施建设运营等服务。

第四条　农民专业合作社应当遵循下列原则：

（一）成员以农民为主体；

（二）以服务成员为宗旨，谋求全体成员的共同利益；

（三）入社自愿、退社自由；

（四）成员地位平等，实行民主管理；

（五）盈余主要按照成员与农民专业合作社的交易量（额）比例返还。

第五条　农民专业合作社依照本法登记，取得法人资格。

农民专业合作社对由成员出资、公积金、国家财政直接补助、他人捐赠以及合法取得的其他资产所形成的财产，享有占有、使用和处分的权利，并以上述财产对债务承担责任。

第六条　农民专业合作社成员以其账户内记载的出资额和公积金份额为限对农民专业合作社承担责任。

第七条　国家保障农民专业合作社享有与其他市场主体平等的法律地位。

国家保护农民专业合作社及其成员的合法权益，任何单位和个人不得侵犯。

第八条　农民专业合作社从事生产经营活动，应当遵守法律，遵守社会公德、商业道德，诚实守信，不得从事与章程规定无关的活动。

第九条　农民专业合作社为扩大生产经营和服务的规模，发展产业化经营，提高市场竞争力，可以依法自愿设立或者加入农民专业合作社联合社。

第十条　国家通过财政支持、税收优惠和金融、科技、人才的扶持以及产业政策引导等措施，促进农民专业合作社的发展。

国家鼓励和支持公民、法人和其他组织为农民专业合作社提供帮助和服务。

对发展农民专业合作社事业作出突出贡献的单位和个人，按照国家有关规定予以表彰和奖励。

第十一条　县级以上人民政府应当建立农民专业合作社工作的综合协调机制，统筹指导、协调、推动农民专业合作社的建设和发展。

县级以上人民政府农业主管部门、其他有关部门和组织应当依据各自职责，对农民专业合作社的建设和发展给予指导、扶持和服务。

第二章　设立和登记

第十二条　设立农民专业合作社，应当具备下列条件：

（1）有五名以上符合本法第十九条、第二十条规定的成员；

（2）有符合本法规定的章程；

（3）有符合本法规定的组织机构；

（4）有符合法律、行政法规规定的名称和章程确定的住所；

（5）有符合章程规定的成员出资。

第十三条　农民专业合作社成员可以用货币出资，也可以用实物、知识产权、土地经营权、林权等可以用货币估价并可以依法转让的非货币财产，以及章程规定的其他方式作价出资；但是，法律、行政法规规定不得作为出资的财产除外。

农民专业合作社成员不得以对该社或者其他成员的债权，冲抵出资；不得以缴纳的出资，抵销对该社或者其他成员的债务。

第十四条　设立农民专业合作社，应当召开由全体设立人参加的设立大会。设立时自愿成为该社成员的人为设立人。

设立大会行使下列职权：

（1）通过本社章程，章程应当由全体设立人一致通过；

（2）选举产生理事长、理事、执行监事或者监事会成员；

（3）审议其他重大事项。

第十五条　农民专业合作社章程应当载明下列事项：

（1）名称和住所；

（2）业务范围；

（3）成员资格及入社、退社和除名；

（4）成员的权利和义务；

（5）组织机构及其产生办法、职权、任期、议事规则；

（6）成员的出资方式、出资额，成员出资的转让、继承、担保；

（7）财务管理和盈余分配、亏损处理；

（8）章程修改程序；

（9）解散事由和清算办法；

（10）公告事项及发布方式；

（11）附加表决权的设立、行使方式和行使范围；

（12）需要载明的其他事项。

第十六条　设立农民专业合作社，应当向工商行政管理部门提交下列文件，申请设立登记：

（1）登记申请书；

（2）全体设立人签名、盖章的设立大会纪要；

（3）全体设立人签名、盖章的章程；

（4）法定代表人、理事的任职文件及身份证明；

（5）出资成员签名、盖章的出资清单；

（6）住所使用证明；

（7）法律、行政法规规定的其他文件。

登记机关应当自受理登记申请之日起二十日内办理完毕，向符合登记条件的申请者颁发营业执照，登记类型为农民专业合作社。

农民专业合作社法定登记事项变更的，应当申请变更登记。

登记机关应当将农民专业合作社的登记信息通报同级农业等有关部门。

农民专业合作社登记办法由国务院规定。办理登记不得收取费用。

第十七条　农民专业合作社应当按照国家有关规定，向登记机关报送年度报告，并向社会公示。

第十八条　农民专业合作社可以依法向公司等企业投资，以其出资额为限对所投资企业承担责任。

第三章　成　员

第十九条　具有民事行为能力的公民，以及从事与农民专业合作社业务直接有关的生产经营活动的企业、事业单位或者社会组织，能够利用农民专业合作社提供的服务，承认并遵守农民专业合作社章程，履行章程规定的入社手续的，可以成为农民专业合作社的成员。但是，具有管理公共事务职能的单位不得加入农民专业合作社。

农民专业合作社应当置备成员名册，并报登记机关。

第二十条　农民专业合作社的成员中，农民至少应当占成员总数的百分之八十。

成员总数二十人以下的，可以有一个企业、事业单位或者社会组织成员；成员总数超过二十人的，企业、事业单位和社会组织成员不得超过成员总数的百分之五。

第二十一条　农民专业合作社成员享有下列权利：

（1）参加成员大会，并享有表决权、选举权和被选举权，按照章程规定对本社实行民主管理；

（2）利用本社提供的服务和生产经营设施；

（3）按照章程规定或者成员大会决议分享盈余；

（4）查阅本社的章程、成员名册、成员大会或者成员代表大会记录、理事会会议决议、监事会会议决议、财务会计报告、会计账簿和财务审计报告；

（5）章程规定的其他权利。

第二十二条　农民专业合作社成员大会选举和表决，实行一人一票制，成员各享有一票的基本表决权。

出资额或者与本社交易量（额）较大的成员按照章程规定，可以享有附加表决权。本社的附加表决权总票数，不得超过本社成员基本表决权总票数的百分之二十。享有附加表决权的成员及其享有的附加表决权数，应当在每次成员大会召开时告知出席会议的全体成员。

第二十三条　农民专业合作社成员承担下列义务：

（1）执行成员大会、成员代表大会和理事会的决议；

（2）按照章程规定向本社出资；

（3）按照章程规定与本社进行交易；

（4）按照章程规定承担亏损；

（5）章程规定的其他义务。

第二十四条　符合本法第十九条、第二十条规定的公民、企业、事业单位或者社会组织，要求加入已成立的农民专业合作社，应当向理事长或者理事会提出书面申请，经成员大会或者成员代表大会表决通过后，成为本社成员。

第二十五条　农民专业合作社成员要求退社的，应当在会计年度终了的三个月前向理事长或者理事会提出书面申请；其中，企业、事业单位或者社会组织成员退社，应当在会计年度终了的六个月前提出；章程另有规定的，从其规定。退社成员的成员资格自会计年度终了时终止。

第二十六条　农民专业合作社成员不遵守农民专业合作社的章程、成员大会或者成员代表大会的决议，或者严重危害其他成员及农民专业合作社利益的，可以予以除名。

成员的除名，应当经成员大会或者成员代表大会表决通过。

在实施前款规定时，应当为该成员提供陈述意见的机会。

被除名成员的成员资格自会计年度终了时终止。

第二十七条　成员在其资格终止前与农民专业合作社已订立的合同，应当继续履行；章程另有规定或者与本社另有约定的除外。

第二十八条　成员资格终止的，农民专业合作社应当按照章程规定的方式和期限，退还记载在该成员账户内的出资额和公积金份额；对成员资格终止前的可分配盈余，依照本法第四十四条的规定向其返还。

资格终止的成员应当按照章程规定分摊资格终止前本社的亏损及债务。

第四章　组织机构

第二十九条　农民专业合作社成员大会由全体成员组成，是本社的权力机构，行使下列职权：

（1）修改章程；

（2）选举和罢免理事长、理事、执行监事或者监事会成员；

（3）决定重大财产处置、对外投资、对外担保和生产经营活动中的其他重大事项；

（4）批准年度业务报告、盈余分配方案、亏损处理方案；

（5）对合并、分立、解散、清算，以及设立、加入联合社等作出决议；

（6）决定聘用经营管理人员和专业技术人员的数量、资格和任期；

（7）听取理事长或者理事会关于成员变动情况的报告，对成员的入社、除名等作出决议；

（8）公积金的提取及使用；

（9）章程规定的其他职权。

第三十条　农民专业合作社召开成员大会，出席人数应当达到成员总数三分之二以上。

成员大会选举或者作出决议，应当由本社成员表决权总数过半数通过；作出修改章程或者合并、分立、解散，以及设立、加入联合社的决议应当由本社成员表决权总数的三分之二以上通过。章程对表决权数有较高规定的，从其规定。

第三十一条　农民专业合作社成员大会每年至少召开一次，会议的召集由章程规定。有下列情形之一的，应当在二十日内召开临时成员大会：

（1）百分之三十以上的成员提议；

（2）执行监事或者监事会提议；

（3）章程规定的其他情形。

第三十二条　农民专业合作社成员超过一百五十人的，可以按照章程规定设立成员代表大会。成员代表大会按照章程规定可以行使成员大会的部分或者全部职权。

依法设立成员代表大会的，成员代表人数一般为成员总人数的百分之十，最低人数为五十一人。

第三十三条　农民专业合作社设理事长一名，可以设理事会。理事长为本社的法定代表人。

农民专业合作社可以设执行监事或者监事会。理事长、理事、经理和财务会计人员不得兼任监事。

理事长、理事、执行监事或者监事会成员，由成员大会从本社成员中选举产生，依照本法和章程的规定行使职权，对成员大会负责。

理事会会议、监事会会议的表决，实行一人一票。

第三十四条　农民专业合作社的成员大会、成员代表大会、理事会、监事会，应当将所议事项的决定作成会议记录，出席会议的成员、成员代表、理事、监事应当在会议记录上签名。

第三十五条　农民专业合作社的理事长或者理事会可以按照成员大会的决定聘任经理和财务会计人员，理事长或者理事可以兼任经理。经理按照章程规定或者理事会的决定，可以聘任其他人员。

经理按照章程规定和理事长或者理事会授权，负责具体生产经营活动。

第三十六条　农民专业合作社的理事长、理事和管理人员不得有下列行为：

（1）侵占、挪用或者私分本社资产；

（2）违反章程规定或者未经成员大会同意，将本社资金借贷给他人或者以本社资产为他人提供担保；

（3）接受他人与本社交易的佣金归为己有；

（4）从事损害本社经济利益的其他活动。

理事长、理事和管理人员违反前款规定所得的收入，应当归本社所有；给本社造成损失的，应当承担赔偿责任。

第三十七条　农民专业合作社的理事长、理事、经理不得兼任业务性质相同的其他农民专业合作社的理事长、理事、监事、经理。

第三十八条　执行与农民专业合作社业务有关公务的人员，不得担任农民专业合作社的理事长、理事、监事、经理或者财务会计人员。

第五章　财务管理

第三十九条　农民专业合作社应当按照国务院财政部门制定的财务会计制度进行财务管理和会计核算。

第四十条　农民专业合作社的理事长或者理事会应当按照章程规定，组织编制年度业务报告、盈余分配方案、亏损处理方案以及财务会计报告，于成员大会召开的十五日前，置备于办公地点，供成员查阅。

第四十一条　农民专业合作社与其成员的交易、与利用其提供的服务的非成员的交易，应当分别核算。

第四十二条　农民专业合作社可以按照章程规定或者成员大会决议从当年盈余中提取公积金。公积金用于弥补亏损、扩大生产经营或者转为成员出资。

每年提取的公积金按照章程规定量化为每个成员的份额。

第四十三条　农民专业合作社应当为每个成员设立成员账户，主要记载下列内容：

（1）该成员的出资额；

（2）量化为该成员的公积金份额；

（3）该成员与本社的交易量（额）。

第四十四条　在弥补亏损、提取公积金后的当年盈余，为农民专业合作社的可分配盈余。可分配盈余主要按照成员与本社的交易量（额）比例返还。

可分配盈余按成员与本社的交易量（额）比例返还的返还总额不得低于可分配盈余的百分之六十；返还后的剩余部分，以成员账户中记载的出资额和公积金份额，以及本社接受国家财政直接补助和他人捐赠形成的财产平均量化到成员的份额，按比例分配给本社成员。

经成员大会或者成员代表大会表决同意，可以将全部或者部分可分配盈余转为对农民专业合作社的出资，并记载在成员账户中。

具体分配办法按照章程规定或者经成员大会决议确定。

第四十五条　设立执行监事或者监事会的农民专业合作社，由执行监事或者监事会负责对本社的财务进行内部审计，审计结果应当向成员大会报告。

成员大会也可以委托社会中介机构对本社的财务进行审计。

第六章　合并、分立、解散和清算

第四十六条　农民专业合作社合并，应当自合并决议作出之日起十日内通知债权人。合并各方的债权、债务应当由合并后存续或者新设的组织承继。

第四十七条　农民专业合作社分立，其财产作相应的分割，并应当自分立决议作出之日起十日内通知债权人。分立前的债务由分立后的组织承担连带责任。但是，在分立前与债权人就债务清偿达成的书面协议另有约定的除外。

第四十八条　农民专业合作社因下列原因解散：

（1）章程规定的解散事由出现；

（2）成员大会决议解散；

（3）因合并或者分立需要解散；

（4）依法被吊销营业执照或者被撤销。

因前款第一项、第二项、第四项原因解散的，应当在解散事由出现之日起十五日内由成员大会推举成员组成清算组，开始解散清算。逾期不能组成清算组的，成员、债权人可以向人民法院申请指定成员组成清算组进行清算，人民法院应当受理该申请，并及时指定成员组成清算组进行清算。

第四十九条　清算组自成立之日起接管农民专业合作社，负责处理与清算有关未了结业务，清理财产和债权、债务，分配清偿债务后的剩余财产，代表农民专业合作社参与诉讼、仲裁或者其他法律程序，并在清算结束时办理注销登记。

第五十条　清算组应当自成立之日起十日内通知农民专业合作社成员和债权人，并于六十日内在报纸上公告。债权人应当自接到通知之日起三十日内，未接到通知的自公告之日起四十五日内，向清算组申报债权。如果在规定期间内全部成员、债权人均已收到通知，免除清算组的公告义务。

债权人申报债权，应当说明债权的有关事项，并提供证明材料。清算组应当对债权进行审查、登记。

在申报债权期间，清算组不得对债权人进行清偿。

第五十一条　农民专业合作社因本法第四十八条第一款的原因解散，或者人民法院受理破产申请时，不能办理成员退社手续。

第五十二条　清算组负责制定包括清偿农民专业合作社员工的工资及社会保险费用，清偿所欠税款和其他各项债务，以及分配剩余财产在内的清算方案，经成员大会通过或者申请人民法院确认后实施。

清算组发现农民专业合作社的财产不足以清偿债务的，应当依法向人民法院申请破产。

第五十三条　农民专业合作社接受国家财政直接补助形成的财产，在解散、破产清算时，不得作为可分配剩余资产分配给成员，具体按照国务院财政部门有关规定执行。

第五十四条　清算组成员应当忠于职守，依法履行清算义务，因故意或者重大过失给农民专业合作社成员及债权人造成损失的，应当承担赔偿责任。

第五十五条　农民专业合作社破产适用《企业破产法》的有关规定。但是，破产财产在清偿破产费用和共益债务后，应当优先清偿破产前与农民成员已发生交易但尚未结清的款项。

第七章　农民专业合作社联合社

第五十六条　三个以上的农民专业合作社在自愿的基础上，可以出资设立农民专业合作社联合社。

农民专业合作社联合社应当有自己的名称、组织机构和住所，由联合社全体成员制定并承认的章程，以及符合章程规定的成员出资。

第五十七条　农民专业合作社联合社依照本法登记，取得法人资格，领取营业执照，登记类型为农民专业合作社联合社。

第五十八条　农民专业合作社联合社以其全部财产对该社的债务承担责任；农民专业合作社联合社的成员以其出资额为限对农民专业合作社联合社承担责任。

第五十九条　农民专业合作社联合社应当设立由全体成员参加的成员大会，其职权包括修改农民专业合作社联合社章程，选举和罢免农民专业合作社联合社理事长、理事和监事，决定农民专业合作社联合社的经营方案及盈余分配，决定对外投资和担保方案等重大事项。

农民专业合作社联合社不设成员代表大会，可以根据需要设立理事会、监事会或者执行监事。理事长、理事应当由成员社选派的人员担任。

第六十条　农民专业合作社联合社的成员大会选举和表决，实行一社一票。

第六十一条　农民专业合作社联合社可分配盈余的分配办法，按照本法规定的原则由农民专业合作社联合社章程规定。

第六十二条　农民专业合作社联合社成员退社，应当在会计年度终了的六个月前以书面形式向理事会提出。退社成员的成员资格自会计年度终了时终止。

第六十三条　本章对农民专业合作社联合社没有规定的，适用本法关于农民专业合作社的规定。

第八章 扶持措施

第六十四条 国家支持发展农业和农村经济的建设项目，可以委托和安排有条件的农民专业合作社实施。

第六十五条 中央和地方财政应当分别安排资金，支持农民专业合作社开展信息、培训、农产品标准与认证、农业生产基础设施建设、市场营销和技术推广等服务。国家对革命老区、民族地区、边疆地区和贫困地区的农民专业合作社给予优先扶助。

县级以上人民政府有关部门应当依法加强对财政补助资金使用情况的监督。

第六十六条 国家政策性金融机构应当采取多种形式，为农民专业合作社提供多渠道的资金支持。具体支持政策由国务院规定。

国家鼓励商业性金融机构采取多种形式，为农民专业合作社及其成员提供金融服务。

国家鼓励保险机构为农民专业合作社提供多种形式的农业保险服务。鼓励农民专业合作社依法开展互助保险。

第六十七条 农民专业合作社享受国家规定的对农业生产、加工、流通、服务和其他涉农经济活动相应的税收优惠。

第六十八条 农民专业合作社从事农产品初加工用电执行农业生产用电价格，农民专业合作社生产性配套辅助设施用地按农用地管理，具体办法由国务院有关部门规定。

第九章 法律责任

第六十九条 侵占、挪用、截留、私分或者以其他方式侵犯农民专业合作社及其成员的合法财产，非法干预农民专业合作社及其成员的生产经营活动，向农民专业合作社及其成员摊派，强迫农民专业合作社及其成员接受有偿服务，造成农民专业合作社经济损失的，依法追究法律责任。

第七十条 农民专业合作社向登记机关提供虚假登记材料或者采取其他欺诈手段取得登记的，由登记机关责令改正，可以处五千元以下罚款；

情节严重的，撤销登记或者吊销营业执照。

第七十一条　农民专业合作社连续两年未从事经营活动的，吊销其营业执照。

第七十二条　农民专业合作社在依法向有关主管部门提供的财务报告等材料中，作虚假记载或者隐瞒重要事实的，依法追究法律责任。

第十章　附　则

第七十三条　国有农场、林场、牧场、渔场等企业中实行承包租赁经营、从事农业生产经营或者服务的职工，兴办农民专业合作社适用本法。

第七十四条　本法自 2018 年 7 月 1 日起施行。

附录二：农民专业合作社会计制度

关于印发《农民专业合作社会计制度》的通知

财会〔2021〕37号

国务院有关部委、有关直属机构，各省、自治区、直辖市、计划单列市财政厅（局），新疆生产建设兵团财政局，财政部各地监管局，有关单位：

为了规范农民专业合作社（以下简称“合作社”）会计工作，加强合作社会计核算，保护合作社及其成员的合法权益，根据《中华人民共和国会计法》《中华人民共和国农民专业合作社法》等有关规定，我们对《农民专业合作社财务会计制度（试行）》（财会〔2007〕15号）进行了修订，制定了《农民专业合作社会计制度》，现予印发，请遵照执行。

执行中如有问题，请及时反馈我部。

附件：农民专业合作社会计制度

财政部

2021年12月30日

附件

农民专业合作社会计制度

目 录

第一章　总　则

第一条　为了规范农民专业合作社会计工作，加强农民专业合作社会计核算，保护农民专业合作社及其成员的合法权益，根据《中华人民共和国会计法》《中华人民共和国农民专业合作社法》等有关规定，结合农民专业合作社的实际情况，制定本制度。

第二条　本制度适用于依照《中华人民共和国农民专业合作社法》设立，并取得法人资格的农民专业合作社和农民专业合作社联合社（以下统称合作社）。

第三条　合作社应当根据本制度规定和会计业务需要，设置会计账簿，配备必要的会计人员，或者按规定委托代理记账，进行会计核算。

第四条　合作社应当按照本制度规定，设置和使用会计科目，填制会计凭证，登记会计账簿，编制财务报表。

第五条　合作社的会计核算应当以持续经营为前提。

第六条　合作社的会计核算应当划分会计期间，分期结算账目和编制财务报表。会计期间分为年度和中期，中期是指短于一个完整的会计年度的报告期间。会计年度自公历 1 月 1 日起至 12 月 31 日止。

第七条　合作社的会计核算应当以货币计量，以人民币“元”为金额单位，“元”以下填至“分”。

第八条　合作社的会计核算采用权责发生制。会计记账方法采用借贷记账法。

第九条　合作社的会计要素包括资产、负债、所有者权益、收入、费用和盈余。

第十条　合作社应当以实际发生的交易或者事项为依据进行会计核算，如实反映合作社的财务状况和经营成果。

合作社应当按照交易或者事项的经济实质进行会计核算，不应仅以交易或者事项的法律形式为依据。

第十一条　合作社的会计核算应当按照规定的会计处理方法进行。会计处理方法前后各期应当保持一致，不得随意变更。

第十二条　合作社的会计核算应当及时进行，不得提前或者延后。

合作社在进行会计核算时应当保持应有的谨慎，不得多计资产或者收益、少计负债或者费用。

第十三条　合作社提供的会计信息应当清晰明了，便于理解和使用。

第二章　资　产

第十四条　合作社的资产，是指合作社过去的交易或者事项形成的、由合作社拥有或者控制的、预期会给合作社带来经济利益的资源。

第十五条　合作社的资产按照流动性可分为流动资产和非流动资产。合作社的资产应当按照成本计量。

流动资产是指预计在 1 年内（含 1 年）变现、出售或耗用的资产，包括库存现金、银行存款、应收款项、存货、消耗性生物资产等。

非流动资产是指流动资产以外的资产，包括对外投资、生产性生物资产、固定资产、无形资产、公益性生物资产、长期待摊费用等。

第十六条　合作社的应收款项包括与成员和非成员之间发生的各项应收及暂付款项。

应收款项应当按照发生额入账。确实无法收回的应收款项，应当计入其他支出。

第十七条　合作社的存货包括材料、农产品、工业产成品、低值易耗品、包装物等产品物资，在产品，受托代销商品、受托代购商品、委托代销商品和委托加工物资等。

存货按照下列原则计价。

（一）购入的物资应当按照购买价款、应支付的相关税费、运输费、装卸费、运输途中的合理损耗以及外购过程发生的其他直接费用计价。

（二）受托代购商品视同购入的物资计价。

（三）生产入库的农产品和工业产成品，应当按照生产过程中发生的实际支出计价。

（四）委托加工物资验收入库时，应当按照委托加工物资的成本和实际支付的全部费用计价。

（五）受托代销商品应当按照合同或协议约定的价格计价，出售受托代销商品时，实际收到的价款大于合同或协议约定价格的差额计入经营收入，实际收到的价款小于合同或协议约定价格的差额计入经营支出。

（六）委托代销商品应当按照委托代销商品的实际成本计价。

（七）成员出资投入的存货，应当根据有关规定和合作社章程规定，按照有关凭据注明的金额加上相关税费、运输费等计价；没有相关凭据的，经过全体成员评估作价或由第三方机构评估作价、成员大会或者成员代表大会［以下简称“成员（代表）大会”］表决通过后，按照全体成员确认的价值计价。

（八）盘盈的存货，应当按照同类或类似存货的市场价格或评估价值计价。

第十八条　合作社应当采用先进先出法、加权平均法或者个别计价法确定领用或出售的出库存货成本。计价方法一经确定，不得随意变更。

第十九条　合作社的存货发生毁损或报废时，处置收入、可收回的责任人和保险公司赔偿的金额扣除其成本、相关税费和清理费用后的净额，应当计入其他收入或其他支出。

盘盈存货实现的收益应当计入其他收入。

盘亏存货发生的损失应当计入其他支出。

第二十条　合作社的对外投资包括依法出资设立或者加入农民专业合作社联合社（以下简称“联合社”），以及采用货币资金、实物资产、无形资产等向其他单位投资等。

对外投资按照下列原则计价。

（一）以现金、银行存款等货币资金方式向联合社或其他单位投资的，应当按照实际支付的款项和相关税费计价。

（二）以实物资产（含生物资产，下同）、无形资产等非货币性资产方式向联合社或其他单位投资的，应当按照评估确认或者合同、协议约定的价值和相关税费计价，实物资产、无形资产等重估确认价值与其账面价值之间的差额，计入资本公积。

第二十一条　合作社对外投资取得的盈余返还和盈余分配、分得的现金股利或利润、利息等计入投资收益。

到期收回或中途转让对外投资时，按照实际收到的价款与其账面余额的差额，计入投资收益。

第二十二条　合作社的生物资产包括消耗性生物资产、生产性生物资产和公益性生物资产。消耗性生物资产包括生长中的大田作物、蔬菜、用材林以及存栏待售的牲畜、鱼虾贝类等为出售而持有的，或在将来收获为农产品的生物资产。

生产性生物资产包括经济林、薪炭林、产畜和役畜等为产出农产品、提供劳务或出租等目的而持有的生物资产。公益性生物资产包括防风固沙林、水土保持林和水源涵养林等以防护、环境保护为主要目的的生物资产。

生物资产按照下列原则计价。

（一）购入的生物资产应当按照购买价款、应支付的相关税费、运输费以及外购过程发生的其他直接费用计价。

（二）自行栽培、营造、繁殖或养殖的消耗性生物资产，应当按照下列规定确定其成本：

自行栽培的大田作物和蔬菜的成本，包括在收获前耗用的种子、肥料、农药等材料费、人工费和应分摊的间接费用等必要支出。

自行营造的林木类消耗性生物资产的成本，包括郁闭前发生的造林费、抚育费、营林设施费、良种试验费、调查设计费和应分摊的间接费用等必要支出。

自行繁殖的育肥畜的成本，包括出售前发生的饲料费、人工费和应分摊的间接费用等必要支出。

水产养殖的动物和植物的成本，包括在出售或入库前耗用的苗种、饲料、肥料等材料费、人工费和应分摊的间接费用等必要支出。

（三）自行营造或繁殖的生产性生物资产，应当按照下列规定确定其成本：

自行营造的林木类生产性生物资产的成本，包括达到预定生产经营目的前发生的造林费、抚育费、营林设施费、良种试验费、调查设计费和应分摊的间接费用等必要支出。

自行繁殖的产畜和役畜的成本，包括达到预定生产经营目的（成龄）前发生的饲料费、人工费和应分摊的间接费用等必要支出。

达到预定生产经营目的，是指生产性生物资产进入正常生产期，可以多年连续稳定产出农产品、提供劳务或出租。

（四）自行营造的公益性生物资产，应当按照郁闭前发生的造林费、抚育费、森林保护费、营林设施费、良种试验费、调查设计费和应分摊的间接费用等必要支出计价。

（五）成员出资投入的生物资产，应当根据有关规定和合作社章程规定，按照有关凭据注明的金额加上相关税费、运输费等计价；没有相关凭据的，经过全体成员评估作价或由第三方机构评估作价、成员（代表）大会表决通过后，按照全体成员确认的价值计价。

（六）收到国家财政直接补助的生物资产（包括以前年度收到或形成但尚未入账的）或者他人捐赠的生物资产，应当按照有关凭据注明的金额加上相关税费、运输费等计价；没有相关凭据的，按照资产评估价值或者比照同类或类似生物资产的市场价格，加上相关税费、运输费等计价。如无法采用上述方法计价的，应当按照名义金额（人民币 1 元，下同）计价，相关税费、运输费等计入其他支出，同时在备查簿中登记说明。

第二十三条　合作社应当对所有达到预定生产经营目的的生产性生物

资产计提折旧，但以名义金额计价的生产性生物资产除外。

对于达到预定生产经营目的的生产性生物资产，合作社应当对生产性生物资产原价（成本）扣除其预计净残值后的部分在生产性生物资产使用寿命内按照年限平均法或工作量法计提折旧，并根据其受益对象计入相关资产成本或者当期损益。

合作社应当根据生产性生物资产的性质和使用情况，合理确定生产性生物资产的使用寿命和预计净残值。生产性生物资产的使用寿命、预计净残值和折旧方法一经确定，不得随意变更。

合作社应当按月计提生产性生物资产折旧，当月增加的生产性生物资产，当月不计提折旧，从下月起计提折旧；当月减少的生产性生物资产，当月仍计提折旧，从下月起不再计提折旧。生产性生物资产提足折旧后，不论能否继续使用，均不再计提折旧；提前处置的生产性生物资产，也不再补提折旧。

第二十四条　合作社的生物资产死亡毁损时，处置收入、可收回的责任人和保险公司赔偿的金额扣除其账面价值、相关税费和清理费用后的净额，应当计入其他收入或其他支出。

生产性生物资产的账面价值，是指生产性生物资产原价（成本）扣减累计折旧后的金额。

第二十五条　合作社的固定资产包括房屋、建筑物、机器、设备、工具、器具和农业农村基础设施等。

固定资产按照下列原则计价。

（一）购入的固定资产，不需要安装的，应当按照购买价款和采购费、应支付的相关税费、包装费、运输费、装卸费、保险费以及外购过程发生的其他直接费用计价；需要安装或改装，还应当加上安装费或改装费。

（二）新建的房屋及建筑物、农业农村基础设施等固定资产，应当按照竣工验收的决算价计价。

（三）成员出资投入的固定资产，应当根据有关规定和合作社章程规定，按照有关凭据注明的金额加上相关税费、运输费等计价；没有相关凭据的，经过全体成员评估作价或由第三方机构评估作价、成员（代表）大会表决通过后，按照全体成员确认的价值计价。

（四）收到国家财政直接补助的固定资产（包括以前年度收到或形成但尚未入账的）或者他人捐赠的固定资产，应当按照有关凭据注明的金额加上相关税费、运输费等计价；没有相关凭据的，按照资产评估价值或者比照同类或类似固定资产的市场价格，加上相关税费、运输费等计价。如无法采用上述方法计价的，应当按照名义金额计价，相关税费、运输费等计入其他支出，同时在备查簿中登记说明。

（五）盘盈的固定资产，应当按照同类或类似固定资产的市场价格或评估价值，扣除按照该项固定资产新旧程度估计的折旧后的余额计价。

第二十六条　合作社应当对所有的固定资产计提折旧，但以名义金额计价的固定资产除外。

合作社应当对固定资产原价（成本）扣除其预计净残值后的部分在固定资产使用寿命内按照年限平均法或工作量法计提折旧，并根据固定资产的受益对象计入相关资产成本或者当期损益。

合作社应当根据固定资产的性质和使用情况，合理确定固定资产的使用寿命和预计净残值。固定资产的使用寿命、预计净残值和折旧方法一经确定，不得随意变更。

合作社应当按月计提固定资产折旧，当月增加的固定资产，当月不计提折旧，从下月起计提折旧；当月减少的固定资产，当月仍计提折旧，从下月起不再计提折旧。固定资产提足折旧后，不论能否继续使用，均不再计提折旧；提前报废的固定资产，也不再补提折旧。

第二十七条　固定资产的修理费用直接计入有关支出项目。

固定资产的改建支出，应当计入固定资产的成本，并按照重新确定的固定资产成本以及重新确定的折旧年限计算折旧额；但已提足折旧的固定资产改建支出应当计入长期待摊费用，并按照固定资产预计尚可使用年限采用年限平均法分期摊销。

固定资产的改建支出，是指改变房屋或者建筑物结构、延长使用年限等发生的支出。

第二十八条　合作社处置固定资产时，处置收入扣除其账面价值、相关税费和清理费用后的净额，应当计入其他收入或其他支出。

固定资产的账面价值，是指固定资产原价（成本）扣减累计折旧后的金额。

盘盈固定资产实现的收益应当计入其他收入。

盘亏固定资产发生的损失应当计入其他支出。

第二十九条　合作社的在建工程是指尚未完工的工程项目。在建工程按实际发生的支出或应支付的工程价款计价。形成固定资产的在建工程完工交付使用时，计入固定资产。

在建工程部分发生报废或者毁损，按照扣除残料价值、责任人和保险公司赔偿后的净损失，计入工程成本。单项工程报废以及由于自然灾害等非常原因造成的报废或者毁损，其净损失计入其他支出。

第三十条　合作社的无形资产包括专利权、商标权、著作权、专利技术、土地经营权、林权、草原使用权等。

无形资产按照下列原则计价：

（1）购入的无形资产应当按照购买价款、应支付的相关税费以及相关的其他直接费用计价。

（2）自行开发并按法律程序申请取得的无形资产，应当按照依法取得时发生的注册费、律师费等实际支出计价。

（3）成员出资投入的无形资产，应当根据有关规定和合作社章程规定，按照有关凭据注明的金额加上相关税费等计价；没有相关凭据的，经过全体成员评估作价或由第三方机构评估作价、成员（代表）大会表决通过后，按照全体成员确认的价值计价。

（4）收到国家财政直接补助的无形资产（包括以前年度收到或形成但尚未入账的）或者他人捐赠的无形资产，应当按照有关凭据注明的金额加上相关税费等计价；没有相关凭据的，按照资产评估价值或者比照同类或类似无形资产的市场价格，加上相关税费等计价。如无法采用上述方法计价的，应当按照名义金额计价，相关税费等计入其他支出，同时在备查簿中登记说明。

第三十一条　合作社的无形资产应当从使用之日起进行摊销，但以名义金额计价的无形资产除外。

合作社应当对无形资产在其使用寿命内采用年限平均法等合理方法进行摊销，并根据无形资产的受益对象计入相关资产成本或者当期损益。无形资产的摊销期自可供使用时起至停止使用或出售时止，并应当符合有关法律法规规定或合同约定的使用年限。无形资产的使用寿命和摊销方法一经确定，不得随意变更。

第三十二条　合作社处置无形资产时，处置收入扣除其账面价值、相关税费等后的净额，应当计入其他收入或其他支出。无形资产的账面价值，是指无形资产成本扣减累计摊销后的金额。

第三十三条　合作社对接受国家财政直接补助和他人捐赠形成的扶贫项目资产，还应当设置备查簿进行登记管理。

第三十四条　每年年度终了，合作社应当对应收款项、存货、对外投资、生物资产、固定资产、在建工程、无形资产等资产进行全面清查，对于已发生损失但尚未批准核销的相关资产，应当在财务报表附注中予以披露。

第三章　负　债

第三十五条　合作社的负债，是指合作社过去的交易或者事项形成的、预期会导致经济利益流出合作社的现时义务。

第三十六条　合作社的负债按照流动性可分为流动负债和非流动负债。

流动负债是指偿还期在1年内（含1年）的债务，包括短期借款、应付款项、应付工资、应付劳务费、应交税费、应付利息、应付盈余返还、应付剩余盈余等。

非流动负债是指偿还期在1年以上的债务，包括长期借款、专项应付款等。

第三十七条　合作社的负债按照实际发生额计价。

合作社应当在应付利息日，对借款按照借款本金和借款合同利率计提利息费用，计入财务费用。

合作社的应付款项包括与成员和非成员之间发生的各项应付及暂收款项。对发生因债权人特殊原因等确实无法支付的或者债权人对合作社债务豁免的应付款项，应当计入其他收入。

第三十八条　合作社的应付工资，是指合作社为获得管理人员、固定员工等职工提供的服务而应付给职工的各种形式的报酬以及其他相关支出。

合作社的应付劳务费，是指合作社为获得季节性用工等临时性工作人员提供的服务而应支付的各种形式的报酬以及其他相关支出。

第四章　所有者权益

第三十九条　合作社的所有者权益，是指合作社资产扣除负债后由成员享有的剩余权益。

合作社的所有者权益包括股金、专项基金、资本公积、盈余公积、未分配盈余等。

第四十条　合作社收到成员出资投入的资产，应当按照确定的成本计入相关资产，按照该成员应享有合作社成员出资总额的份额计算的金额计入股金，两者之间的差额计入资本公积。

合作社按照法定程序减少成员出资总额或成员退股时，应当减少股金。

第四十一条　合作社接受国家财政直接补助形成的生物资产、固定资产、无形资产等，以及接受他人捐赠、用途不受限制或已按约定使用的资产计入专项基金。

第四十二条　合作社可以按照章程规定或者成员大会决议，从本年盈余中提取公积金，计入盈余公积。

第五章　成本、收入和费用

第四十三条　合作社的生产成本，是指合作社直接组织生产或对外提供服务等活动所发生的各项生产费用和服务成本。

合作社直接组织生产产品的成本主要包括农产品生产成本、工业产品生产成本等。农产品生产成本包括直接材料费、直接人工费、其他直接费用和间接费用等。工业产品生产成本包括直接材料费、燃料和动力、直接人工费、其他直接费用和间接费用等。

合作社对外提供服务的成本包括提供服务的直接耗费及提供服务人员的培训费、工资福利、差旅费、保险费等。

第四十四条　合作社应当强化成本意识，加强成本核算。

第四十五条　合作社的收入，是指合作社在日常活动中形成的、会导致所有者权益增加的、与成员投入资本无关的经济利益的总流入。

第四十六条　合作社的收入包括经营收入和其他收入。

经营收入包括合作社提供农业生产资料的购买、使用，农产品的生产、销售、加工、运输、贮藏以及与农业生产经营有关的技术、信息、设施建设运营等服务，开发经营农村民间工艺及制品、休闲农业和乡村旅游资源等，以及销售本社产品取得的收入。

其他收入包括盘盈收益、确实无法支付的应付款项等除经营收入以外的收入。

第四十七条　合作社的经营收入一般应当于产品物资已经发出，服务已经提供，同时收讫价款或取得收取价款的凭据时予以确认。

合作社的其他收入一般应当于收入实现时予以确认。

第四十八条　合作社应当按照从购买方已收或应收的合同或协议价款，确定收入金额。

第四十九条　合作社的费用，是指合作社在日常活动中发生的、会导致所有者权益减少的、与向成员分配盈余无关的经济利益的总流出。

第五十条　合作社的费用包括经营支出、税金及附加、管理费用、财务费用和其他支出等。

经营支出包括合作社提供农业生产资料的购买、使用，农产品的生产、销售、加工、运输、贮藏以及与农业生产经营有关的技术、信息、设施建设运营等服务，开发经营农村民间工艺及制品、休闲农业和乡村旅游资源等，以及销售本社产品发生的实际支出。

税金及附加包括合作社从事生产经营活动按照税法的有关规定应负担的消费税、城市维护建设税、资源税、房产税、土地使用税、车船税、印花税、教育费附加及地方教育附加等相关税费。

管理费用包括管理人员的工资、办公费、差旅费，业务招待费，管理用固定资产的折旧、无形资产摊销等为组织和管理生产经营活动发生的支出。

财务费用包括利息费用（减利息收入）、银行相关手续费等为筹集生产经营所需资金发生的支出。

其他支出包括生物资产的死亡毁损支出、损失，固定资产及产品物资等的盘亏、损失，防灾抢险支出，安全生产支出，环境保护支出，罚款支出，捐赠支出，确实无法收回的应收款项损失等。

第五十一条　合作社的费用一般应当在发生时按照其发生额计入当期损益。

第六章　盈余及盈余分配

第五十二条　合作社的盈余，是指合作社在一定会计期间的经营成果。

合作社的本年盈余按照下列公式计算：

本年盈余 = 经营收益 + 其他收入 - 其他支出 - 所得税费用

其中：

经营收益 = 经营收入 + 投资收益 - 经营支出 - 税金及附加 - 管理费用 - 财务费用

投资收益是指投资所取得的收益扣除发生的投资损失后的数额。投资所取得的收益包括对外投资分得的利润、盈余返还和盈余分配、现金股利和债券利息，以及对外投资到期收回或中途转让取得款项高于账面余额的差额等。投资损失包括对外投资到期收回或中途转让取得款项低于账面余额的差额等。

第五十三条　合作社应当按照税法有关规定计算的当期应纳税额，确认所得税费用。

合作社应当在盈余总额的基础上，按照税法有关规定进行纳税调整，计算出当期应纳税所得额，按照应纳税所得额与适用所得税税率为基础计算确定当期应纳税额。

第五十四条　合作社在弥补亏损、提取公积金后剩余的本年盈余为可分配盈余。合作社按照有关法律法规和合作社章程规定向成员进行盈余返还和盈余分配、或者将全部或部分可分配盈余转为成员对合作社的出资时，应当减少可分配盈余。

第七章　财务报表

第五十五条　财务报表是对合作社财务状况、经营成果等的结构性表述，包括会计报表及其附注。

第五十六条　合作社的会计报表包括资产负债表、盈余及盈余分配表、成员权益变动表等。

资产负债表，是指反映合作社在某一特定日期财务状况的报表。

盈余及盈余分配表，是指反映合作社在一定会计期间内盈余实现及其分配情况的报表。

成员权益变动表，是指反映合作社成员权益增减变动和在某一特定日期权益情况的报表。

第五十七条　合作社应当为每个成员设立成员账户。

成员账户是全面反映合作社成员对合作社的出资额、量化到该成员的公积金份额、本社接受国家财政直接补助形成的财产量化到该成员的份额、本社接受他人捐赠形成的财产量化到该成员的份额、该成员与本社的交易量（额）以及本社对该成员的盈余返还和剩余盈余分配的账户。

第五十八条　附注，是指对在资产负债表、盈余及盈余分配表、成员权益变动表等会计报表中列示项目的文字描述或明细资料，以及对未能在这些会计报表中列示项目的说明等。

附注应当按照下列顺序披露。

（一）遵循农民专业合作社会计制度的声明。

（二）合作社的基本情况。

（三）成员权益结构。

（四）会计报表重要项目的进一步说明。

（五）已发生损失但尚未批准核销的相关资产名称、金额等情况及说明。

（六）以名义金额计量的资产名称、数量等情况，以及以名义金额计量理由的说明。

（七）其他重要事项。

（八）对已在资产负债表、盈余及盈余分配表中列示项目与企业所得税法规定存在差异的纳税调整过程。

（九）根据国家有关法律法规等规定，需要在附注中说明的其他事项。

第五十九条　合作社对会计政策变更、会计估计变更和会计差错更正应当采用未来适用法进行会计处理。

会计政策，是指合作社在会计确认、计量和报告中所采用的原则、基础和会计处理方法。会计估计变更，是指由于资产和负债的当前状况及预期经济利益和义务发生了变化，从而对资产或负债的账面价值或者资产的定期消耗金额进行调整。前期差错包括计算错误、应用会计政策错误、应用会计估计错误等。未来适用法，是指将变更后的会计政策和会计估计应用于变更日及以后发生的交易或者事项，或者在会计差错发生或发现的当期更正差错的方法。

第八章　附　则

第六十条　合作社填制会计凭证、登记会计账簿、管理会计档案等，应当按照《会计基础工作规范》《会计档案管理办法》等规定执行。

第六十一条　本制度自 2023 年 1 月 1 日起施行。此前财政部印发的《农民专业合作社财务会计制度（试行）》（财会〔2007〕15 号）与本制度规定不一致的，以本制度为准。

附录：合作社会计科目和财务报表

一、会计科目

本制度统一规定合作社会计科目的名称和编号，以便于填制会计凭证，登记会计账簿，查阅会计账目，实行会计信息化管理。合作社不存在的交易或者事项，可不设置相关会计科目；合作社在不违反本制度中确认、计量和报告规定的前提下，可以根据本社的实际情况自行增设必要的会计科目；对于明细科目，合作社可以比照本附录中的规定自行设置。

（一）会计科目名称和编号

顺序号	编号	会计科目名称
		一、资产类科目
1	101	库存现金
2	102	银行存款
3	113	应收款
4	114	成员往来
5	121	产品物资
6	124	委托加工物资
7	125	委托代销商品
8	127	受托代购商品
9	128	受托代销商品
10	131	对外投资
11	141	消耗性生物资产
12	142	生产性生物资产
13	143	生产性生物资产折旧
14	144	公益性生物资产
15	151	固定资产
16	152	累计折旧
17	153	在建工程
18	154	固定资产清理
19	161	无形资产

续表

顺序号	编号	会计科目名称
20	162	累计摊销
21	171	长期待摊费用
22	181	待处理财产损益
		二、负债类科目
23	201	短期借款
24	211	应付款
25	212	应付工资
26	213	应付劳务费
27	214	应交税费
28	215	应付利息
29	221	应付盈余返还
30	222	应付剩余盈余
31	231	长期借款
32	235	专项应付款
		三、所有者权益类科目
33	301	股金
34	311	专项基金
35	321	资本公积
36	322	盈余公积
37	331	本年盈余
38	235	盈余分配
		四、成本类科目
39	401	生产成本
		五、权益类科目
40	501	经营收入
41	502	其他收入
42	511	投资收益
43	521	经营支出
44	522	税金及附加
45	523	管理费用

续表

顺序号	编号	会计科目名称
46	524	财务费用
47	529	其他支出
48	531	所得税费用

注：合作社在经营中涉及使用外埠存款、银行汇票存款、银行本票存款、信用卡存款、信用证保证金存款、尚未转入银行存款的支付宝或微信收付款等第三方支付平台账户余额等各种其他货币资金的，可增设“其他货币资金”科目（科目编号109）；合作社在经营中大量使用包装物，需要单独对其进行核算的，可增设“包装物”科目（科目编号122）。

（二）会计科目使用说明

资产类科目

101 库存现金

1. 本科目核算合作社的库存现金。

2. 合作社收到现金时，借记本科目，贷记有关科目；支出现金时，借记有关科目，贷记本科目。

3. 合作社应当设置“库存现金日记账”，由出纳人员根据收付款凭证，按照业务发生顺序逐笔登记。每日终了，应当计算当日的现金收入合计额、现金支出合计额和结余额，将结余额与实际库存额核对，做到账款相符。

4. 每日终了结算现金收支、财产清查等发现的有待查明原因的现金短缺或溢余，应当通过“待处理财产损溢”科目核算：属于现金短缺，按照实际短缺的金额，借记“待处理财产损溢——待处理流动资产损溢”科目，贷记本科目；属于现金溢余，按照实际溢余的金额，借记本科目，贷记“待处理财产损溢——待处理流动资产损溢”科目。

5. 本科目期末借方余额，反映合作社实际持有的库存现金。

102 银行存款

1. 本科目核算合作社存入银行、信用社或其他金融机构的款项。

2. 合作社将款项存入银行、信用社或其他金融机构时，借记本科目，贷记有关科目；提取和支出存款时，借记有关科目，贷记本科目。

3. 合作社应当按照开户银行、信用社和其他金融机构、存款种类等设置“银行存款日记账”，由出纳人员根据收付款凭证，按照业务的发生顺序逐笔登记。每日终了，应结出余额。“银行存款日记账”应定期与“银行对账单”核对，至少每月核对一次。合作社银行存款账面余额与银行对账单余额之间如有差额，应编制“银行存款余额调节表”，并调节相符。

4. 本科目应按照银行、信用社或其他金融机构的名称设置明细科目，进行明细核算。

5. 本科目期末借方余额，反映合作社实际存在银行、信用社或其他金融机构的款项。

113 应收款

1. 本科目核算合作社与非成员之间发生的各种应收及暂付款项，包括因销售产品物资、提供服务应收取的款项以及应收的各种赔款、罚款、利息等。

2. 合作社与非成员之间发生各种应收及暂付款项时，借记本科目，贷记“库存现金”“银行存款”“经营收入”等科目。收回应收款时，借记“库存现金”“银行存款”等科目，贷记本科目。取得用暂付款购得的产品物资、服务时，借记“产品物资”等科目，贷记本科目。

3. 对确实无法收回的应收及暂付款项，按规定程序批准核销时，借记“其他支出”科目，贷记本科目。

4. 本科目应按照发生应收及暂付款项的非成员单位和个人设置明细账，进行明细核算。

5. 本科目期末借方余额，反映合作社尚未收回的应收及暂付款项。

114 成员往来

1. 本科目核算合作社与成员之间发生的应收款项和应付款项等经济往来业务。

2. 合作社与成员之间发生应收款项和偿还应付款项时，借记本科目，贷记“库存现金”“银行存款”“经营收入”等科目。收回应收款项和发生应付款项时，借记“库存现金”“银行存款”等科目，贷记本科目。

3. 为成员提供农业生产资料购买服务时，按照实际支付或应付的款项，借记本科目，贷记“库存现金”“银行存款”“应付款”等科目；按照为成员提供农业生产资料购买服务而应收取的服务费，借记本科目，贷记“经营收入”等科目；收到成员给付的农业生产资料购买款项和服务费时，借记“库存现金”“银行存款”等科目，贷记本科目。

4. 为成员提供农产品销售服务，收到成员交来的产品时，按照合同或协议约定的价格，借记“受托代销商品”等科目，贷记本科目；向成员给付代销商品款时，借记本科目，贷记“库存现金”“银行存款”等科目。

5. 本科目应按照合作社成员设置明细科目，进行明细核算。

6. 本科目下属各明细科目的期末借方余额合计数反映成员欠合作社的款项总额；期末贷方余额合计数反映合作社欠成员的款项总额。各明细科目期末借方余额合计数应在资产负债表“应收款项”项目反映；期末贷方余额合计数应在资产负债表“应付款项”项目反映。

121 产品物资

1. 本科目核算合作社库存的材料、燃料、机械零配件、低值易耗品、包装物、种子、化肥、农药、农产品、工业产成品等各种产品和物资。

合作社为本社成员服务取得的委托代销商品、受托代购商品、受托代销商品以及委托加工物资不在本科目核算。

2. 购入并已验收入库的产品物资，按照实际成本，借记本科目，贷记“库存现金”“银行存款”“成员往来”“应付款”等科目。

3. 生产完工以及委托外单位加工完成并已验收入库的产品物资，按照实际成本，借记本科目，贷记“生产成本”“委托加工物资”等科目。

4. 取得成员出资投入的产品物资，按照确定的成本，借记本科目，按照成员应享有合作社成员出资总额的份额计算的金额，贷记“股金”科目，按照两者之间的差额，贷记或借记“资本公积”科目。

5. 产品物资销售时，按照实现的销售收入，借记“库存现金”“银行存款”“应收款”“成员往来”等科目，贷记“经营收入”科目；按照销售产品物资的实际成本，借记“经营支出”科目，贷记本科目。

6. 产品物资领用时，借记“在建工程”“生产成本”“管理费用”等科目，贷记本科目。

7. 发给外单位加工的产品物资，按照委托加工物资的实际成本，借记“委托加工物资”科目，贷记本科目。

8. 清查盘点，发现盘盈、盘亏、毁损、报废的产品物资，按照实际成本（或估计价值），借记或贷记本科目，贷记或借记“待处理财产损溢——待处理流动资产损溢”科目。

9. 本科目应按照产品物资品名设置明细科目，进行明细核算。

10. 本科目期末借方余额，反映合作社库存产品物资的实际成本。

124 委托加工物资

1. 本科目核算合作社委托外单位加工的各种物资的实际成本。

2. 发给外单位加工的物资，按照委托加工物资的实际成本，借记本科目，贷记“产品物资”等科目。按照合作社支付该项委托加工的全部费用（加工费、运杂费等），借记本科目，贷记“库存现金”“银行存款”等科目。

3. 加工完成验收入库的物资，按照加工收回物资的实际成本和剩余物资的实际成本，借记“产品物资”等科目，贷记本科目。

4. 本科目应按照加工合同和受托加工单位等设置明细账，进行明细核算。

5. 本科目期末借方余额，反映合作社委托外单位加工但尚未加工完成物资的实际成本。

125 委托代销商品

1. 本科目核算合作社委托外单位销售的各种商品的实际成本。

2. 发给外单位销售的商品，按照委托代销商品的实际成本，借记本科目，贷记“产品物资”等科目。

3. 收到代销单位报来的代销清单时，按照应收金额，借记“应收款”科目，按照应确认的收入，贷记“经营收入”科目；按照应支付的手续费等，借记“经营支出”科目，贷记“应收款”科目；同时，按照代销商品的实际成本（或售价），借记“经营支出”等科目，贷记本科目。收到代销款时，借记“银行存款”等科目，贷记“应收款”科目。

4. 本科目应按照代销商品或委托单位等设置明细账，进行明细核算。

5. 本科目期末借方余额，反映合作社委托外单位销售但尚未收到代销商品款的商品的实际成本。

127 受托代购商品

1. 本科目核算合作社接受委托代为采购商品的实际成本。

2. 合作社收到受托代购商品款时，借记“库存现金”“银行存款”等科目，贷记“成员往来”“应付款”等科目。

3. 受托采购商品时，按照采购商品的价款，借记本科目，贷记“库存现金”“银行存款”“应付款”等科目。

4. 将受托代购商品交付给委托方时，按照收到的受托代购商品款，借记“成员往来”“应付款”等科目，按照代购商品的实际成本，贷记本科目，差额借记或贷记“库存现金”“银行存款”等科目；如果受托代购商品收取手续费，按照应收取的手续费，借记“成员往来”“应收款”等科目，贷记“经营收入”科目；收到手续费时，借记“库存现金”“银行存款”等科目，贷记“成员往来”“应收款”等科目。

5. 本科目应按照受托方设置明细账，进行明细核算。

6. 本科目期末借方余额，反映合作社受托采购尚未交付商品的实际成本。

128 受托代销商品

1. 本科目核算合作社接受委托代销商品的实际成本。

2. 合作社收到受托代销商品时，按合同或协议约定的价格，借记本科目，贷记“成员往来”等科目。

3. 售出受托代销商品时，按照实际收到的价款，借记“库存现金”“银行存款”等科目，按照合同或协议约定的价格，贷记本科目，如果实际收到的价款大于合同或协议约定的价格，按照其差额，贷记“经营收入”等科目；如果实际收到的价款小于合同或协议约定的价格，按照其差额，借记“经营支出”等科目。

4. 支付委托方代销商品款时，借记“成员往来”等科目，贷记“库存现金”“银行存款”等科目。

5. 本科目应按照委托代销方设置明细账，进行明细核算。

6. 本科目期末借方余额，反映合作社尚未售出的受托代销商品的实际成本。

131 对外投资

1. 本科目核算合作社持有的各种对外投资，包括依法出资设立或者加入联合社，以及采用货币资金、实物资产、无形资产等向其他单位的投资等。

2. 合作社以现金、银行存款等货币资金方式对外投资时，按照实际支付的价款和相关税费，借记本科目，贷记“库存现金”“银行存款”科目，按照应支付的相关税费，贷记“应交税费”等科目。

以实物资产、无形资产等非货币性资产方式对外投资时，按照评估确认或者合同、协议约定的价值和相关税费，借记本科目，按照已计提的累计折旧或摊销，借记“生产性生物资产累计折旧”“累计折旧”“累计摊销”等科目，按照投出资产的原价（成本），贷记“消耗性生物资产”“生产性生物资产”“固定资产”“无形资产”等科目，按照应支付的相关税费，贷记“应交税费”等科目，按照其差额，借记或贷记“资本公积”科目。

3. 到期收回或中途转让对外投资时，按照实际收回的价款或价值，借记“库存现金”“银行存款”等科目，按照对外投资的账面余额，贷记本科目，按照实际收回的价款或价值与账面余额的差额，借记或贷记“投资收益”科目。

4. 被投资单位宣告分配现金股利或利润、联合社返还和分配盈余等时，借记“应收款”等科目，贷记“投资收益”科目；实际收到现金股利或利润、盈余返还、盈余分配等时，借记“库存现金”“银行存款”等科目，贷记“应收款”科目；获得股票股利时，不作账务处理，但应在备查簿中登记所增加的股份。

5. 对外投资发生损失时，按规定程序批准后，按照可收回的责任人和保险公司赔偿的金额，借记“应收款”“成员往来”等科目，按照扣除由责任人和保险公司赔偿的金额后的净损失，借记“投资收益”科目，按照发生损失的对外投资账面余额，贷记本科目。

6. 本科目应按照对外投资的种类设置明细科目，进行明细核算。

7. 本科目期末借方余额，反映合作社对外投资的实际成本。

141 消耗性生物资产

1. 本科目核算合作社持有的消耗性生物资产的实际成本。

2. 消耗性生物资产应按照取得时的实际成本计价。合作社按照下列原则确定取得消耗性生物资产的实际成本，进行账务处理：

（1）购入的消耗性生物资产，按照应计入消耗性生物资产成本的金额，借记本科目，贷记“库存现金”“银行存款”“应付款”等科目。

（2）自行栽培的大田作物和蔬菜等，按照收获前发生的必要支出，借记本科目，贷记“库存现金”“银行存款”“产品物资”“应付工资”“应付劳务费”等科目。

自行营造的林木类消耗性生物资产（如非经济林木），按照郁闭前发生的必要支出，借记本科目，贷记“库存现金”“银行存款”“产品物资”“应付工资”“应付劳务费”等科目。

自行繁殖的育肥畜、水产养殖的鱼虾贝类等，按照出售或入库前发生的必要支出，借记本科目，贷记“库存现金”“银行存款”“产品物资”“应付工资”“应付劳务费”等科目。

（3）取得成员出资投入的消耗性生物资产，按照确定的成本，借记本科目，按照成员应享有合作社成员出资总额的份额计算的金额，贷记“股金”科目，按照两者之间的差额，贷记或借记“资本公积”科目。

（4）收到国家财政直接补助的消耗性生物资产（包括以前年度收到或形成但尚未入账的）或者他人捐赠的消耗性生物资产，按照有关凭据注明的金额加上相关税费、运输费等，借记本科目，贷记“专项基金”等科目。没有相关凭据的，按照资产评估价值或者比照同类或类似消耗性生物资产的市场价格，加上相关税费、运输费等，借记本科目，贷记“专项基金”等科目。如无法采用上述方法计价的，应当按照名义金额，借记本科目，贷记“专项基金”科目，并设置备查簿进行登记和后续管理；按照实际发生的运输费和应支付的相关税费等，借记“其他支出”科目，贷记“库存现金”“银行存款”“应付款”“应交税费”等科目。

（5）产畜或役畜淘汰转为育肥畜的，按照转群时的账面价值，借记本科目，按照已计提的累计折旧，借记“生产性生物资产累计折旧”科目，按照其账面余额，贷记“生产性生物资产”科目。

幼畜成龄转为产畜或役畜、育肥畜转为产畜或役畜的，按照其账面余额，借记“生产性生物资产”科目，贷记本科目。

（6）盘盈的消耗性生物资产，按照同类或类似消耗性生物资产的市场价格或评估价值，借记本科目，贷记“待处理财产损溢——待处理流动资产损溢”科目。

3. 择伐、间伐或抚育更新性质采伐而补植林木类消耗性生物资产发生的后续支出，借记本科目，贷记“库存现金”“银行存款”“产品物资”“应付工资”“应付劳务费”等科目。

林木类消耗性生物资产达到郁闭后发生的管护费用等后续支出，借记“其他支出”科目，贷记“库存现金”“银行存款”“产品物资”“应付工资”“应付劳务费”等科目。

4. 生产经营过程中发生的应归属于消耗性生物资产的费用，按照应分配的金额，借记本科目，贷记“生产成本”科目。

5. 消耗性生物资产收获时，按照其账面余额，借记“产品物资”科目，贷记本科目。

6. 出售消耗性生物资产时，按照实现的销售收入，借记“库存现金”“银行存款”“应收款”等科目，贷记“经营收入”等科目。按照其账面余额，借记“经营支出”等科目，贷记本科目。

7. 以幼畜及育肥畜、消耗性林木资产等消耗性生物资产对外投资时，按照评估确认或者合同、协议约定的价值和相关税费，借记“对外投资”科目，按照消耗性生物资产的账面余额，贷记本科目，按照应支付的相关税费，贷记“应交税费”等科目，按照其差额，借记或贷记“资本公积”科目。

8. 消耗性生物资产死亡毁损、盘亏时，按照其账面余额，借记“待处理财产损溢——待处理流动资产损溢”科目，贷记本科目。按规定程序批准后处理时，按照可收回的责任人和保险公司赔偿的金额，借记“应收款”“成员往来”等科目，按照残料价值，借记“产品物资”等科目，按照“待处理财产损溢——待处理流动资产损溢”科目相应余额，贷记“待处理财产损溢——待处理流动资产损溢”科目，按照其差额，借记“其他支出”科目。

9. 本科目应按照消耗性生物资产的种类、群别、是否属于扶贫项目资产等设置明细科目，进行明细核算。

10. 本科目期末借方余额，反映合作社持有的消耗性生物资产的实际成本。

142 生产性生物资产

1. 本科目核算合作社持有的生产性生物资产的原价（成本）。

2. 生产性生物资产应按照取得时的实际成本计价。合作社按照下列原则确定取得生产性生物资产的实际成本，进行账务处理：

（1）购入的生产性生物资产，按照应计入生产性生物资产成本的金额，借记本科目，贷记“库存现金”“银行存款”“应付款”等科目。

（2）自行营造的林木类生产性生物资产、自行繁殖的产畜和役畜等，按照达到预定生产经营目的前发生的必要支出，借记本科目，贷记“库存现金”“银行存款”“产品物资”“应付工资”“应付劳务费”等科目。

（3）取得成员出资投入的生产性生物资产，按照确定的成本，借记本科目，按照成员应享有合作社成员出资总额的份额计算的金额，贷记“股金”科目，按照两者之间的差额，贷记或借记“资本公积”科目。

（4）收到国家财政直接补助的生产性生物资产（包括以前年度收到或形成但尚未入账的）或者他人捐赠的生产性生物资产，按照有关凭据注明的金额加上相关税费、运输费等，借记本科目，贷记“专项基金”等科目。没有相关凭据的，按照资产评估价值或者比照同类或类似生产性生物资产的市场价格，加上相关税费、运输费等，借记本科目，贷记“专项基金”等科目。如无法采用上述方法计价的，应当按照名义金额，借记本科目，贷记“专项基金”科目，并设置备查簿进行登记和后续管理；按照实际发生的运输费和应支付的相关税费等，借记“其他支出”科目，贷记“库存现金”“银行存款”“应付款”“应交税费”等科目。

（5）幼畜成龄转为产畜或役畜、育肥畜转为产畜或役畜的，按照其账面余额，借记本科目，贷记“消耗性生物资产”科目。

产畜或役畜淘汰转为育肥畜的，按照转群时的账面价值，借记“消耗性生物资产”科目，按照已计提的累计折旧，借记“生产性生物资产累计折旧”科目，按照其账面余额，贷记本科目。

（6）盘盈的生产性生物资产，按照同类或类似生产性生物资产的市场价格或评估价值扣除按照该项生产性生物资产状况估计的折旧后的余额，借记本科目，贷记“待处理财产损溢——待处理非流动资产损溢”科目。

3. 择伐、间伐或抚育更新等生产性采伐而补植林木类生产性生物资产发生的后续支出，借记本科目，贷记“库存现金”“银行存款”“产品物资”“应付工资”“应付劳务费”等科目。

生产性生物资产达到预定生产经营目的后发生的管护、饲养费用等后续支出，借记“经营支出”科目，贷记“库存现金”“银行存款”“产品物资”“应付工资”“应付劳务费”等科目。

4. 出售生产性生物资产时，按照取得的价款，借记“库存现金”“银行存款”等科目，按照已计提的累计折旧，借记“生产性生物资产累计折旧”科目，按照生产性生物资产原价（成本），贷记本科目，按照其差额，借记“其他支出”科目或贷记“其他收入”科目。

5. 以生产性生物资产对外投资时，按照评估确认或者合同、协议约定的价值和相关税费，借记“对外投资”科目，按照已计提的累计折旧，借记“生产性生物资产累计折旧”科目，按照生产性生物资产原价（成本），贷记本科目，按照应支付的相关税费，贷记“应交税费”等科目，按照其差额，借记或贷记“资本公积”科目。

6. 生产性生物资产死亡毁损、盘亏时，按照生产性生物资产账面价值，借记“待处理财产损溢——待处理非流动资产损溢”科目，按照已计提的累计折旧，借记“生产性生物资产累计折旧”科目，按照生产性生物资产原价（成本），贷记本科目。按规定程序批准后处理时，按照可收回的责任人和保险公司赔偿的金额，借记“应收款”“成员往来”等科目，按照残料价值，借记“产品物资”等科目，按照“待处理财产损溢——待处理非流动资产损溢”科目相应余额，贷记“待处理财产损溢——待处理非流动资产损溢”科目，按照其差额，借记“其他支出”科目。

7. 本科目应按照生产性生物资产的种类、群别、所属部门、是否属于扶贫项目资产等设置明细科目，进行明细核算。

8. 本科目期末借方余额，反映合作社持有的生产性生物资产的原价（成本）。

143 生产性生物资产累计折旧

1. 本科目核算合作社持有的达到预定生产经营目的的生产性生物资产的累计折旧。

2. 达到预定生产经营目的的生产性生物资产计提的折旧，借记“生产成本”“经营支出”等科目，贷记本科目。因出售、对外投资、死亡毁损等原因处置生产性生物资产，还应同时结转生产性生物资产累计折旧。

3. 本科目应按照生产性生物资产的种类、群别、所属部门、是否属于扶贫项目资产等设置明细科目，进行明细核算。

4. 本科目期末贷方余额，反映合作社达到预定生产经营目的的生产性生物资产的累计折旧额。

144 公益性生物资产

1. 本科目核算合作社持有的公益性生物资产的实际成本。

2. 公益性生物资产应按照取得时的实际成本计价。合作社按照下列原则确定取得公益性生物资产的实际成本，进行账务处理：

（1）购入的公益性生物资产，按照应计入公益性生物资产成本的金额，借记本科目，贷记“库存现金”“银行存款”“应付款”等科目。

（2）自行营造的林木类公益性生物资产，按照郁闭前发生的必要支出，借记本科目，贷记“库存现金”“银行存款”“产品物资”“应付工资”“应付劳务费”等科目。

（3）取得成员出资投入的公益性生物资产，按照确定的成本，借记本科目，按照成员应享有合作社成员出资总额的份额计算的金额，贷记“股金”科目，按照两者之间的差额，贷记或借记“资本公积”科目。

（4）收到国家财政直接补助的公益性生物资产（包括以前年度收到或形成但尚未入账的）或者他人捐赠的公益性生物资产，按照有关凭据注明的金额加上相关税费、运输费等，借记本科目，贷记“专项基金”等科目。没有相关凭据的，按照资产评估价值或者比照同类或类似公益性生物资产的市场价格，加上相关税费、运输费等，借记本科目，贷记“专项基金”等科目。如无法采用上述方法计价的，应当按照名义金额，借记本科目，贷记“专项基金”科目，并设置备查簿进行登记和后续管理；按照实际发生的运输费和应支付的相关税费等，借记“其他支出”科目，贷记“库存现金”“银行存款”“应付款”“应交税费”等科目。

（5）消耗性生物资产、生产性生物资产转为公益性生物资产的，按照其账面余额或账面价值，借记本科目，按照已计提的生产性生物资产累计折旧，借记“生产性生物资产累计折旧”科目，按照其账面余额，贷记“消耗性生物资产”“生产性生物资产”等科目。

3. 择伐、间伐或抚育更新等生产性采伐而补植林木类公益性生物资产发生的后续支出，借记本科目，贷记“库存现金”“银行存款”“产品物资”“应付工资”“应付劳务费”等科目。

林木类公益性生物资产郁闭后发生的管护费用等其他后续支出，借记“其他支出”科目，贷记“库存现金”“银行存款”“产品物资”“应付工资”“应付劳务费”等科目。

4. 本科目应按照公益性生物资产的种类或项目、是否属于扶贫项目资产等设置明细科目，进行明细核算。

5. 本科目期末借方余额，反映合作社持有的公益性生物资产的实际成本。

151 固定资产

1. 本科目核算合作社固定资产的原价（成本）。

2. 固定资产应按照取得时的实际成本计价。合作社按照下列原则确定取得固定资产的实际成本，进行账务处理：

（1）购入不需要安装的固定资产，按照购买价款和采购费、应支付的相关税费、包装费、运输费、装卸费、保险费以及外购过程发生的其他直接费用，借记本科目，贷记“库存现金”“银行存款”“应付款”等科目。购入需要安装的固定资产，先记入“在建工程”科目，待安装完毕交付使用时，按照其实际成本，借记本科目，贷记“在建工程”科目。

（2）自行建造完成交付使用的固定资产，按照建造该固定资产的实际成本，借记本科目，贷记“在建工程”科目。

（3）取得成员出资投入的固定资产，按照确定的成本，借记本科目，按照成员应享有合作社成员出资总额的份额计算的金额，贷记“股金”科目，按照两者之间的差额，贷记或借记“资本公积”科目。

（4）收到国家财政直接补助的固定资产（包括以前年度收到或形成但尚未入账的）或者他人捐赠的固定资产，按照有关凭据注明的金额加上相关税费、运输费等，借记本科目，贷记“专项基金”等科目。没有相关凭据的，按照资产评估价值或者比照同类或类似固定资产的市场价格，加上相关税费、运输费等，借记本科目，贷记“专项基金”等科目。

如无法采用上述方法计价的，应当按照名义金额，借记本科目，贷记“专项基金”科目，并设置备查簿进行登记和后续管理；按照实际发生的运输费和应支付的相关税费等，借记“其他支出”科目，贷记“库存现金”“银行存款”“应付款”“应交税费”等科目。

（5）盘盈的固定资产，按照同类或类似固定资产的市场价格或评估价值扣除按照该项固定资产新旧程度估计的折旧后的余额，借记本科目，贷记“待处理财产损溢——待处理非流动资产损溢”科目。

3. 生产经营用的固定资产的修理费用，借记“经营支出”等科目，贷记“库存现金”“银行存款”等科目；管理用的固定资产的修理费用，借记“管理费用”等科目，贷记“库存现金”“银行存款”等科目；用于公益性用途的固定资产的修理费用，借记“其他支出”等科目，贷记“库存现金”“银行存款”等科目。

4. 对固定资产进行改建时，按照该项固定资产账面价值，借记“在建工程”科目，按照已计提的累计折旧，借记“累计折旧”科目，按照固定资产原价（成本），贷记本科目。改建完成交付使用时，按照确定的固定资产成本，借记本科目，贷记“在建工程”科目。

5. 固定资产出售、报废和毁损等时，按照固定资产账面价值，借记“固定资产清理”科目，按照可收回的责任人和保险公司赔偿的金额，借记“应收款”“成员往来”等科目，按照已计提的累计折旧，借记“累计折旧”科目，按照固定资产原价（成本），贷记本科目。

盘亏的固定资产，按照固定资产账面价值，借记“待处理财产损溢——待处理非流动资产损溢”科目，按照已计提的累计折旧，借记“累计折旧”科目，按照固定资产原价（成本），贷记本科目。

6. 以固定资产对外投资时，按照评估确认或者合同、协议约定的价值和相关税费，借记“对外投资”科目，按照已计提的累计折旧，借记“累计折旧”科目，按照固定资产原价（成本），贷记本科目，按照应支付的相关税费，贷记“应交税费”等科目，按照其差额，借记或贷记“资本公积”科目。

7. 捐赠转出固定资产时，按照固定资产账面价值，转入“固定资产清理”科目，应支付的相关税费及其他费用，也通过“固定资产清理”科目进行归集，捐赠项目完成后，按照“固定资产清理”科目的余额，借记“其他支出”科目，贷记“固定资产清理”科目。

8. 合作社应当设置“固定资产登记簿”和“固定资产卡”，按照固定资产类别和项目、是否属于扶贫项目资产等设置明细科目，进行明细核算。

9. 本科目期末借方余额，反映合作社持有的固定资产的原价（成本）。

152 累计折旧

1. 本科目核算合作社固定资产计提的累计折旧。

2. 生产经营用的固定资产计提的折旧，借记“生产成本”等科目，贷记本科目；管理用的固定资产计提的折旧，借记“管理费用”科目，贷记本科目；用于公益性用途的固定资产计提的折旧，借记“其他支出”科目，贷记本科目。

3. 对固定资产进行改建时，按照该项固定资产账面价值，借记“在建工程”科目，按照已计提的累计折旧，借记本科目，按照固定资产原价（成本），贷记“固定资产”科目。

4. 固定资产出售、报废和毁损等时，按照固定资产账面价值，借记“固定资产清理”科目，按照可收回的责任人和保险公司赔偿的金额，借记“应收款”“成员往来”等科目，按照已计提的累计折旧，借记本科目，按照固定资产原价（成本），贷记“固定资产”科目。

盘亏的固定资产，按照固定资产账面价值，借记“待处理财产损溢——待处理非流动资产损溢”科目，按照已计提的累计折旧，借记本科目，按照固定资产原价，贷记“固定资产”科目。

5. 以固定资产对外投资时，按照评估确认或者合同、协议约定的价值和相关税费，借记“对外投资”科目，按照已计提的累计折旧，借记本科目，按照固定资产原价（成本），贷记“固定资产”科目，按照应支付的相关税费，贷记“应交税费”等科目，按照其差额，借记或贷记“资本公积”科目。

6. 本科目应按照相应固定资产的类别和项目、是否属于扶贫项目资产等设置明细科目，进行明细核算。

7. 本科目的期末贷方余额，反映合作社固定资产的累计折旧额。

153 在建工程

1. 本科目核算合作社进行工程建设、设备安装、农业农村基础设施建造、固定资产改建等发生的实际支出。购入不需要安装的固定资产，不通过本科目核算。

2. 购入需要安装的固定资产，按照购买价款和采购费、应支付的相关税费、包装费、运输费、装卸费、保险费以及外购过程发生的其他直接费用，借记本科目，贷记“库存现金”“银行存款”“应付款”等科目。

3. 建造固定资产和兴建农业农村基础设施购买专用物资以及发生的相关费用，按照实际支出，借记本科目，贷记“库存现金”“银行存款”“产品物资”等科目。

发包工程建设，根据合同规定向承包企业预付工程款时，按照实际预付的价款，借记本科目，贷记“银行存款”等科目；以拨付材料抵作工程款的，按照材料的实际成本，借记本科目，贷记“产品物资”等科目；将需要安装的设备交付承包企业进行安装时，按照该设备的成本，借记本科目，贷记“产品物资”等科目。与承包企业办理工程价款结算时，补付的工程款，借记本科目，贷记“银行存款”“应付款”等科目。

自营的工程，领用物资或产品时，按照领用物资或产品的实际成本，借记本科目，贷记“产品物资”等科目。工程应负担的员工工资、劳务费等人员费用，借记本科目，贷记“成员往来”“应付工资”“应付劳务费”等科目。

4. 对固定资产进行改建时，按照该项固定资产账面价值，借记本科目，按照已计提的累计折旧，借记“累计折旧”科目，按照固定资产原价（成本），贷记“固定资产”科目。

发生的改建支出，借记本科目，贷记“库存现金”“银行存款”“应付款”“成员往来”“应付工资”“应付劳务费”等科目。改建完成交付使用时，按照确定的固定资产成本，借记“固定资产”科目，贷记本科目。

5. 购建和安装工程完成并交付使用时，借记“固定资产”科目，贷记本科目。

6. 工程完成未形成固定资产时，借记“其他支出”等科目，贷记本科目。

7. 本科目应按照工程项目、是否属于扶贫项目资产等设置明细科目，进行明细核算。

8. 本科目期末借方余额，反映合作社尚未交付使用的工程项目的实际支出。

154 固定资产清理

1. 本科目核算合作社因出售、捐赠、报废和毁损等原因转入清理的固定资产的账面价值及其在清理过程中所发生的费用等。

2. 出售、捐赠、报废和毁损的固定资产转入清理时，按照固定资产账面价值，借记本科目，按照已计提的累计折旧，借记“累计折旧”科目，按照固定资产原价（成本），贷记“固定资产”科目。

清理过程中发生的相关税费及其他费用，借记本科目，贷记“库存现金”“银行存款”“应交税费”等科目；收回出售固定资产的价款、残料价值和变价收入等，借记“银行存款”“产品物资”等科目，贷记本科目；按照可收回的责任人和保险公司赔偿的金额，借记“应收款”“成员往来”等科目，贷记本科目。

3. 清理完毕后发生的净收益，借记本科目，贷记“其他收入”科目；清理完毕后发生的净损失，借记“其他支出”科目，贷记本科目。

4. 本科目应按照被清理的固定资产、是否属于扶贫项目资产等设置明细科目，进行明细核算。

5. 本科目期末借方余额，反映合作社尚未清理完毕的固定资产清理净损失；本科目期末贷方余额，反映合作社尚未清理完毕的固定资产清理净收益。

161 无形资产

1. 本科目核算合作社持有的无形资产的成本。

2. 无形资产应按照取得时的实际成本计价。合作社按照下列原则确定取得无形资产的实际成本，进行账务处理：

（1）购入的无形资产，按照购买价款、相关税费以及相关的其他直接费用，借记本科目，贷记“库存现金”“银行存款”“应付款”等科目。

（2）自行开发并按照法律程序申请取得的无形资产，按照依法取得时发生的注册费、律师费等实际支出，借记本科目，贷记“库存现金”“银行存款”等科目。

（3）取得成员出资投入的无形资产，按照确定的成本，借记本科目，按照成员应享有合作社成员出资总额的份额计算的金额，贷记“股金”科目，按照两者之间的差额，贷记或借记“资本公积”科目。

（4）收到国家财政直接补助的无形资产（包括以前年度收到或形成但尚未入账的）或者他人捐赠的无形资产，按照有关凭据注明的金额加上相关税费等，借记本科目，贷记“专项基金”等科目。没有相关凭据的，按照资产评估价值或者比照同类或类似无形资产的市场价格，加上相关税费等，借记本科目，贷记“专项基金”等科目。如无法采用上述方法计价的，应当按照名义金额，借记本科目，贷记“专项基金”科目，并设置备查簿进行登记和后续管理；按照应支付的相关税费等，借记“其他支出”科目，贷记“库存现金”“银行存款”“应付款”“应交税费”等科目。

3. 因出售、报废等原因处置无形资产，按照取得的转让价款，借记“库存现金”“银行存款”等科目，按照已计提的累计摊销，借记“累计摊销”科目，按照无形资产的成本，贷记本科目，按照应支付的相关税费及其他费用，贷记“应交税费”“库存现金”“银行存款”等科目，按照其差额，借记“其他支出”科目或贷记“其他收入”科目。

4. 以无形资产对外投资时，按照评估确认或者合同、协议约定的价值和相关税费，借记“对外投资”科目，按照已计提的累计摊销，借记“累计摊销”科目，按照无形资产的成本，贷记本科目，按照应支付的相关税费，贷记“应交税费”等科目，按照其差额，借记或贷记“资本公积”科目。

5. 本科目应按照无形资产类别、是否属于扶贫项目资产等设置明细科目，进行明细核算。

6. 本科目期末借方余额，反映合作社持有的无形资产的成本。

162 累计摊销

1. 本科目核算合作社对无形资产计提的累计摊销。

2. 土地经营权、林权等生产经营类无形资产计提的摊销，借记“生产成本”等科目，贷记本科目；非生产经营类无形资产计提的摊销，借记“管理费用”等科目，贷记本科目。

3. 出租无形资产所取得的租金收入，借记“银行存款”等科目，贷记“其他收入”等科目；结转出租无形资产的成本时，借记“其他支出”等科目，贷记本科目。

4. 因出售、报废等原因处置无形资产，按照取得的转让价款，借记“库存现金”“银行存款”等科目，按照已计提的累计摊销，借记本科目，按照无形资产的成本，贷记“无形资产”科目，按照应支付的相关税费及其他费用，贷记“应交税费”“库存现金”“银行存款”等科目，按照其差额，借记“其他支出”科目或贷记“其他收入”科目。

5. 以无形资产对外投资时，按照评估确认或者合同、协议约定的价值和相关税费，借记“对外投资”科目，按照已计提的累计摊销，借记本科目，按照无形资产的成本，贷记“无形资产”科目，按照应支付的相关税费，贷记“应交税费”等科目，按照其差额，借记或贷记“资本公积”科目。

6. 本科目应按照相应无形资产的类别、是否属于扶贫项目资产等设置明细科目，进行明细核算。

7. 本科目的期末贷方余额，反映合作社计提的无形资产摊销累计数。

171 长期待摊费用

1. 本科目核算合作社已提足折旧的固定资产的改建支出和其他长期待摊费用等。

2. 合作社发生长期待摊费用时，借记本科目，贷记“库存现金”“银行存款”“产品物资”等科目。摊销长期待摊费用时，借记“生产成本”“管理费用”“其他支出”等科目，贷记本科目。

3. 本科目应按照支出项目进行明细核算。

4. 本科目期末借方余额，反映合作社尚未摊销完毕的长期待摊费用。

181 待处理财产损溢

1. 本科目核算合作社在清查财产过程中查明的各种财产盘盈、盘亏和毁损的价值。

2. 盘盈的各种产品物资、消耗性生物资产、现金等，按照同类或类似资产的市场价格或评估价值、实际溢余的金额，借记“产品物资”“消耗性生物资产”“库存现金”等科目，贷记本科目（待处理流动资产损溢）；盘亏、毁损、短缺的各种产品物资、消耗性生物资产、现金等，按照其账面余额、实际短缺的金额，借记本科目（待处理流动资产损溢），贷记

“产品物资”“消耗性生物资产”“库存现金”等科目。

盘盈的固定资产、生产性生物资产，按照同类或类似资产的市场价格或评估价值扣除按照该项资产新旧程度或状况估计的折旧后的余额，借记“固定资产”“生产性生物资产”科目，贷记本科目（待处理非流动资产损溢）。盘亏的固定资产以及盘亏、死亡毁损的生产性生物资产，按照其账面价值，借记本科目（待处理非流动资产损溢），按照已计提的累计折旧，借记“累计折旧”“生产性生物资产累计折旧”科目，按照其原价（成本），贷记“固定资产”“生产性生物资产”科目。

3. 盘亏、毁损、报废的各项资产，按规定程序批准后处理时，按照残料价值，借记“产品物资”等科目，按照可收回的责任人和保险公司赔偿的金额，借记“应收款”“成员往来”等科目，按照本科目余额，贷记本科目（待处理流动资产损溢、待处理非流动资产损溢），按照其差额，借记“其他支出”科目。

盘盈的各项资产，按规定程序批准后处理时，按照本科目余额，借记本科目（待处理流动资产损溢、待处理非流动资产损溢），贷记“其他收入”科目。

4. 本科目应按照待处理流动资产损溢和待处理非流动资产损溢进行明细核算。

5. 合作社的财产损溢，应当查明原因，在期末结账前处理完毕，处理后本科目应无余额。

负债类科目

201 短期借款

1. 本科目核算合作社从银行、信用社或其他金融机构，以及外部单位和个人借入的期限在1年内（含1年）的各种借款。

2. 合作社借入各种短期借款时，借记“库存现金”“银行存款”科目，贷记本科目。

3. 在应付利息日，按照借款本金和借款合同利率计算确定的利息费用，借记“财务费用”科目，贷记“应付利息”科目。实际支付短期借款利息时，借记“应付利息”科目，贷记“库存现金”“银行存款”科目。

4. 偿还短期借款时，借记本科目，贷记“库存现金”“银行存款”

科目。

5. 本科目应按照借款单位和个人设置明细科目，进行明细核算。

6. 本科目期末贷方余额，反映合作社尚未偿还的短期借款本金。

211 应付款

1. 本科目核算合作社与非成员之间发生的各种应付及暂收款项，包括因购买产品物资和接受服务等应付的款项以及应付的赔款等。

2. 合作社与非成员之间发生各种应付及暂收款项时，借记“库存现金”“银行存款”“产品物资”“经营支出”“其他支出”等科目，贷记本科目。

3. 偿还应付及暂收款项时，借记本科目，贷记“库存现金”“银行存款”等科目。

4. 因债权人特殊原因等确实无法支付的应付款或获得债权人的债务豁免时，按规定程序批准后，借记本科目，贷记“其他收入”科目。

5. 本科目应按照发生应付及暂收款项的非成员单位和个人设置明细账，进行明细核算。

6. 本科目期末贷方余额，反映合作社应付但尚未付给非成员的应付及暂收款项。

212 应付工资

1. 本科目核算合作社应支付给管理人员、固定员工等职工的工资总额。包括在工资总额内的各种工资、奖金、津贴、补助、社会保险费等，不论是否在当月支付，都应通过本科目核算。

2. 合作社应当按照劳动工资制度规定，编制“工资表”，计算各种工资，再将“工资表”进行汇总，编制“工资汇总表”。

3. 提取工资时，根据人员岗位进行工资分配，借记“在建工程”“生产成本”“经营支出”“管理费用”等科目，贷记本科目。

4. 实际支付工资时，借记本科目，贷记“库存现金”“银行存款”等科目。

5. 合作社应当设置“应付工资明细账”，按照管理人员、固定员工等职工的姓名、类别以及应付工资的组成内容等，进行明细核算。

6. 本科目期末一般应无余额，如有贷方余额，反映合作社已提取但尚未支付的工资额。

213 应付劳务费

1. 本科目核算合作社应支付给季节性用工等临时性工作人员的劳务费总额。包括在劳务费总额内的各种劳务费、奖金、津贴、补助等，不论是否在当月支付，都应通过本科目核算。

2. 提取劳务费时，根据人员岗位进行劳务费分配，借记“在建工程”“生产成本”“经营支出”等科目，贷记本科目。

3. 实际支付劳务费时，借记本科目，贷记“库存现金”“银行存款”等科目。

4. 合作社应当设置“应付劳务费明细账”，按照临时性工作人员的姓名、类别以及应付劳务费的组成内容等，进行明细核算。

5. 本科目期末一般应无余额，如有贷方余额，反映合作社已提取但尚未支付的劳务费金额。

214 应交税费

1. 本科目核算合作社按照税法等规定计算应缴纳的各种税费，包括增值税、企业所得税、消费税、城市维护建设税、资源税、房产税、土地使用税、车船税、印花税、教育费附加及地方教育附加等。

合作社代扣代缴的个人所得税，也通过本科目核算。

2. 应交增值税的主要账务处理。合作社涉及增值税会计核算的相关业务，应按照国家统一的会计制度有关增值税会计处理的规定进行账务处理。

3. 应交消费税、城市维护建设税、资源税、房产税、土地使用税、车船税、印花税、教育费附加及地方教育附加等的主要账务处理：

（1）按照税法等规定应缴纳的消费税、城市维护建设税、资源税、房产税、土地使用税、车船税、印花税、教育费附加及地方教育附加等，借记“税金及附加”等科目，贷记本科目（消费税、城市维护建设税、资源税、房产税、土地使用税、车船税、印花税、教育费附加、地方教育附加等）。

（2）缴纳的消费税、城市维护建设税、资源税、房产税、土地使用税、车船税、印花税、教育费附加及地方教育费附加等，借记本科目（消费税、资源税、房产税、土地使用税、车船税、印花税、教育费附加、地方教育附加等)，贷记“银行存款”科目。

4. 应交企业所得税的主要账务处理：

(1) 按照税法等规定应缴纳的企业所得税，借记“所得税费用”科目，贷记本科目(应交企业所得税)。

(2) 缴纳的企业所得税，借记本科目(应交企业所得税)，贷记“银行存款”科目。

5. 应交个人所得税的主要账务处理：

(1) 按照税法等规定应代扣代缴的个人所得税，借记“应付工资”“应付劳务费”科目，贷记本科目(应交个人所得税)。

(2) 缴纳的个人所得税，借记本科目(应交个人所得税)，贷记“银行存款”科目。

6. 本科目应按照应缴纳的税费项目等进行明细核算。

7. 本科目期末贷方余额，反映合作社尚未缴纳的税费；期末如为借方余额，反映合作社多缴纳或尚未抵扣的税费。

215 应付利息

1. 本科目核算合作社按照合同约定应支付的利息费用。

2. 在应付利息日，按照借款本金和借款合同利率计算确定的利息费用，借记“财务费用”科目，贷记本科目。

3. 实际支付利息时，借记本科目，贷记“库存现金”“银行存款”科目。

4. 本科目应按照借款单位和个人设置明细账，进行明细核算。

5. 本科目期末贷方余额，反映合作社应付未付的利息费用。

221 应付盈余返还

1. 本科目核算合作社根据有关法律法规和合作社章程规定，返还给成员的盈余。

2. 合作社根据章程规定或者经成员(代表)大会决议确定的盈余分配方案，按照成员与本社的交易量(额)比例等提取返还盈余时，借记“盈余分配”科目，贷记本科目。实际支付时，借记本科目，贷记“库存现金”“银行存款”等科目。

3. 根据成员（代表）大会表决同意，将应支付的盈余返还转为成员对合作社出资的，借记本科目，贷记“股金”等科目。

4. 本科目应按照成员设置明细账，进行明细核算。

5. 本科目期末贷方余额，反映合作社尚未支付给成员的盈余返还。

222 应付剩余盈余

1. 本科目核算合作社根据有关法律法规和合作社章程规定，分配给成员的剩余可分配盈余。

2. 合作社提取返还盈余后，根据章程规定或者经成员（代表）大会决议确定的盈余分配方案，分配剩余盈余时，借记“盈余分配”科目，贷记本科目。实际支付时，借记本科目，贷记“库存现金”“银行存款”等科目。

3. 根据成员（代表）大会表决同意，将应支付的剩余盈余转为成员对合作社出资的，借记本科目，贷记“股金”等科目。

4. 本科目应按照成员设置明细账，进行明细核算。

5. 本科目期末贷方余额，反映合作社尚未支付给成员的剩余盈余。

231 长期借款

1. 本科目核算合作社从银行等金融机构及外部单位和个人借入的期限在1年以上（不含1年）的各项借款。

2. 合作社借入长期借款时，借记“银行存款”等科目，贷记本科目。

3. 在应付利息日，按照借款本金和借款合同利率计算确定的利息费用，借记“财务费用”科目，贷记“应付利息”科目。

实际支付利息时，借记“应付利息”科目，贷记“银行存款”等科目。

4. 偿还长期借款时，借记本科目，贷记“银行存款”等科目。

5. 本科目应按照借款单位和个人设置明细账，进行明细核算。

6. 本科目期末贷方余额，反映合作社尚未偿还的长期借款本金。

235 专项应付款

1. 本科目核算合作社接受国家财政直接补助的资金。

2. 合作社收到国家财政直接补助的资金时，借记“库存现金”“银行存款”等科目，贷记本科目。

3. 按照国家财政直接补助资金的项目用途，取得生物资产、固定资产、无形资产等非货币性资产，或用于兴建农业农村基础设施时，按照实际使用国家财政直接补助资金的数额，借记“消耗性生物资产”“生产性生物资产”“固定资产”“无形资产”“在建工程”等科目，贷记“库存现金”“银行存款”等科目，同时借记本科目，贷记“专项基金”科目；用于开展信息、培训、农产品质量标准与认证、市场营销和技术推广等项目支出时，借记本科目，贷记“库存现金”“银行存款”等科目。

4. 取得生物资产、固定资产、无形资产等非货币性资产之后收到对应用途的国家财政直接补助资金的，按照收到的金额，借记“库存现金”“银行存款”等科目，贷记本科目，同时按照实际使用国家财政直接补助资金的数额，借记本科目，贷记“专项基金”科目；发生信息、培训、农产品质量标准与认证、市场营销和技术推广等项目支出之后收到对应用途的国家财政直接补助资金的，按照收到的金额，借记“库存现金”“银行存款”等科目，贷记本科目，同时按照实际使用国家财政直接补助资金的数额，借记本科目，贷记“经营支出”“管理费用”等科目。

5. 因有结余等情况而退回国家财政直接补助资金时，借记本科目，贷记“库存现金”“银行存款”等科目。

6. 本科目应按照国家财政直接补助资金项目设置明细科目，进行明细核算。

7. 本科目期末贷方余额，反映合作社尚未使用和结转的国家财政直接补助资金数额。

所有者权益类科目

301 股金

1. 本科目核算合作社通过成员投资入股、公积金转增、可分配盈余转增等所形成的股金。

2. 合作社收到成员投资入股的货币资金，按照实际收到的金额，借记“库存现金”“银行存款”科目，按照成员应享有合作社成员出资总额的份额计算的金额，贷记本科目，按照两者之间的差额，贷记“资本公积”科目。

3. 收到成员投资入股的非货币性资产，按照确定的成本，借记“产品物资”“消耗性生物资产”“生产性生物资产”“固定资产”“无形资产”等科目，按照成员应享有合作社成员出资总额的份额计算的金额，贷记本科目，按照两者之间的差额，贷记或借记“资本公积”科目。

4. 用资本公积或盈余公积转增股金时，借记“资本公积”“盈余公积”等科目，贷记本科目。

5. 根据成员（代表）大会表决同意，将可分配盈余转为成员对合作社出资的，借记“应付盈余返还”“应付剩余盈余”“盈余分配”科目，贷记本科目。

6. 按照法定程序减少成员出资总额或成员退股时，借记本科目等，贷记“库存现金”“银行存款”“产品物资”“固定资产”等科目，并在有关明细账及备查簿中详细记录股金发生的变动情况。

7. 成员按照规定转让出资的，应在成员账户和有关明细账及备查簿中记录受让方。

8. 本科目应按照成员设置明细科目，进行明细核算。

9. 本科目期末贷方余额，反映合作社实有的股金数额。

311 专项基金

1. 本科目核算合作社接受国家财政直接补助和他人捐赠形成的专项基金。

2. 合作社使用已收到的国家财政直接补助资金取得生物资产、固定资产、无形资产等非货币性资产，或用于兴建农业农村基础设施时，按照实际使用国家财政直接补助资金的数额，借记“消耗性生物资产”“生产性生物资产”“固定资产”“无形资产”“在建工程”等科目，贷记“库存现金”“银行存款”等科目，同时借记“专项应付款”科目，贷记本科目。

3. 取得生物资产、固定资产、无形资产等非货币性资产之后收到对应用途的国家财政直接补助资金的，按照收到的金额，借记“库存现金”“银行存款”等科目，贷记“专项应付款”科目；同时按照实际使用国家财政直接补助资金的数额，借记“专项应付款”科目，贷记本科目。

4. 实际收到他人捐赠的货币资金时，借记“库存现金”“银行存款”科目，贷记本科目。

5. 收到国家财政直接补助的生物资产、固定资产、无形资产等非货币性资产（包括以前年度收到或形成但尚未入账的）或者他人捐赠的非货币性资产时，按照有关凭据注明的金额加上相关税费等，借记“消耗性生物资产”“生产性生物资产”“固定资产”“无形资产”等科目，贷记本科目等；没有相关凭据的，按照资产评估价值或者比照同类或类似资产的市场价格，加上相关税费等，借记“消耗性生物资产”“生产性生物资产”“固定资产”“无形资产”等科目，贷记本科目等；如无法采用上述方法计价的，应当按照名义金额，借记“消耗性生物资产”“生产性生物资产”“固定资产”“无形资产”等科目，贷记本科目，并设置备查簿进行登记和后续管理；按照应支付的相关税费等，借记“其他支出”科目，贷记“库存现金”“银行存款”“应付款”“应交税费”等科目。

6. 本科目应按照专项基金的来源设置明细科目，进行明细核算。

7. 本科目期末贷方余额，反映合作社实有的专项基金数额。

321 资本公积

1. 本科目核算合作社形成的资本公积。

2. 合作社收到成员投资入股的货币资金，按照实际收到的金额，借记“库存现金”“银行存款”科目，按照成员应享有合作社成员出资总额的份额计算的金额，贷记“股金”科目，按照两者之间的差额，贷记本科目。

3. 收到成员投资入股的非货币性资产，按照确定的成本，借记“产品物资”“消耗性生物资产”“生产性生物资产”“固定资产”“无形资产”等科目，按照成员应享有合作社成员出资总额的份额计算的金额，贷记“股金”科目，按照两者之间的差额，贷记或借记本科目。

4. 以实物资产、无形资产等非货币性资产方式对外投资时，按照评估确认或者合同、协议约定的价值和相关税费，借记“对外投资”科目，按照已计提的累计折旧或摊销，借记“生产性生物资产累计折旧”“累计折旧”“累计摊销”科目，按照投出资产的原价（成本），贷记“消耗性生物资产”“生产性生物资产”“固定资产”“无形资产”等科目，按照应支付的相关税费，贷记“应交税费”等科目，按照其差额，借记或贷记本科目。

5. 用资本公积转增股金时，借记本科目，贷记“股金”科目。

6. 本科目应按照资本公积的来源设置明细科目，进行明细核算。

7. 本科目期末贷方余额，反映合作社实有的资本公积数额。

322 盈余公积

1. 本科目核算合作社从当年盈余中提取的盈余公积。

2. 合作社提取盈余公积时，借记“盈余分配”科目，贷记本科目。

3. 用盈余公积转增股金或弥补亏损等时，借记本科目，贷记“股金”“盈余分配”等科目。

4. 本科目应按照用途设置明细科目，进行明细核算。

5. 本科目期末贷方余额，反映合作社实有的盈余公积数额。

331 本年盈余

1. 本科目核算合作社当期实现的盈余。

2. 会计期末结转盈余时，应将“经营收入”“其他收入”科目的余额转入本科目的贷方，借记“经营收入”“其他收入”科目，贷记本科目；同时将“经营支出”“税金及附加”“管理费用”“财务费用”“其他支出”“所得税费用”科目的余额转入本科目的借方，借记本科目，贷记“经营支出”“税金及附加”“管理费用”“财务费用”“其他支出”“所得税费用”科目。应将“投资收益”科目的贷方余额转入本科目的贷方，借记“投资收益”科目，贷记本科目；如为投资净损失，应将“投资收益”科目的借方余额转入本科目的借方，借记本科目，贷记“投资收益”科目。

3. 年度终了，应将本年收入和支出相抵后结出的本年实现的净盈余，转入“盈余分配”科目，借记本科目，贷记“盈余分配——未分配盈余”科目；如为净亏损，作相反会计分录。结转后本科目应无余额。

332 盈余分配

1. 本科目核算合作社当年盈余的分配（或亏损的弥补）和历年分配后的结存余额。本科目设置“各项分配”和“未分配盈余”两个二级科目。

2. 合作社用盈余公积弥补亏损时，借记“盈余公积”科目，贷记本科目（未分配盈余）。

3. 按照规定提取盈余公积时，借记本科目（各项分配），贷记“盈余公积”科目。

4. 根据章程规定或者经成员（代表）大会决议确定的盈余分配方案，提取返还盈余时，借记本科目（各项分配），贷记“应付盈余返还”科目。

5. 根据章程规定或者经成员（代表）大会决议确定的盈余分配方案，

分配剩余盈余时，借记本科目（各项分配），贷记“应付剩余盈余”科目。

6. 根据成员（代表）大会表决同意，将可分配盈余转为成员对合作社出资的，借记“应付盈余返还”“应付剩余盈余”、本科目（各项分配），贷记“股金”等科目。

7. 年度终了，合作社应将全年实现的盈余总额，自“本年盈余”科目转入本科目，借记“本年盈余”科目，贷记本科目（未分配盈余）；如为净亏损，作相反会计分录。同时，将本科目下的“各项分配”明细科目的余额转入本科目“未分配盈余”明细科目，借记本科目（未分配盈余），贷记本科目（各项分配）。年度终了，本科目的“各项分配”明细科目应无余额，“未分配盈余”明细科目的贷方余额表示未分配的盈余，借方余额表示未弥补的亏损。

8. 本科目应按照盈余的用途设置明细科目，进行明细核算。

9. 本科目余额为合作社历年积存的未分配盈余（或未弥补亏损）。

成本类科目

401 生产成本

1. 本科目核算合作社直接组织生产或提供服务等活动所发生的各项生产费用和服务成本。

2. 合作社发生各项生产费用和服务成本时，应当按照成本核算对象和成本项目分别归集，借记本科目，贷记“库存现金”“银行存款”“成员往来”“产品物资”“累计折旧”“生产性生物资产累计折旧”“累计摊销”“长期待摊费用”“应付款”“应付工资”“应付劳务费”等科目。

3. 会计期间终了，合作社已经生产完成并已验收入库的产成品，按照实际成本，借记“产品物资”科目，贷记本科目。

4. 提供服务实现销售时，借记“经营支出”科目，贷记本科目。

5. 本科目应按照生产费用和服务成本种类设置明细科目，进行明细核算。

6. 本科目期末借方余额，反映合作社尚未生产完成的各项在产品和尚未完成的服务成本。

损益类科目

501 经营收入

1. 本科目核算合作社提供农业生产资料的购买、使用，农产品的生产、销售、加工、运输、贮藏以及与农业生产经营有关的技术、信息、设施建设运营等服务，开发经营农村民间工艺及制品、休闲农业和乡村旅游资源等，以及销售本社产品取得的收入。

2. 合作社实现经营收入时，按照实际收到或应收的价款，借记“库存现金”“银行存款”“应收款”“成员往来”等科目，贷记本科目。

3. 本科目应按照经营项目设置明细科目，进行明细核算。

4. 期末，应将本科目的余额转入“本年盈余”科目的贷方，结转后本科目应无余额。

502 其他收入

1. 本科目核算合作社的固定资产及产品物资等的盘盈、无法支付的应付款项等除经营收入以外的收入。

2. 合作社发生其他收入时，借记“库存现金”“银行存款”“固定资产清理”“待处理财产损溢”等科目，贷记本科目。

3. 本科目应按照其他收入的来源设置明细科目，进行明细核算。

4. 期末，应将本科目的余额转入“本年盈余”科目的贷方，结转后本科目应无余额。

511 投资收益

1. 本科目核算合作社对外投资取得的收益或发生的损失。

2. 被投资单位宣告分配现金股利或利润、联合社返还和分配盈余等时，借记“应收款”等科目，贷记本科目；获得股票股利时，不作账务处理，但应在备查簿中登记所增加的股份。

3. 到期收回或中途转让对外投资时，按照实际收回的价款或价值，借记“库存现金”“银行存款”等科目，按照对外投资的账面余额，贷记“对外投资”科目，按照实际收回的价款或价值与账面余额的差额，借记或贷记本科目。

4. 本科目应按照投资项目设置明细科目，进行明细核算。

5. 期末，应将本科目的贷方余额转入“本年盈余”科目贷方；如为投资净损失，应将本科目的借方余额转入“本年盈余”科目借方。结转后本科目应无余额。

521 经营支出

1. 本科目核算合作社提供农业生产资料的购买、使用，农产品的生产、销售、加工、运输、贮藏以及与农业生产经营有关的技术、信息、设施建设运营等服务，开发经营农村民间工艺及制品、休闲农业和乡村旅游资源等，以及销售本社产品发生的实际支出。

2. 合作社发生经营支出时，借记本科目，贷记“成员往来”“产品物资”“消耗性生物资产”“应付款”“应付工资”“应付劳务费”“生产成本”等科目。

3. 本科目应按照经营项目设置明细科目，进行明细核算。

4. 期末，应将本科目的余额转入“本年盈余”科目的借方，结转后本科目应无余额。

522 税金及附加

1. 本科目核算合作社从事生产经营活动按照税法的有关规定应负担的消费税、城市维护建设税、资源税、房产税、土地使用税、车船税、印花税、教育费附加及地方教育附加等相关税费。

2. 合作社按照规定计算确定的相关税费，借记本科目，贷记“应交税费”等科目。

3. 本科目应按税费种类设置明细科目，进行明细核算。

4. 期末，应将本科目的余额转入“本年盈余”科目的借方，结转后本科目应无余额。

523 管理费用

1. 本科目核算合作社为组织和管理生产经营活动而发生的各项支出，包括管理人员的工资、办公费、差旅费，业务招待费，管理用固定资产的折旧、无形资产摊销等。

2. 合作社发生管理费用时，借记本科目，贷记“库存现金”“银行存款”“产品物资”“累计折旧”“累计摊销”“长期待摊费用”“应付工资”等科目。

3. 本科目应按管理费用的项目设置明细科目，进行明细核算。

4. 期末，应将本科目的余额转入“本年盈余”科目的借方，结转后本科目应无余额。

524 财务费用

1. 本科目核算合作社为筹集生产经营所需资金发生的各项支出，包括利息费用（减利息收入）、银行相关手续费等。

2. 合作社发生的利息费用、银行相关手续费等，借记本科目，贷记“应付利息”“库存现金”“银行存款”等科目。

3. 发生的应冲减财务费用的利息收入等，借记“库存现金”“银行存款”等科目，贷记本科目。

4. 本科目应按财务费用的项目设置明细科目，进行明细核算。

5. 期末，应将本科目的余额转入“本年盈余”科目的借方，结转后本科目应无余额。

529 其他支出

1. 本科目核算合作社发生的除“经营支出”“税金及附加”“管理费用”“财务费用”以外的其他各项支出，如生物资产死亡毁损支出、损失，固定资产及产品物资的盘亏、损失，防灾抢险支出，安全生产支出，环境保护支出，罚款支出，捐赠支出，无法收回的应收款项损失等。

2. 合作社发生其他支出时，借记本科目，贷记“库存现金”“银行存款”“应收款”“累计折旧”“在建工程”“固定资产清理”“累计摊销”“长期待摊费用”“待处理财产损溢”“应付款”等科目。

3. 本科目应按其他支出的项目设置明细科目，进行明细核算。

4. 期末，应将本科目的余额转入“本年盈余”科目的借方，结转后本科目应无余额。

531 所得税费用

1. 本科目核算合作社根据企业所得税法规定应从盈余总额中扣除的所得税费用。

2. 合作社期末按照企业所得税法规定计算确定的当期应交所得税税额，借记本科目，贷记“应交税费——应交企业所得税”科目。

3. 期末，应将本科目的余额转入“本年盈余”科目的借方，结转后本科目应无余额。

二、财务报表

合作社应当根据本制度有关财务报表的编制基础、编制依据、编制原则和方法的要求，提供真实、完整的财务报表，不得随意改变财务报表的编制基础、编制依据、编制原则和方法，不得随意改变本制度规定的财务报表有关数据的会计口径。

（一）合作社资产负债表格式及编制说明

资产负债表

年 月 日　　　　会农社01表

编制单位：　　　　单位：元

资产	行次	期末余额	年初余额	负债和所有者权益	行次	期末余额	年初余额
流动资产：				流动负债：			
货币资金	1			短期借款	23		
应收款项	2			应付款项	24		
存货	3			应付工资	25		
消耗性生物资产	4			应付劳务费	26		
流动资产合计	5			应交税费	27		
非流动资产：				应付利息	28		
对外投资	6			应付盈余返还	29		
生产性生物资产原值	7			应付剩余盈余	30		
减：生产性生物资产累计折旧	8			流动负债合计	31		
生产性生物资产净值	9			非流动负债：			
固定资产原值	10			长期借款	32		
减：累计折旧	11			专项应付款	33		
固定资产净值	12			非流动负债合计	34		
在建工程	13			负债合计	35		
固定资产清理	14						
固定资产小计	15			所有者权益：			
无形资产原值	16			股金	36		
减：累计摊销	17			专项基金	37		
无形资产净值	18			资本公积	38		
公益性生物资产	19			盈余公积	39		
长期待摊费用	20			未分配盈余	40		
非流动资产合计	21			所有者权益合计	41		
资产总计	22			负债和所有者权益总计	42		

资产负债表编制说明有以下三点。

1. 本表反映合作社一定日期全部资产、负债和所有者权益状况。

2. 本表“年初余额”栏各项目数字，应根据上年末资产负债表“期末余额”栏内所列数字填列。如果本会计期间资产负债表规定的各个项目的名称和内容同上一会计期间不相一致，应对上年末资产负债表各项目的名称和数字按照本会计期间的规定进行调整，填入本表“年初余额”栏内，并加以书面说明。

3. 本表“期末余额”栏各项目的内容及其填列方法：

(1)“货币资金”项目，反映合作社库存现金、银行结算账户存款等货币资金的合计数。本项目应根据“库存现金”“银行存款”等科目的期末余额合计填列。

(2)“应收款项”项目，反映合作社应收而未收回及暂付的各种款项。本项目应根据“应收款”科目期末余额和“成员往来”各明细科目期末借方余额合计数合计填列。

(3)“存货”项目，反映合作社期末在库、在途和在加工中的各项存货的价值，包括材料、农产品、工业产成品、低值易耗品、包装物等产品物资，在产品，受托代销商品、受托代购商品、委托代销商品和委托加工物资等。本项目应根据“产品物资”“委托加工物资”“委托代销商品”“受托代购商品”“受托代销商品”“生产成本”等科目的期末余额合计填列。

(4)“消耗性生物资产”项目，反映合作社各种消耗性生物资产的账面余额。本项目应根据“消耗性生物资产”科目的期末余额填列。

(5)“流动资产合计”项目，反映合作社期末流动资产的合计数。本项目应根据本表中“货币资金”“应收款项”“存货”“消耗性生物资产”项目金额的合计数填列。

(6)“对外投资”项目，反映合作社各种对外投资的账面余额。本项目应根据“对外投资”科目的期末余额填列。

(7)“生产性生物资产原值”项目、“生产性生物资产累计折旧”项目和“生产性生物资产净值”项目，反映合作社各种生产性生物资产的原价（成本）、累计折旧及账面价值。这三个项目应根据“生产性生物资产”

科目和“生产性生物资产累计折旧”科目的期末余额分析填列。

（8）“固定资产原值”项目、“累计折旧”项目和“固定资产净值”项目，反映合作社各种固定资产的原价（成本）、累计折旧及账面价值。这三个项目应根据“固定资产”科目和“累计折旧”科目的期末余额分析填列。

（9）“在建工程”项目，反映合作社各项尚未完工的工程项目实际成本。本项目应根据“在建工程”科目的期末余额填列。

（10）“固定资产清理”项目，反映合作社因出售、报废、毁损等原因转入清理但尚未清理完毕的固定资产的账面价值，以及固定资产清理过程中所发生的费用等。本项目应根据“固定资产清理”科目的期末借方余额填列；如为贷方余额，本项目数字以“－”填列。

（11）“固定资产小计”项目，反映合作社期末固定资产、在建工程、转入清理但尚未清理完毕的固定资产的小计数。本项目应根据本表中“固定资产净值”“在建工程”“固定资产清理”项目金额的合计数填列。

（12）“无形资产原值”项目、“累计摊销”项目和“无形资产净值”项目，反映合作社各种无形资产的成本、累计摊销及账面价值。这三个项目应根据“无形资产”科目和“累计摊销”科目的期末余额分析填列。

（13）“公益性生物资产”项目反映合作社各种公益性生物资产的账面余额。本项目应根据“公益性生物资产”科目的期末余额填列。

（14）“长期待摊费用”项目，反映合作社尚未摊销完毕的长期待摊费用。本项目应根据“长期待摊费用”科目的期末余额填列。

（15）“非流动资产合计”项目，反映合作社期末非流动资产的合计数。本项目应根据本表中“对外投资”“生产性生物资产净值”“固定资产小计”“无形资产净值”“公益性生物资产”“长期待摊费用”项目金额的合计数填列。

（16）“资产总计”项目，反映合作社期末资产的合计数。本项目应根据本表中“流动资产合计”和“非流动资产合计”项目金额的合计数填列。

（17）“短期借款”项目，反映合作社借入的期限在1年以下（含1年）、尚未偿还的借款。本项目应根据“短期借款”科目的期末余额填列。

（18）“应付款项”项目，反映合作社应付而未付及暂收的各种款项。本项目应根据“应付款”科目期末余额和“成员往来”各明细科目期末贷方余额合计数合计填列。

（19）“应付工资”项目，反映合作社已提取但尚未支付的管理人员、固定员工等职工的工资。本项目应根据“应付工资”科目的期末余额填列。

（20）“应付劳务费”项目，反映合作社已提取但尚未支付的季节性用工等临时性工作人员的劳务费。本项目应根据“应付劳务费”科目的期末余额填列。

（21）“应交税费”项目，反映合作社期末未缴纳、多缴纳或未抵扣的各种税费。本项目应根据“应交税费”科目的期末贷方余额填列；如为借方余额，本项目数字以“－”填列。

（22）“应付利息”项目，反映合作社已提取但尚未支付的利息费用。本项目应根据“应付利息”科目的期末余额填列。

（23）“应付盈余返还”项目，反映合作社应支付但尚未支付给成员的盈余返还。本项目应根据“应付盈余返还”科目的期末余额填列。

（24）“应付剩余盈余”项目，反映合作社应支付但尚未支付给成员的剩余盈余。本项目应根据“应付剩余盈余”科目的期末余额填列。

（25）“流动负债合计”项目，反映合作社期末流动负债的合计数。本项目应根据本表中“短期借款”“应付款项”“应付工资”“应付劳务费”“应交税费”“应付利息”“应付盈余返还”“应付剩余盈余”项目金额的合计数填列。

（26）“长期借款”项目，反映合作社借入的期限在1年以上、尚未偿还的借款。本项目应根据“长期借款”科目的期末余额填列。

（27）“专项应付款”项目，反映合作社实际收到国家财政直接补助资金而尚未使用和结转的资金数额。本项目应根据“专项应付款”科目的期末余额填列。

（28）“非流动负债合计”项目，反映合作社期末非流动负债的合计数。本项目应根据本表中“长期借款”和“专项应付款”项目金额的合计数填列。

（29）“负债合计”项目，反映合作社期末负债的合计数。本项目应根据本表中“流动负债合计”和“非流动负债合计”项目金额的合计数填列。

（30）“股金”项目，反映合作社实际收到成员投入的股金总额。本项目应根据“股金”科目的期末余额填列。

（31）“专项基金”项目，反映合作社接受国家财政直接补助转入和他人捐赠形成的专项基金总额。本项目应根据“专项基金”科目的期末余额填列。

（32）“资本公积”项目，反映合作社资本公积的账面余额。本项目应根据“资本公积”科目的期末余额填列。

（33）“盈余公积”项目，反映合作社盈余公积的账面余额。本项目应根据“盈余公积”科目的期末余额填列。

（34）“未分配盈余”项目，反映合作社尚未分配的历年累计盈余。本项目应根据“本年盈余”科目和“盈余分配”科目的期末余额计算填列；如为未弥补的亏损，本项目数字以“－”填列。

（35）“所有者权益合计”项目，反映合作社期末所有者权益的合计数。本项目应根据本表中“股金”“专项基金”“资本公积”“盈余公积”“未分配盈余”项目金额的合计数填列。

（36）“负债和所有者权益总计”项目，反映合作社期末负债和所有者权益的合计数。本项目应根据本表中“负债合计”和“所有者权益合计”项目金额的合计数填列。

（二）合作社盈余及盈余分配表格式及编制说明

盈余及盈余分配表

______年度　　　　会农社 02 表

编制单位：　　　　单位：元

项目	行次	本年金额	上年金额
一、经营收入	1		
加：投资收益	2		
减：经营支出	3		
税金及附加	4		

续表

项目	行次	本年金额	上年金额
管理费用	5		
财务费用	6		
二、经营收益	7		
加：其他收入	8		
减：其他支出	9		
三、盈余总额	10		
减：所得税费用	11		
四、本年盈余	12		
加：年初未分配盈余	13		
其他转入	14		
减：提取盈余公积	15		
五、可分配盈余	16		
减：盈余返还	17		
剩余盈余分配	18		
转为成员出资	19		
六、年末未分配盈余	20		

盈余及盈余分配表编制说明有以下三点。

1. 本表反映合作社一定会计期间内盈余实现及其分配的实际情况。

2. 本表“上年金额”栏各项目数字，应根据上年度盈余及盈余分配表“本年金额”栏内各对应项目数字填列。

3. 本表“本年金额”栏各项目的内容及其填列方法：

（1）“经营收入”项目，反映合作社进行生产、销售、服务等主要生产经营活动取得的收入总额。本项目应根据“经营收入”科目的发生额分析填列。

（2）“投资收益”项目，反映合作社以各种方式对外投资所取得的收益。本项目应根据“投资收益”科目的发生额分析填列。如为投资损失，本项目数字以“-”填列。

（3）“经营支出”项目，反映合作社进行生产、销售、服务等主要生产经营活动发生的支出。本项目应根据“经营支出”科目的发生额分析填列。

（4）“税金及附加”项目，反映合作社从事生产经营活动按照税法的有关规定应负担的消费税、城市维护建设税、资源税、房产税、土地使用税、车船税、印花税、教育费附加及地方教育附加等相关税费。本项目应根据“税金及附加”科目的发生额分析填列。

（5）“管理费用”项目，反映合作社为组织和管理生产经营活动而发生的费用。本项目应根据“管理费用”科目的发生额分析填列。

（6）“财务费用”项目，反映合作社为筹集生产经营所需资金发生的支出。本项目应根据“财务费用”科目的发生额分析填列。

（7）“经营收益”项目，反映合作社当期通过生产经营活动实现的收益。本项目应根据本表中“经营收入”“投资收益”项目金额之和减去“经营支出”“税金及附加”“管理费用”“财务费用”项目金额后的余额填列。如为经营亏损，本项目数字以“－”填列。

（8）“其他收入”项目和“其他支出”项目，分别反映合作社除生产经营活动以外而取得的收入和发生的支出。这两个项目应分别根据“其他收入”科目和“其他支出”科目的发生额分析填列。

（9）“盈余总额”项目，反映合作社当期实现的盈余总额。本项目应根据本表中“经营收益”“其他收入”项目金额之和减去“其他支出”项目金额后的余额填列。如为亏损总额，本项目数字以“－”填列。

（10）“所得税费用”项目，反映合作社根据企业所得税法规定应从盈余总额中扣除的所得税费用。本项目应根据“所得税费用”科目的发生额分析填列。

（11）“本年盈余”项目，反映合作社本年实现的净盈余。本项目应根据本表中“盈余总额”项目金额减去“所得税费”项目金额后的余额填列。如为净亏损，本项目数字以“－”填列。

（12）“年初未分配盈余”项目，反映合作社上年末累计未分配的盈余。本项目应根据上年度盈余及盈余分配表中“年末未分配盈余”项目的金额填列。

（13）“其他转入”项目，反映合作社按规定用公积金弥补亏损等转入的数额。本项目应根据实际转入的公积金数额填列。

（14）“提取盈余公积”项目，反映合作社按规定提取的盈余公积数额。本项目应根据实际提取的盈余公积数额填列。

（15）“可分配盈余”项目，反映合作社年末可供成员分配的盈余。本项目应根据本表中“本年盈余”“年初未分配盈余”“其他转入”项目金额之和减去“提取盈余公积”项目金额后的余额填列。

（16）“盈余返还”项目，反映合作社按规定返还给成员的盈余。本项目应根据“盈余分配”科目和“应付盈余返还”科目的相关发生额分析填列。

（17）“剩余盈余分配”项目，反映合作社按规定分配给成员的剩余可分配盈余。本项目应根据“盈余分配”科目和“应付剩余盈余”科目的相关发生额分析填列。

（18）“转为成员出资”项目，反映经成员（代表）大会表决同意，转为成员出资的可分配盈余数额。本项目应根据实际转为成员出资的可分配盈余数额分析填列。

（19）“年末未分配盈余”项目，反映合作社本年末累计未分配的盈余。本项目应根据本表中“可分配盈余”项目金额减去“盈余返还”“剩余盈余分配”“转为成员出资”项目金额后的余额填列。如为未弥补的亏损，本项目数字以“-”填列。

（三）合作社成员权益变动表格式及编制说明

合作社成员权益变动表报表

____年度　　　　会农社 03 表

编制单位：　　　　单位：元

项目	股金		专项基金		资本公积		盈余公积		未分配盈余		合计
年初余额											
本年增加数											
	其中：		其中：		其中：		其中：		其中：		
	资本公积转增		接受国家财政直接补助形成		股金溢价		从盈余中提取		本年盈余		
	盈余公积转增		接受他人捐赠形成		资产评估增值				其他转入		

续表

项目	股金		专项基金		资本公积		盈余公积		未分配盈余		合计
	成员增加出资										
本年减少数											
	其中：				其中：		其中：		其中：		
	成员减少出资				转为成员出资		转为成员出资		提取盈余公积		
					弥补亏损				盈余返还		
									剩余盈余分配		
									转为成员出资		
年末余额											

成员权益变动表编制说明有如下三点。

1. 本表反映报告年度成员权益的增减变动和年末情况。

2. 本表“年初余额”栏各项目数字，应根据上年度成员权益变动表“年末余额”栏内各对应项目数字填列。

3. 本表“本年增加数”“本年减少数”栏各项目应根据“股金”“专项基金”“资本公积”“盈余公积”“盈余分配”等科目的发生额分析填列。

成员账户

____年度

成员姓名（名称）：　　联系地址：　　第　页

编号	日期	摘要	成员出资		公积金份额	接受国家财政直接补助形成财产量化份额	接受他人捐赠形成财产量化份额	交易量		交易额		盈余返还金额	剩余盈余分配金额
			来源于到户类扶食项目资产的出资额	其他来源的出资额				产品1	产品2	产品1	产品2		
年初余额													
1													
2													

续表

编号	日期	摘要	成员出资		公积金份额	接受国家财政直接补助形成财产量化份额	接受他人捐赠形成财产量化份额	交易量		交易额		盈余返还金额	剩余盈余分配金额
			来源于到户类扶食项目资产的出资额	其他来源的出资额				产品1	产品2	产品1	产品2		
3													
4													
5													
—													
年末余额/总额													

成员账户编制说明有如下四点。

1. 本表反映成员对合作社的出资额（包括来源于到户类扶贫项目资产的出资额、其他来源的出资额）、量化到该成员的公积金份额、接受国家财政直接补助形成的财产量化到该成员的份额、接受他人捐赠形成的财产量化到该成员的份额、该成员与本社的交易量（额）、本社对该成员的盈余返还和剩余盈余分配金额。

2. 本表“年初金额”栏各项目数字，应根据上年度成员账户“年末余额/总额”栏内所列数字填列。

3. 本年发生变化时，按本表中各项目的实际发生变化数填列调整。“接受国家财政直接补助形成财产量化份额”“接受他人捐赠形成财产量化份额”在年度终了，或合作社进行剩余盈余分配时，根据实际发生情况或变化情况计算填列调整。

4. 成员与合作社发生经济业务往来时，“交易量（额）”按实际发生数填列。

（四）附注及编制说明

附注是财务报表的重要组成部分。合作社应当在附注中按照下列顺序至少披露以下内容。

1. 遵循农民专业合作社会计制度的声明。

合作社应当声明编制的财务报表符合农民专业合作社会计制度的要

求，真实、完整地反映了合作社的财务状况、经营成果等有关信息。

2. 合作社的基本情况，包括：合作社的股金总额、成员总数、农民成员数及所占的比例、主要服务对象、主要经营项目等情况。

3. 成员权益结构，包括：

（1）理事长、理事、执行监事、监事会名单及变动情况；

（2）各成员的出资额，量化到各成员的公积金份额，以及成员入社和退社情况；

（3）企业、事业单位或者社会组织成员个数及所占的比例；

（4）成员权益变动情况。

4. 会计报表重要项目的进一步说明，包括其主要构成、增减变动情况等。

5. 已发生损失但尚未批准核销的相关资产名称、金额等情况及说明，包括：

（1）确实无法收回的应收款项；

（2）无法收回的对外投资；

（3）毁损和报废的固定资产；

（4）毁损和报废的在建工程；

（5）注销和无效的无形资产；

（6）已发生损失但尚未批准核销的其他资产。

6. 以名义金额计量的资产名称、数量等情况，以及以名义金额计量理由的说明。

7. 其他重要事项，包括：

（1）变更主要生产经营项目；

（2）从事的进出口贸易；

（3）重大财产处理、大额举债、对外投资和担保；

（4）接受捐赠；

（5）国家财政支持和税收优惠；

（6）与成员的交易量（额）和与利用其提供的服务的非成员的交易量（额）；

（7）提取盈余公积的比例；

（8）盈余分配方案、亏损处理方案；

（9）未决诉讼、仲裁等。

8. 对已在资产负债表、盈余及盈余分配表中列示项目与企业所得税法规定存在差异的纳税调整过程。

9. 根据国家有关法律法规等规定，需要在附注中说明的其他事项。

附录三：农民专业合作社新旧会计制度有关衔接问题的处理规定

关于印发《农民专业合作社新旧会计制度有关衔接问题的处理规定》的通知

财会〔2021〕38 号

国务院有关部委、有关直属机构，各省、自治区、直辖市、计划单列市财政厅（局），新疆生产建设兵团财政局，财政部各地监管局，有关单位：

为了规范农民专业合作社（以下简称“合作社”）会计工作，加强合作社会计核算，保护合作社及其成员的合法权益，我部修订印发了《农民专业合作社会计制度》（财会〔2021〕37 号），自 2023 年 1 月 1 日起施行。为了确保新旧会计制度顺利衔接、平稳过渡，促进新制度的有效贯彻实施，我部制定了《农民专业合作社新旧会计制度有关衔接问题的处理规定》，现予印发，请遵照执行。

执行中如有问题，请及时反馈我部。

附件：农民专业合作社新旧会计制度有关衔接问题的处理规定

财政部

2021 年 12 月 30 日

附件

农民专业合作社新旧会计制度有关衔接问题的处理规定

我部对《农民专业合作社财务会计制度（试行）》（财会〔2007〕15 号，以下称原制度）进行了修订，于2021 年12 月30 日发布了《农民专业合作社会计制度》（财会〔2021〕37 号，以下称新制度），自 2023 年 1 月 1 日起施行。为了确保新旧会计制度顺利过渡，现对农民专业合作社和农民专业合作社联合社（以下统称合作社）执行新制度有关衔接问题规定如下。

一、新旧制度衔接总要求

（一）自 2023 年 1 月 1 日起，合作社应当严格按照新制度进行会计核算、编报财务报表。

（二）合作社应当按照本规定做好新旧会计制度衔接相关工作，主要包括以下几个方面。

1. 根据原账编制 2022 年 12 月 31 日的科目余额表。

2. 按照新制度设立 2023 年 1 月 1 日的新账。

3. 按照本规定要求，登记新账的科目余额，包括将原账科目余额转入新账会计科目（新旧制度会计科目对照表见附件）、将未入账事项登记新账科目、对相关新账科目余额进行调整等。原账科目是指按照原制度规定设置的会计科目。

4. 按照登记及调整后新账的各会计科目余额，编制 2023 年 1 月 1 日的科目余额表，作为新账各会计科目的期初余额。

5. 根据新账各会计科目期初余额，按照新制度编制 2023 年 1 月 1 日资产负债表。

（三）合作社应当对资产进行清查盘点，进一步清理核实和归类统计存货、生物资产、固定资产、无形资产等资产数据。

二、将原账会计科目余额转入新账

（一）资产类

1. “牲畜（禽）资产”科目

新制度设置了“消耗性生物资产”“生产性生物资产”科目。合作社应当按照新制度有关规定，根据牲畜（禽）资产的形态、价值以及产生经济利益的方式等，对原制度下的牲畜（禽）资产进行合理分析判断，重新分类为消耗性生物资产、生产性生物资产等生物资产。

转账时，合作社应当根据相关资产台账或明细账，对原账的“牲畜（禽）资产”科目余额进行分析：

（1）对于为出售而持有的，或在将来收获为农产品的牲畜（禽）资产，如幼畜及育肥畜等，应当将相应余额转入新账的“消耗性生物资产”科目。

（2）对于为产出农产品、提供劳务或出租等目的而持有的牲畜（禽）资产，如产畜和役畜等，应当将相应余额转入新账的“生产性生物资产”科目。

2. “林木资产”科目

新制度设置了“消耗性生物资产”“生产性生物资产”“公益性生物资产”科目。合作社应当按照新制度有关规定，根据林木资产的形态、价值以及产生经济利益的方式等，对原制度下的林木资产进行合理分析判断，重新分类为消耗性生物资产、生产性生物资产、公益性生物资产等生物资产。

转账时，合作社应当根据相关资产台账或明细账，对原账的“林木资产”科目余额进行分析：

（1）对于为出售而持有的，或在将来收获为农产品的林木资产，如用材林等非经济林木，应当将相应余额转入新账的“消耗性生物资产”科目。

（2）对于为产出农产品、提供劳务或出租等目的而持有的林木资产，如经济林、薪炭林等经济林木，应当将相应余额转入新账的“生产性生物资产”科目。

（3）对于以防护、环境保护为主要目的的林木资产，如防风固沙林、水土保持林和水源涵养林等，应当将相应余额转入新账的“公益性生物资产”科目。

3. “无形资产”科目

新制度设置了“无形资产”“累计摊销”科目。转账时，合作社应当将原账的“无形资产”科目余额转入新账的“无形资产”科目。

4. “库存现金”“银行存款”“应收款”“产品物资”“委托加工物资”“委托代销商品”“受托代购商品”“受托代销商品”“对外投资”“固定资产”“累计折旧”“在建工程”“固定资产清理”科目

新制度设置了“库存现金”“银行存款”“应收款”“产品物资”“委托加工物资”“委托代销商品”“受托代购商品”“受托代销商品”“对外投资”“固定资产”“累计折旧”“在建工程”“固定资产清理”科目，其核算内容与原账的上述相应科目的核算内容基本相同。转账时，合作社应当将原账的上述科目余额直接转入新账的相应科目。

5. “成员往来”科目

新制度设置了“成员往来”科目，其核算内容与原账的相应科目的核算内容基本相同。转账时，合作社应当将原账的“成员往来”科目及下属各明细科目借方和贷方余额分别转入新账的“成员往来”科目及下属各明细科目借方和贷方。

（二）负债类

1. “应付款”科目

新制度设置了“应付款”“应付劳务费”“应交税费”“应付利息”科目。转账时，合作社应当结合交易或者事项的经济实质，对原账的“应付款”科目余额进行分析：

（1）将符合新制度规定的应付劳务费性质的相应余额转入新账的“应付劳务费”科目。

（2）将符合新制度规定的应交税费性质的相应余额转入新账的“应交税金”科目。

（3）将符合新制度规定的应付利息性质的相应余额转入新账的“应付利息”科目。

（4）将剩余余额转入新账的“应付款”科目。

2. “短期借款”“应付工资”“应付盈余返还”“应付剩余盈余”“长期借款”“专项应付款”科目

新制度设置了“短期借款”“应付工资”“应付盈余返还”“应付剩余盈余”“长期借款”“专项应付款”科目，其核算内容与原账的上述相应科目的核算内容基本相同。转账时，合作社应当将原账的上述科目余额直接转入新账的相应科目。

（三）所有者权益类和成本类

新制度设置了“股金”“专项基金”“资本公积”“盈余公积”“本年盈余”“盈余分配”等所有者权益类科目和“生产成本”科目，其核算内容与原账的上述相应科目的核算内容基本相同。转账时，合作社应当将原账的上述科目余额直接转入新账的相应科目。

（四）损益类

由于原账中损益类科目年末无余额，无须进行转账处理。自2023年1月1日起，应当按照新制度设置损益类科目并进行账务处理。

（五）其他要求

合作社存在其他本规定未列举的原账科目余额的，应当比照本规定转入新账的相应科目。新账的科目设有明细科目的，应将原账的相应科目余额加以分析，分别转入新账中相应科目的相关明细科目。

合作社在进行新旧衔接的转账时，应当编制转账工作底稿，并将转入新账的对应原科目余额及分拆原科目余额的依据作为原始凭证。

三、将原未入账事项登记新账

（一）资产类

合作社在新旧制度转换时，应当将2022年12月31日前未入账的资产按照新制度规定记入新账。登记新账时，按照确定的资产及其成本，分别借记相关资产类科目，贷记相关所有者权益类科目。

（二）负债类

合作社在新旧制度转换时，应当将2022年12月31日前未入账的负债按照新制度规定计入新账。登记新账时，按照确定的负债金额，借记“盈余分配——未分配盈余”科目，贷记相关负债类科目。

（三）其他事项

合作社存在2022年12月31日前未入账的其他事项的，应当比照本规定登记新账的相应科目。

合作社对新账的会计科目补记未入账事项时，应当编制记账凭证，并将补充登记事项的确认依据作为原始凭证。

四、对新账的相关会计科目余额进行调整

（一）补提折旧

新制度设置了“生产性生物资产累计折旧”科目，核算合作社对生产性生物资产计提的累计折旧。合作社对尚未核销、已经按原制度分期摊销并直接冲减账面价值的产役畜、经济林木等，应当按照截至2022年12月31日累计摊销的金额，借记“生产性生物资产”科目，贷记“生产性生物资产累计折旧”科目。

（二）补提摊销

新制度设置了“累计摊销”科目，核算合作社对无形资产计提的累计摊销。合作社对尚未核销、已经按原制度分期摊销并直接冲减账面价值的无形资产，应当按照截至2022年12月31日累计摊销的金额，借记“无形资产”科目，贷记“累计摊销”科目。

合作社对新账的相关会计科目期初余额进行调整时，应当编制记账凭证，并将调整事项的确认依据作为原始凭证。

五、财务报表新旧衔接

（一）编制2023年1月1日资产负债表

合作社应当根据2023年1月1日新账的会计科目余额，按照新制度编制2023年1月1日资产负债表（仅要求填列各项目“年初余额”）。

（二）编制2023年1月1日成员账户

合作社应当根据2022年12月31日成员账户的年末余额或总额，按照新制度编制2023年1月1日成员账户（仅要求填列各项目“年初余额”）。

（三）2023年度财务报表的编制

合作社应当按照新制度编制2023年财务报表。在编制2023年度盈余及盈余分配表时，不要求填列上年比较数。

附：新旧制度会计科目对照表

新旧会计制度会计科目对照表

<table>
<tr><th rowspan="2">序号</th><th colspan="2">新制度会计科目</th><th colspan="2">原制度会计科目</th></tr>
<tr><th>编号</th><th>名称</th><th>编号</th><th>名称</th></tr>
<tr><td colspan="5">一、资产类</td></tr>
<tr><td>1</td><td>101</td><td>库存现金</td><td>101</td><td>库存现金</td></tr>
<tr><td>2</td><td>102</td><td>银行存款</td><td>102</td><td>银行存款</td></tr>
<tr><td>3</td><td>113</td><td>应收款</td><td>113</td><td>应收款</td></tr>
<tr><td>4</td><td>114</td><td>成员往来</td><td>114</td><td>成员往来</td></tr>
<tr><td>5</td><td>121</td><td>产品物资</td><td>121</td><td>产品物资</td></tr>
<tr><td>6</td><td>124</td><td>委托加工物资</td><td>124</td><td>委托加工物资</td></tr>
<tr><td>7</td><td>125</td><td>委托代销商品</td><td>125</td><td>委托代销商品</td></tr>
<tr><td>8</td><td>127</td><td>受托代购商品</td><td>127</td><td>受托代购商品</td></tr>
<tr><td>9</td><td>128</td><td>受托代销商品</td><td>128</td><td>受托代销商品</td></tr>
<tr><td>10</td><td>131</td><td>对外投资</td><td>131</td><td>对外投资</td></tr>
<tr><td>11</td><td>141</td><td>消耗性生物资产</td><td rowspan="2">141</td><td rowspan="2">牲畜（禽）资产</td></tr>
<tr><td>12</td><td>142</td><td>生产性生物资产</td></tr>
<tr><td>13</td><td>143</td><td>生产性生物资产累计折旧</td><td rowspan="2">142</td><td rowspan="2">林木资产</td></tr>
<tr><td>14</td><td>144</td><td>公益性生物资产</td></tr>
<tr><td>15</td><td>151</td><td>固定资产</td><td>151</td><td>固定资产</td></tr>
<tr><td>16</td><td>152</td><td>累计折旧</td><td>152</td><td>累计折旧</td></tr>
<tr><td>17</td><td>153</td><td>在建工程</td><td>153</td><td>在建工程</td></tr>
<tr><td>18</td><td>154</td><td>固定资产清理</td><td>154</td><td>固定资产清理</td></tr>
<tr><td>19</td><td>161</td><td>无形资产</td><td rowspan="2">161</td><td rowspan="2">无形资产</td></tr>
<tr><td>20</td><td>162</td><td>累计摊销</td></tr>
<tr><td>21</td><td>171</td><td>长期待摊费用</td><td></td><td></td></tr>
<tr><td>22</td><td>181</td><td>待处理财产损溢</td><td></td><td></td></tr>
<tr><td colspan="5">二、负债类</td></tr>
<tr><td>23</td><td>201</td><td>短期借款</td><td>201</td><td>短期借款</td></tr>
<tr><td>24</td><td>211</td><td>应付款</td><td rowspan="4">211</td><td rowspan="4">应付款</td></tr>
<tr><td>25</td><td>213</td><td>应付劳务费</td></tr>
<tr><td>26</td><td>214</td><td>应交税费</td></tr>
<tr><td>27</td><td>215</td><td>应付利息</td></tr>
<tr><td>28</td><td>212</td><td>应付工资</td><td>212</td><td>应付工资</td></tr>
</table>

续表

序号	新制度会计科目		原制度会计科目	
	编号	名称	编号	名称
二、负债类				
29	221	应付盈余返还	221	应付盈余返还
30	222	应付剩余盈余	222	应付剩余盈余
31	231	长期借款	231	长期借款
32	235	专项应付款	235	专项应付款
三、净资产类				
33	301	股金	301	股金
34	311	专项基金	311	专项基金
35	321	资本公积	321	资本公积
36	322	盈余公积	322	盈余公积
37	331	本年盈余	331	本年盈余
38	332	盈余分配	332	盈余分配
四、成本类				
39	401	生产成本	401	生产成本
五、损益类				
40	501	经营收入	501	经营收入
41	502	其他收入	502	其他收入
42	511	投资收益	511	投资收益
43	521	经营支出	521	经营支出
44	522	税金及附加		
45	523	管理费用	522	管理费用
46	524	财务费用	529	其他支出
47	529	其他支出		
48	531	所得税费用		